Fracassinho

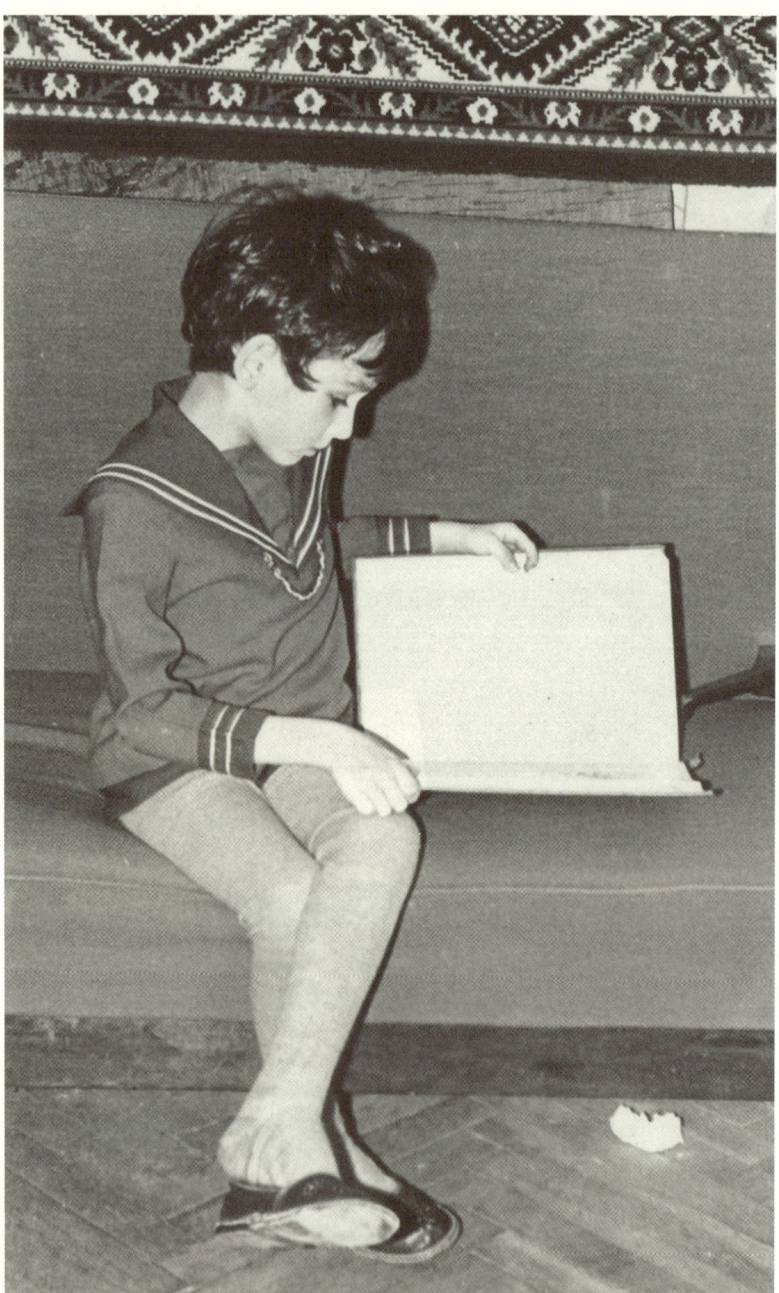

Fracassinho
Um registro autobiográfico

GARY SHTEYNGART

Memórias

Tradução de
Antônio E. de Moura Filho

Título original
LITTLE FAILURE
A Memoir

Esta não é uma obra de ficção. Alguns nomes e dados das identidades foram alterados.

Copyright © 2014 by Gary Shteyngart
Todos os direitos reservados.

Edição brasileira publicada mediante acordo com a Random House,
um selo da Random House, uma divisão da Random House LLC.

Direitos para a língua portuguesa reservados
com exclusividade para o Brasil à
EDITORA ROCCO LTDA.
Av. Presidente Wilson, 231 – 8º andar
20030-021 – Rio de Janeiro – RJ
Tel.: (21) 3525-2000 – Fax: (21) 3525-2001
rocco@rocco.com.br
www.rocco.com.br

Printed in Brazil/Impresso no Brasil

CIP-Brasil. Catalogação na fonte.
Sindicato Nacional dos Editores de Livros, RJ.

S654f   Shteyngart, Gary, 1972-
          Fracassinho: um registro autobiográfico / Gary Shteyngart; tradução
        de Antônio E. de Moura Filho. – 1ª ed. – Rio de Janeiro: Rocco, 2014.

          Tradução de: Little failure: a memoir
          ISBN 978-85-325-2946-6

          1. Shteyngart, Gary, 1972-. 2. Escritores americanos – Século XXI –
        Biografia. I. Moura Filho, Antônio E. de. II. Título.

                                                         CDD–818
14-15119   CDU–821.111(73)-8

Aos meus pais – a viagem nunca termina.
A Richard C. Lacy, M.D., Ph.D

1.
A IGREJA E O HELICÓPTERO

*Durante um período solitário, 1995-2001,
o autor tenta envolver uma mulher nos braços.*

UM ANO APÓS TERMINAR A FACULDADE, trabalhei no centro, nas imensas sombras do World Trade Center, e como parte da rotina de minha vida mansa, na qual tirava quatro horas de almoço, eu comia andando, enquanto passava pelas gigantescas torres, subia a Broadway e descia a Fulton, onde parava na Strand Book Annex. Em 1996, o pessoal ainda lia livros, de forma que a cidade ainda conseguia manter uma filial extra da lendária Strand no distrito financeiro, ou seja, corretores, secretárias, funcionários do governo – *todo mundo* naquela época tinha algum tipo de vida interior.

No ano anterior, tentei trabalhar como assistente jurídico em um escritório de advocacia especializado em direitos civis, mas não deu certo. Assistência jurídica era algo muito cheio de detalhes, detalhes demais para um jovem nervoso, com rabo de cavalo, propenso ao uso moderado de substâncias ilícitas e com um broche com a folha da maconha preso a sua gravata de papelão lidar. Foi o mais próximo que consegui chegar de ser um advogado e assim realizar o sonho dos meus pais. A exemplo da maioria dos judeus soviéticos e da maioria dos imigrantes de nações comunistas, meus pais eram profundamente conservadores e nunca deram muita bola para os quatro anos que passei na Oberlin College, minha *alma mater* liberal, onde estudei política marxista e redação. Na primeira vez em que foi a Oberlin, meu velho parou de pé sobre uma enorme vagina pintada no meio da quadra pela organização de gays, lésbicas e bissexuais do campus, sem se dar conta do aglomerado de gente afetada que assobiava e imitava seus gestos enquanto ele me explicava as diferenças entre as impressoras a laser e as de jato de tinta, dando ênfase específica aos preços dos cartuchos. Se eu não me engano, ele achou que estava pisando na pintura de um pêssego.

Eu me graduei summa cum laude, o que aliviou minha barra com Mamãe e Papai, mas sempre que conversávamos ficava claro que eu ainda era um desgosto para eles. Porque eu vivia doente e com o nariz escorrendo quando criança (e na idade adulta), meu pai me apelidou de *Soplyak* – Melequento. Minha mãe, que estava desenvolvendo uma fusão interessante de inglês com russo, aprimorou o termo para *Failurchka* ou Fracassinho. O termo acabou indo parar no pretensioso manuscrito de um romance que eu estava escrevendo nas horas vagas, cujo capítulo inicial logo seria rejeitado pelo importante programa de redação na Universidade de Iowa, o que me fez perceber que meus pais não eram os únicos que me achavam um zero à esquerda.

Ao dar-se conta de que eu nunca seria nada na vida, minha mãe, mexendo os pauzinhos como toda boa mãe judia soviética, me arranjou um emprego no centro da cidade como "escritor contratado" em uma agência de apoio e orientação a imigrantes, trabalho que ocupava cerca de trinta minutos anuais do meu tempo, durante os quais eu basicamente revisava folhetos que orientavam os russos recém-chegados sobre as maravilhas do desodorante, os perigos da AIDS e a sutil satisfação de *não* se embriagar por completo em uma festa americana. Neste ínterim, eu e meus colegas russos do escritório enchíamos a cara em algumas festas americanas. Acabamos todos demitidos, mas antes disso acontecer eu escrevi e reescrevi grandes porções de meu primeiro romance e aprendi tudo sobre os prazeres irlandeses da harmonização de martini com gim, carne cozida enlatada e salada de repolho na espelunca do bairro, que se chamava, se não me falha a memória, Blarney Stone. Às duas da tarde eu me deitava na mesa de trabalho, orgulhosamente peidando repolho irlandês, com a cabeça nas nuvens, cheia de ideias românticas. A caixa de correio da robusta casa colonial dos meus pais em Little Neck, Queens, ficava cada vez mais entulhada com o que sobrara do sonho americano que eles tinham para mim, todos aqueles lindos folhetos acadêmicos caindo em qualidade, da Escola de Direito de Harvard para a Escola de Direito Fordham, passando pelo curso de Sistema Governamental da faculdade John F. Kennedy (não era um curso de Direito, mas se aproximava mais ou menos da área) e pelos panfletinhos do Departamento de Planejamento Urbano e Regional de Cornell, até chegar, por fim, ao prospecto mais assustador para qualquer família de imigrantes: o programa de pós-graduação em redação criativa da Universidade de Iowa.

– Mas que tipo de profissão é esta de escritor? – indagava minha mãe. – É *isso* que você quer ser?

É isso que eu quero ser.

Na Strand Book Annex, eu enchia a sacola com edições de bolso vendidas pela metade do preço, saía catando os exemplares de cortesia que jogavam fora, procurando alguém igual a mim na capa de trás: um jovem *bon vivant* de cavanhaque, desesperadamente urbano, obcecado por autores como Orwell e Dos Passos, pronto para outra Guerra Civil Espanhola; pena que os espanhóis temperamentais não se dispunham a travar mais uma. E, quando encontrava o tal sósia, eu rezava para que não fosse bom. No mercado editorial, afinal de contas, não havia espaço para tanta gente. Seguramente as editoras americanas de sangue azul, as casas mais Random Houses possíveis, passariam direto pela minha prosa imigrante demasiadamente apaixonada e dariam a chance a algum idiota de Brown, ainda no primeiro ano na Universidade de Oxford ou de Salamanca, cuja palidez da pele garantiria a possibilidade de comercialização do romance que ele preparou na oficina de escrita da faculdade.

Depois de deixar mais de seis dólares na Strand, eu voltava correndo para o escritório e devorava todas as 240 páginas do romance de uma só vez, enquanto meus colegas russos na sala ao lado berravam sua poesia à base de vodca. Eu buscava desesperadamente um erro gramatical ou algum clichê presunçoso que tornasse o romance em questão inferior ao que estava em gestação no meu computador (que levava o título idiota de *As pirâmides de Praga*).

Um dia, depois de expor meu sistema digestivo ao risco de um piripaque comendo duas porções de vindalho em Wall Street, corri para a seção de Arte e Arquitetura da Strand. Meu salário de 29 mil dólares ao ano não era páreo para o salgadíssimo preço estampado na etiqueta de um volume de nus de Egon Schiele, publicado pela Rizzoli. Mas não seria um austríaco melancólico que ia baixar a bola do gorila urbano alcoólatra e drogado que eu estava me tornando. Não seriam os lindos nus teutônicos que me fariam voltar a sentir qualquer desconforto.

Isto era trabalho para outro livro: *São Petersburgo: Arquitetura dos czares*. Os tons barrocos de azul da Catedral de Smolny praticamente saltavam da capa. Grosso, brilhante e pesando três quilos, o título era, e ainda é, um livro decorativo. Este fato em si já configurava um problema.

A mulher por quem eu estava apaixonado na época, uma colega da Oberlin ("ame quem você conhece" era minha teoria provinciana), já havia criticado minha estante por conter materiais muito leves ou masculinos demais. Sempre que ela ia à minha nova quitinete no Brooklin, com seus olhos claros do Centro-Oeste passando pelos soldados montados de meu exército literário em busca de uma Tess Gallagher ou uma Jeanette Winterson, eu ficava desesperado, desejando ter seu gosto e, como corolário, sua clavícula pontiaguda pressionada contra a minha. Tomado pelo desespero, organizei todos os livros da Oberlin, tais como *Squatters & the Roots of Mau Mau* de Tabitha Kanogo ao lado de grandes pérolas escritas por mulheres de minorias étnicas que eu descobrira há pouco: *Wild Meat and the Bully Burgers*, de Lois-Ann Yamana, que sempre imaginei ser o máximo havaiano da narrativa de formação. (Um dia deveria lê-lo.) Se eu comprasse *Arquitetura dos czares*, teria de escondê-lo daquela jovem em um dos meus armários atrás de um telão de iscas mata-baratas e garrafas de GEORGI, uma vodca vagabunda.

Além do desgosto que eu causava a meus pais e de minha incompetência para concluir *As pirâmides de Praga*, minha principal fonte de tristeza era a solidão. Minha primeira namorada, a colega de Oberlin, uma linda garota branca de cabelos encaracolados da

Carolina do Norte, juntara os trapos para ir morar no sul com um baterista boa-pinta numa van. Após concluir a faculdade, eu passaria quatro anos sem beijar uma garota. Peitos, bundas, cafuné e a frase "eu te amo, Gary" conservaram-se apenas na memória abstrata. Salvo os momentos em que eu disser o contrário, sou completamente apaixonado por todos à minha volta pelo resto deste livro.

Mas, voltando à etiqueta do livro *Arquitetura dos czares*, o preço caiu de 95 para sessenta dólares – com essa grana eu compraria cerca de 43 pedaços de frango na casa dos meus pais. Tratando-se de questões financeiras, minha mãe sempre foi durona comigo. Uma noite, quando seu fracasso deu as caras para jantar, ela me deu um pacote de pedaços de frango à *Kiev*, o que significa "recheado com manteiga". Muito grato, aceitei a ave, mas Mamãe me disse que cada posta custava "mais ou menos um dólar e quarenta centavos". Tentei comprar 14 por 17 dólares, mas ela me cobrou um total de vinte, incluindo o custo do rolo de papel filme para guardar as postas. Passada uma década, depois que parei de encher a cara, a ficha caiu e vi que jamais poderia contar com o apoio de meus pais, tinha de enfrentar a vida sozinho e com sangue nos olhos, o que me levou a encarar um volume absurdo de trabalho.

Folheei o monumental *Arquitetura dos czares*, examinando todos os marcos e lugares que eu conhecera na infância, tomado por uma banalidade nostálgica, o *poshlost* tão desprezado por Nabokov. Ali estava o arco do edifício General Staff, com suas perspectivas retorcidas dando no festival de tons cremes da Praça do Palácio; os tons creme do Palácio de Inverno visto da gloriosa Flecha Dourada do Almirantado; a gloriosa flecha do Almirantado vista a partir do Palácio de Inverno em seus tons de creme; o Palácio de Inverno *e* o Almirantado vistos do alto de um caminhão de cerveja e assim por diante, em um infinito turbilhão turístico.

Eu estava na página 90.

"Borbulhas na minha cabeça" é como Tony Soprano descreve à sua terapeuta os primeiros sinais de um ataque de pânico. Ressecamento e umidade ao mesmo tempo, mas em todos os lugares errados, como se as axilas e a boca tivessem embarcado em um intercâmbio cultural. Ao assistir a um filme, o sujeito o confunde com outro, um pouco diferente, que ele já viu, de forma que a mente está o tempo todo analisando as cores desconhecidas, os trechos estranhos e ameaçadores de alguns diálogos. *Como fomos parar em Bangladesh assim de uma hora pra outra?*, a mente indaga. "*Quando começamos a participar da missão a Marte?*" "*Por que estamos flutuando em uma nuvem de pimenta preta em direção a um arco-íris da NBC?*" Acrescente a isso a suposição de que seu corpo, nervoso e espasmódico, jamais terá descanso, ou talvez encontre, muito em breve, o precoce descanso eterno, isto é, *desmaiar e morrer*, e você terá os ingredientes necessários para um ataque claustrofóbico. Foi isso que senti.

E eis o que eu estava olhando enquanto meu cérebro girava em torno de sua cavidade de pedra: uma igreja. A Igreja Chesme na rua Lensovet (Leningrado Soviético), no Distrito Moskovsky da cidade outrora conhecida como Leningrado. Oito anos mais tarde, em um artigo para a *Travel + Leisure*, eu a descreveria da seguinte forma:

> A Igreja Chesme, uma caixa de doces em tons de framboesa e branco, é um exemplo escabroso do neogótico russo. Sua localização entre o pior hotel do mundo e um quarteirão soviético particularmente cinza a torna ainda mais preciosa. A presunção deslumbrante da igreja, sua louca coleção de ameias e torres

aparentemente cobertas com açúcar e sua comestibilidade absoluta são de enlouquecer. Trata-se de uma construção que está mais para um confeito do que para um edifício.

Mas em 1996 eu não tinha os meios para criar uma prosa inteligente. Eu ainda não me submetera aos 12 anos de psicanálise, quatro vezes por semana, que me tornariam um animal racional e polido, capaz de quantificar, catalogar e afastar-se tranquilamente da maioria das fontes de dor, a exceção de uma. Vi a pequena escala da igreja, o fotógrafo a enquadrara entre duas árvores e havia um trecho de asfalto esburacado em frente à sua entrada pequenina. Parecia-se vagamente com uma criança empetecada para uma cerimônia. Como um pequeno fracasso de rosto vermelho e barriguinha minúscula. Sua aparência refletia perfeitamente meu estado de espírito naquele momento.

Comecei a controlar o ataque de pânico. Coloquei o livro de lado com as mãos suadas. Pensei na garota por quem na época eu estava apaixonado, aquela que censurava implacavelmente minha estante e meus gostos; pensei em como ela era mais alta que eu e em como seus dentes eram acinzentados e certinhos, como todo o resto.

E então já não estava mais pensando nela.

Várias recordações vieram à tona. A igreja. Meu pai. Qual era mesmo a aparência física de papai quando éramos mais jovens? Vi as sobrancelhas enormes, o tom de pele quase sefardita, a expressão atormentada de alguém com quem a vida fora invariavelmente cruel. Mas não, aquele era o meu pai do presente. Quando imaginava meu pai de antigamente, meu pai antes da imigração, eu sempre mergulhava em seu ilimitado amor por mim. Pensava nele apenas como um homem desajeitado, infantil e brilhante, feliz por ter um pequeno ajudante chamado Igor (meu nome russo pré-Gary), feliz pela amizade com aquele Igoryochek que não julgava ninguém, tampouco era antissemita, um pequeno guerreiro, primeiro contra as indignidades da União Soviética e, em seguida, contra o pessoal que se mudava para a América, em um assombroso processo de afastamento de um idioma e de uma cultura.

Lá estava ele, meu pai de antigamente, com Igoryochek; acabáramos de ir à igreja no Livro! A Igreja Chesme, aquele alegre picolé de framboesa, a cerca de cinco quarteirões do nosso apartamento em Leningrado, um ornamento barroco rosa em meio aos 14 tons de bege da era Stalin. Não era uma igreja em tempos soviéticos, mas um museu naval dedicado, se não me falha a memória (espero que não me falhe), à vitoriosa Batalha de Chesme em 1770, durante a qual os russos ortodoxos sentaram o pau nos turcos filhos da puta. O interior do espaço sagrado na época (que agora voltou a ser uma igreja) era praticamente um parque de diversão para qualquer moleque: repleto de maquetes de galantes navios de guerra do século XVIII.

⌒

Permita que eu me estenda por mais algumas páginas sobre o antigo tema Papai e os Turcos. Deixe-me apresentar algumas palavras novas para me ajudar a completar esta missão. *Dacha* é casa de campo em russo. Do jeito com que meus pais o pronunciavam, o vocábulo ganhava também o significado de "Bênção Divina". Quando o calor do verão finalmente vencia o inverno soturno e a primavera sem graça de Leningrado, eles me arrastavam por uma série interminável de dachas na antiga União Soviética. Uma aldeia produtora de cogumelos próxima a Daugavpils, Letônia; a lindamente arborizada Sestroretsk, no Golfo da Finlândia; a infame Yalta, na Crimeia (Stalin, Churchill e Roosevelt assinaram algum tipo de acordo imobiliário por lá); Sukhumi, hoje uma estância toda destruída no Mar Negro em uma parte separatista da Geórgia. Aprendi a me prostrar diante do sol, o doador da vida, cultivador de bananas, e agradecer a ele por cada raio cruel e abrasador. O diminutivo carinhoso favorito de minha mãe para se referir a mim? Fracassinho? Nada disso! Era *Solnyshko*. Pequeno Sol! Algumas fotografias da época mostram um grupo cansado de mulheres em trajes de banho e um garoto parecido com Marcel Proust com uma sunga Speedo estilo Pacto de Varsóvia (esse era eu) olhando para frente em direção ao futuro sem limites, enquanto o Mar Negro suavemente acaricia-lhes os pés. As férias soviéticas eram uma coisa complicada, desgastante. Na Crimeia, acordávamos cedo para entrar em uma fila para pegar iogurte, cerejas e outros comestíveis. Por todos os lados, coronéis da KGB e funcionários do partido curtiam alegremente a vida em suas luxuosas residências à beira-mar, enquanto o resto de nós permanecia abatido sob aquele sol desgraçado, aguardando na fila do pão. Naquele ano eu tinha um bichinho de estimação, um galo de brinquedo movido a corda, exuberantemente colorido, que eu mostrava a todos na fila da comida.

– O nome dele é Pyotr Petrovich *Galo*vich – eu declarava com uma empáfia sem precedentes. – Como pode ver, ele manca, porque se machucou na Grande Guerra Patriótica.

Minha mãe, temendo que houvesse antissemitas na fila das cerejas (eles também precisam comer, sabe?), sussurrava, mandando-me ficar quieto, ou não haveria doce de chocolate Chapeuzinho Vermelho para a sobremesa.

Com ou sem doce, Pyotr Petrovich Galovich, aquela ave inválida, não parava de me colocar em apuros. Sempre que eu olhava para ele, lembrava-me da vida em Leningrado, onde eu vivia basicamente sufocado pela asma no inverno, mas dispunha de tempo para me dedicar à leitura de romances de guerra e sonhar que Pyotr e eu estávamos matando nossa quota de alemães em Stalingrado. O galo foi, em síntese, meu melhor e único amigo na Crimeia, e não havia ninguém que conseguisse nos afastar. Certo dia, o gentil velhinho, proprietário da *dacha* em que estávamos hospedados, pegou Pyotr, acariciou-lhe a perna manca e murmurou:

– Será que conseguiríamos consertar esse amiguinho?

Imediatamente tomei o galo dele e gritei:

– Seu crápula, canalha, ladrão!

Fomos imediatamente expulsos do local. Tivemos de nos hospedar em uma espécie de cabana subterrânea, onde havia um ucraniano de três anos de idade, bem franzino, que também tentou brincar com meu galo, e o resultado não foi nada diferente. Foi nesta ocasião que aprendi as únicas palavras em ucraniano que conheço: "*Ty Khlopets mene byesh!*" ("Você menino está me batendo!") Não ficamos muito tempo na cabana subterrânea também.

Acho que passei todo aquele verão com os nervos à flor da pele, tenso e ao mesmo tempo confuso com a paisagem ensolarada do sul e com a visão de corpos mais saudáveis e mais fortes passando por mim e meu galo manco, todos em seu completo esplendor eslavo. Eu não fazia a menor ideia de que minha mãe passava por uma crise, tentando decidir se ficaria com minha avó doente na Rússia ou se imigraria para a América, abandonando-a para sempre. A solução para seu dilema surgiu em um refeitório engordurado da Crimeia. Sobre sua tigela de sopa de tomate, uma siberiana corpulenta contou à minha mãe que seu filho de 18 anos levou uma coça desgraçada depois que entrou para o Exército Vermelho, uma surra que lhe custou um rim. A mulher pegou uma foto do filho. O garoto parecia até o resultado do cruzamento de um alce enorme com um boi igualmente colossal. Minha mãe deu uma olhada no gigante caído e, em seguida, em seu esmirrado filho asmático. Quando vi, estávamos em um avião com destino ao Queens. Galovich, com seu triste mancar e sua linda barbela vermelha, manteve o posto exclusivo de vítima do exército soviético.

Mas de quem eu realmente senti falta naquele verão, o motivo de minha violenta reação contra toda sorte de ucranianos, foi do meu melhor e verdadeiro amigo. Meu pai. É que todas as outras recordações são tão somente fragmentos de um cenário muito mais amplo que há muito se evaporou junto com o resto da União Soviética. Será que algum desses incidentes realmente aconteceu? Às vezes eu me pergunto: será que o Pequeno Camarada Igor Shteyngart realmente cruzou, ofegante, toda a costa do Mar Negro ou foi algum outro inválido imaginário?

Verão de 1978. Na época eu vivia na longa fila da cabine de telefone marcada com a palavra LENINGRADO (para cada cidade, uma cabine diferente) para ouvir a voz do meu pai que chegava toda picotada, apesar de todo tipo de problema tecnológico que o país enfrentava, desde um teste nuclear que não deu certo no deserto do Cazaquistão até um bode doente que não parava de berrar na vizinha Bielorrússia. Na época, estávamos todos unidos pelo fracasso. Toda a União Soviética estava desmoronando. Meu pai me contava histórias pelo telefone, e até hoje acho que minha audição é o mais aguçado dos meus cinco sentidos por eu ter me esforçado tanto para ouvi-lo durante as minhas férias no Mar Negro.

As conversas se foram, mas ainda tenho uma das cartas. Meu pai a escreveu com seu estilo desajeitado e infantil, típico de um engenheiro soviético. A carta sobreviveu atendendo à demanda de muitos. Não somos um povo excessivamente sentimental, espero eu, mas detemos um conhecimento sobrenatural de quanto economizar, de quantos documentos amassados um dia caberão em um armário de Manhattan.

Sou uma criança de cinco anos em uma cabana de férias subterrânea e tenho nas mãos esta santa carta cheia de garranchos, com o cirílico denso e repleto de rasuras, e enquanto a leio em voz alta, enquanto digo as palavras em voz alta, eu me perco no êxtase da conexão.

Bom-dia, filhinho querido.

Como vai? O que está fazendo? Vai subir a "Montanha Urso" e quantas luvas você encontrou no mar? Já aprendeu a nadar? Se já, você está planejando fugir para a Turquia a nado?

Faço aqui uma pausa. Não tenho a menor ideia do que sejam essas tais luvas do mar e trago apenas uma vaga lembrança da "Montanha Urso" (O Everest é que não era). Quero me concentrar na última frase, sobre a fuga a nado. A Turquia fica, naturalmente, do outro lado do Mar Negro, mas estamos na União Soviética e, obviamente, não podemos ir lá, seja por navio a vapor ou por nado borboleta. Será um lance subversivo por parte do meu pai? Ou uma referência ao seu maior desejo, o desejo de que minha mãe ceda e nos deixe imigrar para o ocidente? Ou então, inconscientemente, uma conexão com a anteriormente citada Igreja Chesme, "mais para um doce do que para um edifício", celebrando a vitória da Rússia sobre os turcos?

Filhinho, faltam poucos dias pra gente se encontrar de novo, não fique solitário, se comporte, obedeça sua mãe e sua tia Tanya. Beijos, Papai.

Não fique solitário? Como eu conseguiria não ficar solitário sem ele? Será que, no fundo, ele queria dizer que também estava solitário? Mas é claro! E, como se para amenizar o golpe, logo abaixo do texto principal da carta, encontro o que considero a coisa mais legal do mundo, algo melhor do que o marzipã com cobertura de chocolate que me enlouquecia em Leningrado. É uma história de aventura ilustrada, feita pelo meu pai! Um thriller ao estilo de Ian Fleming, mas com alguns toques pessoais para chamar e prender a atenção de um menino para lá de esquisito. Começa assim:

Um dia no [balneário de] Gurzuf [onde estou atualmente ganhando uma corzinha na bochecha e nos braços], um submarino chamado "Arzum" chegou da Turquia.

Meu pai desenhou um submarino com um periscópio aproximando-se de uma fálica montanha da Crimeia, coberta com árvores ou guarda-sóis, algo difícil de reconhecer. A ilustração é tosca, mas a vida em nossa pátria também o é.

Dois fuzileiros usando aqualungs saíram da embarcação e nadaram até a praia.

Pelos traços que meu pai fez com a mãozorra, os invasores se parecem mais esturjões com pernas, mas tudo bem, já que os turcos não são famosos pela delicadeza.

Sem que nossos guardas costeiros percebessem, eles se dirigiram para a montanha, rumo à floresta.

Os turcos – seriam turcos mesmo? Talvez sejam espiões americanos simplesmente usando a Turquia como plataforma (Meu

Deus, ainda nem fiz 7 anos e já tenho *tantos inimigos!*) – estão, de fato, subindo a montanha coberta de guarda-sóis. Atenção para o detalhe: "*nossos guardas costeiros.*" Muito esperto da parte do meu pai. Ele passou os últimos trinta anos odiando a União Soviética com a mesma intensidade do amor que dedicará aos Estados Unidos nos trinta seguintes. Mas ainda não deixamos o país. E eu, admirador militante do Exército Vermelho, das gravatinhas vermelhas dos Pioneiros e de praticamente qualquer coisa vermelho-sangue, ainda não estou autorizado a saber o que meu pai sabe, ou seja, que tudo o que me é caro é falso.

Ele escreve:

> *Pela manhã, os guardas soviéticos avistaram trilhas frescas na praia do sanatório de "Pushkin" e acionaram a guarda costeira, que convocou seu cão de busca – uma cadela. Ela rapidamente encontrou os dois aqualungs escondidos sob as rochas. Estava claro – era coisa do inimigo. "Traz!" Os guardas costeiros ordenaram ao animal, que imediatamente correu na direção do Acampamento dos Pioneiros Internacionais.*

Ah, eu daria qualquer coisa para ter um cãozinho parecido com esse, agitado e adorável, que a caneta do meu pai agora usa contra aqueles turcos norte-americanos obesos. Mas a minha mãe já tem trabalho o bastante cuidando de mim. Imagina então com um animal de estimação.

A história continua – em casa.

Depois me conta o resto? Em casa? Que sacanagem! Como vou saber se a valente cadelinha da guarda costeira soviética e seus mestres humanos, armados até os dentes, descobrirão o inimigo e farão com ele o que eu gostaria que fosse feito contra o inimigo? Ou seja, a imposição de uma morte lenta e cruel, o único tipo com que ficamos à vontade aqui na URSS. Morte aos alemães, morte aos fascistas, morte aos capitalistas, morte aos inimigos do povo! Meu sangue ferve, apesar de minha ridiculamente tenra idade, sou tomado por um ódio que chega a doer. E se você avançar a história para o futon virgem na minha quitinete infestada de baratas do Brooklin, para a agência de apoio e orientação a imigrantes no centro, onde encho a cara de cachaça, para a filial extra da livraria Strand, por volta de 1996, acredite em mim, eu ainda me encontro cheio de ódio vil, impensado e de-Oberlinizado. Por fora, uma criança calma, amável, tagarela e engraçada; mas arranhe só este russo que você dará de cara com uma dúzia de tártaros, é só me dar um ancinho que eu saio correndo contra o inimigo escondido nos fardos da aldeia, expulso todos eles feito um collie costeiro, faço picadinho dele com os próprios dentes. Insulte meu galo mecânico de estimação, vai em frente! E é isso: ódio, entusiasmo, violência e amor. "Filhinho, faltam poucos dias pra gente se encontrar de novo", meu pai escreve, e estas são as palavras mais verdadeiras e mais tristes na minha vida. Por que mais alguns dias? *Por que não agora?* Meu pai. Minha cidade natal. Minha Leningrado. A Igreja Chesme. A contagem regressiva já começou. Cada momento, cada metro de distância entre nós, é intolerável.

⌒

É 1999. Três anos depois do meu ataque de pânico na Strand Book Annex. Estou de volta à minha Petersburgo, outrora Leningrado, outrora Petrogrado, pela primeira vez em vinte anos. Tenho 27 anos de idade. Em mais ou menos oito meses, vou assinar um contrato editorial para escrever um romance não mais intitulado *As pirâmides de Praga*.

Mas ainda não sei disso. Ainda ajo orientado pela teoria de que vou fracassar em todos os meus empreendimentos. Em 1999 estou empregado como escrivão numa instituição de caridade no Lower East Side. A mulher com quem estou transando tem um namorado que não está transando com ela. Voltei a São Petersburgo para me deixar levar por uma torrente nabokoviana de recordações de um país que não mais existe, louco para saber se o metrô ainda tem os odores reconfortantes de borracha, eletricidade e humanidade suja de que eu me lembro tão bem. Volto para casa durante os últimos dias selvagens da era Yeltsin, quando os ataques de bebedeira do presidente disputam as primeiras páginas com assombrosos atos de violência urbana. Volto para o que, na aparência e no temperamento, é agora um país de terceiro mundo em queda livre, com todas as recordações da infância – e houve destinos piores, muito piores, do que uma infância na União Soviética – destruídas pela nova realidade. O ônibus articulado de estilo acordeão que sai do aeroporto tem um buraco do tamanho de uma criança entre as duas metades. Sei disso porque uma criancinha quase cai quando o veículo faz uma frenagem brusca. Em menos de uma hora após a minha chegada, descubro uma metáfora para toda a minha visita.

Quatro dias após o meu retorno, fico sabendo que meu visto de saída – os estrangeiros na Rússia precisam de uma autorização tanto para entrar quanto para sair do país – está incompleto, faltando um certo carimbo. Passo um terço do meu regresso tentando conseguir a tal validação. Encontro-me confinado entre os gigantescos edifícios da era Stalin no meio da Moskovskaya Ploshchad, Praça Moscou, o bairro exato onde morei quando criança. Estou esperando por uma mulher de um serviço questionável de visto para que eu possa subornar um funcionário do hotel com mil rublos (cerca de 35 dólares na época) para ter meu visto devidamente autenticado. Eu a espero no lobby sujo do Hotel Mir, "o pior hotel do mundo", como vou chamá-lo em meu artigo para a *Travel + Leisure* alguns anos mais tarde. O Hotel Mir, devo acrescentar, fica exatamente na rua da Igreja Chesme.

E, do nada, sinto uma falta de ar.

O mundo está me sufocando, o país está me sufocando, meu sobretudo com gola de pele está me pressionando com a intenção de me matar. Em vez das "borbulhas na cabeça" de Tony Soprano, estou sujeito a uma explosão de Seltzer e rum em meu horizonte. Com as pernas trêmulas, dirijo-me, cambaleando, a um novo McDonald's na praça ali perto, ainda coroada com a estátua de Lênin, a praça onde meu pai e eu costumávamos brincar de pique-esconde sob as pernas do ditador. Dentro do McDonald's, tento encontrar refúgio na familiaridade trazida da carne do meio-oeste deste lugar. *Se eu sou americano – consequentemente invencível –, por favor deixe-me ser invencível agora! Faça o pânico parar, Ronald McDonald. Devolva-me meus sentidos.* Mas a realidade continua a escapar quando baixo a cabeça sobre o mármore frio de uma mesa de fast-food, cercado de crianças franzinas do terceiro mundo, todas usando chapéus de festa, celebrando alguma passagem importante na vida da pequena Sasha ou do pequeno Masha.

Ao escrever sobre o incidente para o *The New Yorker*, em 2003, fiz a seguinte suposição: "Meu [ataque de] pânico é derivado do medo que meus pais tinham vinte anos atrás: o medo de ter negada a permissão para imigrar, de tornarem-se o que era então chamado de *refusenik* (uma designação que carregava uma espécie de purgatório de desemprego sancionado pelo Estado). Em parte, eu acreditava que não seria autorizado a deixar a Rússia. Que *aquilo* – um infinito quadrado de cimento repleto de pessoas infelizes e agressivas, trajando casacos de couro horrorosos – seria o resto de minha vida."

Agora, contudo, sei que não era verdade. O problema não era o carimbo do visto, o suborno, o status de *refusenik*, nada disso.

Porque, enquanto o mundo gira ao meu redor no McDonald's, há uma coisa em que estou tentando não pensar: a Igreja Chesme ali perto. Suas "ameias e torres cobertas de açúcar". Estou tentando não ter cinco anos de idade novamente. Mas por que não? Olhe só para mim e meu pai! Lançamos algo entre aquelas torres da igreja. Sim, agora eu me lembro. É um helicóptero de brinquedo preso a um fio, zumbindo entre elas. Só que agora ele está preso! O helicóptero está preso entre as torres, mas ainda estamos felizes porque somos melhores que isso, melhores que o país à nossa volta! Este deve ser o dia mais feliz de minha vida.

Mas por que estou em pânico? Por que o comprimido oval de Ativan está desaparecendo sob meus dentes norte-americanos, todos falsos, branquinhos e implantados?

O que aconteceu na Igreja Chesme 22 anos atrás?

Não quero voltar lá. Oh, não, não quero mesmo. Seja lá o que tenha acontecido, não devo pensar nisso. Queria muito estar em casa, em Nova York agora. Queria muito sentar-me à frágil mesa da cozinha, que comprei em uma venda de garagem, apertar entre meus dentes americanos uma posta de frango à Kiev de US$ 1.40 de minha mãe e sentir o repulsivo calor amanteigado em toda a minha pequena e estúpida boca. A boneca russa da memória abre-se e se desmonta em suas peças integrantes, cada uma levando a lugares cada vez menores, mesmo enquanto eu me torno cada vez maior.

Pai.

Helicóptero.

Igreja.

Mãe.
Pyotr Petrovich Galovich.
Turcos na praia.
Mentiras soviéticas.
Amor da Oberlin.
As pirâmides de Praga.
Chesme.
O livro.

Estou ali, mais uma vez na Strand da Fulton, segurando *São Petersburgo: Arquitetura dos czares*, os tons barrocos de azul da Catedral Smolny praticamente saltando para fora da capa. Estou abrindo o livro, pela primeira vez, na página 90. Estou voltando àquela página. Estou voltando àquela página novamente. A página espessa está se virando em minha mão.

O que aconteceu na Igreja Chesme 22 anos atrás?

⌒

Não. Vamos esquecer isso. Melhor ficar em Manhattan, por enquanto, enquanto viro a página na Strand, inocente e ingênuo em minha camisa de trabalho, com meu rabo de cavalo idiota atrás de mim, meus sonhos de romancista à frente, e meu amor e meu ódio ardendo, mais vermelhos do que nunca. Como escreveu meu pai em sua história de aventura:

A história continua – em casa.

2.
COM VOCÊS, O MELEQUENTO

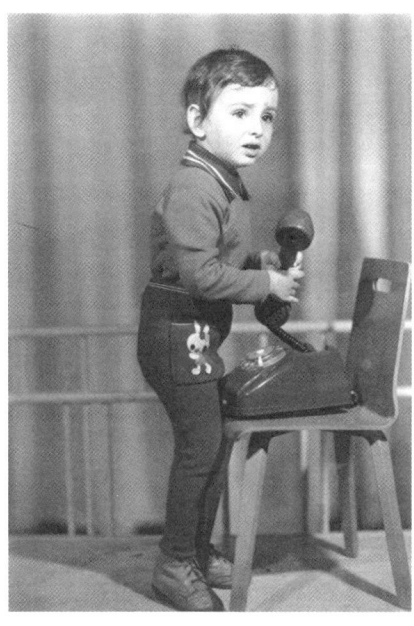

*O autor é informado
de que a assistência social,
na verdade, não funciona.*

CERTIDÃO DE NASCIMENTO

Igor Shteyngart

5 de julho de 1972

Queridos pais!
Gostaríamos de parabenizá-los cordialmente e compartilhar de sua alegria pela chegada de um novo ser humano – um cidadão da União das Repúblicas Socialistas Soviéticas e um membro da futura Sociedade Comunista.

Desejamos saúde, muito amor, amizade e harmonia a toda sua família.
Estamos certos de que educarão seu filho para ser um trabalhador consciente e um patriota leal de nossa grande pátria!
Assinado,
Comitê Executivo do Conselho Municipal
de Representantes dos Trabalhadores de Leningrado.

⌒

Eu nasci.

Minha mãe, grávida de mim, atravessa uma rua de Leningrado quando um caminhoneiro buzina para ela, pois assustar as gestantes é o que há. Ela abraça a barriga. A bolsa estoura. Ela corre para a maternidade Otto, na Ilha Vasilyevsky, um importante apêndice flutuante no mapa de Leningrado, a mesma maternidade onde ela e as duas irmãs nasceram. (Crianças russas não nascem em um hospital de atendimento geral, como no Ocidente.) Prematuro de várias semanas, ponho para fora de minha mãe as pernas e a bunda primeiro. Sou comprido e magricelo, parecido um pouco com um dachshund em forma humana, só que com um cabeção assombroso.

– Parabéns! – congratulam as enfermeiras. – Você deu à luz um bom *muzhik*.

O *muzhik*, o russo forte e atarracado, é a última coisa que virei a ser, mas o que irrita minha mãe é que as enfermeiras estão dirigindo-lhe a palavra com o informal *ty* em vez de *vy*. Minha mãe valoriza muito essas distinções. Ela vem de uma boa família, não é uma judia qualquer (*yevreika*) a qual se pode insultar informalmente.

A maternidade Otto. Para um "membro da futura sociedade comunista", este edifício de estilo meio *art nouveau* é o melhor lugar na cidade – talvez no país – para se nascer. Sob os pés de minha mãe, um piso requintado, decorado com motivos de ondas e borboletas; acima dela, lustres cromados; do lado de fora, os enormes edifícios petrinos das Doze Faculdades da Universidade Estadual de Leningrado e uma tranquilizante explosão de sempre-vivas russas dentro da paisagem subártica. E, em seus braços, eu.

Nasci faminto. Uma fome voraz. Quero comer o mundo e jamais fico saciado. Seio, leite condensado, o que aparecer em minha frente vou chupar, morder, engolir. Anos mais tarde, sob a tutela de minha amada avó Polya, ficarei gorducho, mas, por ora, seco, esquelético e faminto é o que sou e pronto.

Minha mãe tem 26 anos e, pelos padrões da época, está velha para a maternidade. Meu pai tem 33 anos e já está na metade de sua existência, segundo a expectativa de vida local para os homens. Minha mãe dá aulas de piano em um jardim de infância; meu pai é engenheiro mecânico. São proprietários de um apartamento de cerca de 46 metros quadrados com sacada, no centro de Leningrado, o que os torna relativamente privilegiados; bem mais do que seríamos nos Estados Unidos, mesmo depois de adicionarmos ao nosso portfólio patrimonial uma pequena casa colonial em Little Neck, Queens, no final dos anos 1980.

Outra verdade que levarei boa parte da vida para entender é que as diferenças entre meus pais não colaboram em nada para que uma vida conjugal dê certo. Embora, em tese, não devesse haver divisão de classes na União Soviética, a verdade é que meu pai é suburbano, de origem humilde, e minha mãe pertencia à classe cultural de Petersburgo, uma classe com seus próprios problemas, mas cujas mazelas são ridiculamente pequenas se comparadas às do meu pai. Para minha mãe, os parentes de meu pai são selvagens e provincianos. Para meu pai, os dela são pretensiosos e falsos. Nenhum deles está totalmente errado.

Minha mãe parece meio judia, o que, considerando-se o tempo e o lugar, é judia demais da conta, mas é uma mulher bonita de uma maneira compacta, prática, com o cabelo preso em um coque simples, formando uma colmeia sobre uma face preocupada e uma gola alta, sempre pronta para dar um sorriso, um sorriso reservado principalmente à família. Leningrado é sua cidade, assim como Nova York em breve será. Sabe onde comprar os pedaços de frango e os confeitos repletos de creme. Economiza cada copeque, e, quando os copeques tornam-se centavos em Nova York, ela vai economizá-los ainda mais. Meu pai não é alto, mas é bonito de forma sombria e levantina, e cuida do físico – de fato, para ele, o mundo físico é a única dispersão de uma mente que não para. Até mesmo em meu casamento, muitos anos depois, mais de uma pessoa observará, jocosamente, como é estranho que um casal tão bonito possa ter gerado um filho como eu. Acho que é fato. O sangue dos meus pais não fez uma boa combinação em mim.

⌒

A maternidade Otto não permite a entrada do progenitor, mas, pelos dez dias que passamos separados, meu pai é atingido pela forte (ou extremamente exclusiva) sensação de não estar mais sozinho no mundo e de que precisa estar próximo a mim. Nos meus primeiros anos na Terra, ele vai expressar vários sentimentos, que aqui chamaremos de amor, com enorme habilidade e determinação. Os outros aspectos de sua vida, uma carreira sem o menor brilho como engenheiro na famosa fábrica fotográfica LOMO, desenvolvendo telescópios de grande porte, o sonho frustrado de tornar-se cantor de ópera, serão relegados a segundo plano enquanto ele estiver ocupado tentando dar um jeito no estranho filho em seus braços.

Ele terá de fazer isso bem depressa!

Nesta época, na maternidade Otto, ainda se enrola contentemente o recém-nascido em um cobertor, paralisando-lhe os movimentos e deixando o bebê – eu – parecido com um dachshund, amarrado com um laço azul gigante (*bant*) em volta do pescoço. Quando o táxi da maternidade chega, meus pulmões estão quase vazios e a cabeça, comicamente enorme, está tão azul quanto o laço que me estrangula.

Conseguem me ressuscitar, mas no dia seguinte começo a espirrar. Minha ansiosa mãe (contemos o número de vezes que as palavras "ansiosa" e "mãe" aparecem em estreita proximidade em todo o resto deste livro) chama a policlínica local e solicita uma enfermeira. A economia soviética é um quarto do tamanho da americana, mas os médicos e enfermeiros ainda atendem em domicílio. À nossa porta, chega então uma criatura atarracada.

– Meu filho está espirrando, o que eu faço? – minha mãe ofega.

– Diga "saúde" – instrui a enfermeira.

⌒

Passarei os próximos 13 anos – até que eu vista um terno áspero para o meu Bar Mitzvah na Congregação Ezrath Israel em Catskills – sofrendo de asma. Meus pais ficarão apavorados e, muitas vezes, eu também.

Mas também estarei cercado pela estranha e espontânea beleza de ser uma criança doente, pela natureza acolhedora da situação, a segurança de me proteger em uma fortaleza de travesseiros, acolchoados e edredons, ah, aqueles edredons soviéticos insanamente grossos, sempre soltando seu enchimento de algodão do

Uzbequistão. No ar, um calor excessivo, de gueto, liberado pelos aquecedores e, como se não bastasse, meu próprio calor infantil mofado, lembrando-me constantemente que eu existo e que sou mais do que apenas um recipiente para o catarro em meus pulmões. Será essa a minha primeira recordação?

Os primeiros anos, os mais importantes, são os mais complicados. Leva-se tempo para se emergir do nada.

Eis o que *acho* que me lembro.

Meu pai, ou mãe, acordado durante a noite segurando minha boca aberta com uma colher de sopa para que eu não me sufoque com a asma, de modo que o ar possa entrar em meus pulmões. Mãe, gentil, preocupada. Pai, gentil, preocupado, mas triste. Amedrontado. Um suburbano, um *muzbik* de estatura baixa, mas durão, frente a uma criatura estragada. As soluções de meu pai para a maioria dos problemas envolvem pular em um lago frio, mas não há nenhum lago aqui. Sua mão quente está na parte de trás da minha cabeça, acariciando, com pena, os cabelinhos finos. Ele, no entanto, mal consegue conter a frustração quando me diz: "*Akh, ty, soplyak.*" Ah, seu Melequento. Nos anos que se seguem, quando percebemos que eu não vou me curar da asma, a raiva e a decepção neste enunciado se tornarão mais pronunciadas e verei a curvatura de seus lábios grossos enquanto a frase é dividida em suas partes constituintes:

Ah.
Suspiro.
Seu.
Balançar da cabeça.
Melequento.

Mas ainda não estou morto! A fome é forte dentro de mim. E com uma queda por carnes. *"Doctor's kolbasa"*, um macio substituto russo da mortadela; então, à medida que meus dentes crescem em complexidade, *vetchina,* ou presunto russo, e *buzhenina,* carne de porco cozida fria, perigosamente fácil de mastigar, cujo gosto permanece na língua durante horas. Não é fácil encontrar esses alimentos; só de saber que estão vendendo um peixe fedorento, pescado há várias semanas, o povo faz fila de dar volta na esquina sob o céu rosa da manhã. O otimismo do "degelo" proposto pelo líder pós-Stalin Nikita Khrushchev já acabou faz tempo, e, sob o regime cada vez mais esclerosado de Leonid Brezhnev, comicamente gagá, a União Soviética inicia sua rápida queda em direção ao fim. Mas sinto uma vontade desgraçada de comer carne, várias colheres de chá de *sgushchyonka,* leite condensado, nas icônicas latas azuis. "Leite, integral, condensado, com açúcar" serão provavelmente as primeiras palavras que tentarei ler em russo. Após os nitritos inebriantes do kolbasa, sou abençoado por um toque deste doce, servido pela minha mãe. E cada círculo de amor me aproxima mais dela, deles, e cada traição e erro de julgamento subsequente vão me aproximar ainda mais. Este é o modelo da família judia russa com seus membros tão apegados que chega a dar nojo, mas que não é peculiar apenas à nossa etnia. Aqui na URSS, as nossas liberdades limitadas, a *doctor's kolbasa* e a falta do leite condensado só servem para intensificar o quadro.

    Sou uma criança curiosa, e para mim não há nada mais curioso do que a tomada elétrica. O ponto alto da experiência para mim é enfiar os dedos naqueles dois buracos miseráveis (freudianos, fiquem à vontade) e sentir o choque de algo mais vivo do que eu. Meus pais me dizem que dentro da tomada mora *Dyadya Tok* ou o Tio Corrente Elétrica, um homem perverso que quer me fazer mal. *Dyadya Tok,* juntamente com meu vocabulário de carnes (*vetchina, buzbenina, kolbasa*) e *Soplyak* (Melequento) são algumas das primeiras palavras que aprendo na poderosa língua russa. Há também o meu grito selvagem de "*Yobtiki mat!*", jeito infantil, mal pronunciado, de se dizer "*Yob tvoyu mat*" ou "Vá pra puta que pariu", o que, suponho, oferece um bom panorama do estado das relações entre meus pais e suas respectivas famílias.

Minha fome e curiosidade fazem páreo duro com a preocupação. Vai demorar mais cinco anos para que eu compreenda a morte como um fim para a vida, mas a minha dificuldade respiratória já consegue me dar um cenário significativo da questão. A falta de ar está me deixando nervoso. Isso não é elementar? Você respira e depois expira. Não é preciso ser um gênio para isso. E eu tento. Mas não acontece. A máquina estala dentro de mim, mas nada. Não conheço outras crianças que me sirvam como base de comparação, mas sei que, como garoto, estou todo errado.

E por quanto tempo essas duas criaturas continuarão a segurar minha boca aberta com uma colher de sopa? Percebo que isso os deixa profundamente magoados.

Tem uma foto minha com um ano e dez meses, tirada em um estúdio. Vestindo uma calça infantil de jogging com o esboço de um coelho dos desenhos animados em um dos bolsos da frente, estou segurando um telefone (o estúdio tem orgulho de apresentar esta avançada tecnologia soviética) e estou pronto para abrir um berreiro. Estampo a expressão de uma mãe em 1943 que acaba de receber um telegrama fatídico enviado do front. Estou com medo do estúdio fotográfico. Estou com medo do telefone. Medo de qualquer coisa fora de nosso apartamento. Medo das pessoas com enormes chapéus de pele. Medo da neve. Com medo do frio. Medo do calor. Medo do ventilador de teto para o qual aponto um dedo trágico e começo a chorar. Medo de qualquer altura maior do que meu leito. Medo do Tio Corrente Elétrica.

– Por que eu tinha tanto medo de tudo? – pergunto à minha mãe quase quarenta anos depois.

– Porque você nasceu judeu.

Talvez. O sangue que corre em minhas veias é basicamente Yasnitsky (de minha mãe) e Shteyngart (de meu pai), mas as enfermeiras da maternidade Otto também acrescentaram 10, 20, 30, 40 cc de Stalin, Beria, Hitler e Göring.

Há outra palavra: *tigr*. Minha infância não é agraciada por brinquedos ou o que hoje chamamos de ferramentas educacionais, mas tenho o meu tigre. O presente comum para uma jovem mãe na Rússia em 1972 é uma pilha de fraldas de algodão. Quando os colegas de trabalho de minha mãe descobrem que ela mora nos novos edifícios chiques próximos ao rio Neva – hoje os edifícios parecem ter saído de algum canto decadente de Mumbai, com sacadas em madeira, todas coloridas e feitas de qualquer jeito – eles percebem que fraldas não servem. Então juntam os 18 rublos necessários para comprar um presente de luxo: um tigre de pelúcia. O tigre é quatro vezes maior do que eu, possui o tom certo de laranja, bigodes tão grossos quanto os meus dedos, e um olhar que diz: "*Quero ser seu amigo, pequeno Melequento.*" Consigo passar por cima dele com toda a destreza acrobática que um menino doente consegue ter, assim como vou montar no peito do meu pai por muitos anos e como com meu pai vou puxar as orelhas redondas de Tigre e apertar seu nariz gordo.

Há mais recordações que eu gostaria de puxar e mostrar aqui, mas não sou tão rápido com meu mapa mental. Sob os cuidados de minha avó paterna Polya, caio de um carrinho de bebê e bato com a cabeça no asfalto. É possível que tenha sido o acidente a causa das dificuldades de aprendizagem e de coordenação que persistem até hoje (se você me vir dirigindo pela rota 9G, por favor, esteja alerta). Aprendo a andar, mas sem nenhuma confiança particular. Na vizinha Letônia, nas férias de verão em uma fazenda local, entro em um galinheiro com os braços esticados e me inclino para abraçar uma galinha. Tigre sempre foi bacana comigo, não é possível que esse bicho sem cor seja mau. A galinha da Letônia sacode a barbela, avança e me bica. Talvez por questões políticas. Dor, traição, uivo e lágrimas. Primeiro, o Tio Corrente Elétrica; agora as aves bálticas. O mundo é cruel e insensível; só é possível confiar na própria família.

E então começa uma inundação de recordações. E então eu me torno o que nasci para ser, ou seja, alguém apaixonado. Cinco anos de idade e completamente apaixonado.

Seu nome é Vladimir.

Mas isso terá que esperar.

3.
EU AINDA SOU O GRANDÃO

UM ÁLBUM DE FAMÍLIA

Ucrânia, 1940. O pai do autor, na fileira de baixo, segundo da esquerda para a direita, no colo da avó. Praticamente todos os outros presentes morrerão em breve.

Ação de Graças de 2011. Uma casa simples, estilo colonial, de três andares em Little Neck, Queens. Exatamente o que um britânico obcecado por classes sociais chamaria de classe média-média-*média*. Minha pequena família reúne-se em torno de uma mesa alaranjada de mogno brilhante – produzida na Romênia de CeauSescu e arrastada contra todo o bom senso que existe desde Leningrado – na qual minha mãe logo servirá um peru bem molhadinho, cheio de alho, mantido borbulhante sob uma folha de plástico, até o momento em que é apresentado e uma sobremesa feita com uma dúzia de *matzohs*, um litro de creme de leite e licor Amaretto e uma tigela de framboesas. Acredito que minha mãe planeje servir um mil-folhas ou, em russo, um *tort Napoleão*. O resultado é um desvio da confeitaria tradicional que vagamente lembra a Páscoa. Em respeito ao seu ponto de origem, ela gosta de chamá-lo de "francês".

– Mas a melhor parte são as framboesas que eu mesmo cultivei! – meu pai grita.

Nesta família, ninguém recebe nenhum mérito por ficar quieto ou comportar-se com discrição; neste *mishpuchah*, todos estão sempre tentando aproximar-se do sr. Microfone. Aqui estamos, uma tribo de narcisistas feridos, implorando para sermos ouvidos. Se alguém aqui está realmente ouvindo, esse alguém sou eu, e não porque amo meus pais (e eu os amo também, terrivelmente), mas porque é minha obrigação.

Meu pai corre até meu primo e acerta-lhe no estômago, com socos de brincadeira, gritando:

– Ainda sou o grandão!

Ser o grandão é importante para ele. Anos atrás, inebriado com o fato de ter completado setenta anos, ele levou minha então namorada (hoje esposa) até sua horta, onde lhe entregou o seu maior pepino.

– Isto aqui é pra você se lembrar de mim – e piscou, acrescentando:

– Eu sou grande. Meu filho é pequeno.

Tia Tanya, irmã de minha mãe, está fazendo um discurso inflamado sobre o *Príncipe Chemodanin*, que, para ela, definitivamente é um dos nossos progenitores. *Chemodan* é mala em russo. Príncipe Mala, segundo tia Tanya, foi uma das figuras ilustres da velha Rússia que enviou, com fiel frequência, missivas para seu chapa, o também príncipe Leo Tolstoi (embora raramente Tolstoi respondesse), um pensador, um esteta e também, por que diabos não, um médico inovador. Meu primo, filho de tia Tanya, sempre prestes a ir para a faculdade de direito (assim como eu estive sempre prestes a ir para a faculdade de direito na sua idade), de quem eu realmente gosto e também com quem me preocupo, está todo animado, falando em inglês perfeito e um russo confuso sobre as perspectivas do candidato libertário Ron Paul.

– Somos uma família boa e normal – minha mãe de repente anuncia para minha noiva.

– E, claro, Príncipe Mala também era um médico brilhante – acrescenta Tia Tanya, atacando o "francês" de minha mãe com uma colher de chá.

Vou para a sala de estar e junto-me a meu pai no sofá, onde ele tenta fugir dos "apêndices" da família. Volta e meia, tia Tanya aparece com a câmera, gritando:

– Vamos lá, juntem-se mais um pouco! Pai e filho, OK? Pai e filho!

Meu pai parece deprimido e irritado, mais do que de costume. Sei que hoje não sou a fonte completa de sua infelicidade. Meu pai tem muito orgulho do próprio físico e, por outro lado, vive criticando o meu, mas, neste dia de Ação de Graças, ele não parece tão esguio e atlético como de costume. A barba grisalha, a estatura menor, nem um pouco gordo, com o peso que se espera de um homem de 73 anos que não é um camponês birmanês. Mais cedo, o sogro de minha prima Victoria, um dos poucos americanos que felizmente diluíram o elenco tipicamente russo de minha família, o cutucou no estômago dizendo:

– Está estocando comida para o inverno, Semyon?

Eu sabia que meu pai iria engolir o insulto a seco e, em duas horas, metabolizaria tudo em raiva ("Ainda sou o grandão!"), a raiva e o humor que são nossa principal herança.

A TV a cabo étnica está ligada, com propagandas de obscuros dentistas do Brooklyn e de novos salões de festas do Queens se esforçando para passar alegria. Sinto o olhar de meu pai varando-me o ombro direito. Consigo calcular seu olhar de quase qualquer distância na Terra.

– Não tenho medo da morte – diz ele, assim do nada. – Deus está cuidando de mim.

– Mmmm – murmuro.

Começa uma nova novela russa ambientada na era Stalin, e espero que ela consiga mudar os rumos de nossa conversa. Assim que chegamos à América, meu pai me levou para longas caminhadas em volta do frondoso Kew Gardens, Queens, tentando me ensinar a história das relações entre judeus russos por meio de uma série de contos que ele gostava de chamar de *O planeta dos Yids*. Sempre que pressinto que ele está caindo na toca do coelho da depressão, processo sempre antecipado por alguma ação violenta ou fálica (lembre-se do pepino), gosto de trazer o passado à tona e lembrar de quando nenhum de nós era culpado de nada.

– Que interessante – falo do programa usando meu melhor tom americano, que soa como "Ei, vamos ser amigos". – Em que ano o senhor acha que foi filmado?

– Não mencione os nomes dos meus parentes no livro que está escrevendo – diz meu pai.

– Pode deixar.

– Não escreva como um judeu que se odeia.

Uma gargalhada alta vem da sala de jantar: minha mãe e a irmã expressam sua alegria natural. Ao contrário do meu pai, que é filho único, mamãe e tia Tanya são de uma família relativamente grande, de três filhas. Tanya às vezes age de forma exageradamente meiga e tem uma estranha convicção americana que é de alguma forma especial, mas pelo menos não passa nenhuma impressão de ser depressiva. Minha mãe é quem tem o melhor tato social do grupo; sempre sabe quando trazer as pessoas para sua órbita e quando deixá-las de lado. Se tivesse nascido no Sul da América na época adequada, acho que teria feito sucesso.

— *Da, poshyol on na khui!* — Tanya, a caçula, grita, vencendo o volume da televisão. — Ah, manda ele ir pro caralho!

Minha mãe solta uma gargalhada de criança levada, típica de filha do meio, muito feliz pela presença da irmã na América e por ter alguém com quem ela possa dizer *khui, yob* e *blyad*. Os sete anos que passaram separadas — Tanya só conseguiu autorização para imigrar da Rússia depois que Gorbachev assumiu o poder — foram insuportáveis para minha mãe. E insuportáveis para mim também, pois passei a juventude como uma espécie de diapasão para os temores, decepções e alienação dos meus pais.

— Não tenho nenhum amigo — meu pai diz, em resposta à gargalhada na sala de jantar. — Sua mãe não deixa que eu os receba aqui.

A primeira parte é certamente verdade. Estou curioso sobre a segunda.

— Por que não? — pergunto.

Ele não responde. Suspira. Suspira tanto que acho que ele, sem querer, pratica sua forma muito pessoal de meditação cabalística.

— Bem, que Deus esteja com ela.

Ao lado de meu pai há uma fita de VHS intitulada *Imigração: Ameaçando os laços de nossa união: Parte II: Perfídia e traição na América*, produzido por uma companhia chamada *American Patrol*, de Sherman Oaks, Califórnia. (Por que a extrema-direita gosta tanto de usar dois pontos?) Fico imaginando o que os membros de pavio curto da American Patrol achariam do meu pai, um semita com cara de Osama bin-Laden, cobrador de Seguro Social, sentado em um sofá em um Queens repleto de imigrantes, com uma sala de jantar fedendo a peixe estrangeiro em uma casa localizada entre os lares de uma família coreana e de um clã indiano.

– Estamos vivendo vidas diferentes – meu pai diz, amargurado. – E isso me entristece.

Isso me entristece também. Mas, fazer o quê? Eu era mais próximo do meu pai e, consequentemente, costumava odiá-lo. Agora sei quanta dor posso infligir, e de fato inflijo, com cada livro que publico que não exalta o Estado de Israel, a cada pronunciamento na Rádio Pública Nacional em que não me curvo perante seu famoso Deus. Então penso que não custaria nada lhe dizer agora: *Você ainda é o grandão, papai.*

Eu sou o pequeno, para sempre, e você, o grandão.

Será que isso acertaria as coisas entre a gente? Lá estava ele à mesa de jantar, antes da depressão, ainda inebriado por sentimentos de família e por um pouco de vodca, correndo para me servir primeiro, enfiando a concha na sopa de cogumelos, superacebolada, que ele torna especial para mim.

– Creme de leite? – ele me pergunta.

– Sim, por favor.

– Pão? Vodca? Pepino?

Sim, sim e sim, Papai. O resto da mesa pode muito bem não existir para ele.

– Ele te adora – disse-me uma namorada que levei certa vez para fazer uma refeição com a família –, mas não sabe como expressar. Tudo o que faz e diz sai errado.

Quero ficar com ele e fazê-lo se sentir melhor. Quero terminar de assistir ao programa russo na TV. Acabar com os pepinos e a sopa sufocada de cogumelos que ele mesmo colheu em uma densa floresta no norte do estado.

– Cada cogumelo desses custa quarenta dólares na loja! – minha mãe está gritando para meu primo que não compartilha do denso fungo. – E mesmo assim ele não come!

Quero ter uma família. Quero rir e também espantar-me com o brinde de Ação de Graças pós-moderno feito por tia Tanya no melhor estilo vamos-logo-acabar-com-isso-e-começar-a-beber: "Deus abençoe a América e *tanto faz*."

Quero estar lá quando minha mãe, sempre tão controlada, corta-se três vezes preparando seu "francês". Ela está com as mãos trêmulas? As vistas não estão mais dando conta? Ela parece tão cansada hoje. Será que vai se recuperar antes do ataque de limpeza e preocupação que vai acompanhá-la durante a noite? Deus está cuidando de nós?

Quero fechar os olhos e me sentir parte da cornucópia de insanidade que gira em torno da mesa, pois essa insanidade já pousou sobre os meus ombros também.

Mas também quero ir para casa. Para Manhattan. Para o apartamento cuidadosamente construído, totalmente inofensivo que organizei com o intuito de mostrar, em parte, que o passado não é o futuro, que tenho controle sobre minha própria vida. Eis o credo que criei: Dia Zero. Um novo começo. Manter a raiva sob controle. Tentar separar a raiva do humor. Rir de coisas que não se originam da dor. Você não é eles. Ele não é você. E a cada dia, com ou sem a presença dos meus pais, meu credo prova ser pura balela.

O passado nos assombra. No Queens, em Manhattan, está sempre pairando sobre nós, socando-nos no estômago. Eu sou pequeno, e meu pai é grande. Mas o Passado – é o maior.

Vamos começar com meu sobrenome: Shteyngart. Um nome alemão, de grafia loucamente sovietizada, com tantas consoantes juntas que dá vontade de chorar (basta acrescentar um i entre o h e t para formar uma bela merda – SHIT). Sua feiura já me rendeu muito calor humano.

– Sr., uh, não sei pronunciar isso... Shit... Shit... Shitfart? – a meiga e jovem recepcionista, natural do Alabama, dá uma risadinha. – É, uh, a cama pode ser de solteiro?

Dá até vontade de perguntar: *O que acha, minha linda? Acha que um Shitfart consegue compartilhar a cama com alguém?*

A vida inteira tento não pensar no erro ortográfico em "Shteyngart" como um dejeto fedorento da história. O nome correto deveria ser Steingarten, ou Jardim de Pedra, que é tão lindamente Zen quanto um nome judeu alemão pode ser, um nome que oferece o tipo de serenidade e paz que nenhum dos meus antepassados hebreus experimentou em suas vidas curtas e explosivas. Jardim de Pedra. Até parece.

Recentemente meu pai me revelou que Shteyngart não é nosso nome. Um deslize da caneta na mão de algum funcionário soviético, um bêbado escrivão, um comissário semianalfabeto, quem sabe. Mas não sou realmente Gary Shteyngart. Meu nome de família é Steinhorn, que significa "Chifre de Pedra". Embora eu tenha nascido Igor – meu nome mudou para Gary na América para que eu não levasse tanta surra –, minha certidão de nascimento de Leningrado deveria ter dado as boas-vindas a este mundo a um cidadão Igor Stone Horn. Passei 39 anos sem saber que o meu verdadeiro destino era viver como astro pornô da Baviera, mas surgem algumas outras perguntas: Se Gary Shteyngart nem é verdadeiramente meu nome, então que diabos estou fazendo cha-

mando-me Gary Shteyngart? Será cada célula no meu corpo uma mentira histórica?
– Não escreva como um judeu que se odeia – meu pai está sussurrando em meu ouvido.

⌒

Os Stone Horn habitam a cidade ucraniana de Chemirovets, onde o avô paterno do meu pai foi morto sem nenhum motivo em 1920. A avó de meu pai teve de se virar sozinha e cuidar de uma família de cinco filhos. Não havia comida suficiente. Os que podiam foram para Leningrado, antiga capital imperial da Rússia e segunda cidade mais importante depois que os bolcheviques coroaram Moscou como capital. Lá, a maioria deles também morreu. Formavam um clã profundamente religioso, mas os soviéticos tomaram isso deles também, antes de tomarem o pouco que restara.

Do lado materno da família de meu pai, os Miller viviam na aldeia ucraniana vizinha de Orinino, com população de cerca de mil almas. Meu pai visitou Orinino uma vez na década de 1960, onde encontrou um punhado de judeus hospitaleiros para conversar sobre genocídio, mas eu nunca estive em uma peregrinação *shtetl*. Imagino uma cidade muito azarada, já que, para início de conversa, nunca teve sorte alguma; uma aldeia pós-agrícola, pós-soviética, casas de ripa, faltando enormes partes de... bem... ripa, as mulheres carregando potes de água amarelada de uma bomba local, um homem puxando um aparelho dois em um de TV e videocassete sul-coreano em uma carroça, um galo tonto tropeçando pela rua – inevitavelmente chamada de rua Lênin ou rua Soviética – em direção à pequena colina nos arredores da cidade, onde todos os judeus jazem em segurança em um longo e agradável cemitério, sem incomodar ninguém com seu iídiche esquisito, seus trajes sérios e carnificina kosher. Mas esta é apenas a imaginação de um autor. Talvez não seja nada disso. Talvez.

Além dos Miller e dos Stone Horn, os outros sobrenomes a mencionar neste drama familiar são Stalin e Hitler. Enquanto vou desfilando meus parentes nas páginas deste livro, por favor, lembre-se de que estou fazendo-os marchar na direção de suas sepulturas e que eles provavelmente encontrarão seu derradeiro fim das piores formas imagináveis.

Mas eles não precisam esperar a Segunda Guerra Mundial começar. Os bons tempos já estão rolando nos anos 1920. Enquanto meu bisavô Stone Horn está sendo morto em uma parte da Ucrânia, meu bisavô Miller está sendo morto em outra parte. Os Miller não são uma família pobre. Sua principal fonte de renda é uma das maiores casas da cidade, que eles transformaram em uma estalagem. Agricultores e comerciantes visitando a feira local abrigam seus cavalos e bois com os meus bisavós. Eles são provavelmente os mais ricos daquele lado da minha família, até quase cem anos depois, em 2013, quando eu entro em um consórcio de um Volvo. Em uma amarga noite do Leste Europeu, meu bisavô Miller está voltando para casa a cavalo com uma grande quantidade de dinheiro judaico no alforje quando é assassinado por uma das muitas gangues criminosas que circulam livremente por toda a Ucrânia no caos que se seguiu à revolução de 1917. Os Miller estão arruinados.

⌒

Para que eu nasça, todos os quatro ramos da minha família têm de acabar em Leningrado, trocando suas cidades e aldeias pela sombria paisagem urbana cortada por um canal. Eis como isso acontece.

Em 1932, Stalin decreta que os habitantes da Ucrânia devem praticamente morrer de fome, causando a morte de cerca de seis a sete milhões de cidadãos, cristãos, judeus, qualquer ser que tenha um estômago que não pode ser preenchido com centeio. Minha bisavó envia a esfomeada filhinha de sete anos, Fenya, para um orfanato em Leningrado. Fenya e minha avó estão entre os três irmãos Miller dos nove que sobreviverão à Segunda Guerra Mundial. Alguns vão morrer lutando na Frente contra os invasores alemães; alguns vão morrer nas mãos da SS; pelo menos um irá, comoventemente, "perder o juízo", de acordo com meu pai, e morrer antes da guerra propriamente dita começar.

Polina ou *Babushka* (avó) Polya, como eu a conhecia, chega a Leningrado em 1930 aos 14 anos de idade. Em três romances escrevi sobre a experiência imigrante nos anos finais do século XX com um senso de justa propriedade. Mas os meus pais vieram para este país cheios de diplomas e com vontade de dominar a universal língua inglesa. Quanto a mim, tinha apenas sete anos e todos esperam que eu tivesse muito sucesso em um país no qual pensávamos como um lugar mágico, mas cuja população não nos parecia especialmente inteligente.

Mas, pelos idos de 1930, minha avó Polya é uma verdadeira imigrante. Chega a Leningrado ainda adolescente, fluente em iídiche e no idioma ucraniano, sem o conhecimento do russo nem da vida urbana. De alguma forma, ela passa no teste e vai estudar na *Teacher's Technical College*, onde estuda magistério por dois anos e onde um gentil instrutor sente pena dela e a ajuda a dominar a língua de Pushkin e Dostoievski. Sempre achei que minhas duas avós lutavam contra o odioso sotaque judeu, produzindo o som *Ghhhh* no lugar do forte RRRRRR russo, mas, quando toco no assunto com o meu pai, ele diz enfaticamente: "Sua avó nunca teve sotaque judeu." Ainda assim, sempre que tento ostentar meu inglês aperfeiçoado a duras penas, sempre que minha nova língua flui com naturalidade de minha boca, eu penso nela.

⌒

Depois de terminar a formação em magistério, minha avó é enviada para trabalhar em um orfanato, conhecido eufemisticamente como um lar para crianças (*detskii dom*), em um subúrbio de Leningrado. O Grande Expurgo de Stalin, uma sangria política quase inigualável na história da humanidade, está chegando ao auge, e alguns dos melhores cidadãos soviéticos estão sendo alvejados diretamente ou enfiados em trens e enviados aos campos de trabalho do leste. Outras pessoas decentes recebem a permissão de morrer de fome em suas casas. Os filhos dos torturados e mortos são muitas vezes enviados para os "lares para crianças" que pontilham a terra, e vovó Polya, aos 17 anos, já está empregada como professora e disciplinadora. Aos 20, ela é vice-diretora do orfanato. É sanguinariamente rígida, como somente a filha de um judeu dono de uma estalagem pode ser, mas se tem uma coisa que eu, seu neto, posso garantir é que ela adorava criança. Isso é fato.

Enquanto minha avó se adapta à vida na cidade grande, o grande expresso judaico vindo do interior ucraniano despacha meu avô a Leningrado, Isaac Stone Horn, já rebatizado Shteyngart. Vovô Isaac é de uma aldeia próxima à de minha avó Polya, e os úmidos laços do judaísmo os unem na fria capital imperial em 1936. Cinquenta e cinco anos mais tarde, estou em uma mesa de seminário em Oberlin College. Nossa pequena turma, com sua combinada taxa anual de $1.642.800, ocupa-se da discussão sobre as agruras dessa enigmática, mas gloriosa classe trabalhadora de que tanto ouvimos falar, mas o que me escapa à percepção é que meu avô Isaac era genuinamente um trabalhador comum, e eu, por extensão, sou neto de um trabalhador genuinamente comum.

No final dos anos 1930, Isaac trabalha em uma fábrica de couro em Leningrado, fazendo bolas de futebol, bolas de vôlei e cintos. É autodidata, socialista, adora cantar e ler. E ama vovó Polya. Desse amor, nasce meu pai, Semyon, em 1938, um ano e dez dias antes da assinatura do Pacto Molotov-Ribbentrop entre a União Soviética e a Alemanha nazista.

O mundo ao redor do novo cidadão soviético Semyon Shteyngart está prestes a inflamar-se.

"*Oni menya lyubili kak cherty*", meu pai diz daqueles poucos e fugazes anos quando seus pais eram vivos. *Eles me amavam feito demônios*. É uma declaração deselegante de um homem que oscila entre a depressão, a raiva, o humor e a alegria com um toque Belloviano. É uma afirmação muito subjetiva também. Afinal, como ele poderia se lembrar? Então, vamos combinar o seguinte: trata-se de uma crença, e uma crença quase sagrada. E qualquer que seja a graça concedida a ele naqueles poucos anos antes de a primeira Divisão Panzer Alemã cruzar a fronteira, eu quero acreditar também.

– Se a guerra não tivesse acontecido – diz meu pai, – meus pais teriam dois, três filhos.

Não é muito comum, porém, às vezes, as diferenças entre nós caem por terra tão rapidamente quanto as defesas da União Soviética em 22 de junho de 1941. A exemplo de meu pai, eu também sou filho único.

– Eu e sua mãe deveríamos ter tido outro bebê – diz, referindo-se a essa ausência. – Mas a gente não se entendia na América.

Hitler trai Stalin e invade a União Soviética. Stalin horroriza-se com essa quebra de decoro entre os valentões da escola e se esconde em sua casa na árvore nos arredores de Moscou, onde tem uma síncope nervosa. Ele está prestes a estragar tudo tão completamente que serão precisos 26 milhões de atestados de óbito soviéticos para impedir que a civilização entre em colapso. Pelo menos dois desses atestados de óbito levarão o sobrenome Shteyngart. Os alemães estão avançando para Leningrado. Meu avô Isaac é enviado para a Frente com o objetivo de detê-los. Por 871 dias, o cerco daquela cidade custará as vidas de 750 mil civis, seus moradores famintos forçados a comer pó de serragem, animais de estimação e, na pior das hipóteses, uns aos outros. Aqui a minha história quase termina. Mas como acontece com muitos de nós, estrangeiros que entopem os metrôs do Queens e do Brooklyn, um único golpe do destino mantém a nossa espécie viva, arrastando-se pelo mundo. Antes dos alemães cercarem a cidade, o Lar para Crianças da vovó Polya é evacuado de Leningrado. Ela, levando meu pai, Semyon, com três anos de idade, e seus primos, é enviada para uma vila escura e gélida, chamada Zakabyakino, na Região de Yaroslavl, cerca de 640 quilômetros a leste de Leningrado. "*Zakabyakino*" soa para os russos da mesma forma como "*Hicksville*" soa para os americanos, e até hoje meu pai usa o termo para se referir a todo lugar ermo e ridículo – por exemplo, as montanhas de Catskill, no estado de Ohio.

A primeira recordação de vida do meu pai? A evacuação de Leningrado com a força aérea alemã ao encalço.

– Estávamos num trem e os alemães nos bombardeavam. A gente se escondia embaixo dos vagões. Os aviões Messerschmitt faziam um barulho assim: ZUUUUU... WOO... WOO...

Meu pai, muito emotivo ao falar, ergue a mão, mostrando os nós dos dedos peludos, e a abaixa formando um arco lento, mas preciso para imitar o cair das bombas enquanto reproduz o som dos Messerschmitt. ZUUUU...

Em Zakabyakino, os sobreviventes dos bombardeios executados pelos Messerschmitt, incluindo meu pai, são agraciados pela sorte: não morrem de fome. Há leite e batata na aldeia. Há também as ratazanas gordas do campo, que rastejam com meu pai e os primos com a intenção de comer as crianças magrinhas de Leningrado que dormem em cima do fogão. Para escapar delas, uma das minhas tias se atira de uma janela do segundo andar.

Minha tia se atirando da janela para fugir dos ratos é a segunda recordação que meu pai tem da infância.

Meu pai tem um amigo do peito de sua idade. Um garoto não judeu chamado Lionya. Aos três anos, o melhor amigo do meu pai morre de alguma doença inexplicável relacionada à guerra. Esta é a terceira recordação de meu pai: o velório de Lionya. Meu pai me conta da existência de Lionya durante a primavera de 2011. "Lionya", abreviação de "Leonid", é um nome russo bastante comum, mas no meu primeiro livro, publicado em 2002, o amigo de infância do herói do romance, Vladimir Girshkin, por acaso é Lionya e, de fato, ele é uma das poucas pessoas realmente solidárias na história (juntos, Vladimir e Lionya dividem uma fornada de doces Chapeuzinho Vermelho dada pela mãe de Vladimir e adormecem lado a lado em uma esteira de jardim de infância soviética). Em meu terceiro romance, publicado em 2010, "Lionya" é o nome russo de um dos dois personagens principais, Lenny Abramov. Sem saber quem ele era, passei metade da vida homenageando Lionya em prosa.

A quarta recordação: fevereiro de 1943, a notícia chega da Frente, o pai de meu pai, meu avô Isaac, foi morto perto de Leningrado. As tropas soviéticas, das quais meu avô faz parte, fazem várias tentativas para romper o bloqueio da segunda cidade da

Rússia, mas seu arsenal é inferior ao dos inimigos e já perderam os funcionários mais talentosos, alvejados durante a purga de Stalin. Não se sabe como Isaac Semyonovich Shteyngart morreu. Durante décadas, disseram-me que ele morreu em um tanque, queimado vivo em uma medida pavorosa, porém heroica, para conter os alemães, mas isso não é verdade. Meu avô era artilheiro.

Depois que o marido é morto, vovó Polya enterra-se no trabalho no Lar para Crianças e recusa-se a reconhecer sua morte. Como tantas mulheres com atestados de óbito, ela continua a esperar por ele até depois da guerra.

Aos cinco anos, meu pai é uma das milhares de crianças russas que não conseguem compreender plenamente o homem ausente do lar. Alguns anos mais tarde, quando a guerra acaba, ele finalmente compreende *de fato*. Esconde-se embaixo do sofá, chora e pensa em um homem que ele não conhece. Mais tarde, quando descobrir a música clássica, quando ouvir Tchaikovsky, ele irá chorar também. Sob o sofá, ele escuta Tchaikovsky em meio às lágrimas e começa a criar os enredos que lhe permitirão voltar no tempo e assassinar Hitler. Ainda mais tarde, vovó Polya casa-se novamente com um homem que vai destruir a vida do meu pai e fará com que eu me torne o que sou hoje, seja lá o que isso for.

Minha vida começa com uma folha de papel muito comumente mimeografada: "Para Cidadã Shteyngart P. [vovó], NOTIFICAÇÃO, seu marido sargento Shteyngart Isaac Semyonovich, lutando pela pátria socialista, fiel ao seu juramento militar, demonstrando heroísmo e coragem, foi morto em 18 de fevereiro de 1943."

Em algum lugar na distante Yaroslavl está enterrado o pequeno Lionya.

O corpo do meu avô jaz no túmulo de um soldado perto de Leningrado, ou seja, mais perto de casa.

E os alemães não param de chegar. E Stalin ainda está encolhido em sua casa na árvore, perto de Moscou. E os pilotos dos Messerschmitt conhecem bem seus alvos. ZUUUUU... WOO... WOO.

Pai.
O que está fazendo?
O que está me dizendo?
Quem está falando através de você?
– Li na internet russa que você e seus romances logo serão esquecidos.

Olhando para mim como uma criança ferida e zangada, logo em seguida baixando o olhar, como se estivesse com medo, em direção a seu prato com alguma coisa trufada. Estamos no View, o restaurante giratório do Marriott Marquis na Times Square. Jantar no Marriott mais um vale-presente no valor de 200 dólares da TJ Maxx, a butique barata, é o que minha mãe considera o máximo dos presentes de aniversário.

– Isso mesmo – minha mãe diz –, eu também li. Foi o... – ela cita o nome de um blogueiro.

Meus pais ainda nem leram o meu último livro, mas sabem o nome do blogueiro em Samara ou Vologda ou Astrakhan ou Yaroslavl que diz que logo serei esquecido.

Você quer que eu seja esquecido, pai? Quer que eu me aproxime mais de você?

Mas não digo o óbvio.

– Olhe lá. – Viro-me para minha mãe. – É o rio Hudson. E, mais adiante, as luzes. É Nova Jersey.

– Sério? – Minha mãe estica o pescoço. Sua capacidade de se fascinar com as coisas é seu melhor presente para mim. Cada vez que a vejo agora, ela está com o cabelo mais jovem e mais descolado, às vezes cacheado, às vezes repicado, e seu belo rosto, repleto de vitalidade e alegria juvenis, não se abala pelos seus 67 anos. Ela não vai deixar a vida tão facilmente como meu pai.

– Aquele ali é o Four Times Square – digo, tentando desviar o olhar torto do meu pai. – O Edifício Condé Nast. Os escritórios da *The New Yorker* ficam lá, assim como muitas outras revistas.

– Saiu na internet um ranking de escritores nova-iorquinos – diz meu pai. – Você ficou em trigésimo lugar, e David Remnick – o redator da *The New Yorker* – ficou oito posições à sua frente. Philip Gourevit – um dos brilhantes escritores contratados da revista – ficou em décimo primeiro. Os dois estão na sua frente.

– Semyon, pare com isso – diz minha mãe.

– O quê? *"Ya shuchu"*. Estou brincando. *Shutki!* – diz ele, em voz alta. É uma piada.

– Ninguém entende suas *shutki* – diz minha mãe.

Tia Tanya, pronta para me agradar, tem sua própria opinião.

– Sim, dizem que logo você será esquecido, mas muitos escritores só são reconhecidos depois que morrem.

Meu pai faz que sim. Seu trabalho aqui está quase terminado.

– E diga a Remnick que se ele não parar de escrever coisas ruins sobre Israel vou ser obrigado a escrever uma carta ao *The New Yorker*.

– Olhe ali! – Aponto para um arranha-céu que surge à vista. – Aquela águia! É o *Barclays Bank*. Lembram que nossos primeiros cheques na América tinham aquela águia?

O olhar do meu pai está sobre mim. Ele tenta avaliar minha reação, tenta pensar no que dizer em seguida.

Permita-me fazer uma pausa por um momento. Como é ser ele agora? O que ele vê através de seu olhar pesado? Seu filho. Um estranho. Pedindo coisas trufadas do cardápio. Com seu Obama e seu Remnick, os inimigos de Israel. Meu pai foi a Israel e passou apenas sete dias, mas ama o local tão servilmente como alguém que não compreende a jovem amante, que vê apenas sua silhueta furtiva e escura, a curva de seus assentamentos. No sótão do terceiro andar, onde meu pai vive – o espaçoso segundo andar há muito foi entregue à minha mãe –, a vida é pontuada pelo som estrondoso dos discos clássicos e pelo falatório chato de rabinos extremistas no rádio. Como pode ter seu filho viajado para tão longe de lá? Não é seu dever permanecer ao lado do pai?

Depois de toda avacalhação, depois de toda a discussão de ranques e blogs da Internet, após toda a enxurrada de insultos apresentados como piadas, meu pai conclui:

– Você deveria me telefonar mais.

Meu filho. Como pôde me deixar?

Estou olhando para baixo, vendo uma parte do chão se movendo em torno do núcleo do restaurante. Um ignorante em física, não entendo como a coisa funciona exatamente: como pode esta parte do chão girar suavemente e a outra parte permanecer perfeitamente imóvel? Imagino uma equipe de imigrantes, todos homens, suados e equipados no porão do Marriott fazendo o restaurante flutuante girar.

– A soprano Galina Vishnevskaya morreu – diz meu pai.

– Ah.

– Estudamos no mesmo conservatório em Leningrado. Os caras arruinaram a voz dela e arruinaram a minha também. Eles me tornaram baixo em vez de barítono.

Agora o assunto é ele. A carreira na ópera, da qual ele desistiu para se tornar, como a maioria dos homens judeus soviéticos, engenheiro mecânico. Não sou mais o foco. Ufa. Em outro jantar

recente meu pai me abraçou e ficou com o rosto tão perto do meu que os pelos brancos de seu cavanhaque quase tocaram os pelos brancos da minha barba baixa. Então disse:
— Morro de inveja negra de você [*chornaya zavist*]. Eu também deveria ter sido artista.

⌒

No fim de semana após o jantar no Marriott, ligo para eles da casa de campo onde passo metade do ano, tentando trabalhar.
— A internet francesa diz que seu livro é um dos melhores do ano! — gritam.
— Eles te amam na França! — exclama meu pai.
Não quero ouvir nada sobre a internet, seja coisa boa ou ruim, mas de repente estamos rindo. Estamos falando sobre o trabalho de design do meu pai sobre o que se tornaria o maior telescópio do mundo em 1975, um telescópio que, como a maioria dos produtos soviéticos de qualquer dimensão, morreu na praia.
— Oh, quantos prêmios Herói do Trabalho Socialista aquela desgraça recebeu e não deu certo! — reclama meu pai.
Este é nosso mundinho, de sátira soviética, impérios fracassados, sonhos ridículos. Estou cheio de saudades deles, de sua companhia. Estou sorrindo e confortável sob a coberta, a primeira camada de neve de dezembro lá fora vista pela minha janela, neve grossa e limpa do campo.
Altos e baixos. Baixos e altos. Sou esquecido. Sou lembrado. Sou o trigésimo colocado. Sou amado na França. O que é isso? Isso se chama exercício da paternidade. A paternidade que ele conheceu, a paternidade que ele exerceu. É familiar e segura. Segura para alguns de nós.

Algumas semanas antes, em outra reunião de família, meu pai se debruça sobre a pequena mulher que é agora minha esposa e começa um de seus monólogos sobre "vida na fazenda".

– Quando era jovem, eu matar ovelhas. As meninas dizem: "Não! São tão fofas." Mas eu corto, corto. – Ele faz um movimento como se cortasse a garganta do animal imaginário. Inclino-me para a minha esposa, oferecendo-lhe meu apoio, embora ela seja forte demais para precisar disso.

– Então, há muito gato na aldeia. Então eu levo gatinho e eu afogo. Morra, morra. – Os movimentos do afogamento são articulados. – E depois, é claro, aparece frango e...

Antes que ele torça o pescoço da ave, minha esposa e eu nos olhamos, compreendendo tudo. Ele está tentando afirmar-se. E assustá-la. Mas sob o sangue dos animais martirizados – do nada, eu me lembro do termo hebraico para sacrifício, *korban* – reside uma verdade mais prosaica. Agora estou casado e ainda mais distante dele. Há outra pessoa entre nós.

O Matador de Ovelhas quer o filho de volta.

– Minha primeira recordação de quando eu tinha oito anos é a de que quando eu ouvia música clássica, sobretudo com violino, eu às vezes chorava – diz meu pai. – Eu me escondia debaixo da mesa, ouvia a música, ficava triste e chorava. Foi quando comecei a pensar no meu pai. Eu não tinha lembranças porque eu mal o conheci, mas a tristeza de não conhecê-lo se ligou com a música. Tinha alguma coisa sobre meu pai que eu não conseguia lembrar. Comecei a comprar discos em uma aldeia vizinha; não muitos, mas meu primeiro disco foi um com Caruso cantando sua ária final de *Tosca*.

Com a testa franzida, com toda a tristeza e empatia que ele consegue evocar, meu pai começa a cantar em russo:
– *Moi chas nastal... I vot ya umirayu!*
Chegou a minha hora... E eu estou morrendo!
Há uma fotografia do meu pai aos 14 ou 15 anos, vestindo um uniforme completo de general czarista e peruca, os olhos em chamas com a tristeza pacífica que acho que nunca encontrei fora de um punhado de romances russos ou depois de uma saraivada de coquetéis fortes. Ele foi escalado para fazer Gremin na montagem escolar de *Eugene Onegin*, de Tchaikovsky. É uma parte difícil para um baixo jovem, mas meu pai é conhecido em todo o seu pequeno vilarejo como Paul Robeson, uma clara referência ao cantor afrodescendente norte-americano que fez turnê em toda a União Soviética com o seu "*Ol'Man River*".
– Na minha escola, eu era uma celebridade – conta meu pai. – Mais ou menos como você agora.
Em um universo alternativo, a Rússia é uma democracia generosa e solidária, meu pai é o famoso cantor de ópera que desejava tornar-se, e eu sou o filho adorado.

⌒

De volta à modesta casa de estilo colonial com três andares em Little Neck, Queens, o jantar de Ação de Graças está terminando. Penso em uma coisa que meu pai me disse na última vez em que eu o entrevistei. Falou da guerra, contou que era um garoto pequeno que acabara de perder o pai e seu melhor amigo, Lionya.
– Eu dei de comer a um cão em algum lugar – contou. – Não escreva isso, pois as pessoas estavam morrendo em Leningrado, mas eu me lembro que alimentei um cão com um sanduíche de

manteiga que minha mãe me deu, o que acho que significa que eu não estava morrendo de fome.

– Papai, por que não quer que eu escreva essa história?

Ao redor da mesa, a família sorri e todos dão a maior força. É uma bela história.

– Eu tinha vergonha porque as pessoas estavam morrendo de fome e eu tinha um sanduíche. Mas, sim, acho que você pode incluir essa parte.

Meu pai se senta à cabeceira de uma mesa frente à carcaça de um enorme peru americano. O que o envergonha é o maior ato de decência que já encontrei em todos os contos do passado de nossa família. Um menininho, órfão de pai e do melhor amigo, inclina-se diante de um cão e o alimenta com seu sanduíche de manteiga.

E conheço bem esse sanduíche. Porque ele já fez para mim. Duas fatias de pão russo escuro, feito com farinha refinada não branqueada, do tipo que tem gosto de solo maltratado e da indiferença de um camponês à morte. Por cima, a mais cremosa, mais mortal manteiga americana, entupida com pedaços grossos de queijo tipo feta. E, por cima disso tudo, dentes de alho, o alho que é para me dar força, que é para limpar-me os pulmões do catarro asmático e fazer de mim um verdadeiro homem forte comedor de alho. Em uma mesa em Leningrado, e uma mesa nos cafundós do Queens, Nova York, os ridículos pedaços de alho são macerados sob nossos dentes enquanto estamos ali sentados de frente um para o outro, o alho prevalecendo sobre o sabor de qualquer outra coisa que tenhamos comido e nos tornando um só.

4.
PRAÇA MOSCOU

Para se tornar um cosmonauta, o autor deve primeiro superar o medo de altura usando uma escada que seu pai construiu para este fim. Deve também parar de usar roupa de marinheiro e collant.

S EU NOME É VLADIMIR. Nunca Volodya, o diminutivo, sempre Vladimir. Há quem diga que ele não é um homem bonito, mas é um homem sério. Talvez ele tenha rido uma vez, mas não que eu tenha visto. Não se aborrece o Vladimir. Não se brinca com suas ideias. Seu nome completo é Vladimir Ilyich Lênin, e eu o amo.

Vladimir chegou à nossa Leningrado vindo de uma cidade às margens do rio Volga. Exímio nadador, desde o início ele foi um modelo para os jovens. Quando veio pela primeira vez a Leningrado, Vladimir jogou muito xadrez. O czar o exilou na Sibéria, mas acabou em Munique e Londres e, em seguida, Genebra e na Finlândia. Vladimir Ilyich Lênin é uma caixinha de surpresas. Quando se acha que se sabe qual é a dele, puf! – Ele é como o vento. Vladimir era um bolchevique e odiava os mencheviques, pois estes gostavam da burguesia liberal de que ele não gostava. Entre seus interesses estavam patinação no gelo e a criação de uma aliança entre operários e camponeses para derrubar o czar. Todo mundo na Rússia ficou muito feliz quando Vladimir e seu melhor amigo, Joseph, voltaram para a nossa cidade, puseram o czar para correr e depois meteram chumbo nele, alegrando a vida das criancinhas como eu. Hoje Vladimir jaz em um mausoléu em Moscou, mas é até difícil de acreditar nisso, pois em todos os cantos da cidade encontram-se placas com dizeres: LÊNIN VIVERÁ PARA SEMPRE! Digo isso com muita propriedade, pois há pouco minha família se mudou para a Praça Moscou, que fica na estrada para o aeroporto; aqui se encontra a maior estátua de Vladimir em toda a Leningrado que se assoma sobre mim e me lembra de que não estou sozinho.

Praça Moscou. *Moskovskaya Ploshchad*. É aqui que minha vida realmente começa. Minha recordação desses anos é claríssima, vívida e assustadoramente perfeita. Já levei tantos golpes no cérebro que cheguei a perder completos trechos de memória referentes à época da faculdade e do meu casamento. Mas, desse período, as recordações permanecem incólumes. Existe apenas um hiato.

Praça Moscou. Construída no grandioso estilo imperial soviético stalinista para fazer o povo se esquecer das ninharias barrocas da antiguíssima czarista São Petersburgo, a poucos quilômetros ao norte. Mas os malditos cidadãos, os *Leningradtsy*, recusam-se a se esquecer.

Praça Moscou: sua geometria é fria, suas cores, suaves, seu tamanho, gigantesco, algumas colunas e adornos gregos variados que conferem ao lugar um quê atemporal e inevitável. A praça é tão grande que parece ter seu próprio microclima, uma chuva oleosa pode cair sobre seus hectares de tijolo e mármore, e no verão as violetas são conhecidas por explodir em meio a toda a ideologia.

Aqui está o meu Lênin congelado do tamanho do King Kong, meu amor, quase saltando na direção da vizinha Finlândia, com a mão apontando enfaticamente para o horizonte, com o casaco sensualmente desfraldando-se ao vento. De fato, há tanto movimento sobre seu pedestal de granito que alguns moradores já o apelidaram de "Lênin Latino", como que se a qualquer momento ele vá começar a dançar salsa ou, melhor ainda, rumba cubana. Bem atrás de Lênin há uma caixa grandiosa – um edifício – cuja fachada apresenta operários, camponeses e soldados marchando solenemente para o brilhante futuro socialista. O local foi idealizado originalmente para ser uma Casa dos Sovietes, o equivalente à prefeitura, durante a era Stalin. Então se tornou uma agência de assuntos secretos em que pelo menos dois desertores (ambos parte da rede de espionagem de Julius e Ethel Rosenberg) tinham a fama de trabalhar em projetos militares, e hoje é um lugar triste, apático, onde se tira uma fotocópia do passaporte ou certificado de serviço militar pagando-se alguns rublos. O dramático impacto stalinista da praça foi diminuído pela agência do Citibank no início da rua, a concessionária Ford um pouco mais para baixo, as máquinas caça-níqueis ao virar a esquina e a intermitente banca de frutas vendendo brilhantes laranjas importadas, pimentas etéreas e peras brilhantes de uma galáxia distante. Uma das 4,8 milhões de filiais do McDonald's de São Petersburgo (uma para cada cidadão) encontra-se zumbindo no canto sudoeste. Mas durante minha infância não há nada disso! Existem a estátua de Lênin, o Edifício da Inteligência Secreta para Desertores e Espiões, e, do outro lado da rua, uma estrutura feita em algo parecido com mármore de tamanho igualmente imponente, contendo outro aspecto importante da vida soviética: o *gastronom*. Chamar um *gastronom* de supermercado seria insultar os supermercados de todo o mundo. Pelo contrário, trata-se de um espaço exclusivamente pré-capitalista no qual o presunto às vezes aparece e depois desaparece rapidamente. O presunto muitas vezes não é exatamente presunto, e sim a gordura em torno do presunto. Minha mãe trava uma batalha semanal com os empregados do *gastronom* para garantir que cortem a parte rosada e comestível do meu lanche favorito. Em uma ocasião fatídica, logo antes de emigrarmos, minha mãe começa a gritar com a mulher:

– Por que vocês estão me dando só gordura?

O ano é 1978, quando os judeus soviéticos finalmente estão autorizados a sair para Israel e, mais afortunadamente, para os Estados Unidos ou Canadá. O inimigo da minha mãe, de jaleco branco manchado, avalia-lhe o nariz e o cabelo escuro, e grita:

– Quando a senhora se mudar para Israel, eles vão cortar o presunto pra senhora sem gordura!

– Sim – minha mãe responde. – Em Israel, eu vou ter o presunto sem gordura, mas tudo o que *você* vai ter é apenas gordura.

É evidente o absurdo *não kosher* desta conversa, mas na verdade estas são, possivelmente, as primeiras palavras corajosas e verdadeiras que minha mãe falou em trinta anos de uma cuidadosa vida soviética, a primeira vez que ela se posicionou em defesa própria frente ao "sistema", e o *gastronom* é o sistema em sua forma mais elementar.

Mas estou me adiantando.

⚮

Praça Moscou. Estátua de Lênin, Edifício da Inteligência Secreta para Desertores e Espiões, *gastronom*. E, à esquerda de Lênin, um pequeno bosque de *yolki* ou abetos. Quando a asma me dá uma trégua, eu e papai brincamos de pega e pique-esconde sob os abetos. Sou um pequeno dachshund vertical e consigo me enfiar por trás da árvore mais fina, e papai finge que não me vê por muito tempo, enquanto eu respiro, *inalo plenamente* os ricos aromas de pinho verde do pequeno companheiro arbóreo ao meu lado. Pelo bairro corre o boato de que um bêbado derrubou um dos abetos para fazer uma árvore de Ano-Novo e, por isso, foi condenado a dez anos em uma colônia penal. Que tolo! Não se derruba um abeto na frente de Vladimir Ilyich Lênin.

E aqui estou, tremendo de emoção atrás de uma árvore, enquanto o papai grandão está à minha caça; ele realmente não consegue me encontrar! E, acima de mim, Lênin gesticula avidamente para a Finlândia, sua cúpula mais careca do que a de meu pai, que ainda conta com alguns fiozinhos de cabelo entre as têmporas. Estou escondido atrás de um abeto, e meu pai está cantando:

– *Synochek, Igoryo chik, gde ty?* – "Filhinho, Igorzinho, onde você está?"

E estou inalando, sem parar, o proibido aroma gelado do abeto.

O sol está se pondo sobre nós, sobre Lênin e sobre a Casa de Espiões, e logo a brincadeira chegará ao fim por causa do frio. Há uma teoria por aí de que vou ficar superaquecido de tanto brincar e que meu pescoço nu e quente irá se combinar com a geada de outono e, com isso, a doença vai voltar. Como o Paradoxo de Fermi, esta teoria é difícil de provar, mas várias gerações de russas a têm levado em consideração em suas cozinhas, fábricas e escritórios.

Não quero que a brincadeira pare. Quer saber? Eu *ainda* não quero que a brincadeira pare. Nem mesmo hoje, 25 de maio de 2012. Porque meu pai é maior que eu. Ele ainda é o grandão. E posso vê-lo entre os abetos, com seu casaco leve (que, a exemplo de tudo por aqui, cheira a repolho cozido) e seu colorido cachecol xadrez, provavelmente contaminado por radiações. E ele está me procurando. Aqui está meu pai, acima de mim, e aqui está Lênin acima dele: esta é minha família e este, meu país. Estou sentindo isso ou estou imaginando? Ambos, tenho certeza. Já entendo como facilmente um sentimento pode se tornar um pensamento e vice-versa.

– Eu o perdi! Perdi meu filho! – grita meu pai. – Perdi meu Igorzinho. Onde ele está? Não consigo encontrá-lo!

Será que ele está brincando ou está preocupado mesmo?

Quero saltar para fora e dizer: "Estou aqui! Você não me perdeu!"

Mas isso é contra as regras do jogo. Afinal, o bacana da brincadeira não é *ficar escondido*? O barato é sentir medo quando papai vai se aproximando e fica cada vez mais perto de me encontrar. Só que, em vez disso, eu me sinto mais triste quando ele parece ter me perdido. E então, quando ele se aproxima, sinto o medo novamente. Tristeza, medo. Medo, tristeza. Era isso que eu desejava por tanto tempo enquanto estava acamado? Não, é o seguinte: De repente, papai salta de trás de um abeto ao lado e grita: "Te encontrei!" e eu grito de alegria e tento escapar. Ele me apanha em um gesto fácil, ergue-me sobre os ombros, e passamos por Lênin, que também está feliz que eu tenha sido encontrado, em direção ao nosso apartamento, que fica a um gigantesco bloco stalinista de distância, onde mamãe prepara uma sopa de repolho, quente e insípida.

⌒

Moramos na rua Tipanov número 5, apartamento 10. Uma placa na entrada da rua nos informa que ALEXANDER FYODOROVITCH TIPANOV (1924 – 1944) FOI UM DEFENSOR CORAJOSO DA CIDADE DE LÊNIN. EM 1944, ELE PROTEGEU SUAS TROPAS COM SEU PEITO CONTRA O FOGO EM AVANÇO, PERMITINDO QUE SEUS CAMARADAS AVANÇASSEM E ATACASSEM COM SUCESSO. O GUERRERO DESTEMIDO FOI POSTUMAMENTE CONDECORADO COM O TÍTULO DE HERÓI DA UNIÃO SOVIÉTICA. Gosto de pensar que meu avô Isaac, pai do meu pai, que também morreu na guerra em uma idade ridiculamente tenra, realizou uma façanha semelhante, mesmo que não tenha sido um herói da União Soviética. Ah, como eu gostaria de colocar meu próprio peito na frente de algum fogo de artilharia para que meus companheiros pudessem avançar e matar os alemães. Mas primeiro terei de fazer um ou dois amigos da minha idade, e essa façanha igualmente heroica ainda está a anos de distância.

Enquanto meu pai me carrega da brincadeira de pique-esconde nos abetos sob a estátua de Lênin, rumo à rua Tipanov, número 5, apartamento 10, passamos pela outra instituição importante na minha vida: a farmácia.

Uma das palavras mais assustadoras na língua russa é *banki*, que nominalmente se refere ao plural de um copo ou um pote de vidro, mas que o Dicionário Oxford Russo-Inglês também prestativamente descreve como "(Med.) ventosa." Não tenho muita certeza sobre a parte "med.", pois ainda não encontrei nenhum doente de asma, pneumonia ou qualquer outro desastre brônquico que tenha se curado com esta forma insana de remédio camponês. A farmácia local possui pouquíssimos medicamentos úteis, mas o menos útil de todos é o tal *banki*. A aplicação da dita "ventosa" nas costas de um garotinho branquelo e molenga de Leningrado com um chiado no peito em 1976 representa o auge de três mil anos de uma intervenção médica não tão grandiosa, que teve início com as práticas tradicionais dos gregos e dos chineses e terminou aqui na farmácia da rua Tipanov.

    É disto que eu me lembro muito bem. Estou deitado de bruços. Aparecem os *banki*, pequenos frascos de vidro, em tom esverdeado, cada um provavelmente do tamanho do meu pé. Minha mãe, com a mão bem forte, fricciona-me as costas inteiras com vaselina. Se o que se segue é indescritivelmente assustador para um adulto sadio, imagine para uma criança ansiosa. Envolvem algumas pinças em algodão embebido em vodca ou álcool e ateia-se fogo. As pinças em chama são passadas em cada frasco de vidro, sugando o ar para criar uma sucção entre o copo e a pele. Os frascos são, então, presos ao longo do comprimento das costas do paciente, supostamente para retirar o muco dos pulmões, mas, na realidade, para assustar o menino e fazê-lo pensar que os pais são piromaníacos ensandecidos com sérias intenções de machucar.

    Deixe-me fechar os olhos agora. Estou ouvindo um palito de fósforo raspado contra a caixa pela minha mãe – *tsss* – em seguida, as chamas das pinças, tão laranja e amarelas quanto o pôr do sol poluído de Leningrado, e então o barulho do ar sendo sugado para fora, como se por uma bomba de nêutron, como a que os imperialistas norte-americanos na TV estão ameaçando usar contra a gente, e então a picada do vidro quente contra as costas. Em seguida, dez minutos deitado, imóvel como uma folha morta de outubro, no fundo de uma piscina, para que os *banki* se soltem das costas torturadas e todo o processo se repita novamente.

O primeiro de vários passos da nossa imigração para a América envolverá uma parada de uma semana em Viena, antes de passarmos por Roma e, finalmente, Nova York. Estarei com 6 anos, atormentado pela asma, como sempre, e terei de ser levado para uma clínica médica vienense. *Herr Doktor* dará uma olhada nas minhas costas cheias de hematomas azuis e pretos e vai se preparar para chamar as forças policiais austríacas com uma nova denúncia de abuso infantil. Depois que meus pais nervosamente explicarem que aquilo foi apenas um tratamento com "ventosas", ele vai rir e dizer: "Que démodé!" ou "Que idiota!" ou "Seus russos loucos, o que farão agora, hein?". Ele vai me dar algo que nunca encontrei na URSS: uma simples bombinha de asma cheia de esteroide. Pela primeira vez na vida, vou curtir demais o fato de me dar conta de que não tenho de morrer sufocado todas as noites.

Mas neste exato momento não conto com tal consolo. Meu pai e eu sabemos que a farra do pique-esconde entre os abetos vermelhos sob Lênin na Praça Moscou terá um preço. Vou passar mal essa noite. Na verdade, sei que, no momento em que passamos pela farmácia com sua horrorosa e ousada placa onde se lê APTEKA, já estou instruindo os pulmões a desligar. Outra coisa de que não nos damos conta em 1979: a asma é, pelo menos em parte, o que chamam de "doença emocional", desencadeada por estresse e medo.

Mas medo de quê?

Todo suado, sou levado para o apartamento quentinho, cheirando a repolho, e minha mãe grita para meu pai:

– Como você pôde ficar na rua até essa hora? Como pôde deixá-lo correr no frio? O menino está superaquecido! Agora ele vai passar mal!

E ele começa a gritar para ela:

– Oy, Yoi, yoi! Falou a sabichona! É uma porra de uma médica agora!

– Não xingue – *"Ne mat'ugaisia matom"* – Não xingue na frente do menino.

Para mim:

– Igor, *ne povtoryai* – Não repita essas palavras feias.

– É você quem está xingando.

– Eu? Ah, quer saber? Vá pro caralho! – *Poshol na hhui.*

– Vá pra puta que pariu! – *Yobtiki mat.*

Memorizo e pronuncio as palavras feias de forma errada. Minha mãe perde as raízes russas e volta ao iídiche primitivo de sua falecida avó da *shtetl* bielorrussa de Dubrovno:

– *Gurnisht! Abiter tsoris!* – Você é um nada! Uma desgraça amarga!

Vou perdendo a respiração. E agora? Qual será a língua para qual vão descambar? Aramaico? Tiro o pijama e obedientemente me deito de bruços. Meus pais, ainda trocando insultos aos berros em duas línguas, preparam o kit de "ventanas", preparando o álcool para alimentar as chamas. Apenas uma década mais tarde encontrarei um novo espaço para preencher com álcool.

E tome ventana.

⌒

Não consigo dormir depois da ventana. Minhas costas estão cobertas por calombos circulares, e a asma só piorou. Estou ofegante no sofá da sala que serve como minha cama. Pego um livro infantil ilustrado sobre um menino e uma menina que são (por razões que agora me escapam) encolhidos e, em seguida, atacados por um enxame de mosquitos gigantes. Em uma das páginas do livro, uma gota de geleia endureceu e formou o que parece ser os restos esmagados de um inseto particularmente vil (na pantanosa Leningrado, os mosquitos são do tamanho dos Lênins).

Uma criança insone e enferma existe em uma espécie de quarta dimensão, onde a linguagem é executada espontaneamente através da pequena, mas crescente mente, e os sentidos externos são preparados para receber uma enxurrada de informações. Logo: mosquito ficcional, geleia endurecida, inseto vil, o abraço pesado do sofá molenga, padrões do tapete pendurado na parede acima formando algarismos arábicos reais e palavras tibetanas irreais (visitei recentemente o Museu de Etnografia), mamãe e papai no quarto ao lado, dormindo após a última briga, alheios a tudo que se passa na minha cabeça.

O sol do norte ascende sobre seu poleiro com o que só pode ser descrito como resignação, irradiando tons róseos pelas copas das bétulas e pelos topos da arquitetura pesada. Um tom rosa que, para o olho jovem insone, é cheio de tiras de vida, formas de ameba que flutuam e se contorcem pela paisagem e além dela, uma quinta dimensão para a já ocupada quarta que descrevi acima. E ao meu chiado de velho soma-se a surpresa. Levei ventosa nas costas, é verdade, mas sobrevivi outra noite. O sofá molenga, que há muito tempo rebatizei de Melequento Imperial, uma fragata russa do século XVIII, igual à que se encontra no Museu da Batalha de Chesme aqui perto, antigamente a Igreja Chesme, onde papai e eu gostamos de lançar nossos helicópteros de brinquedo entre as torres da igreja, também sobreviveu à noite de nevoeiro. A pressão de adormecer é aliviada, não há nada a temer e nada pelo que valha a pena lutar, e, com essa aliviada nas expectativas, vem o inesperado. Adormeço pela manhã, cercado pela cidade brilhante e viva, Lênin com a mão estendida cumprimentando os alunos com seus uniformes, os trabalhadores, soldados e marinheiros com os deles. Fora da janela, duas placas de néon piscam suavemente enquanto adormeço chiando. CARNE, diz uma delas. E depois: LEGUMES.

Palavras. Tenho fome de palavras, até mais do que da carne e dos legumes que elas pretendem anunciar. No dia seguinte, se eu estiver bem, vamos passar por meu Lênin rumo à estação de metrô da Praça Moscou, e haverá mais palavras para eu comer. *Veliiiy moguchii russkii yazik*. A Grande e Poderosa língua russa é como a minha primeira língua se autointitula. Ao longo de todo o seu mandato de setenta anos, a burocrática língua soviética inadvertidamente roubou grande parte da nobreza e do poder da linguagem de Pushkin. (Tente, sem compromisso, pronunciar a sigla OSOAVIAKHIM, que significa Associação de Assistência de Defesa, Aeronaves e Desenvolvimento Químico.) Mas no final de 1970 a língua russa sitiada ainda pode dar um show e tanto para um menino de 5 anos, em uma estação de metrô de Leningrado. O segredo é usar gigantescas letras maiúsculas de cobre pregadas a uma parede de granito, significando pompa e posteridade, um hino maiúsculo para um estado soviético cada vez mais minúsculo. As palavras, enfeitando as paredes da estação do Instituto Tecnológico, são as seguintes:

1959 – FOGUETE ESPACIAL DA UNIÃO SOVIÉTICA ATINGE A SUPERFÍCIE DA LUA.

Engole essa, Neil Armstrong.

1934 – CIENTISTAS SOVIÉTICOS CRIAM A PRIMEIRA TEORIA DA REAÇÃO EM CADEIA.

Então foi aí que tudo começou.

1974 – INICIADA A CONSTRUÇÃO DO TRONCO FERROVIÁRIO PRINCIPAL BAIKAL-AMUR.

Agora, que diabos *isso* significa? Ah, mas Baikal-Amur soa tão belo – Baikal, o notório (e agora notoriamente poluído) lago siberiano, uma peça central do mito russo; Amur (amour?), quase poderia ser outra palavra francesa de que o russo alegremente se apropriou. (Trata-se, na verdade, do nome de uma região no Extremo Oriente russo.)
Tenho 5 anos, calço botas de feltro apertadas até o tornozelo. Em volta dos ombros, algo que poderia ser a metade de um urso ou vários castores soviéticos, a boca tão arreganhada que, como meu pai vive me avisando, "um corvo vai entrar voando". Estou assombrado. A estação do metrô ostenta enormes murais da robusta classe operária revolucionária que nunca existiu e mais hectares de vestíbulos de mármore que sem dúvida deixam qualquer um de queixo caído. E as palavras! Essas palavras, cujo poder parece não apenas persuasivo, mas, para este menino de 5 anos prestes a tornar-se obcecado por ficção científica, de fato extraterrestres. Os sábios alienígenas desembarcaram e NÓS SOMOS ELES. E esta é a língua que usamos. A grande e poderosa língua russa.
Enquanto isso, um trem de metrô, cheio de camaradas suados, para na estação, pronto para nos levar rumo ao norte até o Hermitage ou ao Museu Dostoievski. Mas para que serve a triste verdade do *Filho pródigo* de Rembrandt ou uma exibição de penicos do grande romancista, quando o futuro da raça humana, despida de seu mistério, está aqui para que todos possam ver? CIENTISTAS SOVIÉTICOS CRIAM A PRIMEIRA TEORIA DA REAÇÃO EM CADEIA. Esqueça o elemento humano revestido de poliéster gasto, o cheiro ímpar de um milhão de proletários mal-lavados dentro do

metrô soviético sendo sugados e arrastados por um tubo de mármore enorme. Aí está, garoto, em letras maiúsculas de cobre. Quer mais o quê?

⌒

Aos 5 anos decido me tornar escritor. Quem não tomaria essa decisão, dadas as circunstâncias?

Meu espaço de estar e dormir na sala de visitas é dividido em três grandes categorias. Uma parte é a Cômoda Tecnológica, sobre a qual repousa um novo e sofisticado telefone de disco que estou aprendendo a atender com grande habilidade ("Mama, *telefon!*") e um aparelho de televisão barrigudo da *Signal*. A televisão é um objeto de grande espanto entre os cidadãos soviéticos por explodir regularmente. Chegam até a dizer que 60% dos incêndios domésticos em Moscou são causados por explosões de televisores com defeito de fábrica. Ainda criança, eu já tinha consciência da falsidade do Tio Corrente Elétrica e agora estou aprendendo sobre os perigos do primo Televisor.

Na parte oposta da sala fica o Cantinho Atlético. Aqui meu pai construiu para mim uma escada de madeira simples que chega até o teto e é projetada para oferecer ao paciente confinado à residência um pouco de exercício e para curar um dos meus maiores medos, o medo de altura. Ele implorou aos trabalhadores em sua fábrica para que esculpissem cada barra lisinha de madeira, e a escada resultante é possivelmente a coisa mais linda em nosso apartamento. É também uma das mais assustadoras. Todo mês tento escalar mais uma das dezenas de barras, até que, tonto e com a boca seca, estou voando a um metro do chão! Só um pouco mais de esforço, um pouco menos de asma, e serei o que todo garoto soviético com idade entre 3 e 27 anos quer se tornar: um cosmonauta.

    Mas tenho outros planos. A terceira parte da sala de estar é o Sofá da Cultura. É onde a cultura acontece e também onde eu durmo. (Até hoje, trabalho na cama, encostado a três travesseiros, e não uso nenhuma mesa, atril ou qualquer outra distração.) A cultura é muito importante. Meu pai sonhava em se tornar cantor de ópera. Será que uma das minhas primeiras recordações foi ouvi-lo gritar trechos de *A dama de espadas,* minha cabeça virada para o lado, sem entender nada, com a boca asmaticamente aberta, um sorriso crescendo em meus lábios? Minha mãe toca piano. Tia Tanya, sua irmã, é violinista. Minha linda prima Victoria, filha da irmã mais velha de minha mãe, Lyvsya, é apenas cinco anos mais velha que eu, mas já tem inteiro controle do corpo ágil e elegante, consegue subir no topo do Sofá da Cultura e fazer piruetas como a bailarina que ela está treinando para se tornar. Se eu quiser ter alguma coisa a ver com essa família, devo me tornar um *kulturnyi chelovek,* uma pessoa culta.

    Então visto minha roupinha de marinheiro, dou um nó na gola na parte da frente e pego um violino infantil. Tia Tanya me ensina a raspar o treco de corda, o troço sabe-lá-como-se-chama, contra o corpo do instrumento. É ótima a sensação do toque do estofadinho aveludado contra a bochecha, assim como a roupinha de marinheiro, calça colante branca e shortinho, é igualmente agradável, mas honestamente não tenho a menor ideia do que diabos estou fazendo. O violino dará lugar a um instrumento menos estimado, a balalaica russa de três cordas, que acabará mofando em um canto empoeirado. Nos Estados Unidos, uma senhorinha russa, vizinha de minha avó, tentará infligir o piano contra mim cobrando cinco dólares americanos por aula. Nada disso vai me causar uma boa impressão.

Não, o que eu quero fazer é bem diferente. O chiado doce do violino não é para mim (já tenho meu próprio violino aqui dentro do peito, obrigado), não consigo mover o corpo como a prima Victoria, tampouco berrar A dama de espadas como o meu pai: "*O que éééé a nossa viiiida? Um jooooogo!*" No máximo, estou mais propenso a explodir como o nosso aparelho de televisão da *Signal*. Estou me tornando um leitor patológico. O primeiro livro, como mencionei acima, é sobre duas crianças, um menino e uma menina, que depois de encolhidos ficam do tamanho de um copeque e têm de, sozinhos, se defender dos mosquitos gigantes e coisas do gênero. O segundo livro, o responsável por tudo o que já aconteceu comigo, chama-se *A viagem maravilhosa de Nils Holgersson através da Suécia*. No livro, Nils, um menino mau que curte meter o cacete nos animais da fazenda, também fica, magicamente, do tamanho de um copeque e depois tem de enfrentar uma vida de aventuras com uns gansos selvagens que o levam da Suécia à Lapônia, da Lapônia à Suécia.

A viagem maravilhosa de Nils Holgersson através da Suécia, de Selma Lagerlof – aliás, a primeira mulher a ganhar o Prêmio Nobel de Literatura –, é um livro sueco muito amado naquele país. Não é por acaso que os dois livros com os quais aprendi a ler tratavam de criancinhas encolhidas e então forçadas a enfrentar um mundo hostil. A lição, pelo menos para mim, foi clara: Garotos maus não crescem. E, segundo o *Guia Soviético do Desenvolvimento dos Meninos*, o qual minha mãe estuda religiosamente, com seus diagramas de meninos pelados de tamanho sempre crescente, com os sacos cada vez maiores, eu também não estou crescendo muito bem, o que se aplica tanto ao corpo quanto ao saco. Em todos os aspectos, sou uma *coisa* pequena, cheia de limitações. Quando minha tia Tanya traz meu sorvete favorito, levanto-me e, muito sério, declaro: "Não, muito obrigado, mas não estou autorizado a tomá-lo."

Na União Soviética, *A viagem maravilhosa de Nils Holgersson* é um excelente livro para uma criança de 5 anos, embora, nos Estados Unidos, o denso volume de 160 páginas provavelmente seria de leitura obrigatória na quinta série e, em alguns estados, na faculdade. Meu maior arrependimento da infância é ter perdido a exibição televisiva da adaptação soviética do livro dos anos 1950, chamado *O menino encantado*. É a primeira vez que levo um lápis ao papel e, com a ajuda de meu pai, escrevo uma carta para a emissora, Channel One, no papel milimetrado, cheio de quadrados diabolicamente pequenos – o *tetradka* –, que toda criança russa conhece muito bem.

Respeitado Channel One,
Sou um menino de Leningrado, de 5 anos. Na semana passada, os senhores exibiram O menino encantado. A viagem maravilhosa de Nils Holgersson através da Suécia é o meu livro favorito. Já li tantas vezes que preciso usar fita adesiva para segurar as páginas. Chorei quando descobri que os senhores já exibiram O menino encantado. Por favor, por favor, passem novamente. Quero muito assistir.
Com todo respeito,
Igor Shteyngart, Cidade de Leningrado.

Meu pai e eu passamos pela farmácia e por Lênin para enfiar a carta em uma caixa de correios. Sinto-me muito próximo a meu pai neste momento. Segurando-lhe a mão, pulo para cima e para baixo com entusiasmo, apesar da possibilidade de suar e passar mal de tanto saltitar. Quando chegamos à caixa de correios, meu pai dobra o pedaço de papel com o meu rabisco infantil no meio e o joga, sem selo nem endereço. Na época, sei *e não sei* que a carta jamais chegará ao *Channel One* em Moscou. Fico muito esperançoso *e* sei muito bem que não posso ter esperança. Mas o que meu pai sabe? Que a principal emissora estatal não reprisará a história de Nils e os gansos só porque um menino de 5 anos com um saco escrotal insatisfatório pede? Ou que em breve vamos deixar o país para sempre e não haverá Channel One no mundo livre; haverá, um dia, sete canais sagrados na área metropolitana de Nova York – canais 2, 4, 5, 7, 9, 11 e 13 – e muitos outros, caso compremos uma antena de UHF no formato de gravata borboleta.

De volta ao Sofá da Cultura em 1977, estou relendo Nils asmaticamente, inspirando bastante ar para conseguir ouvir as palavras que leio em voz alta, fazendo de conta que estão sendo lidas em voz alta no aparelho de TV. Minha avó Galya junta-se a mim. Tenho duas avós. Vovó Polya, minha avó paterna, gosta de sentar-se comigo em nosso banco favorito na Praça Moscou e de me empanturrar de carnes. Ela se mudará conosco para a América e será minha melhor amiga por muito tempo. Vovó Galya, sem que eu saiba, está lentamente se degenerando, rumo a um estado de demência vascular. Ela é o principal motivo de minha mãe não querer imigrar, e ela morrerá na União Soviética no final dos anos 1980, quase inconsciente e com muita dor. Minha tia Tanya ficará para trás e cuidará dela, uma dívida que minha mãe tentará pagar pelo resto da vida.

Vovó Galya trabalhava como jornalista e redatora no *Evening Leningrad* (*Vechernii Leningrad*). Ela sabe do meu amor pelo conto de Nils e os gansos selvagens; já viu a fita adesiva amorosamente aplicada para segurar todos os volumes da literatura infantil que possuo. Um dia, enquanto toma conta de mim, ela propõe:

– Por que você não escreve um livro?

E assim começa. Tenho 5 anos. Estou com um cotoco de lápis grosso na mão e um papel milimetrado *tetradka* esperando para ser rabiscado. Vovó Galya é esperta. Ela cresceu só e conseguiu sair da *shtetl*, levou a medalha de ouro no ginásio local e, aos trancos e barrancos, chegou a Leningrado, onde se tornou uma pessoa culta. Ela sabe o que todo bom redator sabe muito bem. Não se pode simplesmente virar para alguém e mandar "Escreva!". É preciso que haja um sistema de recompensa. Vovó Galya não tem acesso à carne de porco cozida fria que eu adoro, mas possui outro trunfo importante: queijo.

Trata-se de um queijo soviético espesso, duro, amarelado, um parente pobre dos megatons de lactose laranja que o governo norte-americano vai jogar em minha avó Polya três anos depois em Rego Park, Queens. Mas ele serve para estabelecer um padrão de troca: bens por palavras. O mesmo sistema que ainda utilizo hoje. Vovó Galya fatia o queijo em dezenas de cubos amarelos pálidos.

– Para cada página que você escrever – diz – vai ganhar um pedaço de queijo. E para cada capítulo que completar vou fazer um sanduíche com pão, manteiga e queijo.

O romance resultante provavelmente custou à minha avó cem pedaços de queijo e pelo menos uma dúzia de sanduíches de queijo e manteiga. Não resta mais qualquer vestígio do livro, mas a minha obra-prima da infância provavelmente começou com as seguintes palavras:

Odin den', utrom rano, Vladimir Ilyich Lenin prosnulsya.
Um dia, no início da manhã, Vladimir Ilyich Lênin acordou.

Lênin está vivo e acordado em Leningrado! Desceu de seu pedestal na Praça Moscou, e é chegada a hora de dar o troco. Em certo momento, antes de lançar a Revolução de Outubro, ele estava escondido na cabana de um caçador feita de ramos e palha (uma perfeita *shalash* russa) na Finlândia. E, até então, a Finlândia, embora oficialmente neutra, recusa-se veemente a integrar a União das Repúblicas Socialistas Soviéticas. Em meu prolongado romance, *Lenin i ego volshebnyi gus'* (*Lênin e seu ganso mágico*), isso vai ser sanado imediatamente.

Após abandonar seu pedestal de granito, Lênin encontra um simpático ganso falante, enorme em tamanho, provavelmente voando da Geórgia ou do Azerbaijão ou da Armênia ou onde quer que seja a procedência dos homens de pele escura que vendem flores no mercado. Lênin e o ganso se tornam amigos do peito. Juntos, eles fazem um pacto: *Vamos invadir a Finlândia!*

Lênin monta no ganso e, voando, eles passam pela fronteira e entram no que um dia se tornará a União Europeia, e então, lá de cima, começam a bombardear os finlandeses azarados com nosso grosso queijo soviético. Quando não estão bombardeando os finlandeses, Lênin e o ganso juntam-se em sua *shalash* e falam em letras maiúsculas. O ganso diz coisas do tipo:

– Vladimir Ilitch, está sabendo que foi INICIADA A CONSTRUÇÃO DO TRONCO FERROVIÁRIO PRINCIPAL BAIKAL-AMUR?

Um momento profundamente acolhedor que Lênin e seu amigo plumoso passam confinados entre os galhos verdes e grossos, galhos da Praça Moscou, naturalmente. Mas Vladimir Ilyich não consegue bombardear todos os finlandeses com queijo, pois, veja você, ele tem asma!

É um fato pouco conhecido. Era para ele ser bem atlético, aquele Lênin, sempre nadando e patinando no gelo e tão animado no xadrez, mas, não, ele é meu parceiro de enfermidade! Tudo

está saindo de acordo com o plano de cinco anos, os finlandeses estão quase prontos a se render quando o ganso tagarela, provavelmente um menchevique, trai Lênin, delatando-o para a polícia secreta finlandesa. O ganso sabe que Lênin está no auge de sua vulnerabilidade durante um violento ataque de asma e, assim, ele deita Lênin de bruços, começa a aplicar-lhe ventosas – os *banki* – e, em seguida, chama os maléficos finlandeses. É quase o fim da linha para o maior gênio da humanidade, mas Lênin consegue se livrar dos *banki* e se libertar dos porcos nórdicos. Ele captura o ganso traiçoeiro, cozinha-o em um panelão vermelho e desfruta de um delicioso banquete de ganso com seus camaradas socialistas recém-convertidos.
Finis.

Estou regurgitando tudo em meu cérebro faminto de oxigênio, da arte simples de *Nils e os gansos selvagens* ao alto *schlock* da iconografia soviética. Mas é uma história mais cruel do que qualquer coisa que Selma Lagerlöf, criadora de Nils, poderia ter feito em sua Suécia democrática. A lição de *Lênin e seu ganso Mágico* é: Ame a autoridade, mas não confie em ninguém. E tem outra coisa. Estou escrevendo o romance para a minha avó, comunista durante a maior parte da vida, e estou dizendo: *Vovó, por favor, me ame.* É uma mensagem, tanto desesperada quanto comum, que estenderei para ela e para meus pais, e, mais tarde, para um grupo de aluninhos *yeshivá* no Queens e, ainda mais tarde, para os meus vários leitores ao redor do mundo.

Está quase na hora de os Shteyngarts deixarem a Praça Moscou. A cada semana a asma fica tão ruim que uma ambulância chega gritando ao nosso pátio de pintura descascada. Dra. Pochevalova, cuja presença me assusta tanto que nem consigo me lembrar de seu rosto e tampouco de sua forma, é lembrada apenas pelas palavras feias, repugnantemente feias, que saem de seus lábios rígidos: "Inflamação dos pulmões" (*vospaleniye lyogkikh*) e "compressas de mostarda" (*gorchichniye kompressy*).

Na televisão, eles não vão reprisar *O menino encantado*, mas acabo assistindo a um programa chamado *Planeta Andrômeda*, uma tosca versão soviética do genial Star Trek. A única cena que fica em minha lembrança: alguns homens – cosmonautas, suponho – estão sendo bombardeados por algum tipo de raio solar, contra um pano de fundo preto. Os cosmonautas estão gritando e murchando em agonia.

No pátio de nosso prédio há um escorrega para crianças, afixado a um foguete espacial do parquinho. Escalo as costelas de metal enferrujadas do foguete, o qual considero como Foguete Bom, e cuidadosamente desço deslizando pela rampinha congelada, vinte quilos de criança, trinta quilos de casaco. O Foguete Bom pode estar enferrujado, mas contém todas as esperanças e sonhos de uma nação que foi a primeira a catapultar um satélite, em seguida um cão, depois um homem, para o vazio acima de nós, para o vazio que *somos* nós.

O Foguete Mau é um tubo de vapor encardido de Dickens (estranhamente em forma de foguete, com um fundo largo, corpo afilado e uma cápsula cônica) que se estende até os cinco andares de nosso prédio e cantarola e vibra no meio da noite, como se também tivesse asma. Depois de assistir ao *Planeta Andrômeda*, eu me convenço de que algo de ruim está prestes a acontecer, que estamos prestes a ser bombardeados com os raios solares contra um pano de fundo preto, que o Foguete Mau vai decolar para as estrelas, que ele vai detonar uma parte da nosso prédio e com ele arrastará a mim e aos meus pais. Começo a esboçar ideias para um novo livro, *Vladimir Ilyich Lênin conquista Andrômeda*. Até mesmo as galáxias mais distantes devem se tornar seguras para o socialismo.

Sem que eu saiba, a União Soviética está caindo aos pedaços. As colheitas de grãos têm sido um desastre total; praticamente não há grãos suficientes para alimentar as massas ou mantê-las totalmente bêbadas. Enquanto isso, nos Estados Unidos, um movimento popular para libertar os judeus soviéticos de seu cativeiro de poliéster ganha impulso. E, assim, o presidente norte-americano Jimmy Carter chega a um acordo com os russos. Em troca de toneladas de grãos e um pouco de alta tecnologia, presumivelmente televisores que não explodirão assim com tanta regularidade, a URSS permitirá que muitos de seus judeus deixem o país. A Rússia recebe o grão de que precisa para sobreviver, a América recebe os judeus de que necessita para funcionar: em linhas gerais, um excelente negócio.

Meus pais largaram o emprego, venderam nosso apartamento de 46 metros quadrados, e estão usando os rublos restantes para transportar nossos brilhantes móveis romenos e nosso piano vertical Red October pelo Mar Negro, atravessando o Mediterrâneo, atravessando o Atlântico, atravessando qualquer corpo de água que transportará esta carga estranha e muito velha. A mãe de minha mãe – a cada vez mais senil vovó Galya – assinou os documentos autorizando a filha a imigrar (outro requisito humilhante do sistema: o consentimento dos pais). Os vistos foram colocados nos passaportes dos meus pais, os raros vistos *de saída* que permitem que os cidadãos soviéticos façam o impensável: entrar em um avião e sair do melhor país do mundo, o país dos trabalhadores e batalhadores. Estamos prestes a decolar para as estrelas, e deixaremos para trás vovó Galya e seu queijo, de modo que restará apenas a lembrança de uma velha mulher atarracada com uma saia floral e o som do lápis grande contra o papel gráfico, e de seu sorriso enquanto corrige meus delírios infantis. E não haverá mais passeios até a Igreja Chesme para lançar helicópteros de brinquedo para as torres enquanto meu pai, aquele homem que era uma Wikipedia pré-digital, gesticula em direção à arquitetura e, com toda doçura, me dá lições em minha língua materna:

– A primeira igreja conhecida concebida como um afastamento do estilo bizantino é a Catedral de Santa Sophia em Novgorod, construída entre 1045 e 1050 d.C.

E outro ente querido vai ser deixado para trás.

--

Lênin, meu ganso, meu feroz e sangrento amigo, meu sonhador. O que você sonha agora, em seu pedestal na Praça Moscou, em seu mausoléu na Moscou atual?

Alguma vez sonha comigo? Sonharia alguma vez comigo?

5.
ARTIGO 58

*A mãe do autor aos 11 anos, com o olhar adulto
e preocupado que ao crescer ele conhecerá tão bem.
Observe o lindo laço em seu cabelo.
O ano é 1956 e o lugar é a União Soviética.*

—Parece que você não me conhece de verdade. Você me vê através dos olhos de seu pai. E às vezes acho que não conheço você.

É aniversário de minha mãe e estamos no restaurante giratório no topo do Marriott Marquis. Meu pai e minha tia Tanya, irmã mais nova de minha mãe, estão sentados à mesa aguardando

a sopa de trufas e filé ao ponto para bem passado, mas minha mãe quer ficar dez minutos a sós comigo. Estamos sentados próximos ao banheiro feminino no núcleo não giratório do restaurante, observando as mulheres passarem com roupas suburbanas berrantes, deixando carne demais à mostra para uma noite gélida de dezembro.
 A linha de raciocínio de minha mãe me confunde. Sei que ela está preocupada com o livro de memórias que estou escrevendo. Os dois estão. "Conte para a gente, quantos meses mais temos que viver?", meu pai perguntará sobre a data da publicação iminente. Mas como pode minha mãe dizer que nós não nos conhecemos?
 Há 18 anos vivemos tão grudados que qualquer americana não judia, não italiana, não asiática, exposta ainda que por uma hora a tanto grude assim, seria capaz de puxar os cabelos loiros para cima, olhar para o céu e gritar: "Preciso de espaço!"
 Será que não conheço mesmo a minha mãe? Ela era minha amiga quando eu era pequeno. Dificilmente me deixava ter outro amigo, pois os considerava portadores de doenças que podiam agravar minhas próprias enfermidades brônquicas. Prima Victoria, a bailarina – lembro-me que olhei para ela através do vidro em Leningrado, nós dois borrando o painel quadrado de uma porta francesa com as mãos, embaçando tudo com o vapor da respiração. Como queríamos poder dar as mãos. Ela também era filha única.
 E assim, mãe e filho sozinhos, enfrentando as longas filas para pegar água e levar à cabana subterrânea onde passavam férias na Crimeia, maravilhando-se com o Castelo Ninho da Andorinha perto de Yalta, andando de mãos dadas por inúmeros trens, estações férreas, praças, mausoléus – e sempre conversando, pois o meu russo era avançado e curioso, e ela precisava de um compa-

nheiro avançado e curioso. Naqueles dias, aliviei sua ansiedade em vez de provocá-la.

E quanto a vê-la através dos olhos do meu pai? Por muito tempo, adaptei o tédio, o sarcasmo e as *shutki* (piadas) dele. Tentei ser ele, porque eu era um menino e era papel dele ilustrar o próximo passo na minha evolução.

– A quem você ama mais, sua mãe ou seu pai?

Esta era a pergunta injusta que meus pais me impingiam em Leningrado. Injusta, porque eu precisava da minha mãe, precisava de sua companhia e de seu cabelo escuro para trançar durante os momentos em que eu estava muito cansado de ler. Mas eu *sentia* a natureza explosiva do amor que meu pai tinha por mim, o papel central que eu deveria desempenhar em sua dura vida. É o tipo do amor que nos dá apenas duas opções: ou o aceitamos ou fugimos dele. Só há pouco decidi não fazer nem uma coisa, nem outra, apenas parar e observar o sentimento seguir o próprio curso.

Mas, à medida que estou envelhecendo, tendo a optar pela vida de minha mãe. Os cálculos sem fim, as preocupações, os pressentimentos e, acima de tudo, o trabalho interminável. O trabalho de manhã à noite, mesmo na aposentadoria, que nos impede de fazer as pazes com o passado. Os pedaços de frango que ela me vendeu por US$1,40 a unidade depois que terminei a faculdade deram origem a mil pedaços, cem mil, um milhão, cada um claramente marcado com uma etiqueta de preço. A fanática atenção aos detalhes, os quais, tenho certeza, meu pai jamais teve, fosse como cantor de ópera ou como engenheiro, eu agora chamo de minha. Bem como a preocupação incessante, o medo de errar, o medo de autoridade. Enquanto passeio pelos terrenos de um sítio histórico ao norte do estado, a mansão da prima-amante de FDR, já estou preparando aquela pergunta muito importante para a senhora idosa atrás do balcão:

– Comprei ingressos para a visita guiada, mas será que posso ir ao banheiro agora, antes de começar?

Minha mãe, com sua ambição sufocada, sublimada pela história e pela língua, deu à luz a minha. A única diferença é: eu não tenho nenhum Deus, nenhum mito familiar para me agarrar; sou desprovido de quaisquer habilidades de criar mitos além das mentiras que conto no papel.

– Nossa família era muito boa, comparada à do seu pai – minha mãe diz. – Nós sempre nos tratávamos pelos diminutivos, Ninochka, Tanechka. Tínhamos ingressos para a sinfonia.

Quando anunciada com tanta regularidade, a Canção da Família Culta e Amorosa, triunfando sobre a adversidade e o desespero, começa a soar como a Canção de Israel do meu pai, que é sempre sagrada, sempre incapaz de cometer erros. Seria eu louco por pensar que o amor não é tão fácil? Ou será que me falta o gene certo para o amor fácil?

– E às vezes acho que não conheço você – diz minha mãe.

Já escrevi quase 1.200 páginas de ficção, todas traduzidas para o russo, e centenas de páginas de não ficção, em sua maioria abordando a experiência de ser uma criança russa nos Estados Unidos, parte dela presa entre as páginas deste livro. É bem verdade que as partes ficcionais não foram totalmente autobiográficas, mas será que elas não deveriam ter servido pelo menos como uma explicação parcial para quem eu sou? Ou será que as partes mais importantes foram ofuscadas pelas *shutki*? Talvez, mais assustador ainda, a diferença cognitiva entre mãe e filho seja muito grande; talvez a distância daqui até lá, da Praça Moscou ao meu apartamento perto da Union Square, até este restaurante giratório na Times Square, não possa ser fechada somente com palavras.

Será que sua indagação é uma versão menos irritada e mais perplexa de *"Meu filho, como ele pôde me deixar?"* do meu pai?

Enquanto caminhamos para a mesa, onde meu pai já está ansioso para mandar sua própria *shutki* em cima de mim – os dez minutos que passei sozinho com minha mãe o encheram de ciúmes e ira –, penso: E se não tivesse de ser assim? E se eu fosse filho de pais americanos?

Não é uma questão completamente infundada. Isso quase aconteceu. De certo modo.

⁓

Minha mãe descende de duas raças muito diferentes dos habitantes da poderosa Rússia. No lado de seu pai, o clã Yasnitsky descende de 12 gerações de clérigos ortodoxos russos vindos de Kirov, uma região perdida em algum lugar na vastidão da Rússia, em algum ponto entre Helsinque e o Cazaquistão. Fotografias de meu bisavô, um diácono, e seu irmão, o arcipreste de uma pequena aldeia, oferecem um contraste engraçado às minhas feições semitas: a aparência de cada um dá a impressão de que o Espírito Santo há muito tempo fugiu para dentro de seus olhos azuis transparentes. Ambos são belos e parecem contentes, muito distantes dos banhos ácidos de horror que o resto da minha ascendência costumava tomar pela manhã. A cruz pendurada no pescoço do arcipreste Yasnitsky podia ser usada para crucificar um animal de médio porte como um fox terrier ou uma jovem capivara. A única característica física que se conecta à minha ascendência díspar é a barba rabínica bem cheia que ambos os clérigos apresentam.

A metade judia de minha mãe muitas vezes provoca uma pausa entre os entrevistadores literários de publicações judaicas israelenses e norte-americanas.

– Mas judaica de que lado? – eles indagam.

A questão aqui é que o judaísmo é uma religião matriarcal; daí se a mãe da minha mãe não fosse judia, eu seria um "escritor judeu" apenas no nome. Gosto de me estender um pouco para permitir que o pior atravesse (literalmente) as mentes de meus interlocutores hebraicos, antes de revelar, para alívio de todos, que meu avô é quem fora o grande gentio e que a mãe da minha mãe era de origem judaica.

E ela foi mesmo.

A família Nirman é proveniente da pequena cidade de Dubrovno, onde atualmente se encontra a ditadura independente da Bielorrússia, imprensada entre a Polônia e a Rússia. A cidade mais próxima é Vitebsk, berço e musa de Marc Chagall. Os judeus ortodoxos, cheios de xales de oração e misticismo, certa vez agraciaram ambos os lados do rio Dnieper, que atravessa Dubrovno feito um Mississipi menor. Ao contrário da ascendência de trabalhadores de meu pai, os Nirmans fazem parte da *realeza shtetl*, descendentes de uma longa linhagem de rabinos.

Um dos moradores de Dubrovno parte para os Estados Unidos entre as duas guerras, onde, inevitavelmente, abre um comércio de pequeno porte e se dá muito bem. Retorna a Dubrovno para reivindicar uma noiva, minha bisavó Seina. Eles se entendem bem, mas o pobre idiota resolve então acender um charuto em uma noite de sexta-feira na frente de meu rabínico tataravô. *Não acendeis um Montecristo no sábado* é outra proibição da nossa fervorosa crença.

– Jamais! – grita o rabino em resposta à proposta de casamento e expulsa o pretendente de sua casa.

– Se não fosse por aquele charuto – minha mãe me diz –, poderíamos ter nascido na América e não teríamos enfrentado os *tsoris* [vocábulo em iídiche que significa "problemas"] que tivemos na Rússia.

Estou certo de que não é assim que as linhagens funcionam, mas, talvez se minha bisavó Seina tivesse imigrado para os Estados Unidos com seu pretendente fumante de charuto, uma estranha réplica distante de um Gary teria nascido em uma Chicago ou uma Burbank e seria um cara interado em beisebol e estratégias fiscais. Se a hipótese dos múltiplos universos na qual os cientistas estão trabalhando for verdadeira, talvez aquele Gary pudesse conhecer esse Gary, talvez depois que eu fizesse uma leitura em um centro judaico em Chicago ou Los Angeles. Talvez o Gary alternativo se aproximasse de mim e dissesse:

– Eu também sou russo!

E daí eu responderia:

– *Ah, vy govorite po-russki?*

E ele dizia:

– Hã?

Em seguida, ele me explicaria que não fala russo, mas que sua bisavó era de *"Dub sabe-se lá das quantas"*, uma cidade perto de Vitebsk. Eu então explicaria que Vitebsk nem fica na Rússia, mas sim em Bielorrússia, e que o que o Gary alternativo é de fato é um judeu americano ou, melhor ainda, *um americano*, uma identidade tão boa que nem é preciso adicionar russo ou bielorrusso ou qualquer outra coisa. E então aceitaríamos as divergências e sairíamos para comer asas de frango empanadas com soja em um bar de tapas local, onde eu descobriria que a sobrinha do Gary alternativo, uma promissora ensaísta, está se candidatando a uma vaga em meu departamento na Universidade de Columbia.

Depois que o americano volta para sua terra da bandeira estrelada com outra moça solteira local, minha bisavó Seina leva o segundo prêmio no sorteio marital: casa-se com o açougueiro da aldeia. A boa vida segue em uma casa grande com jardim, macieiras e muitos filhos.

Minha avó Galya, aquela que me dava queijo em troca de meu primeiro romance, nasce por volta de 1911. Aos dez anos, Galya é incumbida de vigiar a filha mais nova da família durante a noite. A criança cai do berço e morre. Para completar o circo de horror, os pais fazem a criatura de dez anos de idade comparecer ao funeral da irmã. Ela nunca mais põe os pés em um cemitério. Pelo resto da vida, vovó Galya é atormentada pelo medo de ser enterrada viva. Pelo resto da vida, minha mãe *também* é atormentada pelo medo de ser enterrada viva. Como bom homem moderno que sou, tomo esse medo profundamente ancestral e o transformo em algo mais prático: tenho medo de ser enterrado dentro de um recipiente de metal fechado, como um carro de metrô ou um avião.

O tempo está passando. Os judeus da família de minha mãe estão se preparando para a morte ou para os campos de trabalho ou um pouco dos dois.

Do lado do meu pai, surge um padrão semelhante: uma das crianças, uma menina, revela-se nos estudos e domina o russo, a linguagem do poder (ao contrário de iídiche, que é a língua dos judeus). Vovó Galya, com sua medalha de ouro do ginásio russo e seu sonho de se tornar jornalista, consegue chegar a Leningrado, onde se matricula na Escola Técnica de Impressão. Lá, ela conhecerá Dmitry Yasnitsky, meu avô, filho do diácono ortodoxo russo, outro provinciano trabalhador dedicado que um dia será economista no prestigiado Instituto de Mineração de Leningrado, assim como minha avó conseguirá galgar um alto posto editorial no *Evening Leningrad*.

A filha de rabinos está prestes a se casar com o filho de sacerdotes, e minha mãe em breve estará a caminho do país em ruínas no pós-guerra, que espera o primeiro piscar afável de suas pálpebras. Esse país tem um nome.

⌒

– Cara, de onde você é?

Estou sentado, dando uma entrevista para uma rede do tipo MTV. Trata-se de uma entrevista que nunca será exibida.

– Da União Soviética – respondo.

Uma batida. O entrevistador olha por sob o cabelo.

– Mas... tipo assim... o que é isso?

O que é a União Soviética? Ou, mais precisamente, o que era? Esta não é uma pergunta estranha. Aquela nação em particular morreu mais de vinte anos atrás, um milênio para nossa era em que tudo é tão rápido. Uma geração inteira de russos cresceu sem cantar "Os pilotos dos tanques soviéticos estão prontos para a ação! / Filhos de sua grande pátria" ou sem saber que, antes da ioga, passar três horas em uma fila para se conseguir uma berinjela podia ser uma experiência meditativa.

Para explicar a União Soviética, vou contar a história de meu tio-avô Aaron, do lado da minha mãe. Convenientemente, suas angústias também levarão à primeira recordação de minha mãe.

⌒

Quando o exército alemão em avanço parou na aldeia de Dubrovno, onde morava minha avó, onde hoje se localiza a Bielorrússia (vovó Galya já tinha se mudado para Leningrado muito tempo antes) e começou a recolher os judeus, os pais de Aaron, o qual estava com 16 anos na época, enfrentaram um problema muito específico: a filhinha, Basya, era paralítica. Os alemães alvejaram todos os inválidos imediatamente. Sem querer que a menina morresse assustada e sozinha em sua cadeira de rodas, o casal mandou o filho Aaron fugir por entre as hortas até pegar a floresta, enquanto eles morreriam rapidamente com Basya. Em vez de simplesmente agrupar todos no gueto, as tropas alemãs decidiram adotar uma postura mais proativa e começaram a atender em domicílio. Aaron acabou se escondendo no sótão da família, de onde viu a irmã e os pais serem executados no pátio. Sua recordação: o tique-taque do relógio enquanto os alemães sacaram as espingardas e, também, seus dedos dormentes por estar agarrando um pedaço de madeira enquanto assistia à terrível cena.

Depois que os alemães seguiram viagem, Aaron saiu correndo pelos campos ao som de um animado coro local: "Corra, Yid, corra!" Outros cristãos mais simpáticos deram-lhe de comer e, por fim, ele acabou juntando-se a uma força partidária bielorrussa nas florestas ao redor de Dubrovno. Neste ponto, sua principal desvantagem era que ele tinha apenas um sapato, tendo perdido o outro em uma corrida pela neve. Ele se tornou o que chamavam de "filho do regimento" (*syn polca*), o mais novo de uma gangue desorganizada de lutadores. Os partidários acabaram sendo absorvidos pelo Exército Vermelho propriamente dito e começaram a combater os alemães, mandando-os de volta para Berlim.

E é aí que os problemas de meu tio-avô Aaron começaram para valer.

Começaram da forma com que os problemas tantas vezes começam na Rússia: com poemas.

Quando não estava ocupado disparando contra os alemães, tio Aaron escrevia poemas. Ninguém conhecia ao certo o teor, mas os poemas chamaram a atenção da namorada do superior de Aaron, um cabo.

Uma vez que o cabo descobriu que sua namorada era a musa do soldado raso Aaron, o jovem poeta foi preso e condenado sob o artigo 58 da URSS: atividade contrarrevolucionária – no caso de Aaron, louvor à tecnologia alemã. ("Ele ficou deveras impressionado com os tanques alemães", diz minha mãe.)

Assim, o menino que viu os pais e a irmã serem chacinados diante dos próprios olhos aos 16 anos, que emboscou soldados alemães nas estradas da Bielorússia aos 17, deixou a guerra aos 18 para receber a recompensa típica da época: dez anos de trabalho árduo em um *lagpunkt* (campo de trabalho) siberiano.

Durante a juventude, a coisa de que minha mãe mais gostava no mundo era leite condensado (*sgushchyonka*), primo do *dulce de leche* latino-americano. Em meio ao superadocicado panteão russo de sobremesas, o leite condensado se tornaria também o meu favorito na infância.

Nos campos de trabalho, alimentos como *sgushchyonka* serviam como moeda de troca – uma boa maneira de se evitar um estupro ou a imposição dos piores tipos de trabalho –, de forma que meu avô carregava o carrinho com até vinte dessas latas azuis emblemáticas de leite condensado soviético, levava-as aos correios e as enviava para o cunhado Aaron. Minha mãe, por outro lado, só podia ingerir uma colher de sopa da guloseima antes de deitar.

A primeira recordação de minha mãe: caminhar pelas ruas arruinadas da Leningrado do pós-guerra com o pai economista, aristocraticamente magro e sempre doente, com um cigarro permanentemente grudado à boca, enquanto ele arrastava vinte latas de *sgushchyonka* para enviar ao seu tio, o presidiário, pensando: *Que sorte a do tio Aaron! Ele pode comer vinte latas de leite condensado!* Há uma foto da minha mãe na época. Ela está com uns quatro anos e, gordinha como eu jamais a vi, sorri sob um adorável cabelinho chanel. Nascida meses após o fim da guerra, pertencente a uma família bem relacionada e proprietária de um apartamento decente, ela um dia se juntará ao fenômeno cada vez mais efêmero: a classe média russa. A foto é uma das várias de minha mãe jovem e feliz – no jantar de Ação de Graças, ela me leva para meu quarto no andar de cima com essas fotos e diz: "Olha como a *minha* família era feliz comparada à *dele!*", ou seja, comparada à do meu pai. Na verdade, a única coisa especial da foto é que rasgaram o canto superior direito e pode-se perceber um crescente de furos de agulha. Por que alguém enfiou agulha e linha nesta imagem inocente?

Esta fotografia estava "costurada nos autos do processo" (*podshyto k delu*) do meu tio-avô Aaron quando ele estava nos campos. Certa ocasião, minha avó enviou uma carta com a foto da minha mãe para meu tio Aaron na Sibéria, e a administração do campo achou o rosto radiante de uma criancinha de quatro anos relevante o bastante a ponto de costurar a foto nos arquivos de um detento.

Talvez a maior pergunta sem resposta que eu tenho para todo o País dos Sovietes seja: *Quem fez a costura?*

Em um país refazendo-se da maior guerra que a humanidade já viu, com 26 milhões de sepultados (entre eles, meu avô Isaac), *quem diabos* teve tempo, no meio de uma fome desgraçada, em um dia nevando, de cuidadosamente costurar a pequena foto de um sorriso de uma menina de quatro anos – minha mãe – em um arquivo de um "criminoso" – que era, na verdade, *um menino* para os padrões atuais – que presenciou o assassinato da própria família apenas cinco anos antes e que em seguida lutou contra o inimigo na fronteira, e que foi posteriormente preso por escrever poesia e admirar um tanque alemão? Milhares de informações estão ao nosso alcance, o passado encontra-se pronto, acessível e googleável, mas eu daria qualquer coisa para saber quem foi o infeliz que se ocupou de garantir que a foto de minha mãe chegasse aos campos de trabalho forçado de Stalin, apenas para acabar, como meu tio-avô Aaron felizmente acabou, em uma casa aconchegante na costa leste dos Estados Unidos, sem quatro dedos da mão direita, perdidos para um serra de madeira na Sibéria durante sua década de trabalho selvagem e inútil.

Minha mãe. Com seus pesadelos de ser enterrada viva. Com sua coleção meticulosa de fotos de família, algumas arquivadas em "Segunda Guerra Mundial" com o subtítulo "Tio Simon, esposa e filhos assassinados", escrito em russo com sua caligrafia igualmente meticulosa.

Minha mãe, na desesperada flor da juventude, aparentando, para usar a palavra que ela mesma usava, *ozabochena*, uma combinação de preocupada e mal-humorada e talvez apaixonada, um laço da era soviética coroando-lhe a parte superior da face inchada, com lábios carnudos, como se nos informasse que a floresta ao fundo não pertence a um acampamento de verão ensolarado em Catskills. É 1956. Tem 11 anos e traja um vestido de verão listrado, já parecendo uma jovem judia adulta preocupada.

Minha mãe radiante com sua gravata vermelha de Pioneira, pronta para servir ao Estado soviético com a corriqueira frase alegre dos Pioneiros, "*sempre alerta!*", berrada a plenos pulmões. – Eu nunca a tirava – diz ela sobre gravata vermelha. – Depois que entrei para os Pioneiros, nunca a tirei. Nem mesmo no verão! Eu era uma grande Pioneira!

Minha mãe, séria e sonhadora, atrás de um piano da infância. Sua mãe a amarra ao banco do piano com uma toalha para que não fuja para pular corda com as crianças que gritam por ela do lado de fora de sua janela. No fim, a música acabará se infiltrando. Ela irá para a escola de música e, mais tarde, dará aulas de piano em um jardim de infância em Leningrado. Ela se casará com um homem que quer ser cantor de ópera, que também frequentou uma escola de música, embora ela venha considerar a escola dele inferior.

Minha mãe, em off, em nosso apartamento na Praça Moscou, tendo um pesadelo em um quarto enquanto tenho um ataque de asma *e* um pesadelo no outro. Ela está sonhando que deixou as anotações em casa e agora a turma do jardim de infância não vai estar pronta para uma apresentação especial. Estou sonhando que esqueci alguma parte de mim, também: uma versão de brinquedo de *Buratino*, o Pinóquio russo, que foi deixado em uma plataforma em Sevastopol, Crimeia, para algum garoto ou garota de sorte.

Minha mãe em nosso primeiro conjunto habitacional na América, cachos castanho-escuros, vestido de costas nuas, tocando o brilhante piano vertical Red October transportado de Leningrado por uma fortuna. Em cima do piano, um *menorá* de ouro com uma esmeralda falsa no centro, ao lado de um vaso cheio de flores esbranquiçadas de cerâmica. Minha mãe parece hesitante frente às teclas. Ela já está mergulhando no trabalho norte-americano, trabalho que irá promovê-la de datilógrafa a administradora fiscal em uma grande instituição de caridade sediada em Manhattan. O Red October, inútil agora, será doado a Goodwill em troca de uma dedução fiscal de trezentos dólares.

– Duas meninas – diz minha mãe segurando duas fotos suas, uma tocando piano em Leningrado, sonhadora e distraída, e outra, uma mãe imigrante determinada atrás do Red October no Queens, Nova York.

– Uma de como eu era e outra como fiquei.

Conheci apenas uma das meninas. Minha querida mãe imigrante, minha companheira, guerreira da ansiedade. A que ela se tornou. A outra eu já tentei conhecer. Por meio das histórias, das fotografias, das provas arquivadas, o amor compartilhado pelo leite condensado, a gravata dos Pioneiros Vermelhos que nunca cheguei a usar, mas que lhe enfeitou o pescoço com tanto orgulho. Conheço apenas uma dessas meninas. Mas, por favor, acredite em mim, eu a conheço.

6.
MINHA MADONNACHKA

A amada avó do autor, Polya, reencontra a família em Roma. Chegou de Leningrado com três quilos de sabão. Por meio de um noticiário soviético ela ficou sabendo da escassez de sabão nos Estados Unidos.

Era para ser um livro do tipo romance de espionagem da Guerra Fria. Inspeções de segurança, Berlim Oriental, agentes alfandegários soviéticos.

Era para ser um livro do tipo romance de espionagem da Guerra Fria, mas o James Bond em questão, eu, não consegue fazer *kaka*.

– Mama! Papa!! Oooooooo!

É o dia anterior à nossa partida para a Europa Ocidental e, em seguida, para os Estados Unidos, e estou sentado em meu peniquinho verde – escrevo um livro de cem páginas, com certeza, mas usar a privada para adultos? Tenho muito medo de cair lá dentro – e não consigo soltar a *kakashka*.

Staraisya, staraisya, meus pais orientam, um após o outro. Tente, tente. *Napryagis'*. Se esforce.

Mais tarde, estou no Sofá da Cultura, com o estômago ainda cheio de repolho não digerido, e não consigo dormir. As malas estão prontas, a sala onde durmo agora é dominada por um par de enormes sacos verdes-oliva recheados com décadas de vida acumulada, especificamente o edredom de algodão grosso sob o qual eu me esforço para me manter vivo; na verdade, *tudo* está embalado, e a briga entre meus pais chegou a algum tipo de trégua preocupada, na qual eles substituíram os habituais "vá pro caralho", "vá pra puta que pariu" e "pare de xingar" por sussurros sombrios, indeterminados, mesmo enquanto o Foguete Mau arrota sua fumaça lá fora e eu tremo por dentro no Sofá da Cultura. Dou uma espiada e vejo o sol nascendo, as placas piscando as palavras CARNE e LEGUMES. Tudo está coberto de geada. A verdadeira geada russa. Cada banco de neve é uma fortaleza do tamanho das torres do Castelo dos Engenheiros, a neve pálida e derretida pelo breve sol de inverno.

Qualquer um que tenha experimentado tal geada nunca irá respeitar o seu equivalente ocidental de meia-tigela.

Meus pais não me disseram que estamos prestes a deixar o país dos sovietes para sempre. Paranoicos que são, temem que eu saia contando a novidade para algum adulto no poder e que os nossos vistos de saída acabem sendo cancelados. Ninguém me disse, *mas eu sei*. E tenho demonstrado minha própria forma de protesto.

Tive o pior ataque de asma da vida, em uma catarrada de impotência e desamparo tão obscena que meus pais pensam até em *desistir de partir*.

Nosso apartamento, perto da Praça Moscou, foi vendido para o filho de um membro de um partido de alto escalão. O filho do membro do partido e seu pai mal conseguem esperar para ver nossa família judia removida de lá para que tomem posse de cada metro quadrado da nossa antiga propriedade, isso sem contar com nossa explosiva TV preto e branco *Signal*. Eles também ficarão com o já esfarrapado Sofá da Cultura em que dormi e tive vários sonhos cultos, tentei tocar violino e balalaica e, com a ajuda de minha avó Galya, escrevi minha obra-prima *Lênin e seu ganso mágico*. Também está incluída no preço do apartamento a escada de madeira do chão ao teto que meu pai construiu para tentar me ajudar a superar o medo de altura e fazer de mim um Atleta.

O filho do membro do partido dá as caras com o pai de alto escalão, que por acaso é médico.

– Não sabemos o que fazer – minha mãe diz à dupla do Partido Comunista. – O menino está com asma. Talvez seja melhor ficarmos.

Dr. Apparatchik, interessado em pôr o apartamento nas mãos do filho comunista, diz:

– Minha opinião médica é que vocês devem ir. No Ocidente encontrarão melhores tratamentos para asma.

O que é definitivamente verdade.

Minha mãe decide que devemos seguir com os planos de mudança. Como reação, minha asma piora. *Não vou deixar que me levem*. Pela manhã, tento usar o penico de novo, mas nada acontece, o repolho dentro de mim conhece o nosso destino melhor do que eu. Ele quer desesperadamente imigrar para o Ocidente, acabar a vida dentro de uma lustrosa latrina vienense.

Os últimos minutos na rua Tipanov são obscuros. Devemos nos sentar e fazer um minuto de silêncio antes da viagem, como é o costume russo? Para quê? Esta viagem não terá fim.

Um táxi para o aeroporto. E a verdade então é revelada para mim: Tia Tanya está aqui, assim como tia Lyusya, que morrerá uma década depois de um câncer que seria operável em qualquer outro lugar, e também sua filha, minha prima Victoria, a bailarina cuja mão toquei pelo vidro durante minha quarentena. Victoria implora à minha mãe:

– Quero ir com vocês!

Estão todos aqui, menos minha avó Galya, que se encontra acamada. *Nas provozhayut*. Estamos sendo "mandados embora", o que significa que isto não é um simples passeio até a Crimeia ou à Geórgia soviética. É o fim da linha. Mas para onde estamos indo?

Lamentando-se todos diante da fila da alfândega, os judeus estão dizendo adeus aos familiares com toda a emoção pela qual são famosos, dizendo adeus para sempre. E há tantos judeus partindo no voo Leningrado-Berlim Oriental que as margens do Brooklyn, as avenidas arborizadas do Queens e os vales cobertos pelos nevoeiros de São Francisco já estão gemendo em antecipação. Com os olhos ainda molhados, hoje todos nós Melequentos somos minuciosamente revistados pelos agentes alfandegários. Um grandalhão todo uniformizado tira meu chapéu de pele e cutuca todo o revestimento, procurando diamantes que podem estar escondidos ilegalmente. Quando criança, nunca fui maltratado pelo sistema. Na Rússia, como na China socialista, as crianças recebem um tratamento especial – em ambos os países, geralmente há apenas um pequeno imperador por família. Mas eu não sou mais um cidadão soviético e não sou mais merecedor de quaisquer privilégios infantis especiais. Não sei disso, mas sou um traidor, assim como os meus pais. E pela vontade de muita gente seríamos tratados como traidores.

O agente aduaneiro mergulha os dedos grossos no meu chapéu de pele, e meu "eu asmático" está tão amedrontado que nem consegue ter meios de não sofrer uma falta de ar. Assim, engulo o denso aroma de amônia e suor que permeia o ar do pequeno terminal internacional do claudicante aeroporto Pulkovo da era Stalin. Meus pais estão por perto, mas, pela primeira vez na vida, estou sozinho sem eles, diante de uma autoridade. O agente aduaneiro termina de acariciar meu chapéu e o coloca de volta na minha cabeça com uma combinação de sorriso e escárnio. Estou deixando a Rússia, mas ele jamais a deixará. Pena que meu lado criança não tenha a compaixão para entender esse fato monumental.

No final da fila abriram nossa bagagem, e os dois gigantes sacos verdes-oliva para a inspeção. Nosso estimado edredom vermelho está soltando penas para todos os lados, enquanto um sádico uniformizado, sem nenhuma razão, está arrancando as páginas da agenda com capa de couro bege da minha mãe, onde constam nomes e números de alguns parentes no Queens, como se fôssemos espiões contrabandeando informações para o Ocidente. O que, de certa forma, somos mesmo.

E, então, deixamos as formalidades e deixamos também nossos parentes.

Ao escrever sobre isso hoje, posso até imaginar a palavra na cabeça de minha mãe: *tragediya*. É um dia trágico para ela. A mãe do meu pai em breve se juntará a nós na América, mas a minha mãe só voltará a ver a própria mãe em 1987, pouco antes de sua morte, e, a esta altura, minha avó Galya estará por demais inconsciente até mesmo para reconhecer a segunda filha. Até o reformista Gorbachev assumir o poder, os traidores da União Soviética não são autorizados a voltar para visitar os pais moribundos.

Acho que estou sentindo sua tristeza, pois sou, como minha mãe gosta de dizer, *chutkiy* ou sensível. Mas, verdade seja dita, não sou tão *chutkiy* assim. Porque só consigo ver diante de nós o avião da Aeroflot, o Tupolev-154. Em um de seus passeios didáticos pela Igreja Chesme, meu pai me disse que o Tupolev é o jato civil mais rápido já construído, mais rápido do que o Boeing 727 norte-americano! Certamente mais rápido do que o helicóptero de brinquedo que lançamos na direção dos pináculos da igreja acompanhado de nossos gritos animados aeronáuticos:

– URRA!

E agora estamos dentro deste elegante e mágico avião, o único que pode, de forma tão decisiva, ultrapassar a aeronave de nosso rival na Guerra Fria e passar pelo grande aeródromo, pelas árvores de inverno desnudas ao longe, pelos hectares de neve profunda o suficiente para esconder mil crianças. Esqueça a asma. Eu mesmo estou prendendo a respiração frente a essa maravilha. Claro que tenho medo de altura, mas estar dentro do Tupolev futurista, o jato civil mais rápido já construído, é o mesmo que estar envolto nos braços de meu pai.

Ninguém me disse para onde estamos indo, mas eu já me preparei para ser um bom representante da raça soviética. No peito, sob o monumental casaco e o monumental suéter, visto uma camisa vendida apenas na URSS e, talvez, nas lojas mais exigentes de Pyongyang. É uma coisa de colarinho grande, verde com listras verticais azuis e verdes e, entre as listras, uma galáxia de bolinhas amarelas. A camisa está enfiada dentro de uma calça preta cuja cintura chega à altura dos rins, evidentemente para mantê-los aquecidos em trânsito. Na camisa, prendi um broche com o símbolo das Olimpíadas de Moscou 1980, um Kremlin estilizado coroado por uma estrela vermelha. As linhas fluidas do Kremlin convergem para cima em direção à estrela, pois o meu país está sempre voltado na direção da excelência. Abaixo do broche olímpico está o broche da cara sorridente de um tigre. É um símbolo do meu luto por *Tigr*, meu tigre de pelúcia, que é grande demais para nos acompanhar em nossa viagem seja lá qual for o destino.

E, por falar nisso, qual é mesmo o nosso destino? Meus pais, durante todo o voo, ficam calados e preocupados. Minha mãe vasculha a janela mal fechada do avião verificando se há correntes de ar. Correntes de ar, segundo a tradição médica russa, são os grandes assassinos silenciosos.

Pousamos em algum lugar com um belo de um baque e taxiamos para um terminal. Estou olhando para fora da janela e *yobtiki maťˇ*, puta que pariu, a placa – FLUGHAFEN BERLIN-SCHÖNEFELD – nem mais em russo está. Dentro do terminal, passando pelos funcionários de uniformes verdes, uma linguagem infeliz cheia de tremas está sendo falada, minha primeira compreensão de que o mundo não é inteiramente movido pela grande e poderosa língua russa.

– Papai, que gente é essa?

– Alemães.

Mas não devemos matar alemães? Foi isso que vovô fez na Grande Guerra Patriótica, antes de explodirem o tanque com ele dentro. (Alguém inventou essa mentira quando eu era pequeno; como já mencionei, ele era apenas um artilheiro.) E, no entanto, mesmo a criança em mim sente a diferença entre este lugar e nosso lar. Berlim Oriental é a peça de mostruário socialista de todo o Pacto de Varsóvia, e a sala de espera do aeroporto parece pairar em algum lugar entre a Rússia e o Ocidente. Se não me falha a memória, no local há detalhes cromados e cores exóticas distantes do cinza, talvez roxo ou lilás. Os homens parecem ser movidos por uma força extraordinária, uma capacidade sombria de andar para frente em linha reta e de declarar coisas enfaticamente em seu estranho idioma. A diferença, que foge à minha compreensão ainda por demais jovem, é que os homens aqui não estão bêbados.

Puta que pariu, por favor, para onde estamos indo?

Um escritor ou qualquer futuro artista angustiado é apenas um instrumento intimamente sintonizado à condição humana, e este é o problema que se tem ao viajar com uma criança já perturbada através de fronteiras não apenas continentais, como também, em 1978, interplanetárias. Nos vinte dos últimos quase quarenta anos não tive nenhum ataque de asma, mas só de pensar em Flughafen Berlin-Schönefeld fico sem ar enquanto escrevo isso.

Aqui estamos sentados, cercados por nossos pertences, dois sacos verdes-oliva e três malas laranja feitas de *couro polonês legítimo* que deixam minhas mãos com cheiro de vaca. Aqui estou, ao lado de mamãe, que acaba de abandonar a mãe moribunda. Aqui estou, próximo à história da nossa família, a qual ainda não conheço em sua totalidade, mas que é tão pesada quanto nossos dois sacos verdes-oliva. Aqui estou, empurrando minha própria história pela alfândega da Alemanha Oriental, uma história com menos de sete anos, mas já com massa e velocidade próprias. Em termos práticos, os sacos verdes-oliva são pesados demais para uma criança ou uma mãe levantar, mas eu os empurro para frente, com um chute, sempre que posso, para ajudar minha família. Os instintos que me acompanharão pela vida estão se manifestando pela primeira vez: para frente, avançar, continuar, continuar chutando.

E depois outro avião soviético, o Ilyushin-18 no formato de barata-d'água, impulsionado à hélice, chega ao terminal, e fico animado com a ideia de uma segunda viagem de avião em um dia, ainda que, em vez do transportador soviético Aeroflot, com seu logotipo de foice e martelo delimitado por um par de enormes asas parecidas com as de um ganso, estejamos sentados dentro de um avião da Alemanha Oriental com o nome feio de Interflug e sem nenhum brasão comunista. Apertam meu cinto; o avião decola para fazer um voo muito curto (e muito barulhento) rumo ao sul. Logo pousaremos em um mundo diferente de qualquer outro que poderíamos imaginar; um mundo que muitos nos dirão que é livre.

Mas nada é livre.

༺༻

Viena. Até hoje passar por seu aeroporto internacional classudo é uma experiência agridoce. Esta é a primeira parada no que está se tornando uma jornada regular de três partes para os judeus soviéticos. Primeiro, Viena; em seguida, Roma; depois, Um País de Língua Inglesa Em Outro Lugar. Ou, para os verdadeiros crentes, Israel.

Além do meu broche da Olimpíada de Moscou e de minha homenagem ao meu *Tigr*, um atlas soviético bem surrado me acompanha a Viena. Adoro mapas. Com suas longitudes atravessando latitudes em ângulos precisos de noventa graus, com os amarelos topográficos da estepe africana e o pálido cinza-caviar do Mar Cáspio, os mapas ajudarão a dar sentido ao mundo que gira incessantemente sob nossos pés.

A área aduaneira em VIE é uma loucura de imigrantes russos coletando suas posses mundanas. Um dos nossos sacos inchados verdes-oliva por acaso explode em trânsito, derramando cem quilos de bússolas vermelhas com martelos e foices amarelos que, sem que eu soubesse, venderíamos aos italianos comunistas. Enquanto mamãe e papai rastejam de quatro tentando juntar as mercadorias, *yobtiki mat', yobtiki mat'*, controlo minha preocupação suada, traçando cuidadosamente as extensões geladas da Groenlândia no meu atlas – *frio, frio, frio* –, balançando-me para frente e para trás como um judeu religioso. O primeiro ocidental que vejo, uma austríaca de meia-idade com um casaco de pele manchado, me vê *orando* sobre os mapas. Elegantemente, a senhora passa por cima de meus pais e me entrega um chocolate Mozart. Sorri para mim com os olhos da cor do Lago Neusiedl, um dos maiores na Áustria, segundo meu mapa da Europa Central. Se há algo em que acredito agora, é na providência dessa mulher.

Mas eis outra coisa que vejo: Meus pais estão ajoelhados. Estamos em um país estrangeiro e meus pais estão no chão tentando catar os frágeis produtos que servirão para nos sustentar durante nossa jornada.

Naquela noite, estamos "seguros" no Ocidente. Hospedamo-nos em um alojamento vienense chamado Pan Bettini, que também está sendo usado pelas prostitutas locais.

– Gente, que prostitutas de classe essas aqui, hein! – minha mãe exclama. – Elas andam de bicicleta. Usam roupas tão discretas.

– Eu sei que não posso comer chocolate – digo –, mas posso comer esse doce Mozart? Vou guardar a embalagem para mais tarde. Vai ser meu brinquedo.

– Escuta, filhinho – diz meu pai. – Posso te contar um segredo. Estamos indo para a América.

Não consigo respirar. Ele me abraça.

Ou talvez devesse ser: Ele me abraça. Não consigo respirar.

De qualquer forma, estamos indo para o inimigo.

O Natal está chegando em Viena, e poucas cidades levam o feriado tão a sério. Papai e eu estamos andando pelas avenidas largas de Habsburgo, encantados com o acabamento neon e vermelho, com o semblante de lábios finos de Wolfgang Amadeus Mozart e com uma manjedoura que de vez em quando aparece em algum canto, com o seu silencioso menino Jesus de madeira. Na mão protegida por uma luva grossa, seguro meu próprio Senhor e Salvador: uma bombinha para asma. Meus pulmões ainda estão inchados, o catarro chiando lá dentro, mas a doença regrediu drasticamente graças ao milagre da tecnologia ocidental, cortesia de um antigo médico vienense que meu pai encantou com o seu alemão arranhado ("asma über alles!").

Estamos indo para o inimigo.

Na mão do meu pai, um tipo diferente de milagre, uma banana. Quem já ouviu falar em banana no inverno? Mas aqui na capital austríaca, por menos de um xelim, é possível. As vitrines estão abarrotadas de produtos – aspiradores de pó com bicos finos e poderosos como o focinho de um porco-da-terra; recortes de mulheres altas e elegantes, erguendo potes de creme, estampando no rosto um sorriso convincente; modelos de meninos saudáveis vestidos casualmente com conjuntos de chapéus de lã, casacos de inverno escandalosamente curtos (estes *Jungen* austríacos não vão pegar um resfriado?) e reluzentes calças de veludo cotelê. Meu pai e eu estamos andando boquiabertos; se bobear, "um corvo consegue entrar", como dizem os russos. Vimos a Ópera e o Museu Wien, porém o que mais nos impressionou foram os bondes pretos e amarelos assustadoramente rápidos que nos levam por toda a cidade e para o Danúbio em poucos minutos.

Estamos indo para o inimigo.

Aqui, surge o primeiro dilema moral. Os bondes vienenses operam na base da confiança. Será que gastamos os poucos xelins que temos para comprar um bilhete ou aproveitamos a generosidade do Oeste e compramos mais bananas? Uma fonte de muita discussão, mas no final papai decide que é melhor não aborrecer os austríacos. Senão você-sabe-o-que-pode acontecer-de-novo. Por todos os lados, os últimos modelos de Mercedes varrem as ruas alegremente iluminadas, eles mesmos completamente acesos. Nessa noite, milhares de nós, judeus soviéticos, passamos marchando pela Viena Natalina, boquiabertos, deixando-nos ser finalmente tomados pelo prazer e pelo horror de sair de casa, consumidos pela dúvida de se realmente deveríamos ter comprado o bilhete do bonde. No hotel, todos nós nos deparamos, estarrecidos, com *a prateleira no banheiro*, contendo não apenas um, mas dois rolos extras de papel higiênico. Diante de tal magnificência, nossa ética soviética coletiva aflora. Pegamos o papel higiênico sobressalente e o enfiamos em partes mais sagradas de nossa bagagem, desafiando todas as teorias ensinadas nos bacharelados em engenharia mecânica.

Estamos indo para o inimigo.

De bombinha para a asma e banana em punho, meu pai e eu subimos as escadas para nosso quarto no Hotel das Prostitutas, onde mamãe castamente nos aguarda.

Ela se abaixa para checar se o cachecol foi amarrado corretamente ao redor do meu pescoço (se houver a menor abertura que seja, vai sobrar para o meu pai).

– Você está respirando bem?

– Sim, mamãe. Estou com uma bombinha nova.

Volta-se então para meu pai:

– Uma banana! Como pode uma coisa dessas?

Meu pai conta-lhe que não é a única, jogando um monte de bananas sobre a mesa e, em seguida, enfiando a mão no saco. *Eles têm pepino marinado em frascos aqui!* E também uma sopa de cogumelo em pó de uma marca chamada Knorr. Olho para o pacote brilhante e claro sobre o qual a Knorr Corporation desenhou alguns cogumelos salpicados com ervas fervendo feito uns bobos dentro de uma tigela octogonal, e ao lado deles a versão de um artista para os verdadeiros ingredientes: os pequenos cogumelos suculentos, antes de serem lançados na água, e os legumes de alto nível, loucos para pular ao lado deles.

Meus pais estão atônitos com o *pepino marinado em frascos*.

Estou atônito com a sopa Knorr, embora diga a mim mesmo para não ficar muito animado. Estamos indo para o inimigo.

– Coma, coma, pequenino – diz minha mãe. – Como enquanto está quente, que é pra soltar o catarro.

– A sopa é honesta, mas não é como a nossa – critica meu pai. Cogumelos brancos *de verdade,* colhidos na floresta perto de Leningrado, cozidos em manteiga, e depois cozinhados com creme de leite e muito alho. Não há nada melhor!

A nostalgia já dá sinal de vida. E os ecos de patriotismo soviético. Mas de alguma forma este pequeno pacote da Knorr rendeu sopa de cogumelos suficiente para alimentar três refugiados. Agora só há uma coisa a fazer. Descascar as bananas e comer uma sobremesa ultrajante em pleno mês de dezembro! Uma banana para cada, em nossas bocas de refugiados famintos e *eca*!

– Estão podres! Você comprou banana podre!

Estamos indo para o inimigo.

⌒

Começa a segunda parte da viagem. Os representantes israelenses imploraram aos meus pais para mudar de ideia e pegar o voo da El Al direto para a Terra Santa, onde juntos todos nós podemos ser GRANDES JUDEUS e lutar por nós mesmos ("Nunca

Mais!") contra nossos inimigos em suas coisinhas xadrez ao estilo Arafat, mas meus pais corajosamente resistiram. As cartas de seus parentes em Nova York foram enfáticas, inclusive cheias de clichê: "As ruas aqui são pavimentadas com ouro. Podemos vender jaquetas de couro no mercado de pulgas." Agora estamos embarcando numa série de trens que nos levará a Roma e, de lá, para um dos poderosos países de língua inglesa que estejam precisando desesperadamente de engenheiros soviéticos, digamos Estados Unidos ou África do Sul. E lá se vão novamente os dois sacos verdes-oliva e as três malas laranja feitas de *legítimo couro polonês*. Estamos em um aconchegante trem europeu comendo sanduíche de presunto e cruzando os Alpes para finalmente sair do outro lado. E então algo inexplicável começa a acontecer. Quero dizer: a Itália.

A crença de minha tia Tanya de que um de nossos ancestrais, o magnífico Príncipe Mala, foi o representante do czar em Veneza pode acabar se confirmando. Porque uma vez que chegamos à Itália nos tornamos pessoas diferentes (mas também, quem não se torna diferente na Itália?). Quando o trem estridente ruma para o sul, pego meu atlas e traço nosso caminho topograficamente pelos sulcos marrons dos Alpes Ligúrios, ao longo da coluna dorsal dos Apeninos, e entro no verde mais escuro. *Verde?* Claro que encontramos essa cor em Leningrado, sempre que o calor do verão perturbava as neves do inverno por um mês ou dois, mas quem poderia imaginar que houvesse verde nesta escala? E, ao lado dos verdes, passadas as fronteiras em forma de bota, o azul profundo do... *Sredizemnoye More*, o Mediterrâneo. E, puta que pariu, é dezembro, mas o sol brilha com uma força atômica, com uma luz intensa desde cedo na *manhã de inverno*, enquanto o trem para em Roma Termini, a estação de trem de enorme extensão fascista que, tomando uma frase emprestada do meu futuro melhor amigo, Walt Whitman, contém multidões: uma mistura barulhenta de russos, italianos e ciganos, cada um com seu próprio grito de guerra. Sim, vai ter banana aqui. Bananas melhores. E tomate nutrido pela figura materna do sol italiano. Tomates que explodem na boca feito granadas.

⌒

Os melhores críticos aconselham a jamais escrever sobre fotografias. Elas são um substituto fácil para a prosa, um atalho banal e, além disso, mentem assim como toda e qualquer imagem. Então, como posso interpretar a foto da minha pequena família – mamãe, papai e eu entre eles – sentada em um cobertor de lã em um apartamento mequetrefe e sujo em Ostia, um subúrbio de Roma? Meu pai está com o braço ao redor do ombro de minha mãe, e meu amor está dividido entre o joelho dele e a bochecha dela. Ela está vestindo uma gola alta e uma saia na altura do joelho, sorrindo com todos os dentes brancos extremamente naturais (para uma imigrante soviética). Ele, de calça jeans e camisa branca, com seu proeminente pomo de Adão, cavanhaque e costeleta pretoitalianos, sorri mais comedidamente para a câmera, o lábio inferior, geralmente em uma posição infeliz, seja de tristeza ou de raiva, então estampando uma felicidade forçada. E, entre eles, estou eu, com as bochechas rosadas, cheio de saúde e alegria. Ainda sou o dono da mesma camisa de bolinhas idiota soviética, mas a maior parte está oculta por um novo suéter italiano, com umas coisas que parecem dragonas nos ombros, para que eu continue nutrindo a fantasia de que um dia entrarei para o Exército Vermelho. Meu cabelo é tão longo e rebelde quanto o Estado italiano, e o espaço entre os meus dentes tortos é a sua própria ópera, mas os círculos sob meus olhos que me tornavam um guaxinim menor de idade sumiram. Minha boca está aberta e, através da abertura entre os dentes, estou respirando o ar romano, quente e enobrecedor. Esta foto é o primeiro indício que tenho de nós três juntos, felizes e entusiasmados, como uma família. Espero não estar exagerando, mas creio que seja a primeira prova empírica que tenho de que a alegria é possível e que uma família pode se amar com tanto abandono.

Cinco meses em Roma!

Dedicamos a maior parte do tempo ao lazer. Nosso apartamento em tom pastel está desmoronando, mas é barato e o senhorio é um mafioso em ascensão de Odessa, que em breve buscará pastos mais verdes em Baltimore. Passamos os dias visitando igrejas e museus, coliseus e Vaticanos, e, aos domingos, o mercado de Porta Portese em Trastevere, um feira agitadíssima, quase um bazar balcânico, próximo a uma curva no rio Tibre. Meu pai, um engenheiro mecânico mais ou menos e cantor frustrado ("Nossa, como eles me aplaudiam quando eu cantava!"), prepara-se para os Estados Unidos tornando-se um pequeno empresário. Os judeus norte-americanos, condenados pelo ócio durante o Holocausto, têm sido extremamente gentis com seus irmãos soviéticos, e grande parte dos nossos cinco meses de espera em Roma – nosso pedido de estatuto de refugiado nos Estados Unidos ainda se encontra em análise – é generosamente financiada pelos fundos recolhidos. Mas papai pensa mais alto! Cada semana enchemos um saco verde-oliva com quinquilharias soviéticas com destino a Porta Portese. Há pilhas de partituras verdes da Alemanha Oriental com sinfonias de Tchaikovsky e Rimsky-Korsakov. Por que os italianos iriam querer comprar esses artefatos é algo que me foge à compreensão, mas é quase como se meu pai, não totalmente convencido da jornada pela frente, estivesse dizendo: *Sou uma pessoa digna que viveu 40 anos eruditos na Terra. Não sou apenas um perdedor da Guerra Fria.* Ele também vende um samovar a um gentil casal italiano, um engenheiro e uma professora de música, uma cópia de meu pai e de minha mãe, e eles nos convidam para comer macarrão em tigelas tão cheias e bem servidas que ficamos até confusos com tamanha gula. Como é que alguém pode comer tanta comida? Descobriremos a resposta a esta pergunta nos Estados Unidos.

Antes de sairmos de Leningrado, os expatriados nos informam sobre uma peculiaridade interessante. Enquanto metade do Bloco Oriental provavelmente se levantaria e se mudaria para Missouri caso houvesse oportunidade, os italianos, insanos, não se cansam do comunismo. São capazes até de partir para grosseria quando se trata do assunto. Os jornais ainda estão alardeando sobre as *Brigate Rosse* – Brigadas Vermelhas – e veiculam matérias sobre o filho de um industrial que há pouco foi sequestrado e teve parte da orelha cortada. Ainda assim, negócio é negócio, e qualquer coisa russa é o máximo. Uma ex-prostituta gorda e peituda de Odessa espreita as praias de nosso litoral em Ostia, gritando:

– *Prezervatiff! Prezervatiff!*

E assim anuncia preservativos soviéticos para os moradores apaixonados. Dada a baixa qualidade do artigo, fico imaginando o número de futuros italianos que deverão sua existência a seus produtos. Enquanto isso, nosso vizinho, um tímido médico de Leningrado, se aventura a sair até o cais com uma carga de fármacos soviéticos específicos para o tratamento de insuficiência cardíaca.

– *Medicina per il cuore!* – ele murmura.

Achando que ele está vendendo cocaína, a polícia local saca a *pistola*. O médico tímido, de óculos e uma enorme careca, foge enquanto a polícia manda tiros de advertência. Ele se recusa a largar o guarda-chuva gigante que usou para se proteger da chuva quente italiana. A cena do médico judeu fugindo pela costa mediterrânea segurando um guarda-chuva com as *carabinieri* a reboque nos impressiona e vira assunto de conversas intermináveis durante as refeições basicamente compostas por fígado de frango barato. (Os cobiçados tomates e as bolas de mozarela só são servidos uma vez por semana.)

Fico encarregado das vendas mais lucrativas e menos ilegais: bússolas com a foice e o martelo amarelos contra um fundo vermelho. No mercado de Porta Portese fico dando voltas ao redor do lençol no chão, perímetro que define nossa área de vendas, brandindo uma bússola e gritando para os transeuntes com os pulmões de menino, agora saudáveis:

– *Mille lire! Mille lire!*

Mil liras – menos de um dólar – é o preço de uma bússola, e os italianos, muito civilizados, ao verem um pobre menino refugiado com uma camisa de bolinhas e listras verticais, certamente lhe dão mil liras.

– *Grazie mille! Grazie mille!* – respondo recebendo o dinheiro em uma das mãos enquanto um pedaço da Rússia deixa a outra.

Tenho permissão para ficar com algumas dessas notas de *mille lire*, e o *punim* barbudo de Giuseppe Verdi estampado pisca para mim. Minha obsessão é por guias. Guias baratos em inglês, com a lombada cheia de cola e alguns fios de linha, com títulos que prometem a mais infinita abrangência como *Tudo sobre Roma, Tudo sobre Florença* e *Tudo sobre Veneza*. Criei um pequeno baú de tesouro de livros no minúsculo quarto que dividimos em Ostia, e tento lê-los em inglês, com sucesso limitado. O dicionário inglês-russo é introduzido em meu mundo, juntamente com o novo alfabeto não cirílico. E, em seguida, as palavras: "oculus", *baldacchino*, "Nymphaeum". Papai, o que significa isto? Mamãe, o que significa isso? Ah, as agruras de ter um filho curioso!

Os judeus americanos agora estão nos jogando dinheiro desapegadamente (300 dólares por mês!), as bússolas com martelo e foice estão valendo a pena, e, assim, usamos os recursos para fazer visitas guiadas de ônibus por Florença e Veneza e o que estiver aos redores. Com a cabeça cheia de conhecimento vindo do livro *Tudo sobre Florença*, interrompo o apático guia russo na Capela Medici.

– Com licença – minha voz de nerd reverbera por todo o mármore. – Acredito que você não esteja correto, Guia. Aquela ali é a *Alegoria da noite*, de Michelangelo. E essa aqui é a *Alegoria do dia*.

Silêncio. O guia consulta seus livros.

– Acho que o menino está certo.

Rola então um sussurro no meio dos refugiados russos; entre eles, uma dúzia de médicos, físicos e gênios do piano.

– Esse garoto sabe tudo!

E então, mais importante, para minha mãe:

– Uma criança encantadora. Quantos anos ele tem?

Fico animadíssimo.

– Seis. Quase sete.

– Notável!

Mamãe me abraça. Mamãe me ama.

Mas, saber as coisas não basta. Como também não basta o amor de mamãe. Em uma loja de presentes em uma igreja, compro uma medalhinha de ouro com a réplica da *Madona e a criança* de Rafael. O aureolado bebê Jesus está bem gorducho, bem contente com sua camada extra de proteção de carne, e a beatífica Maria lança um olhar para o lado com muita devoção, dor e compreensão. Que menino de sorte esse Jesus. E que bela mulher é Maria. De volta a Ostia, entrego-me a um assombroso vício secreto. Enquanto meus pais estão fora vendendo partituras de Tchaikovsky ou conversando com o médico criminoso de Leningrado e sua jovem esposa sem filhos, eu me escondo no banheiro ou em algum lugar solitário nas profundezas do nosso quarto. Pego a *Madona e a criança* e choro. Chorar não é permitido porque (1) não é viril e (2) pode causar asma devido ao excesso de muco. Mas, sozinho, deixo as lágrimas verterem com total abandono quente enquanto beijo inúmeras vezes a Virgem beatífica, sussurrando:

– Santa Maria, Santa Maria, Santa Maria.

Os judeus americanos estão nos financiando, mas os cristãos não estão nada contentes com as manadas inteiras de judeus confusos, pós-comunistas, que passam pelo local. Há um centro cristão nas proximidades, o que chamamos de Amerikanka, em homenagem aos batistas norte-americanos que o gerenciam. Eles nos atraem com carne-seca e macarrão, só para nos mostrar um filme colorido sobre o seu Deus. Um motociclista hippie imprudente e sabichão está perdido no meio do deserto do Saara e fica sem água e, quando está prestes a morrer, Jesus aparece para lhe dar o precioso líquido e dispensar-lhe aconselhamentos de carreira. O nível da produção é impressionante. No banheiro de nosso apartamento embalo a *Madona e a criança*.

– Acabei de ver seu filho no filme, Santa Maria. Ele estava sangrando muito. Oh, minha pobre Madonnachka.

Na semana seguinte, os funcionários da organização judaica local decidem ir à forra e pegam pesado. Eles exibem *Um violinista no telhado*.

⌒

A amada vovó Polya chega de Leningrado e, com seu cabelo esparso e seu sorriso camponês, passeia comigo por Roma, subindo e descendo o rio Tibre, ocasião em que estou vestindo meu novo e leve casaco italiano, última moda, observando juntos o sol fazer coisas incríveis sobre a enormidade do domo de São Pedro ou maravilhando-nos com a Pirâmide de Céstio despontando da antiga e ocre paisagem urbana.

– Vovó, as pirâmides não deveriam estar no Egito?

O mapa de Roma está tão desgastado que há buracos feitos pelos polegares onde o Coliseu e a Piazza del Popolo deveriam estar, e eu destruí completamente a Villa Borghese. Vovó, suando sob o novo calor, olha em volta com apreensão. Mais de cinquenta anos antes, ela nasceu em um vilarejo ucraniano sufocante e agora está no *Caput Mundi*.

– Vovó, os romanos vomitaram mesmo nas Termas de Caracalla?

– Talvez sim, Igorzinho. Talvez sim.

Vovó tem outras coisas para se preocupar. Seu marido Ilya, padrasto do meu pai, é um trabalhador obstinado cujos próprios melhores amigos em Leningrado já o apelidaram de Goebbels. Pelos padrões russos, ele não é alcoólatra, ou seja, não está bêbado de oito da manhã até a hora de desmaiar à noite. Mesmo assim, vovó Polya já teve de carregá-lo para fora do bonde mais de uma vez, e mais de duas vezes ele se cagou em público. Desde que ele chegou, nossos pequenos cômodos em Ostia vibram com o barulho das brigas. Um dia, encontro um tesouro na escadaria do prédio de vovó; um relógio de ouro incrustado com possíveis diamantes. Meu pai o devolve para a família italiana que vive em cima de vovó e Ilya. O pessoal o recompensa com cinquenta dólares. Muito orgulhoso, meu pai generosamente recusa a quantia astronômica. Os italianos então oferecem cinco dólares e uma ida a um café local para tomar um cappuccino e comer um *panini*.

– Seu idiota! – Ilya grita para meu pai com sua cabecinha trêmula, parecendo a cabeça de um esquilo, e a eterna teia de saliva na boca. – Seu imprestável! A gente podia ter ficado rico! Um relógio de diamantes!

– Deus verá minha boa ação e vai me abençoar – papai responde nobremente.

– Deus vai ver como você é burro e nunca mais vai te enviar nada!

– Cala essa boca fedorenta!

– Vá para o caralho!

– Não xingue. A criança pode ouvir.

Em meu banheiro, com minha Madona de Rafael enquanto o mundo adulto treme à minha volta:

– Santa Maria, Santa Maria, Santa Maria.

Em seguida, a lista das ruínas do Fórum Romano que decorei:

– Templo de Saturno, Templo de Vespasiano, Templo de Castor e Pollux, Templo de Vesta, Templo de César.

Dois americanos bonitos da CIA aparecem para entrevistar papai. Querem saber sobre o seu trabalho anterior na fábrica LOMO (*Leningrad Optical Mechanical Amalgamation*), atual fabricante das câmeras hipsters utilizadas na *Lomography*, mas que em 1978 fabricava telescópios e tecnologia militar sensível. Obviamente, meu pai nunca chegou *perto* do material militar sensível. Tinha fama de puxar "conversas perturbadoras pró-sionistas e antissoviéticas" sobre Israel e sobre a Guerra dos Seis Dias de 1967, possivelmente os mais gloriosos seis dias de sua vida, até que um dia o patrão o chamou e disse:

– Puta que pariu, Shteyngart, você não faz nada direito! Saia daqui!

Foi muita sorte ter um pai linguarudo, pois, se ele tivesse algum conhecimento da tecnologia militar da fábrica, jamais teríamos sido autorizados a deixar a União Soviética.

Os espiões inimigos saem de mãos vazias, mas um dia meu pai me senta para levar um papo. Meus brinquedos na época, além do meu papel de embrulho do chocolate Mozart e minha Madona, são dois pregadores com os quais penduramos a roupa para secar no calor do Mediterrâneo. Um deles é um "Tupolev" vermelho e o outro, um "Boeing" azul. Quando não estou babando em cima da Capela Sistina, estou fazendo minhas coisas de menino. Saio correndo pelas ruas tranquilas de Ostia criando uma competição entre os dois aviões, passando pelas areias frias das praias próximas, sempre deixando o avião Tupolev ganhar do avião inimigo.

Os céus de Ostia são ensolarados e o ar de maio é revigorante, atmosfera perfeita para uma corrida de jatos EUA-URSS.

Estou sentado com meu pai sobre a colcha gasta em nosso apartamento. Preparo meu Boeing e meu Tupolev de pregadores de roupa. E ele me diz o que sabe. Era tudo mentira. Comunismo, Lênin Latino, a Liga da Juventude de Komsomol, os bolcheviques, o presunto gordo, Channel One, o Exército Vermelho, o cheiro forte de borracha no metrô, a poluída névoa soviética sobre os contornos stalinistas acima da Praça Moscou, tudo o que dissemos um ao outro, tudo o que fomos.

Estamos indo para o inimigo.

– Mas, papai, o Tupolev-154 é ainda mais rápido do que o Boeing 727?

Em um tom resoluto:

– O avião mais rápido do mundo é o Concorde SST.

– É um de nossos aviões?

– É pilotado pela British Airways e pela Air France.

– Então. Isso significa. O senhor está dizendo que...

Nós *somos* o inimigo.

Estou andando pelo calçadão de Ostia com minha avó. Ao longe, vê-se a pequena e tristonha roda-gigante do Luna Park na qual ainda morro de medo de andar. O Tupolev e o Boeing decolam, e eu desço pela pista de madeira com os dois pregadores de roupa nas mãos acima da cabeça, correndo em volta de minha avó Polya, que se move para frente, perdida nos próprios pensamentos, sorrindo de vez em quando, pois o netinho está saudável e correndo com dois pregadores. O pregador vermelho, o Tupolev, instintivamente chega ao céu, quer ganhar do Boeing azul, assim como as linhas estilizadas do Kremlin fluem em direção à estrela vermelha, pois somos uma nação de trabalhadores e batalhadores. *Nós*.

O objetivo da política é tornar-nos crianças. Quanto mais horripilante o sistema, mais verdadeira esta proposição. O sistema soviético funcionou melhor quando seus adultos – seus homens, em particular – tinham toda a liberdade de permanecer no nível emocional de adolescentes despretensiosos intelectualmente. Muitas vezes, em uma mesa de jantar, um *Homo sovieticus* masculino vai dizer algo rude, ofensivo, nojento, pois este é o direito e a prerrogativa de seu adolescente, isso é o que o sistema o criou para ser, e sua esposa dirá: *Da tishe!* – Cale-se! – e depois olhará ao redor da mesa, envergonhada. E o homem vai rir amargamente para si mesmo e dizer: *Nu Ladno*, não é nada, e abanará com a mão, como se afastando o veneno que ele deixou sobre a mesa.

O pregador azul está ultrapassando o vermelho; o Boeing é rápido demais, bem concebido demais para perder. Não quero ser criança. Não quero estar errado. Não quero ser uma mentira.

Estamos cruzando o Atlântico em um voo da Alitalia Roma-JFK. A comissária de bordo, tão dedicada e bela quanto a Madona em meu bolso – meu broche da Olimpíada de Moscou está nadando no Mediterrâneo –, me traz um presente especial: um mapa-múndi lustroso e uma coleção de adesivos que representam os vários modelos de Boeing no hangar da Alitalia. Sinto-me encorajado a fixar os Boeings por todo o mapa. Aqui está a grande terra incógnita vermelha da União Soviética, e tem a massa azul, menor, dos Estados Unidos, com o seu estranho crescimento na parte da Flórida em um dos lados. Entre estes dois impérios fica o resto do mundo.

Nosso avião mergulha as asas ao se aproximar, e um amontoado de edifícios cinzentos, bem altos, toma toda a cena enquadrada pela janela, como o futuro. Estamos nos aproximando dos últimos vinte anos do Século Americano.

7.
SOMOS O INIMIGO

Uma das poucas fotografias de que dispomos deste período. Estávamos muito ocupados sofrendo.

1979. VIR PARA A AMÉRICA depois de uma infância passada na União Soviética é o equivalente a tropeçar de um penhasco monocromático e pousar em uma piscina de puro Technicolor. Estou pressionando o nariz à janela do avião que taxia na pista, observando os primeiros sinais de minha nova pátria passando lá fora. Ah, quanta solidez! O amplo espaço do que costumava ser o terminal da Pan Am no JFK com o seu telhado "disco voador" e, acima, o firmamento que não oprime o Queens como o céu russo sufoca Leningrado, mas que flui em ondas, reservando partes de si para cada casa de tijolos vermelhos ou de laterais forradas com alumínio, e para cada uma das famílias afortunadas que nelas habitam. Os aviões em suas texturas brilhantes se aglomeram ao redor de um mar de portões feito imigrantes famintos tentando entrar: Sabena, Lufthansa, Aer Lingus, Avianca. A intensidade do desembarque não diminui. Tudo é revelação. No trajeto que percorremos quando saímos do aeroporto, fico chocado com o meu primeiro viaduto, com a forma com que o carro (um carro particular maior do que três Ladas soviéticos) se inclina na curva a centenas de metros acima do verde do Queens. Aqui estamos flutuando pelo ar, só que *em um carro*. Preso ao cinto de segurança no banco de trás, com meus pais também se inclinando na curva aérea, sinto as mesmas emoções que experimentarei ao engasgar com a minha primeira fatia de pizza vagabunda norte-americana meses mais tarde – euforia, intensa animação, mas também medo. Como poderei algum dia chegar aos pés dos gentis e sorridentes gigantes que passeiam por esta terra e que lançam seus carros tal qual cosmonautas em direção ao infinito céu norte-americano e que vivem como lordes em seus pequenos castelos em terrenos de 12 por 30 em Kew Gardens, Queens? Como poderei um dia aprender a falar inglês como eles, de maneira tão informal e direta, mas com as palavras circulando no ar como pombos-correios?

Mas, juntamente com a revelação da chegada está a realidade da minha família. É adequado que eu esteja vestindo meu suéter italiano com suas dragonas. O avião da Alitalia foi também um transporte de tropa. Aterrissei em uma zona de guerra.

Há duas palavras odiosas que definirão minha próxima década nos Estados Unidos. A primeira é *rodstvenniki*; procure o verbete "Parentes". A segunda é *razvod*; procure o verbete "Divórcio". Nossos primeiros dilemas são de natureza geográfica. Minha mãe não quer ir para Nova York, que, na década de 1970, é conhecida em todo o mundo como uma metrópole falida, poluída e dominada pelo crime. O Channel One em Leningrado nos mostrou exaustivamente várias cenas de *negry* sem-teto pelas ruas de Manhattan, sufocados pelas fumaças do racismo e da poluição. Disseram-nos também que São Francisco seria melhor para minha asma. (Pelo menos um conhecido asmático russo acabou no seco e ensolarado estado do Arizona norteado por princípios geográficos semelhantes.) Mas a matriarca dos parentes do meu pai – tia Sonya – quer que ele venda jaquetas de couro no mercado de pulgas com o filho dela, Gricha.* Em Roma, minha mãe solicitou à venerável Sociedade Hebraica de Auxílio ao Imigrante, a libertadora dos judeus soviéticos, que nos enviasse para São Francisco, enquanto tia Sonya tenta nos convencer a morar em Nova York e ajudá-los a vender jaquetas de couro.

Vence o reagrupamento familiar, de forma que somos enviados para Nova York e não para o norte da Califórnia, onde muitos membros de minha geração de imigrantes soviéticos estão se dando muitíssimo bem no setor Google da economia. Minha mãe, depois de ter abandonado a própria mãe moribunda em Leningrado, foi atirada às garras da família do meu pai, a qual ela considera como *volchya poroda*.

Uma ninhada de lobos.

Além de vovó Galya, abandonamos duas lindas cidades meio europeias (Leningrado e Roma) para... o Queens. É lá que vive

---

* Os nomes dos parentes do meu pai foram alterados.

a ninhada de lobos. Estamos cercados por constelações de prédios residenciais de tijolos vermelhos com pessoas de muitas raças e credos, todas lutando para sobreviver. Aos olhos de minha mãe, toda esta configuração se parece com uma triste aproximação de como a vida europeia culta deveria ser.

Eu e meus pais nos instalamos com tia Sonya em seu pequeno apartamento em Forest Hills. A experiência de ouvir meus pais pronunciarem a palavra *rodstvenniki* (parentes) estragou todo o meu conceito de parentescos e relações, e um incidente em particular, da época em que vivemos juntos, prendeu-se ao buraco de minha memória. Meu primo distante e mais velho, Tima, deu um vacilo e talvez tenha vendido uma jaqueta de couro por um preço errado no mercado de pulgas, e seu pai, Gricha, bate nele na frente de toda a família. Há uma frase russa aqui – *dal emu po shee*, levar uma no pescoço. Estou no chão do apartamento da tia Sonya com meu novo brinquedo, uma caneta americana que se abre e fecha em um clique, completamente absorto no belo movimento, quando, de repente, ouve-se o som da palma da mão aberta batendo em um pescoço adolescente. O Primo Distante Tima é moreno, esguio, com os primeiros sinais de um bigode meio sefardita, e vejo-o se contorcer e se dobrar enquanto recebe o golpe. Ele fica lá com a dor no pescoço, enquanto todo mundo olha, como se ele estivesse pelado. A primeira coisa que me passa pela cabeça é: *Não fui eu quem levou no pescoço!* E a segunda: *Tima não vai chorar*. E ele não chora mesmo. O moleque dá de ombros, sorri com amargura e engole tudo para usar no futuro. Isto é o que vai separar o primo distante Tima ou dr. Tima, como ele é chamado agora, de um chorão como eu.

Esforçados e astutos, nossos parentes já estão fazendo um pé de meia no mercado de pulgas, o que em breve os colocará em um dos subúrbios mais célebres de Long Island, um pé-de-meia que, para ser feito, são precisos muitos tapas no pescoço. Em 1979, parte dessa grana terá sido investida em televisores tão grandes (uma medida diagonal de 25 polegadas!) que eu até evito brincar com minha caneta perto deles, pois temo que, caso se explodam ao estilo soviético, os aparelhos tragam abaixo toda a sala de estar. O dinheiro também foi gasto em *stenki*, literalmente "paredes", uma espécie de estante em mogno, laqueada a um nível enlouquecedor, que, junto com a jaqueta de couro, é adorada pelos russos. Deitado no chão, eu olho para meu próprio reflexo de mogno, sabendo que as "paredes" laqueadas e a Zenith de 25 polegadas com controle remoto *Space Command* são o máximo da realização humana. Se fizermos tudo certo, se meus pais aprenderem a vender jaquetas de couro com grande astúcia, um dia poderemos viver assim também.

Com o auxílio da enorme rede de imigrantes, meu pai encontra um apartamento na calma e segura Kew Gardens, Queens, pelo preço justo de $235 por mês. O apartamento de um quarto terá de acomodar três gerações – eu, mamãe, papai, vovó Polya e seu belicoso marido Ilya, ou, como seus amigos o chamam, Goebbels. Com os nossos dois sacos verdes-oliva e três malas laranja feitas de *couro polonês legítimo*, deixamos um campo de batalha, nossos parentes lobos, e rumamos para um ambiente bem menor, no qual ruminaremos as lástimas do Velho Mundo e criaremos outras do Novo Mundo.

Quanto aos parentes lobos, eu raramente os vejo depois que arranjamos nosso próprio apê, mas tenho notícias diárias deles. Eles vêm tentando convencer meu pai a deixar minha mãe e procurar uma mulher, digamos, mais preparada para o mercado de pulgas. Quanto mais minha mãe chora na sala de estar em razão de todas aquelas tias de cabelos com permanente mandarem papai deixá-la, mais eu choro no banheiro. Vinte e dois anos mais tarde, um parente mais recentemente chegado, um homem de meia-idade que é também o mais gentil da trupe, jogará o meu primeiro romance no chão e cuspirá nele, talvez por razões ideológicas. Quando penso em meus parentes, penso nesse tipo de expressão exacerbada de emoção, muito provinciana. Jogar o livro no chão, tudo bem. Cuspir, beleza. Mas fazer as duas coisas? Isto não é um filme de Bollywood.

O apartamento fica próximo à agitada Union Turnpike, perto do ponto de junção em que ela ruidosamente confronta a Grand Central Parkway e a Van Wyck Expressway, e de frente para o Kew Motor Inn, um estabelecimento dos anos 1960 que, como somos recém-chegados ao país, não identificamos logo de cara como o "mais famoso e exótico motel 'para casais' do Queens". A Suíte Egípcia, que custa a bagatela de 49 dólares a hora, estranhamente lembra os cômodos espelhados, laqueados, estilo Cleópatra de nossos parentes. Basta tirar a jaqueta de couro, pagar a prostituta, e você já se sente em casa.

Nosso apartamento dá para um pátio agradável com uma dúzia de carvalhos que são o lar de um punhado de esquilos. Tento presentear essas criaturas gorduchas de cauda espessa com amendoim, uma verdadeira maravilha americana que ao leve toque do dedo médio e do polegar libera seu tesouro crocante. Os esquilos olham diretamente nos meus olhos com as bochechas famintas tremendo. Quando eu me inclino para jogar-lhes minha guloseima, eles estão tão próximos que é possível tocar com as mãos esses roedores urbanos destemidos. Identifico uma família de três, um perfeito reflexo de minha família imediata: um parece ansioso, o outro infeliz, e um é jovem demais para saber a diferença. Eu os chamo de Laika, Belka e Strelka, em referência aos três cosmonautas caninos lançados ao espaço nos anos 1950 e 1960. Sei que não devo mais raciocinar como soviético, mas Belka, o nome do segundo cão, significa "esquilo" em russo. Fazer o quê?

⌒

O primeiro acontecimento importante para mim em Kew Gardens, Queens, é que eu me apaixono por caixas de cereais. Nessa época, não temos condições de comprar brinquedo, mas precisamos comer, e cereais são mais ou menos alimentos. São granulados, macios e leves, com um toque frutado falso. Têm um sabor similar à sensação que a América nos causa. Fico obcecado com o fato de que muitas caixas de cereais vêm com brindes dentro, o que me parece um milagre sem precedentes. Presente em troca de nada. O meu brinde preferido vem em uma caixa de cereais da marca Honeycomb, uma caixa com um garoto branco sardento e saudável – começo a tomá-lo como modelo importante a ser seguido – em uma bicicleta voando pelo céu. (Muitos anos depois descubro que ele provavelmente está "empinando".) O que se encontra dentro de cada caixa da Honeycomb são pequenas placas para serem presas na traseira da bicicleta. As placas são muito menores do que as de verdade, mas têm um peso metálico legal. Sempre ganho uma de MICHIGAN, uma placa muito simples, com letras brancas em um fundo preto. Passo os dedos sobre a palavra. Leio em voz alta, pronunciando quase tudo errado. MEESHUGAN.

 Depois de juntar uma pilha bem grossa de placas, eu as seguro na mão e as espalho como cartas de baralho. Volta e meia eu as jogo no colchão velho que meus pais pegaram no lixo perto de casa, em seguida, eu as recolho e as pressiono contra o peito sem nenhum motivo. Eu as escondo debaixo do travesseiro e depois brinco de achá-las, imitando um cão pós-soviético demente. Cada placa é definitivamente única e exclusiva. Alguns estados se apresentam como "Terra do Laticínio da América"; outros desejam "Viver com Liberdade ou Morrer". O que eu preciso agora, muito seriamente, é arranjar uma bicicleta de verdade.

Na América, a distância entre querer algo e tê-lo entregue na sua sala de estar não é muito grande. Eu quero uma bicicleta, então um vizinho americano rico (todos eles são indescritivelmente ricos) me dá uma bicicleta. Trata-se de uma monstruosidade vermelha enferrujada com alguns raios perigosamente soltos, mas é uma bicicleta. Nela, prendo uma placa e passo a maior parte do dia tentando decidir qual placa usar em seguida, se a da cítrica e ensolarada FLÓRIDA ou da gélida VERMONT. É disso que a América se trata: escolha.

Não tenho muita escolha de amigos, mas há uma menina caolha em nosso condomínio com quem mais ou menos fiz amizade. Ela é pequena, desengonçada e pobre como nós. No início ficamos ressabiados um com o outro, mas como eu sou imigrante e ela é caolha acaba em empate. A garota anda numa bicicleta meio quebrada como a minha e vive caindo e se ralando toda (dizem as más línguas que foi assim que ela perdeu o olho), e, toda vez que as mãos sangram, ela berra, erguendo a cabeça loira para o céu. Um dia ela me vê andando com minha bicicleta ferrada com a placa da Honeycomb na traseira e grita:

– MICHIGAN! MICHIGAN!

E eu prossigo, sorrindo e tocando a buzina, orgulhoso das letras inglesas que estão grudadas em algum lugar abaixo da minha bunda. Michigan! Michigan! com sua placa preta azulada, a mesma cor do olho que restou no rosto de minha amiga. Michigan, com seu delicioso nome americano. Que sorte a de quem mora lá.

E mesmo aqui, tão longe das cidades maravilhosas de Lansing, Flint e Detroit, algo próximo a uma vida está começando para mim. Aparento estar saudável, com os pulmões aceitando e absorvendo oxigênio, menos obcecado por coisas soviéticas graças às placas da Honeycomb e à antiga e colorida pilha dos livros *Tudo sobre Roma*, *Tudo sobre Veneza* e *Tudo sobre Florença*, que hoje considero como as leituras fundamentais em minha formação. Tenho a permissão de comprar um álbum de selos com o retrato de um pirata invocado na capa e também de encomendar mil selos de uma empresa em Nova York. Alguns dos selos são da União Soviética, para meu desgosto, lembranças da Olimpíada de Moscou que se aproxima, mas também têm lindos selos dourados do Haiti, com imagens de pessoas trabalhando no campo, das quais ouvimos tanto falar, ou seja, negros. (Alguns dos outros selos, por razões que até hoje fogem à minha compreensão, estampam a frase DEUTSCHES REICH; um ilustra um jipe explodindo pelos ares. Em outro, um homem baixo, uniformizado e com um bigodinho engraçado abaixa-se para acariciar o rosto de uma menina segurando uma cesta de flores sob as palavras 20 de abril de 1940.).

Meu pai subempregado e eu vamos ao parquinho do bairro no final da rua. A princípio, ficamos sem entender nada quando vemos uns meninos que gostam de correr ao redor de um campo empoeirado depois de bater uma bola com um bastão de alumínio oco sem nenhum propósito. Então, levamos *nosso* negócio: uma bola de futebol europeia. Daí alguns meninos mais velhos se juntam a nós para chutá-la. Eu não sou bom em *futbol*, mas também não sou completamente incompetente, não com Papai ao meu lado, todo fortão.

E então dá tudo muito errado.

8.
A ESCOLA SOLOMON SCHECHTER DO QUEENS

Um bom menino judeu sorri para a foto da escola hebraica. Observe o enorme espaço entre os dentes, as pequenas rugas sob os olhos e o relógio de pulso da Casio que tocava tanto o hino nacional americano quanto o russo "Kalinka" ("Pequena Roda-de-Gueldres"). O autor se odiava por preferir o último.

ESTOU EM PÉ NO MEIO de um bando de meninos com camisa branca e quipás e de meninas com vestidos longos murmurando uma oração em uma língua antiga. Os adultos estão presentes para verificar se estamos todos cantando em uníssono, ou seja, recusar-se a rezar está fora de cogitação.

– *Sh'ma Yisrael* – murmuro, obedientemente. – *Adonai Eloheinu, Adonai Echad.*
Ouve, ó Israel, o Senhor, nosso Deus, é o único Senhor. Não tenho certeza do que as palavras hebraicas significam (há uma tradução em inglês no livro de orações, só que não sei inglês também), mas conheço o tom. Há algo melancólico na maneira com que nós, meninos e meninas, suplicamos ao Todo-Poderoso. O que estamos fazendo, acho eu, é suplicar. E os membros de minha família não são estranhos à súplica. Somos os judeus dos grãos, trazidos da União Soviética para a América por Jimmy Carter em troca de tantas toneladas de grãos e um toque de tecnologia avançada. Somos pobres. Estamos à mercê dos outros: vale-refeição do governo americano, ajuda financeira de organizações de refugiados, camisetas usadas com as estampas do Batman e do Lanterna Verde e móveis arranhados doados por gentis judeus americanos. Estou sentado na cantina da escola hebraica, rodeado, primeiramente, pelos muros desta assustadora instituição – uma peça cinza de arquitetura moderna liberalmente incrustada com painéis de vidro matizado – com seu grande rabino suado, seus jovens, professores mal pagos, e suas crianças judias americanas, todas barulhentas e indisciplinadas, e, num sentido mais amplo, estou rodeado pela América: uma sociedade complexa, impulsionada pela mídia, rica em engenhocas eletroeletrônicas, cujas imagens e idioma são a língua franca do mundo e cujos odores florais e sorrisos fáceis fogem-me completamente à compreensão. Estou sentado ali, sozinho em uma mesa de almoço separada de todas as outras crianças, um menino pequeno de óculos já enormes e a mesma droga de camisa de bolinhas e listras verticais, talvez produzida por alguma Fábrica de Camisa de Bolinhas #12 em Sverdlovsk ou Shirtsk, se é que ela existe, e estou falando sozinho.
Estou falando sozinho em russo.

Estou resmungando as porcarias de que eu me lembro de muito tempo atrás, escritas em letras maiúsculas no metrô soviético: 1959 – FOGUETE ESPACIAL SOVIÉTICO ATINGE A SUPERFÍCIE DA LUA? É muito possível. Será que estou sussurrando, nervoso, uma velha cantiga infantil russa (aquela que acabaria aparecendo em uma das minhas histórias escritas na idade adulta)? "Que o dia esteja sempre ensolarado, que haja sempre céu azul, que haja sempre a Mamãe, que haja sempre *eu*." Muito possível. Porque o que preciso agora, neste infeliz e estranho lugar, é da Mamãe, a mulher que costura minhas luvas no meu enorme sobretudo peludo, aquele que me rendeu o apelido de Urso Russo Fedido, ou URF na área. É que, se ela não costurar as luvas no casaco, eu as perco, como já perdi o frasco de cola, o caderno pautado e os lápis de cor que me acompanham para a primeira série. "Mamochka", vou dizer a ela esta noite. "Não fique triste. Se eu perder a cola hoje, não vou mais perdê-la amanhã."

Uma coisa é certa: além de meus pais e de um garoto muito legal, filho de pais americanos liberais que o induziram a brincar comigo, o idioma russo é meu amigo. É confortável. Este idioma sabe de coisas que os pirralhos barulhentos ao meu redor, que riem e apontam enquanto eu entoo minhas sibilantes eslavas, nunca vão entender. A forma com que as pedras cinza e verdes do Palácio Vorontsovsky na Crimeia, onde passávamos as férias de verão, combinam com as montanhas e florestas ao seu redor. A maneira com que os caras nos revistam no aeroporto de Pulkovo, em Leningrado, onde os guardas aduaneiros tiram seu chapéu e passam a mão para checar se tem diamantes contrabandeados. A forma como os CIENTISTAS SOVIÉTICOS CRIAM A PRIMEIRA TEORIA DA REAÇÃO EM CADEIA em 1934.

Os professores tentam intervir. Mandam-me dar um fim ao enorme sobretudo peludo. Dar um jeitinho no cabelo cheio e desgrenhado. Parar de falar sozinho em russo. Ser mais, você sabe, *normal*. Sou convidado a brincar com o filho dos liberais, um companheiro gentil, bem alimentado, que parece perdido no deserto do leste do Queens. Vamos a uma pizzaria e, quando inalo uma fatia, um enorme fio pegajoso de mozarela fica preso em minha garganta. Usando quase todos os dedos, tento puxar o queijo para fora. Eu me engasgo. Gesticulo. Entro em pânico. Solto um mugido para nossa acompanhante, uma graciosa mãe norte-americana.

Pomogite! Balbucio. Socorro! Estou preso em um interminável mundo de queijo vagabundo. Já posso até ver um novo cartaz no metrô de Leningrado. 1979 – PRIMEIRA CRIANÇA SOVIÉTICA ENGASGA COM PIZZA CAPITALISTA. Terminado o sufoco, paro lá sentado, trêmulo, com as mãos cobertas de saliva e mozarela cuspida. Isto não é vida.

Não tenho boas habilidades sociais. Em Leningrado, eu vivia doente demais para frequentar o pré-escolar. Minha mãe dava aulas de música em um jardim de infância, ao qual me levou várias vezes quando meus avós não estavam disponíveis para tomar conta de mim. Invariavelmente, eu ficava de pé na frente da turma, de frente para todas aquelas lindas meninas eslavas com seus laços brancos e todos os xilofones dispostos cerimoniosamente sob o retrato obrigatório do Lênin musical, e então, com um tom egocêntrico de filhinho da mamãe, eu anunciava às crianças mais velhas:

– Tenho um aviso! Não vou participar de nenhuma atividade hoje. Só vou sentar e assistir.

Mas na escola hebraica morro de vergonha de dizer qualquer coisa, a menos que eu esteja engasgado com uma pizza.

Há uma exceção. Um dia, enquanto o ônibus escolar está levando as crianças da escola hebraica de volta para casa, antes de o veículo penetrar nas partes mais elegantes e sofisticadas de Forest Hills, passamos pelo nosso prédio de cinco andares.

– *Ober zer!* – grito. – *Ober zer!*

E, com meu sotaque russo ainda carregado:

– Olha lá! É minha casa!

E, pela primeira vez, não sou o esquisitão na mesa do almoço, e ninguém está rindo de mim, tampouco girando o dedo indicador ao redor da orelha, insinuando minha insanidade.

– É sua casa? – as crianças gritam. – *Você mora naquele lugar grandão?* Você deve ser muito rico! Por que você tem que vestir minha camiseta do Lanterna Verde que usei no acampamento de verão?

Ao descer do ônibus, finalmente começo a compreender a falha na comunicação. As crianças acham que o edifício inteiro, todos os cinquenta apartamentos, é minha casa.

Na cozinha apertada de nossa "mansão", meus pais estão batendo boca com Ilya, meu avô postiço, que está completamente bêbado. Há brigas de família que agora só consigo perceber como cores – um verde-amarelo abrasador explode na minha frente sempre que vejo um velho careca cerrar os punhos. Ninguém sabe xingar com a profundidade e o volume do meu avô postiço Ilya. Essa noite, todo o mundo vai para o caralho e todo o mundo vai para a puta que pariu.

Caio na cama de campanha – meu novo leito, doado por dois jovens judeus do bairro –, seus nomes, de sonoridade incrível, são Michael e Zev, que parecem, em razão de tamanha bondade, uma segunda encarnação da mulher no aeroporto de Viena, a que me deu o chocolate Mozart com a embalagem tão estimada. Em volta de nossa mesa, as vozes democráticas e democratas de Michael e Zev ressoam combatidas pelo inglês aventureiro e republicano de meu pai, enquanto nossos novos amigos americanos apoiam o produtor de amendoim da Geórgia, atualmente na Casa Branca, prestes a deixar a presidência, e meu pai torce para o ator da Califórnia, e no final tudo acaba em doce (Milky Way!), que não posso comer por conta da asma, ou com itens mais úteis de que precisamos como cabides e um ferro a vapor. Para completar nosso conjunto de móveis, escolhemos um sofá em um depósito de lixo nas proximidades e amontoamos uns lençóis para usar como travesseiros.

Quando eu me sinto triste na escola hebraica, volto-me para meu atlas soviético e um avião de brinquedo da Eastern Air Lines que minha mãe comprou por cinquenta centavos de dólar na rua 14, o bulevar dos sonhos de descontos na distante Manhattan. Usando meu atlas, traço o tempo de voo para Roma, depois para Viena, depois para Berlim Oriental, em seguida, de volta a Leningrado. Memorizo as coordenadas dos aeroportos importantes. Lanço meu avião na pista de pouso e decolagem de nosso apartamento cheio de tralhas e fico lá sentado com a aeronave de plástico na mão, por oito horas e meia, que é o tempo para se chegar a Roma, imitando os sons do motor a jato:

– *Zuuummmm... mmmmmmm... Zuuummmm... Mmmmm...*

Finalmente pouso o avião na cama verde-oliva (também conhecida como Aeroporto Leonardo da Vinci) e no dia seguinte retomo a viagem a Leningrado.

Os refugiados soviéticos não saem por aí usando o diagnóstico de transtorno obsessivo-compulsivo à toa. Tudo o que sei é que naquela época meu avião de plástico *jamais* deveria tocar o chão até que fosse hora de pousar, senão todos os passageiros, toda a minha família, morreriam. Quando minha asma reaparecer e eu não conseguir mais fazer *zuuummmm* e *mmmmmmm*, vou amarrar o avião a uma corda pendurada na cama de campanha para que ele tecnicamente permaneça no ar e, em seguida, ficarei lá parado, observando-o, como a criança obediente que sou, enquanto a vida familiar decola e cai ao meu redor.

Minhas viagens tornam-se mais complexas. Passo por Paris, Amsterdã, Helsinki, em seguida, volto a Leningrado. Depois, passo cruzando Londres, Amsterdã, Varsóvia, Moscou, Leningrado. Tóquio e Vladivostok. Torno-me especialista em tempos de voo e em nomes das cidades mais importantes do mundo.

Nesta época meu pai entra de cabeça em uma intensa busca espiritual. Encontrou uma sinagoga ortodoxa a dois quarteirões de casa. Não possui um quipá adequado, mas tem um boné de beisebol multicolorido com a estampa de um robalo. Certo sábado, ele decide caminhar até a sinagoga e senta-se em um banco lá no fundo. Os fiéis a princípio acham que ele é "um hispânico bêbado da rua". Mas quando percebem que ele é um dos míticos judeus russos de que já ouviram falar na TV, um dos seus correligionários há muito perdidos, eles o enchem do mais puro amor. Um deles, seguidor do ultranacionalista Rabino Kahane, dá-lhe dez dólares americanos. No Sabá é proibido mexer-se em dinheiro, mas acima de qualquer preceito encontra-se a prioridade de se garantir que um judeu tenha o que comer. Quando meu pai arranjar o primeiro emprego e ganhar uma graninha, ele vai dar duzentos dólares para Kach, a organização do rabino Kahane que em breve será banida em Israel – ao ter como elemento central de sua plataforma empurrar os árabes para o mar. E, quando chegar a hora de comprarmos nosso primeiro apartamento, outro congregado, que por acaso é o carteiro local, nos emprestará quatrocentos dólares, sem quaisquer questionamentos, para o pagamento da entrada. Acho que é a isso que as pessoas se referem quando dizem "comunidade".*

No Sabá seguinte e quase toda sexta-feira depois disso, sou levado ao pequeno edifício amarelo do Young Israel, onde acompanho o balanço e os tremeliques dos homens que, apesar da roupa vagabunda, são muito gentis (as mulheres ficam em uma sacada acima de nós) e parecem me aceitar e não me tacham de louco quando solto, acidentalmente, alguma coisa em russo ou, sem querer, assassino o idioma anglo-saxônico a golpes de língua.

Quando os congregados do Young Israel ficam sabendo que minha mãe era pianista na Rússia e meu pai cantava ópera, convidam a família para dar um concerto. Depois de meses de anonimato em um país estrangeiro, a voz de baixo do meu pai reverbera em todo o pequeno e lotado santuário, enquanto minha mãe o acompanha no piano. Papai canta a esperada cantiga de Chaliapin "Ochi Chyornye" ("Olhos negros") e o clássico iídiche "Ofyn Pripetchek" ("Aprendam, crianças, não temam / Todo começo é difícil").

Minhas façanhas com o atlas soviético e os voos de nove horas para Estocolmo não passam despercebidos. E assim, *eu* sou apresentado como o número final – o refugiado de 7 anos que sabe os nomes de toda e qualquer capital do mundo! Os fiéis gritam, sabatinando-me:

– Bélgica!
– Japão!
– Uruguai!
– Indonésia!

Nervoso, porém animado, acerto as quatro primeiras, mas erro a última: Chad. Por mais cosmopolitas que sejam minhas viagens,

---

* O Departamento de Estado acabará incluindo a Kach na lista de organizações terroristas estrangeiras, e o próprio rabino será assassinado em Nova York, em 1990.

nunca voei para N'Djamena com meu jato Eastern Air Lines de plástico. Apesar do vexame que dou, recebemos 250 dólares da Congregação pela nossa performance, que trocamos por um tailleur Harvé Benard tamanho 2. A compra se dá bem a tempo de minha pequena mãe comparecer, bem-vestida, a sua primeira bem-sucedida entrevista de emprego como escriturária-datilógrafa.

Os congregados do Young Israel sugerem que eu estude na Solomon Schechter, uma escola hebraica conservadora localizada em um trecho triste perto da Parsons Boulevard. Meu pai quer muito ser um judeu praticante. Minha mãe, meio-judia, às vezes reza na forma cristã, unindo as mãos e entrelaçando os dedos, ao Deus de Boa Saúde e de Prósperos Negócios na fábrica de relógios do Queens onde agora ela trabalha feito uma escrava, regozijando-se quando o chefe distribui sorvete em vez de ar-condicionado.

Há boas escolas públicas no Queens, porém tememos os negros. Se você juntar dois imigrantes soviéticos no Queens ou no Brooklyn por volta de 1979, *shvartzes* ou "os espanhóis com seus radinhos de pilha" são assuntos que vão surgir logo na terceira frase, após falarem das bombinhas de asma do Igorzinho ou que Misha está exausto. Mas ouça com atenção essas conversas. Há ódio e medo, obviamente, mas logo em seguida há risos e alívio. O reconhecimento feliz de que, ainda que sejamos um bando de desempregados e desinformados, em nossa nova pátria existe um depósito de repulsa dirigido a outro grupo do qual não fazemos parte. Somos refugiados e até mesmo judeus, o que na União Soviética nunca nos trouxe nenhuma vantagem, mas também somos algo que nunca de fato tivemos a chance de apreciar em nosso país. Somos brancos.

Pelas bandas mais frondosas de Kew Gardens e Forest Hills, o ódio tribal contra negros e hispânicos se destaca em parte porque não há realmente nenhum negro ou hispânico por lá. Eis como se deu o único encontro de minha mãe com a "criminalidade" na Union Turnpike: Um branquelo grandalhão, ao volante de um conversível, para próxima a ela, põe o pau para fora e grita:

– Oi, gata, o meu é grande!

Ainda assim, todo mundo sabe o que fazer quando se depara com uma pessoa de pele escura: Correr.

Porque eles estão loucos para estuprar todos nós, em nossas jaquetas de *couro polonês legítimo*. Quanto aos "hispânicos com seus radinhos de pilha", sabe o que mais eles têm, além dos rádios? Canivetes. Logo, se esses caras virem um menino russo de 7 anos, andando pela rua com sua bombinha de asma, eles vão retalhá-lo. *Prosto Tak*. Assim mesmo. A lição é a seguinte: nunca deixe seu filho de 7 anos sozinho. (Com efeito, só depois que faço 13 anos é que minha avó me permite caminhar por uma rua tranquila na pacífica Forest Hills *sem me dar a mão*. Até lá, ela vai se manter atenta, correndo os olhos em um raio de cem metros, em todas as direções, pronta para cobrir meu corpo com o dela, temendo que um desses animais com canivetes se aproximem.)

Ah, e se você economizar uma grana que dê para comprar um televisor Zenith com controle remoto Space Command, um negro bem forte certamente vai aparecer do nada, colocar o aparelho no ombro e correr pela rua com ele. Daí um hispânico, acompanhado de seu radinho de pilha, tocando sua música *cucaracha*, vai correr pela rua atrás do negão. Um deles também vai enfiar o Space Command no bolso e você vai ficar sem nada.

E, assim, optamos pela segurança de nossa própria espécie.

E, assim, vou parar na Escola Salomon Schechter do Queens.

Ou *Solomonka*, como nós, russos, gostamos de chamá-la.

Só que vou levar muita porrada em *Solomonka*, também.

Não sei falar inglês "muito bom"; por isso me colocam em uma série abaixo da que de fato estou, ou seja, em vez de começar na segunda série, mandam-me para a primeira. Em todas as séries, até o último semestre da faculdade, estarei cercado de pessoas um ano mais novas do que eu. As crianças mais inteligentes serão dois anos mais jovens. Na foto anual da turma, serei demovido da fileira de cima, com as crianças mais altas, para a de baixo, pois, mesmo quando eu ficar mais velho, ainda assim estarei relativamente abaixo da estatura normal. Como posso ser tão burro (e tão baixinho)? Não sou eu aquele garoto que sabe a diferença entre *A alegoria do dia* e *A alegoria da noite* na Capela dos Médici? Não sou eu o autor de *Lênin e seu ganso mágico*, uma obra-prima da literatura realista socialista, escrita antes mesmo de eu aprender a fazer *kaka* corretamente em um vaso sanitário? Não sou eu o garoto que sabe de cor e salteado as capitais da maioria dos países, exceto de Chade? Só que aqui, aos 7 anos, começa minha decadência. Primeiro, através das maravilhas da escola hebraica, depois, pelo tubo da televisão norte-americana e da cultura popular, e mais tarde descendo (ou devo dizer *subindo*?) pelo bong de 91 centímetros na Oberlin College, toda a minha astúcia de menino inteligente vai diminuir gradualmente, escola por escola. O espontâneo deslumbramento frente às coisas e a sensibilidade que me torna capaz de chorar sobre uma medalha da *Madona e a criança* e não saber por quê serão essencialmente substituídos pela luta pela sobrevivência e pela perfeita compreensão do porquê. E sobrevivência significa substituir o amor ao belo pelo amor ao engraçado: o humor é a última esperança do judeu sitiado, sobretudo quando ele é colocado entre sua própria espécie.

SSSQ, escreverei, preocupado, no canto superior direito de cada caderno nos próximos oito anos. A *Solomon Schechter School of Queens*. A sigla fica impressa em minha mente, SSSQ. Os S's são tão cambaleantes quanto meu avô postiço Ilya, e eles caem uns sobre os outros; o Q é um O esfaqueado entre as pernas em diagonal. Muitas vezes esqueço-me completamente do Q, deixando apenas o quase fascista SSS. *Por favor, melhore sua "penmanship" (caligrafia)*, escreverão todos os meus professores. *Pen* eu conheço porque é meu brinquedo principal, a caneta. *Man* é alguém como meu pai, homem forte o suficiente para levantar um ar condicionado americano usado que ele acaba de comprar por cem dólares. *Ship* é como o cruzador *Aurora* atracado em Leningrado, o que disparou o tiro fatal que provocou a Revolução de Outubro. Mas *pen-man-ship*?

A SSSQ é meu mundo. Os corredores, as escadas e as salas são pequenos, mas nós também somos. Quatrocentas crianças, do jardim à oitava série, marchando em duas filas, meninos e meninas, por ordem de altura. Há uma professora israelense, sra. R, de meia-idade, com óculos grandes de coruja, que gosta de nos fazer rir enquanto nos conduz, pondo duas mãos na frente do nariz, como se tocasse uma pequena flauta, e cantando:

– *Troo-loo-loo-loo-loo*.

Além de contagiar com alegria as crianças amedrontadas, sua tarefa é certificar-se de que todos os meninos estão usando o quipá. As primeiras, e quase últimas palavras do hebraico que aprendo: *Eifo ha-kipah shelcha?* (Onde está o seu quipá?). Essa é a parte mais gostosa do dia: ser levado para a aula pela sra. R. Mas em sala, com a sra. A-Q e a sra. S-Z, a coisa não é tão gostosa assim.

Porque eu não sei o que estou fazendo. Com a tesoura que não sei onde está, a cola que não sei onde foi parar, meus lápis de cor que não sei onde enfiaram, meu quipá que não sei por onde anda e minha camisa que não sei que fim levou, aquela com a insígnia de um cara montando um cavalo e balançando uma marreta, que muito mais tarde descubro tratar-se de uma camisa *polo*, não sei onde eu mesmo estou. De fato, muitas vezes estou na sala errada, e todos caem na gargalhada com isso e eu, com os sapatos desamarrados, me levanto e olho em volta, a boca aberta, enquanto a sra. A-Q ou a sra. S-Z vai procurar a sra. R. E sra. R, com seu leve sotaque israelense, para no corredor comigo e me pergunta:

– *Nu?* O que aconteceu?

– Eu... – respondo.

Mas é tudo que sei: "Eu".

Ela então se abaixa para amarrar meus cadarços enquanto nós dois refletimos sobre a situação. E então ela me leva para a sala certa, e os rostos familiares de meus colegas de classe vão se encher com um novo ataque de risos, e a nova sra. A-Z (mas não R) grita a palavra que é o hino oficial da Solomon Schechter: *Sheket!* "Silêncio!" Ou, mais melancolicamente, *Sheket bevakasha!* "Por favor, façam silêncio." E tudo volta ao seu estado normal de entropia, com os alunos que não conseguem ficar quietos e uma professora que não consegue dar aula, enquanto o hebraico, a segunda língua que eu não sei, a que nem aparece nas caixas da Honeycomb, martela-me a cabeça como se fosse um coco verde. E eu me sento lá, prestes a ter um ataque de asma que só se manifestará mesmo no fim de semana, perguntando-me qual será a próxima cilada em que vou cair, enquanto meus cadarços magicamente se desatam, e então chega a hora do recreio, a sra. R nos leva para fora com seu *troo-loo-loo* pelos corredores com uns mapas de Israel desenhados anos antes daquele sujeito ao qual meus pais se referem como "o tal Carter *farkakte*" e seus Acordos de Camp David dar de mãos beijadas o Sinai aos egípcios, e as paredes também estão cheias de recados das crianças, escritos com marca-texto brilhante, em agradecimento àquele que cuida de nós, aquele cujo nome não pode sequer ser escrito por extenso, de tão especial que é, aquele que chamam de *D-us* ou, às vezes, só para aumentar ainda mais a confusão, Adonai. Como em *Sh'ma Yisrael, Adonai Eloheinu, Adonai Echad.*

Recreio. Lá fora, no pátio da escola, sob uma placa próxima onde se lê VULCAN RUBBER (vulcão e borracha, duas palavras que se tornarão significativas: a primeira na minha adolescência e a segunda, infelizmente, só nos meus 20 anos), as meninas brincam de amarelinha, os meninos correm por toda parte com seus egos ruidosos e eu me sento isolado e tento me ocupar com uma joaninha, se for um dia quente, ou com minhas luvas, se estiver frio, ou com meus dedos gelados, caso eu tenha perdido essas últimas. Ainda não consigo diferenciar os coleguinhas pelo nome. Para mim, eles são apenas uma grande massa de *Am Yisroel*, a nação judaica, os mais moreninhos e mais agressivos sendo de Israel, enquanto os mais leves e mais felizes sendo de Great Neck. O garoto liberal cujos pais me levam para casa deles para brincar se aproxima de mim. Sua casa em Kew Gardens é algo que me falta vocabulário para descrever. Para começo de conversa, o edifício inteiro é a casa dele, com grama na frente, nos fundos e nos lados, existem árvores que pertencem a ele, que são sua propriedade pessoal, de modo que ele pode muito bem cortá-las se assim quiser sem ser condenado a trabalhos forçados em nenhum campo de concentração. E quantos jogos dentro da casa! Jogos de tabuleiro em que a gente conquista mais de quatro ferrovias e bairros inteiros, e ainda "action figures" de um tal de *Star Wars*, que não

sei do que se trata. Mas alguém gentil me deu um troço do *Star Wars*, um macaco superpeludo e alto, com uma bandoleira branca em torno do corpo nu e uma carranca. Às vezes, quando estou sem nenhuma companhia, pego o macaco, e as crianças gritam:
— Chewie!
Acho que é o nome do macaco. Daí elas caem na gargalhada porque Chewie só tem metade do braço direito, e não dá nem para encaixar o rifle negro com o arco. Por isso, por um lado é bacana ter o macaco, mas por outro é ruim, porque o bicho é deficiente. Tenho também a caneta que faz clique, mas ninguém dá a mínima.

Bem, mas voltando ao recreio, o filho dos liberais se aproxima e diz:
— Gary, quer brincar de avião? Antes de responder, examino o que há por trás disso, pois quem iria querer falar comigo? E, depois, quem é esse Gary, afinal? Então eu me lembro: Sou eu. Refletimos e discutimos sobre isso em família: Igor é o assistente de Frankenstein, e eu já tenho problemas suficientes. Então, pegamos o IGOR, movemos as letras I, G, O e R e resultou em GIRO (que teria sido ótimo na última década do século XX), ROGI (perfeito para a primeira década do século XXI) e GORI. Esse ficou bacana, pois é o nome da cidade onde Stalin nasceu na Geórgia, mas ainda não estava totalmente certo. Mas também tinha aquele ator, o Cooper, qual é nome dele mesmo hein? Assim, trocamos duas vogais por duas outras, e aqui estou, GARY.
— Eu quero brincar de avião — digo.
Na verdade, sai mais como um berro:
— Eu quero brincar de avião! Pensando bem, pra que mentir aqui?
— EU QUERO BRINCAR DE AVIÃO! Porque essa é a minha chance de conquistar novos amigos.

– Para Jacarta! – grito. – Você voa para Gonolulu, Gawaii* ou Guam, um breve intervalo para pôr benzeno nas asas, e então Tóquio, parando em Jacarta.

As crianças olham para mim: algumas com a profunda indiferença norte-americana e outras com a colérica indiferença israelense, mas todas pensando a mesma coisa: *sheket bevakasha*, ou talvez apenas *sheket: Cala essa boca, seu esquisito.*

A brincadeira de avião é tão complexa quanto qualquer outra interação na SSSQ. Os meninos correm fazendo "ZHUUUUUUU" com os braços esticados e, em seguida, derrubam uns aos outros com os braços. Não consigo chegar a Jacarta. Não chego nem mesmo ao Aeroporto de Filadélfia, nas proximidades, a 39°52'19" N, 75°14'28". Alguém me acerta na cabeça, despenco, matando todos os passageiros do manifesto.

⸺

Há um cinema na rua principal, e meu pai está todo animado porque estão exibindo uma produção francesa; logo, deve ser um filme muito culto. O filme se chama *Emmanuelle 2: As alegrias de uma mulher*, e será interessante ver quão alegres essas francesas realmente são, muito provavelmente por causa de seu patrimônio cultural requintado. ("Balzac, Renoir, Pissarro, Voltaire", meu pai canta para mim no caminho para o cinema.) Passo os 83 minutos seguintes com a mão peluda de Papai cobrindo-me os olhos, deixando-me uma tarefa hercúlea: libertá-los. As partes menos explícitas de *Emmanuelle 2* se passam em um bordel em Hong Kong ou em um internato para meninas em Macau; depois tudo segue

---

* Os russos muitas vezes pronunciam o H como um G. Daí a famosa universidade Garvard em Massachusetts e minha futura *alma mater*, a pouco menos famosa Oberlin em Ogio.

ladeira abaixo. Apesar dos esforços de meu pai, naquele dia consigo ver mais ou menos sete vaginas na tela grande, sete a mais do que vou ver por um bom tempo. Obviamente, temos de ficar até o fim, uma vez que pagamos pelos ingressos. Para completar, um dos personagens masculinos, um operador de rádio, chama-se Igor ("Ai, Igor, ui!"), meu antigo nome.

Meu pai e eu voltamos atordoados e em silêncio para o apartamento.

– *Nu?* – minha mãe pergunta.

Silêncio no início, um silêncio atípico.

– *Nu?*

– A cada três minutos teve uma cena de amor! – grita meu pai.

– Fizeram em tudo quanto é direção e ângulo! Assim... E depois assado. E então eles a viraram e... Espero que meus pais ao menos arranjem os quatro dólares para assistir ao filme sozinhos e acompanhar fielmente a série, vendo O *perfume de Emmanuelle* (1992), *Em Veneza com Emmanuelle* (1993) até sua lógica conclusão na ficção científica feita para a TV a cabo, *Emmanuelle no espaço – O sentido do amor* (1994).

Eles mereciam, pobres imigrantes esforçados e trabalhadores.

⚯

Não sei ao certo o que fazer com todo o conhecimento adquirido com a bela francesa (na verdade, holandesa) Emmanuelle. Ainda sou pequeno. Mas sei que alguma coisa acontece, alguma coisa cabeluda entre as pernas. Não entre as minhas, ainda não, mas entre as pernas dos outros.

Na SSSQ, encontro um livro em inglês sobre Harriet Tubman, ex-escrava que libertou dezenas de afro-americanos de um lugar horrível chamado Maryland. Talvez o bibliotecário da escola hebraica tenha achado que Tubman era judia (seu apelido era Black Moses).

É um livro difícil, por ser em inglês, mas há muitas fotos emocionantes de Tubman e seus escravos resgatados correndo pela terrível Maryland rumo ao Canadá. Sinto muita raiva da escravidão, esta *coisa* horrível, sinto tanta raiva da escravidão quanto as pessoas ao meu redor sentem dos negros, e sinto uma enorme raiva ao ouvir o novo presidente, Ronald Reagan, dizer que eles vão "levar no pescoço". Deitado na minha cama de campanha, pensando um pouco em Emmanuelle e muito em Harriet Tubman, crio um amigo imaginário, um menino ou uma menina de pele negra que acaba de fugir de Maryland. Ainda sou ecumênico quando se trata de gênero, então ele/ela está deitado(a) ao meu lado, com os braços em volta de mim, meus braços em volta dele/dela, e repito diversas vezes algo que ouvi na rua:

– Vai ficar tudo bem, Sally, prometo.

A maneira mais rápida de se chegar a N'Djamena, Chade, é fazendo escala em Paris pela Air France. Sob condições ideais, é possível fazer em 16:35. Ainda estou voando para lá.

9.

AGOOF

O jogo russo chama-se Durak ou O Tolo. O objetivo é livrar-se de todas as cartas para que o adversário seja chamado de O Tolo. Nesta foto, a mão de meu pai está mais pesada que a minha.

No ano seguinte, ganho o presente que todo menino deseja. A circuncisão.

Na Solomon Schechter, recebi um nome hebraico adequadamente sacrificial: *Yitzhak* ou Isaac. E é assim que entro na faca no Hospital Coney Island, homens ortodoxos recitam uma oração de bênção na sala ao lado, cobrem-me a boca com uma máscara de sedação (perfeito para um menino asmático com transtorno de ansiedade), e então as paredes do hospital público – verde sobre verde sobre verde sobre verde – desaparecem e são substituídas por um sonho onde homens de chapéu preto fazem comigo as coisas horríveis perpetradas amorosamente sobre Emmanuelle em um bordel de Hong Kong.

E depois vem a dor.

Mamãe, Papai, onde estão vocês?

E, então, as camadas de dor.

Mamãe, Papai, socorro!

E, então, as camadas de dor e humilhação.

Minha mãe fez um buraco na minha cueca para que meu pênis machucado não tocasse no poliéster. Em casa, fui transferido da minha cama de campanha para a cama dos meus pais. Deito lá com a genitália destroçada, exposta ao mundo e, por mais incrível que possa parecer, as pessoas vêm me visitar, todos os meus parentes aparecem para ver o troço horroroso que tenho entre as pernas.

– Nu, como você se sente? – perguntam feito lobos.

– *Bol'no* – respondo. Dói.

– *Zato evreichik!* – gritam em aprovação. Mas agora você é um judeuzinho!

Cubro-me com o livro ao meu lado, o *Tudo sobre Roma*, montando uma pequena barraca sobre mim. O que tenho olhado bastante desde que voltei para casa do hospital é um dos óleos de Pietro da Cortona, *A violação das mulheres de Sabine*. As mulheres não estão sendo estupradas no sentido contemporâneo da palavra, é claro, mas sequestradas pela primeira geração de homens romanos, enquanto os filhos das vítimas choram aos seus pés e partes de seus seios ficam expostas à *la Emmanuelle em Hong Kong*. E esses homens de túnica e capacete são tão fortes e morenos quanto meu pai. E estou tão pálido e impotente quanto...

Não estou sugerindo o que pareço estar sugerindo aqui. Só estou tentando dizer que há uma circularidade causal que desemboca no ponto em questão. O Urso Russo Fedido, o segundo menino mais odiado no primeiro e em breve segundo ano da escola hebraica (em breve vou chegar ao nível do menino mais odiado), está deitado na cama dos pais, com a virilha exposta, com a sensação de que várias lâminas estão cortando-lhe o pênis, repetidas vezes. (Nem é necessário dizer que o procedimento no hospital público não correu bem.) Meu futuro próximo reserva criaturas de filmes de terror, sendo os caranguejos de casca mole que aparecem em *Alien* de Ridley Scott os mais elaborados visualmente, mas jamais haverá coisa igual a *este* chiaroscuro barroco de sangue coagulado e fio de sutura. E, até hoje, sempre que vejo uma lâmina exposta, eu estremeço, pois sei muito bem o que ela pode fazer com um menino de oito anos.

Todos nós fizemos o que tínhamos de fazer desde que chegamos aqui. Minha mãe está trabalhando feito escrava em uma fábrica de relógios de pulso superquente no Queens. Meu pai tem estudado meticulosamente inglês e outras línguas da moda, como COBOL e Fortran. Nosso apartamento encontra-se repleto de cartões perfurados da IBM trazidos por meu pai de suas aulas de computador, nos quais mexo com a mesma admiração com que mexo nas placas que vêm de brinde nas caixas da Honeycomb, igualmente intrigado pela textura em relevo, assim como sua cor bege – tudo tão americano – e pelas palavras e frases que meu pai escreve neles, de um lado em inglês, do outro em russo. Lembro-me, por alguma razão, das seguintes palavras: indústria (*promyshlennost'*), bule (*chainik*), ataque cardíaco (*infarkt*), simbolismo (*simvolizm*), habitação (*zaklad*) e rancho (*rancho*).

Ainda assim, não viemos para este país apenas para um dia conseguirmos uma *zaklad* para nosso *rancho*, certo? O dinheiro não foi a única e principal razão por trás de nossa mudança para cá. Viemos para ser judeus, não foi? Ou pelo menos era esse o objetivo de meu pai. Definitivamente eu não tinha nenhuma opinião sobre a questão. E agora me vêm com essa história de *simvolizm*. E foi por isso que eles me cortaram de forma tão brutal, para que eu me igualasse às crianças que tanto me odeiam na escola, as crianças que dispensam a mim um ódio de proporções que nunca mais encontrarei na vida. Elas me odeiam porque venho do país ao qual, em breve, nosso novo presidente vai se referir como o "Império do Mal", que deu origem à categoria interminável de filmes que começam com a palavra *"Red"* – Red Dawn, Red Gerbil, Red Hamster.

– Comunista! – gritam, com um alegre soco em uma parede macia da escola hebraica.

– Russki!

Mas eles me cortaram lá embaixo para vocês! Tenho vontade de gritar para eles. *Deixei o Lênin Latino na Praça Moscou só para passar por esta circuncisão. Eu sou judeu como vocês! Será que esse fato não importa mais do que o país onde nasci? Por que vocês não dividem um Fruit Roll-Up pegajoso comigo?*

É difícil questionar as escolhas que meus pais fizeram durante os longos e estranhos dias de imigração, e acho até que agiram bem, dadas as circunstâncias. Mas permita-me levitar até o teto de nossa residência de um cômodo em Kew Gardens, do jeito com que eu frequentemente flutuava durante os ataques de asma quando me sentia puxado para fora de meu corpo desoxigenado, permita-me olhar para o menino com seu brinquedinho, o Chewie do *Star Wars*, o macaco sem o braço direito, e então o outro brinquedinho, o que está tão estropiado e deformado que por dois anos cada ida ao banheiro para urinar será acompanhada por um doloroso cerrar de dentes, o outro brinquedinho, aquele emoldurado por um buraco de tamanho genital na cueca, e permita-me fazer a pergunta pertinente: *Que porra é essa?*

E já sei a resposta. A resposta bastante razoável que meus pais oferecem às perguntas deste calibre:
— Mas nós não sabíamos.
Ou, então, uma resposta mais patética, de refugiados, que é atribuída à minha mãe:
— Mandaram-nos fazer isso.
Ou uma resposta menos razoável, a resposta que eu atribuiria a meu pai:
— Mas você tem que ser homem.
E agora Yona Metzger, rabino chefe asquenazi de Israel:
— É um carimbo, um selo sobre o corpo de um judeu.

Na escola, meu pênis tenta fazer cara de bravo. Ele não pode contar a ninguém o que aconteceu, senão eles vão tirar sarro de seu proprietário, Igor, ou Gary, ou o que seja. Mas se eles empurrarem o Refugiado Anteriormente Conhecido como Igor pelo pênis contra a parede, na fila para o refeitório, bem... *ai*.
Estou tentando fazer cara de bravo, também. Começo a escrever as minhas primeiras mentiras no novo idioma.

GARY SHTEYNGART   SSS [Solomon Schechter School]
31 de abril [infelizmente, abril só tem 30 dias] de 1981 Classe 2C

Ensaio: PRIMAVERA

Primavera chegou O clima é quente e chuvoso Aves vem do sul e cantam canções Na primavera eu jogo beisebol futebol com os meus amigos [mentira] Eu ando na minha bicicleta [a asma está voltando por causa de todo o estresse, por isso na maior parte eu não ando] primavera feliz E saio pra pescar [com meu pai, que fica muito chateado se eu não colocar a isca no anzol corretamente] Eu gosto da primavera [mais ou menos] Eu odeio inverno [porque fico ainda mais doente do que na primavera].

O que eu pratico na primavera beisebol [mentira, junto com um desenho onde eu bato uma bola com o que parece ser uma motosserra] bicicleta [desenho de mim com o que parece ser meu pênis circuncidado, uma terceira perna inchada, em cima de uma bicicleta] friesbee [sic, mentira, outro desenho meu jogando um frisbee no pescoço de um menino], futebol [mentira, em outro desenho, um menino está gritando para mim: "não jogue muinto (sic) alto" e eu estou gritando de volta: "Por que eu devo obedecer?"]

Oh, quem é este desportista? Eu lhe pergunto. Este herói durão, jogador de beisebol, futebol e frisbee, com toneladas de amigos? Esse herói cujas respostas aproximam-se a um tom despreocupado: *Por que eu devo obedecer?* Atrasado em um ano, ele ainda não domina nem um pouco a língua inglesa, isso é certo. Enquanto escreve um relatório sobre sua amada Itália, descreve o Coliseu muito concisamente como "teto não tinha nenhum mais". Quando é convocado à sala do diretor, ele pergunta:

– Fiz algum coisa errada?

– Não, querido – as queridas secretárias respondem. – Não, *asheine punim* (rosto bonito em iídiche).

Elas me dão de presente umas sacolas de lugares chamados Gimbels e Macy's, cheias de roupas velhas de seus filhos, mais camisetas com a estampa de um homem que se transforma em um morcego, acompanhado de seu jovem escravo mascarado, o Garoto Prodígio. No andar de cima, de volta à sala de aula, com as sacolas de roupas aos meus pés, as crianças sussurram para mim.

– O que tem aí?
– Uns coisas.
– Mais camisetas novas? Ooh, vamos ver!
Risos.
– Zó uns coisas pra minha mai.
A sra. A-Z, não R:
– *Sheket! Sheket bevakasha!*
– Sua mai compra na Macy's?
– Uns coisas pra minha mai que me deram lá embaixo.
Mais risos. Apenas duas crianças não riem: o filho dos liberais e outro garoto. O garoto que é odiado até mais do que eu.

⌇

Seu nome é Jerry Himmelstein (não, não é). Nasceu nos EUA. Seus pais são americanos, de forma que ele goza de todos os direitos e privilégios inerentes. Mesmo assim, é o menino mais odiado em toda a Schechter.

Sei que preciso analisá-lo cuidadosamente para evitar certos comportamentos, caso queira manter minha posição como o segundo mais odiado.

É Sabá. Um dos garotos foi escolhido para ser o *Abba* (o Pai, Hebraico), geralmente o gentil Isaac ou Yitzhak. (Todos os meninos aqui, inclusive eu, recebem o nome hebraico de Yitzhak; faltam-nos apenas os Abrahams correspondentes, nossos pais.) Uma menina, a igualmente gentil Chava (Eva), é a Imma ou mãe. Ela está cantando com uma doce voz pré-adolescente sobre as velas:

– *Baruch atah Adonai... Le'hadlik ner shel Shabat.*

Estamos todos salivando, loucos para cair de boca no pão chalá trançado, no agridoce "vinho" Kedem e na promessa de dois chocolates Hershey's para sinalizar o fim do ritual. As crianças israelenses sentadas no fundo estão nos introduzindo ao mundo da vida adulta.

– *Zain* – um deles diz e agarra o pau por sobre a roupa; então faz uma forma de chalá com as mãos.

– *Kus* – diz ele, enfiando os dedos na vagina imaginária (eu sei o que é! Oh, Emmanuelle!). Ele então leva três ou quatro dedos até o nariz e os cheira.

– Mmmm... *kussss*.

Mesmo enquanto Chava e Isaac estão abençoando as velas, o pão, o "vinho" e os Hershey's Kisses para o Sabá, nós, meninos, sentados no fundo, estamos cheirando os dedos com uma expressão muito mais religiosa, até que Jerry Himmelstein irrompe em uma explosão tipicamente dele que soa mais ou menos assim: AGOOF!

– *Sheket* – sra. A-Z grita. – *SHEKET, YELADIM!* Aquietem-se, crianças!

– Foi Jerry! Foi Jerry! – todos delatam em uníssono.

– Jerry, *shtok et-hapeh!* – Cala a boca!

E todos riem, até eu, porque Jerry é assim.

⌒

Agoof é o grito de guerra e a afirmação da identidade de Jerry Himmelstein. O troço é metade falado e metade espirrado, e significa: (1) Acho engraçado, (2) Estou confuso, (3) Não sei onde estou, (4) Quero ser um de vocês, (5) Por favor, parem de me bater, (6) Não sei como expressar isso ainda porque tenho 8 anos e minha família é complicada, e o mundo da forma como está atualmente configurado não me trata como um ser humano, não me oferece todas as liberdades prometidas na Declaração da Independência, que está pendurada na parede da sala 2C, e não entendo por que tem que ser assim.

Será que *agoof* também significa "desculpem, eu sou um bobalhão"? Seria uma expressão apologética por natureza? Nunca vou saber.

Jerry Himmelstein põe as duas pontas da camisa penduradas para fora da frente da calça, feito dois paus pequenos, enquanto eu normalmente só ponho uma.

– Jerry – sra. A-Z diz, apontando para as pontas da camisa dele.

– *Agoof!*

Os sapatos de Jerry Himmelstein ficam sempre desamarrados como os meus, mas às vezes, quando ele está nervoso, balançando as perninhas para cima e para baixo na sala de aula, um sapato voa pelo ar e bate na cabeça de alguém que, se for menino, devolve ao remetente com um soco no estômago.

– *Agoof!*

O cabelo castanho de Jerry escorre da cabeça como se um italiano tivesse esvaziado um caldeirão de sua comida favorita sobre ela, e seus dentes são tão amarelos quanto gemas de ovos. Ele vira a cabeça para frente e para trás, à procura de potenciais inimigos. Uma teia de saliva se forma na boca quando ele entra em modo "*agoof*" de desespero. Isso geralmente acontece em uma festa, como, por exemplo, em sua própria festa de aniversário. Uma menina da SSSQ lhe diz que, de uma maneira ou de outra, ele não é uma pessoa. *Agoof!* Então, um menino o derruba no chão de terra ou esmaga as sobras de uma mágica torta Carvel Cookie Puss em sua cabeça de macarrão. *Agoof!* Então chega a hora de ser escolhido para jogar Wiffle; sou escolhido em penúltimo lugar e ele, em último. *Agoof!* Então, em vez de bater a bola de *Wiffle* com o bastão de *Wiffle*, ele se machuca com o instrumento, e então se deita sobre o "*plate*" agarrando o próprio queixo. *Agoooooof!* Em seguida, outra menina, de macacão da OshKosh ou, mais tarde, com um pulôver da Benetton, vem e, em vez de ajudá-lo, diz, mais uma vez, que ele não é uma pessoa. E agora, depois de tantos *agoofs*, ele para ali, com a mão no queixo, no estômago, no rosto, em qualquer parte que tenha sido agredida, e solta um gemido que soa como algo extraído diretamente do Torá, algo berrado antes até mesmo de Abraão, quando a Terra ainda estava se formando na explosão descrita em Gênesis. *Adonaaaaaaaaaaai! Yaaaaaah-weeeeeh!* E nós, meninos e meninas da SSSQ, gargalhamos cada vez mais à medida que ele intensifica o lamento, pois achamos sua dor maravilhosa.

⌒

Levo muito a sério o posto de segundo lugar depois de Jerry Himmelstein. Devo ser humilhado e espancado também. Entende-se que qualquer um pode me bater. É para isso que estou lá, para absorver o ódio adolescente e ensolarado dos futuros proprietários de imóveis na zona leste do Queens. Em uma escola sem disciplina excessiva, sem liderança excessiva, sem *educação* excessiva, quebra-molas são necessários para que o empreendimento possa funcionar sem problemas. O Urso Russo Fedorento, o Red Gerbil (gerbo vermelho), está lá para isso!

Nos fundos do ônibus escolar, meu amigo, outro Yitzhak, está me socando no estômago. Yitzi está apenas a algumas camadas sociais acima de mim: ele não é de Forest Hills nem de Ramat Aviv, no norte sofisticado de Tel Aviv. É da Geórgia soviética, e só tem a mãe para cuidar dele, e eu não sei onde foi parar o pai. Gosto muito de Yitzi, pois ele sabe me bater em minha própria língua, o que significa que ele compreende muito bem quando grito *Bol'no!* (Tá doendo!). Ele também deve estar sabendo de minha recente circuncisão, pois nunca me acerta abaixo da cintura. Ele mora no prédio em frente ao de minha avó, que toma conta de mim depois da escola, e lá junto-me a ele para jogamos um game portátil chamado Donkey Kong depois que o ônibus escolar nos deixa em casa. Assim que saímos do campo de visão dos outros garotos, ele para de me bater. Vai ver, essa pancadaria toda é só mesmo para afirmar seu lugar e marcar território. Misturando russo com inglês, debatemos o que devemos fazer para aumentar nosso prestígio na SSSQ, eu sendo o Garoto Prodígio que se impressiona com o seu Batman, enquanto a mãe dele nos serve deliciosos bolinhos de estilo georgiano, bem acebolados.

Yitzi não é um garoto mau (um dia, quando adulto, ele será um homem admirável). Ele só está tentando se tornar americano, tentando avançar e evoluir. Para isso, ele conta com uma jaqueta de couro incrível, cheia de zíperes; sem ser de *couro polonês legítimo*, mas de algo muito mais *cool*, James Dean, acho eu. Anos mais tarde, nos fundos de um micro-ônibus lotado soltando a maior fumaceira em direção à Praça Moscou onde hoje fica São Petersburgo, sou reintroduzido, com *grande preconceito*, àquele cheiro de Yitzi, a combinação de couro, cebola e a parte de trás de um ônibus. Eu grito:

– Com licença! Com licença!

Estou lutando para deixar o veículo lotado e chegar à luz do sol.

– Mas o senhor acabou de pagar – diz o motorista incrédulo.

– Esqueci uma coisa – justifico. – Esqueci algo em casa.

O que é, na verdade, o oposto do que eu quero dizer.

Tot kto ne byot, tot ne lyubit, meu pai gosta de dizer.

Quem não bate, não ama.

Ou será: *byot, znachit lyubit*? Ele bate, logo ama. Isto é dito "de brincadeira", sobre os maridos russos violentos.

Ele praticamente tem doutorado no assunto. Quem quiser ser amado por alguém, por uma criança, digamos assim, tem que bater direito. Se você chega em casa, voltando do trabalho que acabou de arranjar como engenheiro em um laboratório nacional em Long Island, exausto e fulo da vida, irritadíssimo por não falar bem a língua e seu chefe judeu se foi e por isso precisou lidar com o chefe alemão perverso, o chefe chinês fedorento e os engenheiros portugueses e gregos, que muitas vezes são os seus aliados, mas não intervieram a seu favor, e, ao chegar em casa e reencontrar a esposa, que é uma *suka*, cujos malditos *rodstvenniki* estão em Leningrado, com a mãe à beira da morte e as irmãs para quem acabara de enviar nada menos que trezentos dólares e um pacote de roupas, uma grana que você vai precisar para não morrer de fome caso o chefe alemão finalmente o demita, e seu filho está engatinhando sobre o tapete felpudo com sua caneta idiota ou uns aviõezinhos imbecis da Eastern Air Lines, você deve dar uma no pescoço dele.

A criança estremece sob a sua mão.

– *Ne bei menya!* Não bata em mim!

– Você não fez as contas, seu porco nojento (svoloch gadkaya').

O cara passou uma série de problemas de matemática para a criança, tirados de um livro soviético, muito mais apropriado para a idade dele do que a merda que ensinam na escola hebraica, aquelas figuras com "4 + 3 - 2 dogues alemães, quantos cachorrinhos sobram?" em vez de:

$$f''(x) = -4 * [\cos(x)\cos(x) - \sin(x)(-\sin(x))] / \cos^2(x).$$

E, da cozinha, aparece a vaca da esposa, de quem os parentes lobos do cara vivem dizendo que ele tem que se separar, dizendo:
– *"Tol'ko ne golovu!"* – Só não bata na cabeça dele! Ele tem que pensar com a cabeça.
– *"Zakroi rot vonyuchii."* – Cala essa boca fedida.
Suka, fala sério, não está vendo que o amor está no ar? E tome-lhe porrada, um tapa no lado esquerdo da cabeça, depois no direito, em seguida no esquerdo. O garoto aguenta firme cada tabefe estonteante, pois cada um deles diz *você é meu e sempre vai me amar*, cada um deles é uma conexão com a criança que nunca pode ser rompida. E o que mais se passa pela cabeça que está sendo estapeada da esquerda para a direita, da direita para a esquerda? Aquilo que a sra. R canta em hebraico enquanto conduz as crianças pelo corredor. *Yamin, smol, smol, Yamin, esquerda, direita, direita, esquerda, troo-loo-loo-loo.*

Minha mãe entende tudo errado quando o assunto é amor. Ela passa longe. Sua especialidade é o tratamento do silêncio. Se eu não comer ricota desnatada com pêssego em calda (89 centavos: Grand Union), não haverá comunicação. Vá encontrar seu amor em outro lugar. Até hoje, minha mãe gosta de imitar uma ária especifica que eu "cantava" na infância. Parece que certa vez, durante um desses longos períodos no qual ela me tornou inexistente, comecei a gritar:
– Se a senhora não vai falar comigo, *luchshe ne zhit'!* – É melhor não viver! E então chorei durante horas. Oh, e como chorei! *Luchshe ne zhit'!* Minha mãe adora repetir dramaticamente durante os jantares de Ação de Graças, com as mãos estendidas tal como Hamlet recitando seu monólogo, talvez porque, além de

achar a coisa engraçada, o tratamento do silêncio de dois dias gerou o resultado esperado. Fez a criança querer cometer suicídio sem o amor dela. É melhor não viver! Ela grita sobre o peru suculento de Ação de Graças e sobre sua sobremesa, o famoso "francês". Mas não concordo com a eficácia desta técnica. Sim, de fato não quero viver sem seu amor, sem sua atenção e sem roupa limpa por um tempo, mas o sentimento passa rapidamente. A interação zero não surte o mesmo resultado testado e aprovado de uma bela porrada. Quando se bate em um filho, estabelece-se um contato. Há um contato de pele, nos flancos macios, na cabeça (que ele acabará tendo de usar para ganhar dinheiro, é verdade), mas ao mesmo tempo há uma mensagem implícita e reconfortante, indicando: *eu estou aqui.*

Estou aqui batendo em ti. Jamais te deixarei, não te preocupes, pois sou o Senhor, teu pai. E, assim como fui espancado, eu te espancarei, e tu deverás espancar os teus filhos para sempre, *ve imru Amen.*

Amém.

O perigo está em chorar, é claro, pois o choro é rendição. O negócio é fugir dos golpes e deitar-se em algum lugar tranquilo e chorar. É preciso pensar no que vai acontecer a seguir. Ou seja: A dor vai diminuir, depois desaparecerá, e quando chegar o fim de semana você vai brincar de um troço chamado Guerra no Mar com seu pai, rolando os dados para ver se o seu pesado cruzador britânico consegue sair a tempo do caminho do rápido submarino alemão dele ou se todo o curso da Segunda Guerra Mundial terá de ser reescrito. Não há nenhuma transição especial da surra para o jogo, do dia da semana explosivo para os ritmos tranquilos à la linguiça-e-kasha do fim de semana. No sábado, seu pai está te chamando de "filhinho" e "pequenino", e qualquer observador da

ONU enviado a esse armistício tiraria o capacete, voltaria para o jipe e retornaria a Genebra com um relatório feliz e positivo. Mas tem algo sobre o tecido epitelial das orelhas. Talvez um médico possa comentar aqui. Quando o moleque leva uns tabefes do pai bem no meio das orelhas, sente uma pontada, uma ardência vergonhosa, que não só mantém os ouvidos vermelhos aparentemente por dias, mas faz com que o pequeno infeliz fique com os olhos úmidos, como se fosse uma alergia. E, em seguida, a contragosto, a criança leva a mão até a orelha e funga. E, em seguida, o pai diz a coisa que o moleque não quer ouvir, embora ele a diga no mesmo tom usado nos finais de semana:
– Seu melequento.

Poucos anos depois de entrar na casa dos trinta, tive a honra de conhecer o notável escritor israelense Aharon Appelfeld. Nosso pequeno turboélice voou entre Praga e Viena, entre dois festivais literários. Foi a primeira vez que Appelfeld aterrissou em solo de língua alemã desde que sobreviveu aos campos na adolescência. À espera de nossa bagagem no VIE, o aeroporto onde minha família encontrou pela primeira vez o Ocidente, Appelfeld, já com seus 70 e poucos anos, me falou de sua breve experiência com o Exército Vermelho depois que libertaram seu campo. Um dos enormes soldados russos descreveu para Appelfeld o tratamento que recebia dos superiores: *I byut i plakat' ne dayut*. Eles batem e não me deixam chorar depois.

No dia da surra, em meu cantinho, tomo cuidado com o choro, uma fungada aqui, umas gotinhas de lágrimas ali, porque senão acabo tendo um ataque de asma. Mas talvez eu queira mais é que o ataque venha mesmo. E não demora, meus pais ficam pairando

sobre mim, como se nada tivesse acontecido uma hora antes, e talvez nada tenha acontecido de fato. Meu pai enrola o edredom vermelho em volta do meu peito catarrento, e minha mãe pega a bombinha:
– Um, dois, três, respira!

A noite cai e meus pais estão na cama, enfrentando seus pesadelos. Os parentes enterrados vivos pelos alemães nos campos da Bielorrússia estão se levantando através da alfafa da vida moderna norte-americana. Os esteroides da bombinha inundaram-me o corpo. No armário com painéis de madeira, um homem inteiramente composto por pequenos pontos de luz, O Lightman, está tomando forma. Isto não é fantasia da minha cabeça. Não se trata da SS, dos capangas de Stalin, tampouco do agente alfandegário no aeroporto de Pulkovo, em Leningrado, aquele que tirou meu chapéu de pele. O Lightman pode ter sido um ser humano no passado, mas agora ele é composto apenas de pequenos pontos cintilantes de energia – como a energia nuclear que eles têm dentro do assustador reator com a cúpula de prata no laboratório de meu pai – e no lugar onde deveriam estar os olhos, há apenas a esclerótica branca, menos a íris e a pupila. Na Rússia, eu abria os olhos à noite e via o quarto inundado com rajadas de luz, no formato de ameba, que se expandiam e, em seguida, piscavam como supernovas caseiras, brevemente suplantando até mesmo o estranho brilho noturno de fósforo do aparelho de televisão explosivo da Signal. Mas aqui, na América, o que costumava manter-me simplesmente acordado está unindo forças para me destruir. Os pontos de luz tornaram-se humanos. O Lightman toma forma, montando-se, desmontando-se, sem pressa nenhuma. Ele se enfia em meu armário e respira, soltando seu bafo adulto doente em toda a minha camisa e minha calça. Por ser feito quase inteiramente de luz, ele consegue atravessar por debaixo de um batente da porta; consegue escalar as paredes até o teto bem depressa. E passo a noite inteira vendo-o avançar bem devagar, mas de maneira assustadora, contra mim, as costas duras feito uma tábua, a orelha vermelha estapeada pisca para ele como um sinalizador de localização. Não posso contar aos meus pais sobre o Lightman, pois vão achar que sou doido, e não há espaço para loucura aqui. Seria mais fácil se o Lightman se aproximasse de mim e fizesse logo o estrago, mas, sempre que chega a poucos centímetros de mim, ele se desfaz, tornando-se apenas um bando de partículas de luz flutuantes e um par de olhos sem olhos, como se soubesse que depois de se revelar plenamente não terei nada a temer.

No dia seguinte, lá estou eu, insone e com raiva. Tudo o que fazemos aqui na Solomon Schechter do Queens é, de certa forma, uma troca de ideias. Jerry Himmelstein me vê chegando; a saliva arqueia de seus lábios e sopra ao vento. Ele olha para mim com uma infelicidade entediante. É assim que devemos ser, e não podemos deixar de fazer o que devemos fazer.

Eu o soco no estômago, bem no meio daquela fofura americana.

Ele dá dois passos para trás e respira.

– Agoof.

10.
NÓS JÁ GANHAMOS

*O prédio baixo com jardim, onde morou o autor
(no apartamento do segundo andar, à direita).
Aqui ele cresceu e tornou-se um sujeito
baixinho, moreno e peludo.*

O MAIOR PROBLEMA COM os principais sistemas de crenças (leninismo, cristianismo) é que muitas vezes eles se fundamentam na premissa de que um passado árduo e sofrido pode servir de moeda de troca por um futuro melhor e fundamentam-se na ideia de que todas as adversidades levam ao triunfo, seja por meio da instalação de postes telegráficos (leninismo) ou pela certeza do aconchego do colo de Jesus após a morte física (cristianismo). Mas o passado não é simplesmente uma moeda de troca por um futuro melhor. Cada momento que vivi quando criança tem a mesma importância que cada momento que estou vivendo agora ou que ainda vou experimentar. Acho que o que estou dizendo é que nem todo o mundo deve ter filhos.

Mas, em 1981, o triunfo bate à nossa porta. Uma carta oficial chega à nossa caixa de correio. MR. S. SHITGART, VOCÊ JÁ GANHOU 10 MILHÕES DE DÓLARES!

Tudo bem que grafaram nosso sobrenome de forma cruelmente errada, mas uma cartolina grossa assim não mente e, além disso, a carta é de uma grande editora norte-americana, a saber, a Publishers Clearing House. Abro a carta com as mãos trêmulas, e... um cheque cai do envelope.

PAGUE AO PORTADOR, S. SHITGART,
A QUANTIA DE DEZ MILHÕES DE DÓLARES

Nossa vida está prestes a mudar. Desço as escadas, correndo, e entro no pátio de nosso complexo de apartamentos.

– Mamãe, Papai, nós ganhamos! Nós ganhamos! *My millionery!* – Estamos milionários!

– *Uspokoisya!* – adverte meu pai. *Acalme-se.* – Você quer ter um ataque de asma?

Mas ele próprio fica nervoso e animado. *Tak, Tak. Vejamos o que temos aqui.*

Espalhamos todo o conteúdo do pacote volumoso sobre a superfície brilhante da mesa de jantar laranja importada da Romênia. Por dois anos, temos sido bons novos cidadãos, assistindo a filmes para maiores, conseguindo trabalho como engenheiro e escriturária-datilógrafa (minha mãe finalmente dará aos dedos de pianista a finalidade apropriada), aprendendo a jurar lealdade à bandeira dos Estados Unidos da América e A Algo Que Não Ao Qual Ela Representa, Inevitável, Com Dinheiro Para Todos.*

– *Bozhe moi* – diz minha mãe, *meu Deus*, enquanto olhamos para as fotos de um Mercedes voando para fora do deck de nosso iate em direção à nossa nova mansão com piscina olímpica.

– *Oy*, mas tinha que ser um Mercedes, gente? *Tphoo*, nazistas.

– Não se preocupe! Podemos trocar por um Cadillac.

– *Bozhe moi*. Quantos quartos tem esta casa?

– Sete, oito, nove...

– Você disse que as crianças na escola têm casas como esta?

– Não, Papai, esta casa, *a nossa casa*, será maior!

– Hm, pelo que entendi, a casa não vem com o prêmio. O prêmio é apenas dez milhões, e a casa é comprada separadamente.

– *Tphoo*, aqui sempre se diz esse negócio: "vendido separadamente."

– Esqueça o iate, é perigoso.

– Mas eu sei nadar, Mamãe!

– E, no inverno, o que vamos fazer com a piscina aberta? Vai entrar neve.

– Olha! Tem palmeiras! Vai ver é na Flórida.

– Flórida não vai ser boa pra sua asma com toda aquela umidade.

– Quero morar em Miami! Talvez não tenham escolas hebraicas em Miami.

– Tem escola hebraica em todos os lugares nos Estados Unidos.

– Já poderíamos estar em São Francisco se não fosse por seus parentes lobos.

---

* Uma distorção da famosa *Pledge of Allegiance*, que toda criança é obrigada a recitar nas escolas americanas. (N. do T.)

– São Francisco? Com os terremotos?
– Por dez milhões, podemos viver em dois lugares!
– Não se esqueça dos impostos que vamos ter que pagar. Por isso acho melhor contar com cinco milhões.
– *Oy*, essas rainhas do bem-estar social vão ficar com os nossos outros cinco milhões, como disse o presidente Reagan.
– *Tphoo*, rainhas de bem-estar social.

Sentamo-nos e, usando as quatrocentas palavras que conhecemos da língua inglesa, começamos a decifrar os vários documentos à nossa frente. Se levarmos ao banco o cheque de dez milhões de dólares amanhã, quanto tempo vai demorar até que possamos comprar um novo aparelho de ar-condicionado? Espere, aqui diz que... Sim, já ganhamos os dez milhões de dólares, sem dúvida, mas uma *banca julgadora* ainda tem de nos premiar com a grana. Primeiro temos de preencher o formulário do contemplado e selecionar cinco revistas de circulação nacional que nos serão enviadas de graça, ou pelo menos o primeiro exemplar de cada revista será gratuito, e em seguida os americanos provavelmente nos enviarão o resto do dinheiro. Muito justo. Primeiro temos de nos adaptar à nossa nova riqueza, aumentar nossa cultura e erudição. Tenho orgulho do novo carro de Papai, um Chevrolet Malibu Classic 1977, abaulado, com apenas sete milhões de milhas marcadas no odômetro, mas é hora de nos familiarizarmos com os automóveis mais sofisticados; por isso escolho receber gratuitamente as revistas *Carros & Motores, Motores & Motoristas, Carburadores & Motoristas, Silenciadores & Proprietários*. E, por último, seleciono algo que talvez tenha a ver com Chewy, meu macaco de *Star Wars*: a *Revista de ficção científica de Isaac Asimov*.

Assinamos em todos os campos obrigatórios, inclusive naqueles que provavelmente não precisava de assinatura. Assinamos o maldito envelope.

– Melhore essa letra! – Mamãe grita para o Papai. – Ninguém consegue entender sua assinatura!

– Acalme-se, acalme-se.

– Pegue os selos!

– Opa, segure os selos. O que diz aqui? *Postagem Paga* – esta última frase sai com um pesado sotaque russo.

A *Publishers Clearing House* cuidou até mesmo desse pequeno detalhe. Fino.

Caminho solenemente até a caixa de correio e deposito nossa solicitação de um futuro melhor.

Adonai Eloheinu, digo ao nosso novo Deus, por favor, nos ajude a ganhar os dez milhões de dólares para que Mamãe e Papai não lutem muito, e não haja *razvod* entre eles, e deixe-nos viver em algum lugar longe dos *rodstvenniki* lobos de Papai, que causam todos os problemas e, por favor, não deixe que eles gritem com Mamãe quando ela enviar para minhas tias e minha vovó moribunda, Galya, o dinheiro que Papai diz que não temos.

Naquela noite, pela primeira vez em meses, o Lightman sem pupilas e íris não aparece no meu armário com painéis de madeira. No meu primeiro sono em semanas, *em meus sonhos reais*, entro na SSSQ como um multimilionário e a menina bonita com os dentes grandes, que está sempre bronzeada porque passa as férias na Flórida, me beija com aqueles dentões (ainda não domino a mecânica de beijar lá embaixo). As crianças tiram sarro de Jerry Himmelstein, mas eu digo:

– Ele é meu amigo agora. Tome aqui esses dois dólares. Compre o sorvete disco voador de cookie da Carvel para nós dois. E fique com o troco, seu *gurnisht*! Seu ninguém.

Descobrimos a verdade de forma rápida e brutal. Em seus respectivos locais de trabalho, meus pais ficam sabendo que a *Publishers Clearing House* envia regularmente a missiva que diz "VOCÊ JÁ GANHOU DEZ MILHÕES DE DÓLARES" e que os nativos, já escaldados com essa história, sempre as jogam no lixo. Sentimos sobre os ombros não milionários o peso da depressão que nos abate. Na Rússia, o governo sempre nos contava mentiras – aumenta a colheita de trigo, cabritinhos uzbeques dão leite em uma escala sem precedentes, grilos soviéticos aprendem a cantar a "Internacional" em homenagem à visita de Brezhnev ao campo de feno local –, mas não podíamos imaginar que fossem mentir na nossa cara assim *aqui* na América, a Terra Disto e o Lar Daquilo. E, assim, não perdemos a esperança por completo. Os juízes da tal banca provavelmente estão lendo nossos formulários agora. Talvez seja uma boa ideia que eu lhes escreva uma carta em meu inglês cada vez mais avançado.

"Querida Publishers Clearing House: A primavera está aqui. O clima é quente e chuvoso. As aves chegam provenientes do sul e cantam canções. Os dedos de pianista de minha mãe doem muito por causa da datilografia e ela tem apenas um terno para o trabalho. Por favor, envie o dinheiro logo. Nós te amamos, Família Shteyngart."

Nesse meio-tempo, a *Car & Parking* e as outras revistas da *Publishers Clearing House* já formam uma pilha, provocando-nos com muitos pôsteres centrais do novíssimo e exuberante Porsche 911, o cupê esportivo oficial dos excessos e extravagâncias da era Reagan. Relutantemente começamos a cancelar todas as assinaturas, menos a da ficção científica de Isaac Asimov, um exemplar pequeno, quadrado, estampando na capa o desenho de uma emocionante criatura do espaço, com a pele toda descamando, abraçando um menino com as garras.

Nosso sonho de nos tornarmos ricos da noite para o dia vai para o saco, o que, no entanto, não nos impede de tocar a vida. Estamos economizando cada copeque que meus pais ganham – ele em seu emprego como engenheiro júnior e ela como datilógrafa. Tenho o meu avião Eastern Air Lines, minha caneta, meu Macaco quebrado, minha coleção de carimbos nazistas, meu pênis circuncidado, o papel de embrulho do chocolate Mozart que ganhei no aeroporto de Viena, a medalha secreta da *Madona e o menino*, de Rafael (será que eles me expulsariam da escola hebraica se descobrissem?), meus livros *Tudo sobre Roma*, *Tudo sobre Florença* e *Tudo sobre Veneza*, meu atlas soviético e um monte de camisetas doadas. Minha mãe tem o terninho da Harve Benard tamanho 2. Meu pai fez uma vara de pescar com um pedaço de pau. Quilos de ricota desnatada nojenta e de *kasha* comprados na promoção nos alimentarão até morrer de tristeza, e, se eu não limpar o prato, se eu não comer toda essa merda encharcada e quente, minha têmpora vai sentir o peso do trovão da mão de Papai (Mamãe: "Só não bata na cabeça!") ou então o silêncio de Mamãe me fará considerar a possibilidade de tirar a própria vida, do que, aliás, todos rirão.

Quem somos nós?

Pais: Meu *bedniye*. Somos pobres.

Por que eu não posso ter o macaco com as duas patas?

Pais: Não somos americanos.

Mas vocês dois trabalham.

Pais: Temos que comprar uma casa.

Sim, uma casa! O primeiro passo para o americanismo. Quem precisa do macaco de duas patas quando em breve teremos a nossa própria casa quase suburbana? De qualquer forma, eu não entendo a importância dessas tais figuras de "ação" quando minha caneta e meu jato da Eastern Air Lines podem voar por todo o mundo desde que eu feche os olhos e solte a imaginação. "Zuuummm... Mmmmmmm". Quer mais ação do que isso? Mas, na hora do almoço, os meninos da SSSQ gostam de pegar seus Lukes, Obi-Wans e Yodels e colocá-los na mesa para se exibir. Falam com as vozes judaicas já roucas:

– Joguei fora o meu velho Yodel porque a tinta das orelhas estava descascando, daí ganhei mais dois novos e uma princesa *Léi-ah* pro Ham Solo *descer lenha*.

Eu: Vow.

Mas não dá para sair por aí simplesmente exibindo seu macaco e seu Yodel, pois na verdade, antes mesmo de se poder receber visitas, é preciso ter uma casa própria, e não uma espelunca mequetrefe de refugiados com uma cama de campanha dobrável e um avô-postiço bêbado chamado Ilya, que, como se já não bastasse, ainda tem um pedaço de gaze tapando um buraco na região do estômago que vaza, resultado de uma cirurgia malfeita.

Só que não dá para ser uma casa inteira, pois uma casa inteira nas áreas verdadeiramente brancas do leste do Queens – Little Neck, Douglaston, Bayside – custa uns $168 mil (cerca de $430 mil dólares em 2013) e é areia demais para nosso caminhãozinho soviético. Mas Zev, o jovem judeu de Kew Gardens, que atua como nosso conselheiro não oficial, gentilmente nos dá um toque, mencionando um condomínio próximo a Long Island Expressway em Little Neck chamado Deepdale Gardens: sessenta hectares de um prédio residencial baixo com jardim, a preços acessíveis, construído na década de 1950 para os soldados que regressavam da guerra. Já que eu e meus pais temos lutado na Guerra Fria desde que nascemos, temos direito a uma dessas casas também.

Começamos a economizar seriamente. Ah, o que estou dizendo? Para a nossa linhagem, a economia tem sido séria desde dois mil anos antes de Cristo. Um apartamento de três quartos em Deepdale Gardens vai custar $48 mil, e 20% deste valor – 9.600 dólares – tem de ser pago em espécie. Todos são convocados a ajudar. Nosso carteiro, que conhecemos da sinagoga Young Israel, vai colaborar com $400 sem juros. Os amigos russos de meus pais também ajudam, alguns com $1.000, outros com $500, geralmente cobrando 15% de juros ao ano. É esse o sistema. Eles emprestam agora, mais lá na frente acabam tomando emprestado também, até que todos tenham uma casa, longe das minorias. Na parte de trás de uma agenda, meus pais registram as quantias, e eu as acompanho de perto. 12 de março: 6.720 dólares. 6.720 dólares divididos por $ 9.600 = 70%. Já temos mais do que dois terços! Meus pais vão visitar os amigos e quando retornam, encontram-me aguardando-os com a agenda. Viro para eles e pergunto:

– *Nam Odolzhili?* Eles emprestaram algum?

Infelizmente, nosso primeiro endereço – Avenida Sessenta e Três 252-67, Little Neck, Queens, 11362 – é essencialmente numérico; não há " Oak Harbour Lane" ou "Pine Hill Promontory" tampouco "Revolutionary Road". Mas, como cada endereço contém apenas dois apartamentos, uma unidade em cima e a outra embaixo, não há necessidade de se acrescentar "Apto. 2". Ou seja, sempre que temos de escrever nosso endereço na SSSQ, faço questão de que as outras crianças o vejam, na esperança de que achem que se trata de uma casa inteiramente privada, como a casa do filho dos liberais com áreas na frente e nos fundos.

A parte mais bacana disso tudo é que o apartamento tem um segundo nível, um sótão, que é acessado por meio de uma escada de madeira retrátil meio lascada, que me mata de medo, trazendo-me recordações da escada especial que meu pai construiu para mim em Leningrado para me ajudar a superar o medo de altura. Lá no sótão de madeira todo mofado, eu fecho os olhos e rezo pelo republicanismo intenso, que é o direito de nascença de todo judeu soviético na era Reagan. Este sótão, que fica acima de nossa moradia, este espaço de armazenamento úmido, com suas tábuas rangentes, é nosso e de mais ninguém. Fecho os olhos e sinto o poder da propriedade.

Nossa, nossa, nossa.

Estamos evoluindo! Passando pelas rainhas do bem-estar social, pelos hispânicos com seus rádios de pilha, indo parar diretamente na categoria dos católicos brancos de classe trabalhadora com as bandeirolas Yankees que povoam o nosso pátio. *Adonai Eloheinu*, permita-nos um dia chegar ao nível econômico dos judeus de Solomon Schechter, de modo que aqueles judeus possam ser nossos amigos também e, assim, que todos tenhamos nossos próprios carros esportivos e que possamos nos reunir para falar sobre quais alimentos não contêm carne vermelha nem derivado de leite e quais contêm. Não ganhamos os dez milhões da *Publishers Clearing House*. Mentiram para nós e talvez até devêssemos "processá-los". Mas, de nossa maneira, ficamos quites. Compramos nosso próprio apartamento em um conjunto habitacional com jardim, e agora até mesmo o sótão de telhado pontiagudo acima de minha cabeça é nosso.*

Deixe-me dizer-lhe o que mais é nosso. Há uma sala de estar com um teto de queijo cottage e um pequeno armário com uma estante construída *direto* da porta do armário! Dá para armazenar a vara de pescar do papai dentro do armário e, na parte externa, dá para colocar os livros. Aqui exibimos os romances americanos mais mequetrefes que encontramos no meio-fio da rua, com fotos de homens e mulheres se beijando a cavalo e uma cópia especial de capa dura do livro *Exodus* de Leon Uris. O mobiliário é o

---

* Tecnicamente, o telhado pertence à Cooperativa Deepdale Gardens.

conjunto romeno que trouxemos da Rússia: a mesa de jantar já mencionada, com uma folha extra para quando recebermos a gentil visita de Zev e de nossos outros simpatizantes norte-americanos. Tem um aparador, igualmente laranja e brilhante, sobre o qual colocamos dois menorás judeus quando temos visitas, um em frente ao outro, um deles retirado de um atril que fica sobre o piano Outubro Vermelho de minha mãe, como se dissesse: aqui celebra-se o Chanucá o ano inteiro. Sob nossos pés há um tapete felpudo vermelho sobre o qual eu gosto de brincar com minha caneta. O problema é que o tapete é irregular e tem muitos pregos despontando para fora. Muitas vezes, eu machuco o braço enquanto estou brincando, de forma que passo a mapear mentalmente o chão da sala, tomando cuidado para evitar alguma lesão mais grave. O que está faltando neste conjunto de sala de estar?

A televisão. Com exceção do Leon Uris e seus contos de bravura israelense, nossa casa é russa até a raiz do cabelo, até o último farelo do trigo mourisco de kasha. O inglês é a língua do comércio e do trabalho, mas o russo é a linguagem da alma, seja lá o que for isso. E a televisão obviamente – pelas crianças americanas mimadas que não param de gritar e fazer barulho ao nosso redor – é a morte. Depois que chegamos aos Estados Unidos, muitos dos meus colegas imigrantes mais adaptáveis rapidamente se distanciam de sua primeira língua e começam a cantarolar o tema de abertura de um programa sobre um negro com um corte de cabelo agressivo chamado Mr. T. A razão pela qual eu ainda falo, penso, sonho e tremo de medo em russo tem a ver com a ordem imposta pelos meus pais de que em casa só se fala russo. É uma troca. Enquanto, por um lado, manterei o meu russo, meus pais vão ralar para aprender o novo idioma, nada sendo mais instrutivo do que ter uma criança tagarela em inglês à mesa de jantar.

Para completar, após o empréstimo de $9.600 que tomamos para comprar um dos andares da Avenida Sessenta e Três 252-67, não temos condições de ter uma televisão e assim, em vez da série *Os Gatões*, volto-me para as obras completas de Anton Chekhov, das quais oito volumes surrados ainda se encontram em minha estante. Sem televisão, fico completamente sem assunto com os colegas da escola. Acontece que esses pequenos gorduchos têm muito pouco interesse em *O jardim das cerejeiras* ou *A dama do cachorrinho*, e é impossível, no início dos anos 1980, ouvir-se uma frase proferida por uma criança sem uma alusão a algo mostrado na TV.

– NEEEEERD! – As crianças gritam sempre que tento trazê-las para minha vida interior.

E assim o Nerd Vermelho se vê duplamente deficiente: vive em um mundo que não fala nem a língua real – o inglês –, nem o segundo e quase tão importante idioma, a televisão. Ele vai passar a maior parte da infância americana com a sensação desgraçada de que a Yalta de fim de século, com suas mulheres ociosas e belas e com os seus homens lascivos e conflituosos, encontra-se em algum lugar atrás da loja Toys'R'Us e do multiplex.

E agora me permita mostrar-lhe meus aposentos privados. O apartamento tem três quartos, o que significa que temos agora três quartos a mais do que tínhamos quando desembarcamos do jato Alitalia no JFK, apenas há dois anos. EUA! EUA! Eu suponho. A maioria dos russos não se reproduz bem em cativeiro, e, para completar, meus pais não parecem gostar muito um do outro; resultado: não tenho irmãos. Por mim, tudo bem. Tomado diretamente de uma redação da escola intitulada "Sou um Tema Sobre o Qual Vale a Pena se Escrever": "Eu gosto da minha posição na família. Se eu tivesse um irmão mais velho, ele iria mandar em mim, iria me xingar, me socar, me chutar e me bater."

Meus pais ocuparam o quarto grande, onde, nos finais de semana, deitamo-nos juntos na cama gigante e brilhante de mogno, os três como se fossem um só e, nessas ocasiões, eles tentam pegar no meu pênis circuncidado para ver como ele está e se ele cresceu em conformidade com o Guia soviético *Tudo sobre o desenvolvimento dos meninos*.

— *Dai posmotret'!* — eles gritam. *Deixe-nos vê-lo! Está com vergonha do quê?*

Eu me contorço todo tentando me afastar deles, segurando minhas partes privadas, completamente tomado pela nova palavra idiota norte-americana: *privacidade*. Mas devo admitir que fico animado e feliz que eles tenham tanto interesse em mim, embora lá na SSSQ, eles nos ensinem que ninguém deve tocar em nosso *zain*. Isso está muito bem explicado em algum lugar entre o livro de Levítico e o livro dos Profetas.

E, então, a privacidade. Como há três quartos e meus pais estão muito satisfeitos de terem até mesmo um que seja, os dois outros ficam para mim. A divisão é também uma declaração por parte deles: Eles me amam tanto que tudo o que está em excesso entre seus escassos bens é automaticamente meu. Estimo que do orçamento, o que eles provavelmente separaram para fins de entretenimento durante os anos fiscais de 1979-1985 tenham sido mais ou menos vinte dólares por ano, praticamente tudo investido na vara de pescar do meu pai.

Meu primeiro quarto, anteriormente a sala de jantar do apartamento, totalmente coberto de painéis de madeira barata, é tomado por meu sofá-cama, que por sua vez é envolto em listras verde e amarelo aveludadas, com um toque macio. Quando dobrado, o sofá dá a sensação de que poderia ser usado em um escritório corporativo da famosa International Business Machines e, quando aberto, dá uma sensação de luxo inacreditável. Só agora eu me dou conta de que, tirando as bolinhas, o esquema de cores das listras do sofá se assemelha ao da excêntrica camisa que eu trouxe de Leningrado. Ao lado do sofá fica uma mesa de máquina de escrever, e sobre a mesa fica uma máquina de escrever IBM Selectric que minha mãe afanou do escritório. No começo não sei o que fazer com ela, mas sei que segurar a bola da fonte rotulada como COURIER 72 é de alguma forma importante, e eu a seguro com as duas mãos por um bom tempo. Entre a minha bola Courier e o Guia soviético *Tudo sobre o desenvolvimento dos meninos* há um terrível abismo que levará a metade de uma vida para se preencher.

Do outro lado do sofá, fica a estante de vidro e mogno que é o ponto focal de toda família russa. Esse tipo de móvel geralmente fica na sala de estar, onde as visitas podem avaliar seus anfitriões e observar suas deficiências intelectuais. Meus pais não estão sugerindo que eu me torne um escritor – todo o mundo sabe que filhos de imigrantes têm de estudar Direito, Medicina ou talvez aquela estranha nova categoria conhecida apenas como "Computador" – mas, ao colocarem a estante de livros no meu quarto, eles enviaram a mensagem inequívoca de que sou o futuro de nossa família e que tenho de ser o melhor dos melhores. E eu serei, *Mamãe e Papai, eu juro.*

A estante contém as obras completas de Anton Chekhov, em oito volumes azul-escuros com a assinatura estilo gaivota do autor na capa de cada volume, e a maioria das obras completas de Tolstoi, Dostoievski e Pushkin. Na frente dos grandes nomes russos, permanece um Siddur (o livro judaico de oração diária), dentro de uma caixa de plástico revestida com prata e esmeraldas falsas. Ele é escrito em uma língua que ninguém em casa entende, mas é tão *sagrado* que bloqueia os poemas de Pushkin que meus pais decoraram. Sob o Siddur, nas prateleiras inferiores, permanece a pequena, mas crescente coleção de livros infantis americanos que agora sei ler. Tem o livro sobre como Harriet "Moses" Tubman libertou os negros de Maryland, tem uma história curta de George

Washington (ele está muito bonito montado em sua égua branca, um verdadeiro *amerikanets*!) e um livro intitulado *O menino do OVNI*. Um menino branco infeliz, Barney, que vive com os pais adotivos, encontra um garoto alienígena no quintal e concorda em voltar para seu planeta de origem. Quando descobre que nunca mais vai ver os pais adotivos, ele aprende a amá-los. Na capa está Barney, também muito bonito e americano, vestindo um lindo pijama, em cima de um telhado que é a propriedade pessoal de seus pais adotivos (assim como temos o nosso próprio telhado agora!), e um recipiente metálico esférico, o OVNI, flutua promissoramente na frente dele. Não sei por quê, mas ler este livro me faz chorar à noite.

Na frente da cama, fica o armário em que o *Lightman*, que só tem a esclera branca no lugar dos olhos, compartilha seus aposentos com minha camisa, um suéter de gola V e uma calça de veludo cotelê amarelada, parte do meu modelito de Urso Russo Fedido na SSSQ, um cotelê de ranhuras largas, em um estilo que estranhamente voltará à moda menos de uma década depois, quando eu entrar para a Oberlin College.

Para que o leitor não fique com a impressão errada, deixe-me dizer agora que estou *animadíssimo* com o Quarto Número 1. Tem muita felicidade aqui. Esta é a minha primeira tentativa de manter e conservar o meu próprio espaço, embora meu pai entre sem bater para pegar o *Humilhados e ofendidos* de Dostoievski na estante, e apesar de minha mãe entrar regularmente para me acariciar e certificar-se de que ainda estou vivo.

E então, como se não bastasse, meu reino estende-se até o Quarto Número 2. Não temos dinheiro suficiente para mobiliar esse quarto, mas aí é que entra em cena o meio-fio norte-americano – que fica na terra dos milagres – onde encontraremos outro sofá, de tecido xadrez grosso, sobre o qual vamos jogar um tapete vermelho ainda mais grosso, do tipo do que ficava pendurado na parede acima do meu Sofá da Cultura em Leningrado. Uma hora ou outra acabamos encontrando um pequeno televisor Zenith preto e branco no lixo do lado de fora do nosso prédio. O aparelho vai encontrar seu lugar de honra e quando eu crescer ainda mais e tiver acesso a um Toca-Fitas Estéreo Sanyo com rádio AM/FM, fones de ouvido e sistema antienrolamento, vou me sentar no tapete russo grosso que cobre o sofá americano igualmente grosso e, enquanto escutar Annie Lennox lamentando o tempo em "Here Comes the Rain Again", eu vou mergulhar em reflexões de uma forma odorífera que só um menino afundando na adolescência consegue fazer.

⌒

Lá fora, além de nossas janelas reforçadas com isolamento térmico, há também um novo mundo. Deepdale Gardens um dia deve ter sido um lindo labirinto de tijolinhos vermelhos de edifícios de dois andares e estacionamentos interligados. Mas, por volta de 1981, o vermelho desbotou, assumindo um tom amarronzado. Este marrom outrora vermelho define o Queens para mim: o bairro é tranquilo, melancólico e decadente, vagamente britânico em seu arranjo. Mas, no momento, tudo o que sei é que na área há caminhos e rotundas em que posso passear com minha bicicleta vagabunda usada, e todo este território pertence ao condomínio e, por isso, em parte, a mim. Na verdade, há placas espalhadas em todos os lugares que atestam a natureza da propriedade privada de Deepdale Gardens – o que significa que é nosso complexo; por isso, mantenha a distância, senhor.

ESTA ÁREA É MONITORADA POR CÂMERAS E GUARDAS UNIFORMIZADOS, definitivamente deve evitar que as pessoas diferentes de nós roubem nosso *Siddur* incrustado de pedras preciosas falsas. Enquanto a noite cai sobre Deepdale Gardens, meu pai e eu passeamos pelos pátios – repletos de amor-perfeito, hortênsias, lírios e margaridas – como dois novos senhores abastados do reino. Meu pai me trata superbem durante estas caminhadas, embora, às vezes, de brincadeira, ele goste de se aproximar e me dar um *podzhopnik*, um chutezinho lateral na bunda. – Ai, para com isso! – eu digo.

Mas tudo bem, pois é um chute de amor e ele não está com raiva, só está brincando. Quando está com raiva, ele balança a cabeça e murmura:

– *Ne v soldaty, ne v matrosy, ne podmazivat' kolyosa*. Em tradução livre: Você não vai dar um bom soldado, nem marinheiro, nem polidor de pneus de carro – o que é o mesmo que ele ouviu do padrasto Ilya, Goebbels para os íntimos, na infância passada em uma pequena vila fora de Leningrado. Acho que o que meu pai quer dizer é que eu não sou bom em atividades físicas como, por exemplo, carregar mais de uma sacola de supermercado de uma só vez, da Grand Union até seu Chevrolet Malibu Classic, mas a frase russa é tão arcaica e complicada que facilmente perde o sentido. Bem, é claro que eu não vou ser soldado nem marinheiro, tampouco frentista. No mínimo, vou ser advogado corporativo, Papai.

Mas há também os momentos bacanas, nos quais meu pai abre a vasta escada de sua imaginação e me conta a história de uma antiga série que ele chama de *O Planeta dos Yids* (*Planeta Zhidov*).

– Por favor, papai! – suplico. – Planeta dos Yids! Planeta dos Yids! Conta, vai!

Na versão de papai, o *Planeta dos Yids* é uma inteligente esquina hebraica na Galáxia de Andrômeda, constantemente assediada por astronautas gentios, que atacam o planeta com torpedos espaciais cheios de *salo* russo – gordura suína crua e salgada, um primo encaroçado da banha francesa – altamente não kosher, mas tão delicioso. O planeta é governado por Natan Sharansky, o famoso dissidente judeu. Mas a KGB não o deixa em paz, muito embora ele esteja a anos-luz de distância e está sempre tentando sabotar o planeta. E sempre que parece ser o fim da linha para os Yids – "os gentios romperam o Escudo Shputnik e penetraram na ionosfera" – os circuncidados, liderados pelo destemido capitão Igor, conseguem ser mais espertos que os inimigos, à la Bíblia, à la *Exodus* de Leon Uris, à la nós. Afinal, é claro, essa história é nossa. Meu desejo de ouvi-la é tão grande quanto o de comer o *salo* proibido, que não se encontra na Grand Union, quase tão grande quando o meu desejo de ser amado pelo meu pai.

Caminhamos por Deepdale Gardens de cabo a rabo, passamos pelas instalações de controle de tráfego aéreo da FAA no fim da rua, com suas cinco antenas do tamanho de um arranha-céu, passamos pelo playground onde Papai me deixou vencê-lo em mais uma partida acirrada de basquete, passamos além das hortênsias do nosso Éden cooperativo e subimos as escadas atapetadas da Avenida Sessenta e Três, 252-67. Desde que provamos o fruto proibido da *Publishers Clearing House*, nossa caixa de correio fica entulhada de ofertas de todo o país endereçadas a um tal S. SHITGART e família, sem contar com a última edição da *Revista de ficção científica de Isaac Asimov*. Não vamos cair nessa de novo, mas os envelopes brilhantes e volumosos contam nossa história também.

Estamos vivendo no Planeta dos Yids.
Nós já ganhamos.

11.
GARY GNU III

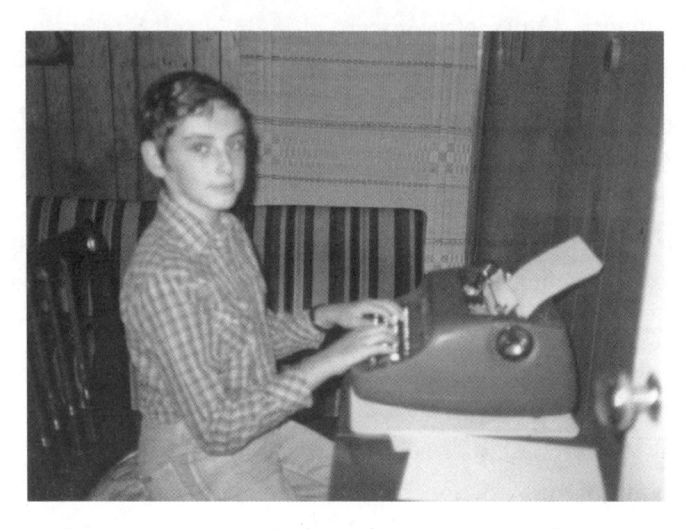

O autor com sua preferida (e única) camisa escreve a obra-prima "Amigos biônicos" em uma máquina de escrever IBM Selectric. A cadeira é da Hungria e o sofá, de Manhattan.

Pouco antes do início da puberdade propriamente dita, começo a sofrer de transtorno dissociativo de identidade, evidenciado pela "presença de duas ou mais distintas identidades ou estados de personalidade, [com] pelo menos duas dessas identidades ou estados de personalidade [tomando] recorrentemente o controle do comportamento da pessoa" (DSM-5). *Pelo menos duas? Eu tenho quatro!* Para os meus pais e avó Polya, sou Igor Semyonovich Shteyngart, filho desobediente e neto amado, respeitosamente. Muito respeitosamente. Para os professores americanos na SSSQ, sou Gary Shteyngart, o menino esquisito que cheira a salame e que tem alguma aptidão em matemática. Para as professoras israelenses da SSSQ, sou Yitzhak Ben Shimon, ou alguma merda assim. E, para as crianças, para meus colegas com privilégios da Macy's, sou Gary Gnu Terceiro.

Se uma psiquiatra estivesse presente (e por que diabos ela não estava presente?) para me perguntar quem eu sou, sem dúvida eu teria respondido com meu sotaque russo já um pouco domado, mas ainda bem forte: "Doutora, sou Gary Gnu Terceiro, governante do Sacro Império GNU, autor do Santo Gnorah e comandante do Poderoso Exército Imperial GNU."

Como as coisas chegam a tal ponto?

⌒

Em 1982, decido que não posso mais ser eu. O nome "Gary" é um disfarce, e o que realmente sou é a porra de um *Red Gerbil*, um comunista. Um ano mais tarde, os soviéticos abaterão o voo 007 da Korean Air Lines, e a estação de rádio pop local nova-iorquina, a 95.5 WPLJ, fará uma paródia da música "Eye of the Tiger", da importante banda de rock americana Survivor, só que, ao invés de "Eye of the Tiger", a canção será renomeada "The Russians are Liars".* ("Assim como esses assassinos comunistas / tente dormir tarde da noite...")

E, por mais terrível que seja a letra, não consigo parar de cantar. No chuveiro, sob nossa incrível janela fosca que se abre para a garagem em Deepdale Gardens, no carro do meu pai a caminho para a SSSQ, nós dois com o mau humor e hostilidade matutinos, mesmo sob os insultos e golpes de meus colegas. *Os russos são mentirosos, os russos são mentirosos, os russos são mentirosos.*

Os líderes soviéticos são mentirosos; isso eu agora entendo muito bem. O Lênin Latino na Praça Moscou nem sempre era

---

* "Os russos são mentirosos" (N. do T.)

idolatrado e respeitado. Tudo bem. Mas eu sou mentiroso? Não, eu sou verdadeiro a maior parte do tempo. Exceto um dia, depois de um comentário demasiadamente comunista, digo aos meus colegas que não nasci na Rússia. Sim, acabei de me lembrar! Tudo tinha sido um grande mal-entendido! Eu na verdade nasci em Berlim, bem próximo a Flughafen Berlin-Schönefeld; certamente você já ouviu falar do lugar.

Então, cá estou, tentando convencer crianças *judias* em uma escola *hebraica* que sou realmente alemão.

E será que estes desgraçados não conseguem ver que eu amo a América mais do que ninguém? Sou um republicano de dez anos de idade. Acredito que os impostos só devem incidir sobre os pobres, e o resto dos americanos deve ser deixado em paz. Mas como faço para preencher esse hiato entre ser russo e ser amado?

Começo a escrever.

⌒

Estou com a ópera espacial de papai, *O Planeta dos Yids*, na cabeça quando abro um caderno Square Deal, com 120 páginas, de margem larga, e começo meu primeiro romance não publicado em inglês. Chama-se *A Chalenge* [sic]. Na primeira página "Agradesso [sic] ao livro Manseed [provavelmente sic] nesta edição da Revista de Ficção Sientífica [sic] de Isac [sic] Isimov [sic]. Também agradesso aos produtores de Start [sic] Treck [sic]".

O livro, muito parecido com este, é dedicado "A Mamãe e Papai".

O romance – bem, com 59 páginas, vamos chamá-lo de novela – diz respeito a uma "raça misterioza",* que "começou a buscar um planeta como a Terra e descobriu um, o qual chamou de Atlanta".

---

* A partir deste ponto, omitirei os "sic" em nome da brevidade.

Isso mesmo, Atlanta. Recentemente, ouvimos de alguns amigos imigrantes que o custo de vida na maior cidade da Geórgia é muito inferior ao de Nova York, e uma pessoa pode até mesmo ter uma casa e uma piscina nos subúrbios daquela metrópole em rápido crescimento por mais ou menos o preço de nosso prédio baixo com jardim no Queens.

De frente para o corpo celeste que é Atlanta, com suas políticas conservadoras e forte base de varejo, brilha um planeta alienígena chamado Lopes, por vezes grafado mais corretamente como Lopez. "Lopes era um mundo quente. É de espantar que nunca tenha explodido... Ele também continha muitos papagaios." De alguma forma, eu me contive e não equipei os sensuais proto-Latinos do Planeta Lopez com um rádio tocando no último volume, mas os dotei todos com três pernas.

Há também um cientista mal e jocoso chamado, é claro, dr. Omar. "Olá", diz Omar. "Eu sou o dr. Omar, não é nenhum prazer conhecê-lo, agora se você não se importa, por favor, feche esse buracão no meio de sua cara para que eu possa mostrar-lhe minha descoberta."

A descoberta do dr. Omar é a "Máquina Chalenge", que "talvez prove *qual é a raça correta*": os "atlantanianos" com seus incentivos fiscais corporativos ou os "lopezianos" com seus papagaios e fracos históricos acadêmicos?

Ao reler *A Chalenge*, sinto vontade de gritar para o seu autor de dez anos: *Cristo Rei, por que você não consegue simplesmente rabiscar no canto do caderno, sonhar com os bonecos de Star Wars e jogar pega varetas com seus amigos?* (Aí, suponho, está o cerne da questão: que amigos?) *Por que diabos, com essa idade, já tem que haver uma guerra racial no espaço sideral, sem o humor autodepreciativo do* Planeta dos Yids *do papai? Do que diabos você está falando? Logo você que nunca conheceu nenhum Lopez ou Omar nas ruas violentas de Little Neck?*

O herói de *A Chalenge* é um piloto de caça espacial chamado Flyboy, inspirado em um garoto que acaba de ser transferido para a SSSQ, um garoto tão loiro e bonito, de nariz arrebitado que é até difícil para alguns de nós acreditar que ele é totalmente judeu. O melhor amigo de Flyboy é o piloto Saturno, e o amor de sua vida é uma fly girl chamada Iarda. Mesmo nesta fase inicial de minha carreira literária percebo a importância de um triângulo amoroso: "Flyboy caprichou no sorriso, deixando os outros dois com ciúmes. Ficou claro, é óbvio, que Iarda gostava mais dele."

– Oh, não! – lamenta Iarda. – Mais 14 naves do outro lado.

– Olha – diz Saturno. – Mais vinte naves em Atlanta, em *formassão* de batalha. A nossa espécie.

– Atingiu todo o eixo de scanner eletrônico, todos os scanners e os outros equipamentos.

– Nossa, como as pessoas podem ser tão *indiotas*? – Flyboy se pergunta.

E então, uma vez que a batalha espacial está completa, e *nossa espécie* ganhou:

A quarta nave foi obrigada a vir. Em Atlanta, as coisas estavam um caos.

Escrevo zelosamente, animadamente, asmaticamente. Eu me levanto todas as manhãs no fim de semana, mesmo quando o *Lightman* não me deixou pregar os olhos durante a noite, com os pequenos pontos de luz que formam a mão dele que derrama para fora das fendas entre a porta do armário e se projeta, estendendo a mão para mim, que estou ofegante, morrendo de medo no meu sofá-cama. Cinco anos antes, escrevi o romance *Lênin e seu ganso mágico* para minha avó Galya, que só tem agora seis anos de vida e terá uma morte horrível lá em Leningrado. Mas agora sei evitar qualquer coisa, mesmo remotamente russa. Meu Flyboy é tão típico de Atlanta quanto uma torta de cereja. E sua Iarda, apesar de soar vagamente israelense (uma referência ao Yordan, o rio Jordão?), é também, uma contribuinte fiscal que pode explodir um Lopez ou Rodriguez no céu, tão certo como Ronald Reagan em breve dirá jocosamente: "Começamos a bombardear [a União Soviética] em cinco minutos." Ele quer dizer bombardear minha avó Galya lá em Leningrado, bem como o resto de nós, russos mentirosos.

Escrevo porque não há nada mais prazeroso, mesmo quando a escrita é distorcida e cheia de ódio, o ódio de si mesmo que faz com que a escrita seja além de possível, uma atividade necessária. Eu me odeio, odeio as pessoas ao meu redor, mas desejo a realização de um ideal. Lênin não deu certo; juntar-se à Liga da Juventude Komsomol não deu certo; minha família – papai me bate; minha religião – as crianças me batem, mas a América/Atlanta ainda possui muita energia, vigor e fúria, uma energia, um vigor e uma fúria com os quais posso me alimentar até me sentir aproximando-me das estrelas com Flyboy, Saturno, Iarda e o Secretário de Defesa Caspar Weinberger.

Há uma professora na escola, a sra. S, que acaba de ser transferida para substituir uma tal sra. A-Z, e que não vai durar muito tempo dentro do ambiente educacional ímpar da SSSQ. Sra. S é tão bacana comigo quanto o filho dos liberais. Ela tem, como quase todas as mulheres na escola, um enorme e volumoso cabelo judaico espetacular e uma boca pequena e bela. Em um de seus primeiros dias de trabalho, a sra. S nos pede para levar os objetos que mais amamos no mundo e explicar por que eles nos fazem ser quem somos. Levo o meu brinquedo mais novo, um foguete Apollo disfuncional, cuja cápsula é ejetada para fora ao se pressionar um botão (mas apenas sob certas condições atmosféricas, a umidade deve ser inferior a 54%), e explico que o que sou é uma combinação dos contos do *Planeta dos Yids* de meu pai e as histórias complicadas que aparecem na *Revista de ficção científica de Isaac Asimov*, escritas por gente do calibre de Harlan Ellison e o próprio dr. Asimov, e digo ainda que já até escrevi meu próprio romance. Este fato passa em grande medida despercebido, ofuscado pelos últimos lançamentos dos caça-estelar X-Wing de Star Wars e Meu Pequeno Pônei que as outras crianças mostram.

Por fim, sra. S ergue um tênis e explica que sua atividade preferida é correr.

– Eca! – exclama um menino apontando para o tênis e prendendo a respiração.

Todos – menos eu – caem na gargalhada; uma gargalhada perversa de criança. Jerry Himmelstein solta o seu famoso *agoof*.

Fico chocado. Aqui está uma jovem, gentil e bela professora, e as crianças estão dando a entender que ela tem chulé. Só eu e meu casaco de pele de Leningrado, que pesa noventa quilos, estamos autorizados a feder por aqui! Olho para a sra. S, temendo que ela chore, mas, em vez disso, ela ri e, em seguida, continua explicando como correr faz com que ela se sinta bem.

Ela riu de si mesma e saiu ilesa!

Depois que terminamos de explicar quem somos, a sra. S me chama até sua mesa.

– Você escreveu um romance mesmo? – indaga.
– Sim. O título é *A Chalenge*.
– Posso ler?
– Pode. Pode deixar que eu prago depois.

E de fato eu *prago-lhe*, avisando, muito preocupado:
– Por favor, não perca o livro, *Sra Éze*.

E então acontece.

No final da aula de inglês, depois que dissecamos cuidadosamente um livro sobre um rato que aprendeu a voar num avião, a sra. S anuncia:

– E, agora, Gary vai ler o seu romance.

Seu o quê? Ah, não importa, pois já estou lá de pé, segurando meu caderno Square Deal do povo de Dayton, OH, CEP 45463, e olhando para mim estão os meninos com seus discos voadores na cabeça – seus quipás – e as meninas com suas franjas bonitas e cheirosas, com blusinhas salpicadas de estrelas. E tem ainda a sra. S, por quem já estou terrivelmente apaixonado, mas que, conforme fiquei sabendo, tem um noivo (não tenho certeza do que isso significa; coisa boa é que não é), mas cujo rosto norte-americano radiante não apenas me incentiva, mas me deixa orgulhoso.

Se eu estou com medo? Não. Estou ansioso. Ansioso para começar minha vida.

– Introdução – leio. – A Raça Misterioza. Antes da idade dos dinossauros existia vida humana na Terra. Eles se pareciam exatamente com os homens de hoje. Mas eram muito mais inteligentes do que os homens de hoje.

– Devagar – diz a sra. S. – Leia devagar, Gary. Vamos aproveitar as palavras.

Eu absorvo aquilo. A sra. S quer aproveitar as palavras. E, então, mais devagar:

– Construíram todos os tipos de naves espaciais e outras maravilhas. Mas naquela época a Terra cerculava em torno da lua porque a lua era maior do que a Terra. Um dia, passou um cometa gigantesco e explodiu a lua, que ficou do tamanho que é hoje. Os pedaços da lua começaram a cair na Terra. A raça de pessoas en-

trou nas suas naves espaciais e decolou. Começaram a buscar um planeta como a Terra e descobriram um que chamaram de Atlanta. Mas havia outro planeta chamado Lopez com uma raça de humanoides de três pernas. A guerra logo começou.
Respiro fundo.
– Volume Um: Antes da Primeira *Chalenge*.
Enquanto leio isso, ouço uma língua diferente sair da minha boca. Faço justiça aos muitos erros ortográficos ("A Terra *cer*-culava em torno da lua"), e o sotaque russo ainda é pesado, mas estou falando no que é mais ou menos um inglês compreensível. E, enquanto falo, junto com a minha nova voz estranha ao usar o inglês, também ouço algo totalmente estranho ao guinchado, à gritaria e ao *sheket bevakasha!* que constituem o ruído de fundo da SSSQ: um *silêncio*. As crianças estão em silêncio. Estão ouvindo cada uma de minhas palavras, acompanhando as batalhas dos atlantanianos e lopezianos durante todos os dez minutos de que disponho. E, nas próximas cinco semanas, todas continuarão a ouvir a história, pois a sra. S reservará o final de cada aula de inglês como Hora da *Chalenge*. Durante toda a aula, a criançada vai gritar:
– Quando é que Gary vai ler?
E vou ficar ali, quieto na minha cadeira, indiferente a tudo, exceto ao sorriso da sra. S, dispensado da discussão sobre o rato que aprendeu a voar, para que eu possa rever as palavras que em breve lerei para o público que me adora.

Deus abençoe essas crianças por me darem uma chance. Que o seu *D-us* abençoe, cada uma delas.

Não me entenda mal. Eu ainda sou uma aberração odiada. Mas o que estou fazendo é o seguinte: estou redefinindo os termos sob os quais sou uma aberração odiada. Estou desviando a atenção das crianças sobre minha "russidade" e redirecionando-a para minha habilidade de contar histórias. E para a ideologia da força e do republicanismo, que é a vida em torno da mesa de jantar dos Shteyngart.

— Você escreveu alguma coisa nova? — grita um garoto de manhã, o filho de um comerciante, conhecido por seu total analfabetismo. — Os lopezianos vão atacar? O que o dr. Omar vai fazer agora?

O que, de fato? Acabei superando tanto o Jerry Himmelstein que nem me dou mais ao trabalho de estudá-lo e tentar evitar seus equívocos sociais. Com meu recém-descoberto ódio mais tênue vem a responsabilidade que vai me assombrar pelo resto da vida. A responsabilidade de escrever algo *todos os dias*, para que eu não caia em desgraça novamente e retorne ao status de *Red Gerbil*.

O que preciso é ampliar meu repertório. E isso significa mais acesso à cultura popular. Depois que esgoto toda a história da *Chalenge*, apareço com outro conto de cinquenta páginas chamado *Invasão do espaço sideral*, narrando as maldades realizadas pela Academia de Mouros (Yasser Arafat voltou às manchetes dos jornais), e essa história faz um sucesso razoável. Mas o que realmente preciso é ter acesso a um aparelho de televisão.

É aí que entra a vovó Polya.

⌒

Por trás de toda grande criança russa há uma avó russa que atua como chef de cozinha, guarda-costas, assistente pessoal de compras e agente de relações públicas. Pode-se vê-la em ação no bairro tranquilo e arborizado de Rego Park, Queens, correndo atrás do neto parrudo com um prato de trigo, frutas ou queijo ricota desnatado — "Sasha, volte aqui, meu tesouro! Tenho ameixas para você" — ou estudando uma arara de calças da Alexander's (atual Marshalls) no Queens Boulevard, preparando Sasha para o novo ano letivo.

Rego Park, Queens. Este é o lugar para onde vou depois das aulas, enquanto meus pais trabalham. Não fica longe de Little Neck, de forma que meu pai passa para me pegar com seu Chevy Malibu Classic. Mas a pequena distância já é o suficiente para que eu possa desenvolver minha própria personalidade. O aconchegante bairro de tijolinhos vermelhos e prédios baixos é ofuscado pelos três prédios modernistas do conjunto Birchwood Towers, cada um com cerca de trinta andares e os saguões temáticos mais cafonas da costa leste: o Bel Air, o Toledo e o Quioto, com sua estatueta de mármore e pergaminhos pendurados, todos japoneses. Avisto minha primeira limusine estacionada na calçada circular do Bel Air e prometo a mim mesmo que um dia terei uma. Outros edifícios residenciais menos gigantescos possuem belos jardins e nomes como Lexington e New Hampshire House. Em um deles, minha avó, com mais de 60 anos, mas ainda cheia de força rural, faz faxina para uma americana.

Vovó mora na Avenida Sessenta e Quatro, 102-17, um modesto prédio de tijolos vermelhos com seis andares em frente a uma escola pública onde estudam crianças negras e pela qual passamos com cuidado. Sentada em um banco de madeira lá fora, ela atrai a atenção, apresentando-me aos colegas aposentados russos, exigindo que prestem atenção enquanto ela explica como eu sou o melhor e mais bem-sucedido neto que já andou pelas ruas do Queens.

Minha avó me ama mais do que a Madona de Rafael amava o filho, e, quando fico em sua casa depois da escola, esse amor se expressa por meio de um processo de excessiva deglutição de três horas.

Na casa dos meus pais, nós nos empanturramos com a culinária russa ou, devo dizer, soviética. O desjejum é um prato de grumos torrados de trigo sarraceno com uma poça de manteiga encharcando o meio. O jantar é um prato de ricota desnatada salgada e grossa com uma lata de pêssegos congelados por cima. ("Igualzinho ao que eles servem nos restaurantes!" Minha mãe berra, como se ela já tivesse ido a um restaurante.) Por volta das 15h um pedaço de carne cozida e algum tipo de legume pálido e sem graça descem goela abaixo.

– Por favor – imploro a minha mãe. – Se a senhora me deixar comer apenas metade de um prato de trigo sarraceno, eu aspiro o apartamento inteiro amanhã. Se dispensarmos o queijo ricota, eu lhe devolvo parte da minha mesada. Por favor, mamãe, não me alimente.

Quando minha mãe não está olhando, corro para o banheiro e cuspo os tijolos intragáveis de ricota desnatada e vejo a água da privada ficar turva, revirando-se com a minha desgraça.

Na casa de vovó a coisa é diferente. Enquanto eu me reclino em um divã feito um paxá, três hambúrgueres cobertos com salada de repolho e mostarda e um pouquinho de ketchup são rapidamente trazidos para mim. Devoro tudo com as mãos trêmulas, enquanto minha avó observa, tal qual uma tartaruga, por trás da porta da cozinha, com os olhos arregalados de ansiedade.

– Ainda está com fome, meu netinho preferido? – ela sussurra. – Quer mais? Dou uma corridinha até o Queens Boulevard. Dou uma corridinha até rua 108. Dou uma corridinha até qualquer lugar!

– Corra vovó, corra!

E vovó sai levantando poeira pelo centro do Queens, esticando os braços sob o peso das pizzas de peperoni, fatias de picles esverdeados, salame *cervelat* defumado comprados no Misha &

Monya's no *gastronom* russo, batata frita ondulada coberta por algum tipo de crosta laranja, salada de atum carregada de maionese comprada na loja kosher, pretzels grossos que faço de conta que são charutos, pastinhas que trazem à mente um pouquinho do alho que é tudo que falta em nosso apartamento de Little Neck, pacotes de Ding Dongs cremosos de chocolate, caixas de bolo em camadas Sara Lee. Eu como e como, enquanto as gorduras trans entopem meu pequeno corpo, e bolsas de gordura aparecem em lugares improváveis. Às vezes dou de cara com vovó na cozinha chupando um osso de galinha em meio a uma paisagem laranja de queijo distribuído pelo governo, enquanto folheia um novo bloco de cupons de alimentos, todos agraciados com um belo desenho do Sino da Liberdade da Filadélfia. Vovó sobreviveu à evacuação de guerra de Leningrado com o filho de 3 anos, meu pai, para sugar medula galinácea em uma cozinha do Queens. No entanto ela parece feliz com sua refeição escassa, filosófica. Qualquer coisa para alimentar Igorzinho (ou Gary, como os norte-americanos agora o chamam) com Ding Dongs.

⌒

O apartamento de um quarto da vovó é algo a se maravilhar. Além da cozinha, de onde saem deliciosos hambúrgueres, tem meu perverso avô postiço Ilya encarando a mesa de jantar, que vai morrer em breve de qualquer maneira, em parte devido ao câncer e em parte porque ele nunca encontrou ninguém em Rego Park com quem pudesse compartilhar a birita (a depressão alcoólica deveria ser uma doença russa classificável). Há também as medalhas brilhantes que Ilya ganhou "por bravura" enquanto servia à marinha soviética no Círculo Ártico, as quais adoro fixar no peito, pois, sim, os russos são mentirosos, mas ainda assim lutamos e vencemos a Grande Guerra Patriótica contra os alemães, e ponto final. E o mais importante: tem o aparelho de televisão.

Vovó tem um aparelho de televisão.

Quando minha avó se mudou para o apartamento, já encontrou a televisão, juntamente com o divã caindo aos pedaços e os assustadores desenhos de palhaço das crianças, provavelmente porque seria preciso todos os homens da Vigésima Terceira Divisão Ártico-Soviética para retirá-la do local. A tela não é grande, mas é encaixada dentro de uma espécie de armário de madeira gigantesco (não muito diferente do espécime húngaro de três toneladas que vovó trouxe de Leningrado), e toda a engenhoca fica sobre duas pernas robustas espalmadas em um ângulo contundente. A Zenith é provavelmente do final da década de 1950 ou do início dos anos 1960, e problema é que, tal qual um cão velho demais para correr atrás da bola, ela não está mais interessada em captar os sinais eletromagnéticos que transmitem imagem e som. Ou melhor, ela capta *ou* a imagem *ou* o som.

A única maneira de captar o som é segurando a ponta da antena e esticando os braços para fora da janela. Só assim é possível acompanhar a trama, mas ainda fica impossível ver-se a ação. Em sentido inverso, quando eu não me torno parte da antena, quando eu me deito em frente à Zenith no divã da vovó, consigo ver a ação, mas não ouço nada além do frio estático. Logo aprendo que os episódios das séries mais populares são frequentemente reprisados. Eu me transformo em antena para ouvir a história e, no intervalo comercial, anoto o máximo dos diálogos que consigo. Quando reprisam o programa, alguns meses depois, assisto a ele com as minhas anotações, de maneira que consigo juntar o diálogo e a ação.

Com esse método, ainda é difícil entender por que Buck Rogers está preso no século XXV ou por que o Incrível Hulk uma hora fica verde, a outra fica normal. Buck Rogers, um dos preferidos entre a criançada – todos os meninos têm uma queda pela Coronel Wilma Deering, interpretada pela modelo bem torneada Erin Gray, trajando um macacão sexy, mas ninguém sente a atração na mesma intensidade que eu sinto –, requer um ajuste especial, pois o programa passa às 16h na WWOR, canal 9. A questão com o canal 9 é que, para captar a transmissão entre 16h e 18h, preciso muito mais do que apenas me inclinar para fora da janela, segurando a antena. Exatamente a cada sete segundos, tenho de fazer um movimento de mão como se dissesse "venha aqui", como se convidando os sinais eletromagnéticos para a sala de estar da vovó, para que eu possa ouvir a Coronel Wilma Deering gritar: "Buck Rogers, eu ordeno que volte para a base! Isso é contra todos os princípios de combate aéreo moderno!", enquanto ela arregala os olhos azuis expressando um pânico sensual e simulado e, se me permite o exagero, desejo.

 Mais tarde, faço com que vovó peça a meus pais para comprar-lhe um televisor Hitachi de 19 polegadas com limitada capacidade de controle remoto. Eles não percebem que as três horas que passo na casa da vovó antes de papai chegar com seu carro-barco são passadas exclusivamente comendo feito um ganso pré-foie-gras e assistindo à Zenith. Minto e lhes digo que estou fazendo o dever de casa durante essas três horas, e vovó não diz nada; ela fica muito feliz de me ver comer Doritos enquanto os alemães não estão cruzando a fronteira estabelecida pelo pacto Molotov-Ribbentrop. O dever de casa da SSSQ toma cerca de três minutos do meu tempo. Calculo quantos balões de ar quente aparecem flutuando em uma fotografia do Novo México e, então, identifico algum profeta e, deprimido, escolho יְחֶזְקֵאל como resposta no "*machberet*", o caderno azul israelense. (Meu pai já ligou para a escola hebraica e exigiu que eles me dessem problemas de matemática mais difíceis. Eles se recusaram categoricamente.) E então, encerrada a leitura do profeta Ezequiel, estou livre para assistir à *Minha família é uma bagunça*. O problema é que, apesar de meu crescente vocabulário na língua inglesa e da excelente qualidade de imagem e som do novo televisor Hitachi da vovó, *Minha família é uma bagunça*, a história de um branco rico que adota várias crianças negras, não faz sentido por razões culturais. Na verdade, nada faz sentido. Quanto mais assisto, mais dúvidas eu tenho. *O que exatamente está acontecendo neste meu país? E por que o presidente Reagan não faz nada para melhorar?* Por exemplo:

A família Sol-Lá-Si-Dó: Por que o sr. e a sra. Brady estão sempre tão felizes, quando a sra. Brady claramente já teve um *razvod* com o marido anterior e agora ambos estão criando filhos que não são deles? Além disso, qual é a origem de Alice, a escrava branca da casa?

Um é pouco, dois é bom e três é demais: O que significa "gay"? Por que todo o mundo acha a loira tão bonita, quando está na cara que a morena é quem é bonita?

A ilha dos birutas: Será mesmo possível que um país tão poderoso como os Estados Unidos não consiga localizar dois de seus melhores cidadãos perdidos no mar, a saber, o milionário e a esposa? Além disso, Gilligan é cômico e atrapalhado como um imigrante, mas as pessoas parecem gostar dele. Tomar nota para estudos posteriores? Imitar?

Planeta dos macacos: Se Charlton Heston é republicano, seriam os macacos soviéticos?

Depois de três horas assistindo à TV e comendo queijo fornecido pelo governo com biscoitos de água e sal *Ritz* que vovó comprou com os cupons, torno-me aparentemente tão americano quanto qualquer outra pessoa. Na cozinha vovó está preparando mais comida para a alimentação do dia seguinte, e agora eu me pergunto como é possível amar alguém tanto assim só porque ela me deu o que eu queria, quando ninguém mais o faria.

Embora tenha medo de altura, subo a escada de incêndio cerca de seis andares acima da grama irregular do centro de Queens e observo os jatos da TWA aterrissarem com toda a força no Aeroporto de LaGuardia. Logo, papai vai chegar e me levar para casa em Little Neck, a minha verdadeira casa, onde meus pais vão brigar por causa dos parentes lobos até às 22:30, até que chegue a hora de todos nós dormirmos o suficiente para enfrentarmos mais um dia difícil na América.

Fora do apartamento da vovó, as buzinas dos carros se estendem até a Grand Central Parkway e as pessoas no prédio ao lado escutam estações de rádio em inglês e espanhol, curtindo a vida e desfrutando da tão sonhada liberdade e paira no ar um cheirinho de cidade grande, com o odor de gasolina e carne grelhada, o que, em si, de alguma forma é uma delícia. Quando fecho os olhos, ouço o tema de abertura de *Um é pouco, dois é bom e três é demais*, uma canção enjoativa, mas que gruda na mente feito cachaça ("Venha e bata em nossa porta / Estamos esperando você") e o comercial do chiclete *Juicy Fruit* cantado com um desleixo tão grande que me dá medo ("Jew-seh fruuuut vai te encantaaar / vai te prender pelo saboooooor").

Até poucos anos atrás eu vivia mais irritado, e, quando observava os jatos da TWA aterrissarem, queria que alguns deles caíssem do céu e explodissem contra as pequenas casas além do amontoado de prédios de tijolos vermelhos. Mas, agora, simplesmente penso: Nossa, que sorte dessas pessoas que conseguem pegar um voo para algum lugar. Será que algum dia voltarei a voar? Para onde irei? Será que vai ser Flughafen Berlin-Schönefeld? Ou quem sabe para o Aeroporto Ben Gurion de Israel, para que eu possa lutar contra Omar e os outros árabes? Será que alguém que não seja vovó sempre me amará?

⌒

– Você é Gary Gnu – diz um garoto em um parquinho público, não judeu.
Eu: *U* quê?
– Seu nome é Gary. Então você é Gary Gnu. Do *Great Space Coaster*.
– *Qui* Coaster?
– Ah, larga de ser bobo. Você é Gary Gnu.
– Eu sou Gnu?
Mas antes que eu vire Gnu, deixe-me discorrer sobre mais um programa de televisão ao qual assisto na Zenith da vovó. Chama-se *O homem de seis milhões de dólares*. Em primeiro lugar, vamos jogar limpo aqui: este homem é muito caro. Não chega aos dez milhões de dólares que quase ganhamos no sorteio da *Publishers Clearing House*, mas quase dois terços disso. Steve Austin é o seu nome, e ele era astronauta até que um terrível acidente o privou de muitas partes do corpo e ele foi ressuscitado, à custa dos cidadãos contribuintes para viver todos os tipos de aventuras. (A famosa frase na sequência de abertura é: "Senhores, nós podemos reconstruí-lo... Temos a capacidade técnica para fazer o primeiro homem biônico do mundo.") Por mais apaixonado que eu esteja pela Coronel Wilma Deering de *Buck Rogers*, fico ainda mais fascinado com o biônico Steve Austin. É que, quando penso a respei-

to, o cara é aleijado. Faltam-lhe um braço, duas pernas e um olho. Imagine se eu aparecesse na SSSQ sem essas coisas, acompanhado de meu macaco de brinquedo igualmente sem braço. As crianças israelenses me usariam para esfregar o chão ou as partes do chão que Jimmy e George, os dois zeladores negros, deixaram de limpar. E, no entanto, Steve Austin não é deficiente. Embora partes dele não sejam reais, Steve tira proveito de seus novos poderes. Ele é, segundo dito na própria série, "Melhor do que era. Melhor, mais forte, mais rápido". Afinal, isto aqui é a América, e você pode trocar as partes de si mesmo que não funcionam. Pode reconstruir-se peça por peça.

Em meu "romance" *Invasão do Espaço Sideral*, incluo um capítulo intitulado "Amigos biônicos", sobre... bem, sobre dois amigos biônicos. A bela sra. S, agora infelizmente casada, gosta desse capítulo em particular, e eu me lembro do incidente com seu tênis, quando uma das crianças apontou e disse: "Eca":

Ela riu de si mesma e saiu ilesa!

Eu, de volta ao parquinho:

– Quem é Gary Gnu?

– É você, idiota. Seu nome é Gary, certo? Então você é Gary Gnu, imbecil.

É difícil argumentar com a lógica deste menino cristão.

Gary Gnu é um ridículo fantoche verde peludo trajando uma gola alta malva em um programa infantil chamado *The Great Space Coaster*. Todas as outras crianças na SSSQ estão familiarizadas com ele, mas eu não assisto ao *The Great Space Coaster* porque passa de manhã, quando estou sem a Zenith da vovó. Um gnu é um dos "atarracados antílopes do gênero Connochaetes, semelhantes a um boi", residente na África. Em inglês, não se pronuncia o g da palavra. Gary Gnu tem claramente um problema com o g mudo em seu nome, pois ele o adiciona a toda palavra que começa

com a letra n de forma irritante: "Absolutamente *gnão*." Você é um *gnojento* que certamente só traz más *gnotícias*". Seu bordão em *The Great Space Coaster* é: "Nenhuma gnotícia é uma boa gnotícia com Gary Gnu." Não estou por dentro de nada disso, mas, como o garoto não judeu no parque observou, o nome do antílope é Gary, igual ao meu. Então experimento usar o nome com as crianças:
— Sou Gary Gnu!
— Gary Gnu! Gary Gnu! *Nenhuma gnotícia é uma boa gnotícia!*
Bem, isso até que foi bacana. Não teve nenhuma menção a "comunista" ou a "Red". E então lembro-me de Thurston Howell III, o milionário na *Ilha dos birutas*, que é muito inspirador para um jovem imigrante republicano.
— Sou Gary Gnu Terceiro.
— Gary Gnu Terceiro! Gary Gnu Terceiro! *Nenhuma gnotícia* etc.
E então eu me dou conta. Não sou russo. Nunca fui. Sou um antílope. Sempre fui um antílope. É hora de colocar essa descoberta no papel.

Escrevo meu próprio Torá. Eu o chamo de Gnorah, fazendo alusão a minha nova Gnucidade. O Gnorah é escrito em um pergaminho de verdade para que tenha a mesma textura de uma Torá. Eu o digito em um novo tipo de dispositivo que meu pai trouxe do trabalho: um teclado de computador que recebe sinais por meio de uma linha telefônica e traduz esses sinais em caracteres do tipo matricial que, em seguida, cospe no papel. Para dar à coisa uma aparência ainda mais próxima à do livro real, peço ao meu pai para esculpir duas hastes para simular os rolos usados no Torá.

O *Gnorah* é uma bomba dirigida à totalidade da experiência religiosa da SSSQ, a memorização de textos antigos, a gritaria agressiva de bênçãos e contrabênçãos antes e depois do almoço, o rabino resmungão que afirma que os judeus provocaram o Holocausto ao consumirem excessivamente deliciosos produtos suínos. Em hebraico, as palavras do Antigo Testamento nos soam como uma tagarelice sem fim. *Bereishit bara Elohim...* (No princípio Deus criou...). Em inglês, as palavras não são muito melhores, o início de uma longa lição de genealogia excessivamente fanática com o objetivo, suponho eu, de transmitir aos jovens a permanência e a singularidade de nossa raça. Basta dar uma olhada no ruivo, filho do comerciante, incapaz de formar duas frases coerentes em inglês, sem a menor curiosidade sobre quaisquer aspectos da vida exceto a escavação em curso de seu próprio nariz, e *bereshit*, de fato. O Gnorah apenas conduz humildemente o Antigo Testamento à sua própria conclusão lógica por volta de 1984.

1. Primeiro não havia nada, apenas um pedaço de chiclete Hubba Bubba. 2. E então, do nada, a terra brotou e se formou. 3. E o açúcar presente nele se transformou em pó. 4. Um simples pedaço de Nutra Sweet se transformou em um homem.

Deus cria Adão (ou melhor, Madman) e dá-lhe um jardim chamado Cleaveland, referindo-se aqui, presumo eu, tanto à cidade fracassada em Ohio quanto ao livro de Gênesis 2:24 ("Portanto, deixará o homem seu pai e sua mãe, e se unirá à sua mulher").
Nos capítulos seguintes, há referências à famosa campanha "Onde está a carne?"! da Wendy's, Mister Rogers, Howard Cosell, à revista *Playboy*, e à cadeia de supermercados Waldbaum. Cada referência pop que aprendi com a Zenith e em outros lugares ganha utilidade, ao lado do pobre Jerry Himmelstein. As Doze

Tribos Gnu se multiplicam – "Princesa Leia deu-lhe *Shlomo, Shlemazel, Shmuck, Nudnik, Dino, Gloria, Dror, Virginia, Jolly e Jim*" – e de alguma forma acaba na Austrália e não no Egito. Êxodo vira Sexodus. Henry Miller teria ficado orgulhoso. Moisés é renomeado Mishugana, e, em vez de uma Sarça Ardente, há a Televisão Ardente. Deus envia aos australianos 12 pragas, a última das quais é o rabino Sofer, o diretor israelense barrigudo e fortão da SSSQ, "e os australianos, não mais aguentando, disseram vá, vá e leve o rabino Sofer". As tribos GNU encaminham-se da Austrália para o Havaí, "terra da seda e do dinheiro". O quinto mandamento proferido pelo Deus Gnu é simples: "Moleste vossos professores."

E D-us disse: Não te preocupes com a ética, o que não significa, contudo, que tu podes agir como John Macaenroe. Não ores para estátuas de Michael Jackson ou Tom Sellek: Eu sou o teu D-us. Quando vires um homem cego, não o engana: por exemplo, não lhe vendas pó de anjo por cocaína. Não jures em nome de Brook Shields, pois ao fazê-lo estás insultando o meu nome.

E D-us continuou: Seja qual for tua forma de governo, imputa impostos altos e injustos sobre as pessoas. Não te envolvas emocionalmente com Boy George ou a tua mãe. Permita o aborto, pois se alguém como Jerry Himmelstein nascer em tais casos é sábio dizer que os pais soltaram um *agoof*. E se um desastre natural como Eedo Kaplan [um menino israelense que assedia duas meninas russas na escola] nascer? Pensa nisso. Eis as criaturas que não deves cruzar para que não gerem coisa ruim...

Segue então uma longa lista que inclui "Ronald Reagan e Geraldine Ferraro" e termina, infelizmente, com "Gary Gnu e qualquer Gnu Feminino" e, por fim, as mesmas palavras com que meu pai concluía todos os seus contos do *Planeta dos Yids*: "Continua." Depois de concluir, leio e releio tudo. Não consigo dormir. Minha vontade de ser amado é tamanha que beira a uma leve insanidade. No dia seguinte, na escola, espero impacientemente pelo recreio e desfraldo meu *Gnorah* para algumas crianças, consciente da presença do rabino Sofer. Mais crianças se reúnem à minha volta. Com cada nova criança que se junta, cruzo a linha entre doido varrido e excêntrico tolerado. No final do último tempo, o Gnorah foi passado por toda a escola. No dia seguinte, ele está sendo citado no banheiro dos meninos, o centro do poder. Até Jerry Himmelstein parece satisfeito com minhas observações repugnantemente cruéis sobre ele. Não que eu me importe. E, durante as aulas, enquanto recitamos automaticamente os versos sobre os profetas e as mulheres que os amavam, enquanto entoamos e cantamos coisas que não significam nada para nós, enquanto o rabino Sofer ginga ao redor com seu megafone dizendo-nos que somos crianças más, eu e meu pequeno grupo de – espera aí, eles são realmente meus amigos? – rimos e nos regozijamos com as tribos gnu e seu sexodus da Austrália, um processo duro e cheio de tesão, e sua veneração pela muito amada Brooke Shields, que, segundo rumores, realmente pode ser judia, ou gnu, ou o que seja.

O Gnorah marca o fim do russo como meu idioma principal e o início da minha verdadeira assimilação do inglês americano. De volta ao meu quarto abafado em Little Neck, rabisco ansiosamente a Constituição do Sacro Império Gnu (o SIG), fundamentada em princípios solidamente republicanos. O amor de dois países, Estados Unidos e Israel, o amor de Reagan, sempre tranquilo, risonho, aparentando indiferença, o amor do capitalismo desenfreado (embora meu pai trabalhe para o governo e minha mãe, para uma organização sem fins lucrativos), o amor do poderoso Partido Republicano é uma forma que encontro de compartilhar algo com o meu pai. À minha *Revista de ficção científica de Isaac Asimov* para lá de manuseada, adicionei uma assinatura da *National Review*. A revista conservadora de William F. Buckley Jr. claramente tem menos monstros espaciais entre suas capas que a de Isaac Asimov, mas, embora eu só consiga entender talvez 50% das palavras que Buckley e seus amigos usam, já posso distinguir a retórica inflamada e descontente com certos tipos de pessoas que tão bem espelham o nosso próprio tipo. Na capa da Constituição do Sacro Império Gnu, desenho uma balança marcada "Bem-estar social" e "gastos militares", pendendo resolutamente em direção ao último. Engulam essa, suas rainhas de bem-estar social com seus Cadillacs. E, então, um outro prazer espontâneo. Tendo estabelecido minhas credenciais republicanas assinando a *National Review*, recebo um cartão grosso estampando com uma águia americana sobre dois rifles. Embora eu seja jovem demais para possuir uma arma e para ser capaz de atirar em um negro que porventura me roube no metrô (na verdade, nessa época provavelmente eu devo ter andado de metrô umas três vezes), estou recebendo as boas-vindas, com grande fanfarra da Segunda Emenda, da *National Rifle Association*.

Na SSSQ, outro menino excessivamente criativo chamado David cria as Terras Imperiais de David (as TID), refletindo as políticas democratas apoiadas pela maioria dos pais das crianças judias do Queens. Ele se autointitula O Poderoso Khan César. Obviamente, o Sacro Império Gnu e as Terras Imperiais de David entram em guerra. David e eu discutimos sobre tratados de paz e sobre como vamos dividir o universo conhecido entre nós, da mesma forma com que a Espanha e Portugal uma vez dividiram o mundo de acordo com o Tratado de Saragoça. À medida que resolvemos nossas relações internacionais, nossos seguidores correm ao redor do ginásio da SSSQ, empilhado com livros de oração, onde, pela manhã, cantamos o hino nacional americano, o *Star-Spangled Banner*, e, com um sentimento que quase nos leva às lágrimas, o hino nacional de Israel, o *Hatikva*. Mas hoje as crianças não estão declamando a *Nefesh Yehudi* ("alma judaica"). Estão cantando o meu hino ("*Nefesh Gnushi*...") e içando minha bandeira, o desenho de um gnu resplandecente, de pé na savana africana, fotocopiado do dicionário Merriam-Webster.

Até o ensino médio, nunca mais serei chamado de Gary. Sou Gary Gnu ou apenas Gnu. Até os professores se referem a mim como tal. Um deles, sem o menor saco de dar aula no dia, decide dedicar os tempos de aula à Constituição do Sacro Império Gnu. Fico tão animado com este acontecimento que passo uma semana inteira sofrendo de um ataque de asma. As crianças, meus representantes gnu, dão continuidade ao meu império, enquanto eu, o acamado líder gnu, hipnotizado pelo Lightman reconstituindo-se no guarda-roupa, arquejo rumo a um mundo futuro, alguma personalidade futura.

Em três anos vamos nos formar, e um anuário será publicado. Haverá citações engraçadas sobre cada um dos alunos – por exemplo, os títulos das músicas que melhor nos personificam. As outras três crianças russas receberão citações unicamente sobre seu jeito e estilo russos (por exemplo, música favorita: "Back in the USSR"). As minhas citações farão alusão ao meu republicanismo ou à minha esquisitice ("They're Coming to Take Me Away, Ha-Haaa!").

Melhor, mais forte, mais rápido.

Mas não é verdade, obviamente. Como todo assim chamado espírito criativo logo descobre, o resto do mundo não dá a mínima. E, à medida que a polêmica em torno do meu Império Gnu se esmorece, um garoto musculoso cujo sobrenome significa tanto "Carvalho" quanto "Imbecil" em russo se dirige a mim e pergunta:
— Ei, Gnu. O que você ouve? A estação de música clássica?

E começo a protestar, pois aprendi a *nunca* falar sobre alta cultura em público nem mencionar o fato de que ambos os meus pais têm formação musical.

— Não sei nada sobre música clássica! — respondo em voz alta; alta demais. — Tenho a fita do *Seven and the Ragged Tiger* do Duran Duran e Cyndi Lauper!

Mas o "Carvalho" e uma menina pequena e bonita de olhos mesopotâmicos sentada ao lado dele já estão rindo da minha terrível aflição. Não fazem ideia do quanto tento me distanciar do Tchaikovsky do meu pai e do Chopin da minha mãe. Não sabem que no carro do meu pai, voltando da casa de minha avó, toco a fita do Duran Duran no volume máximo que ele permite e, com o rosto virado para a janela, como se estivesse observando a fascinante paisagem de cimento da Grand Central Parkway passar, *balbucio* as palavras britânicas que não consigo sequer começar a compreender (*"The re-flex, flex-flex"*) com meu bafo de atum. Balbucio todas as palavras com a última gota de esperança dentro de mim.

12.
IMORTALIDADE

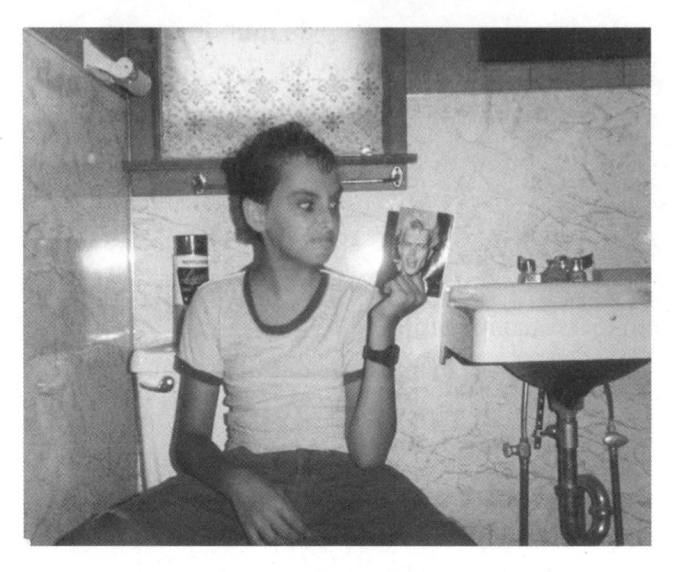

O autor posa como o cantor pop Billy Idol no vaso sanitário do bangalô da família. A puberdade está chegando, e o autor está prestes a ficar gorducho.

V ERÃO DE 1985. ESTOU prestes a me tornar um homem segundo a tradição judaica. Como nos últimos verões, minha família está hospedada em uma colônia russa de bangalôs nas montanhas de Catskill. A colônia é constituída por uma dúzia de cabanas de madeira queimadas pelo sol, espremidas entre algumas colinas insignificantes e uma assustadora combinação de floresta e ribeiros, que para as crianças do Queens pode muito bem ser a Amazônia. Durante a semana, ficamos aos cuidados de nossas avós (alguns vovôs sobreviveram à Segunda Guerra Mundial para fazer campeonato de xadrez sob o descontraído sol americano).

Nesses dias nossa vida gira em torno da entrega intermitente de assados velhos e dormidos da parte de trás de uma caminhonete. – Pão! Bolo! – uma local de meia-idade, de mal com a vida, grita para nós.

Avós e netos disputam um pão doce de framboesa, feito há uma semana, vendido por 25 centavos que até que dá para o gasto. (Seguro a moeda com tanta força que fico com a palma da mão toda marcada.) Além disso, a criançada joga O Tolo (um jogo russo de cartas que exige pouca habilidade) ou então peteca com as raquetes de badminton com defeito, sem dar a mínima se cairá de volta ou não, pois afinal estamos todos relaxados, felizes e cercados por gente de nossa própria espécie.

Minha avó fica sempre lá no fundo, mastigando um damasco até o caroço, com os olhos fixos em meu corpo outrora magrelo e agora um tanto quanto balofo. Ela fica de olho para que nada nem ninguém me faça mal. As outras crianças têm acompanhantes semelhantes, mulheres que cresceram sob o regime de Stalin, cuja vida inteira na URSS foi dedicada à gestão de crises, ao controle das coisas para que o mundo arbitrário ao redor tratasse seus filhos melhor do que as tratou. Nessa época minha avó não para de falar sobre passar para "o outro mundo", e, naquele verão de Bar Mitzvah, tendo passado meu próprio marco, começo a vê-la como uma mulher mais velha, decadente, segurando o caroço de damasco com as mãos trêmulas, a voz trêmula ao mandar-me engolir outra garfada de linguiça. Ela é uma figura tão ansiosa e impotente diante da eternidade como qualquer outra. Talvez seja isso que a América faz com a pessoa. Uma vez reduzida a luta diária pela sobrevivência, restam apenas as opções de falar e lembrar do passado ou enfrentar o único destino futuro. Apesar de toda a sua conversa sobre o paraíso que está por vir, minha avó não quer morrer.

Nos fins de semana, nossos pais deixam a cidade e vêm nos visitar, e às noites de sexta as crianças se sentam a uma mesa de piquenique próxima à estrada tranquila que passa por nossos bangalôs, atentas como um bando de terriers, esperando ouvir os estrondos dos carros de segunda mão de nossos pais. Lembro-me de meu primeiro amor naquele ano – não era uma menina, mas o novo sedan reluzente Mitsubishi Tredia-S que meus pais compraram, um modelo quadrado, de dimensões modestas, conhecido principalmente por sua eficiência de combustível. O Tredia-S bege de tração dianteira é uma prova incontestável de que estamos ascendendo à classe média, e, sempre que estou na estrada com meu pai, sinto uma grande alegria ao ver um Tredia, o modelo mais básico (sem o S).

Meu pai encontra-se no auge da meia-idade, um homem muito ligado ao corpo, que se empanturra, enfaticamente, com dentes de alho inteiros sobre pedaços de pão preto, com seu pequeno e atarracado físico, que mais se assemelha a um tomate cereja. Vive para a pesca. A cada ano ele arranca centenas, senão milhares, de peixes de riachos, lagos e oceanos com sua vara de pesca e uma competência de arrepiar. Sozinho, ele esvazia um lago perto de Middletown, Nova York, deixando para trás apenas um pequeno cardume de percas prateadas aturdidas e órfãs. Comparado ao meu pai, eu não sou nada. O Bar Mitzvah poderá em breve me tornar um homem, mas quando entrarmos na assustadora floresta repleta de gafanhotos, próxima à colônia de bangalôs, e ele enfiar as mãos completamente desprotegidas no chão para escolher as minhocas mais suculentas, vou me sentir tomado e invadido pela palavra russa que significa "fraco" – *slabyi*, um adjetivo que, saído da boca do meu pai, me reduz a praticamente zero.

– Akh, ty, slabyi. "Ai, seu fracote."

Quando não estamos pescando, nos divertimos em cinemas simples nas cidadezinhas com nomes como Liberty e Ellenville. O filme do verão é *Cocoon*. O argumento: Uns alienígenas, Antareanos para ser exato, aterrissam no sul da Flórida e oferecem vida eterna a um grupo de residentes de um asilo. O elenco conta com nomes como Wilford Brimley e Don Ameche. Nesta fase de minha vida, Hollywood pode me vender qualquer coisa – de Daryl Hannah como uma sereia a Shelley Duvall como Olívia Palito e Al Pacino como um imigrante cubano superviolento. Ao assistir a filmes no friozinho do ar-condicionado, eu me encontro totalmente imerso e apaixonado por tudo o que passa pela lente da câmera. Sinto-me perto de meu pai, longe das dificuldades de se coletarem minhocas enquanto somos atacados por gafanhotos agressivos, livre do constante medo de acabar varando o polegar em um dos gigantescos ganchos enferrujados com o qual ele aterroriza as trutas locais. No cinema, eu e meu pai somos essencialmente dois imigrantes – um menor que o outro e prestes a ser tomado por um tapete espesso de pelo corporal – sentados frente ao espetáculo enlatado da nossa nova pátria, calados, atentos, encantados.

Cocoon tem tudo o que espero de um filme. Aqui está o idoso Don Ameche dançando break após ser energizado pela fonte da juventude dos alienígenas, enquanto em nossa colônia de bangalôs minha avó e seus companheiros idosos reclamam do preço da ricota desnatada. Aqui estão as palmeiras da Flórida, a brisa do mar, Tahnee Welch – filha de Raquel – tirando a roupa enquanto Steve Guttenberg, interpretando basicamente a si mesmo, espreita por um olho mágico. Nunca vi uma mulher de beleza tão simples, com um bronzeado tão natural e tão americanamente adorável como a sra. Welch, a Mais Jovem. Já aceitei gradualmente o fato de que o meu despertar sexual envolve perifericamente Steve Guttenberg.

 O tema do filme é a imortalidade. "Jamais adoeceremos", o personagem Wilford Brimley diz ao neto antes de ser abduzido. "Não envelheceremos nem um pouco. E nunca morreremos." Enquanto ele fala, o personagem de Mr. Brimley está lançando uma linha de pesca no Oceano Atlântico, enquanto o neto preocupado, um pingo de gente, fica olhando ali, ao lado daquele homenzarrão com o famoso bigode, um adulto formado, tão grande quanto um mastodonte. Enquanto meu pai dirige o Mitsubishi Tredia-S (o nosso sedã impregnado de peixe morto, minhoca viva e suor masculino) sob o brilhante dossel rural de estrelas por todo o caminho de volta para casa, eu me pergunto por que Wilford Brimley não leva o neto para Antarea. Não significa que ele vai acabar vivendo mais que o neto? Haveria pessoas destinadas a um lampejo de existência física, enquanto outras explodiriam como supernovas pelo frio do céu alpino? Se for o caso, onde está a justiça americana nisso? Nessa noite, enquanto os roncos saudáveis do meu pai ressoam na cama ao lado da minha e vovó entra e sai do banheiro, suspirando com a profundidade de seu amplo peitoral camponês, fico pensando detalhadamente em duas coisas: o nada a que todos acabarão por sucumbir e o seu oposto, o traseiro de Tahnee Welch parcialmente envolto em um short de verão branco. Quero que Wilford Brimley seja meu avô e quero que ele morra. Fico pensando no que ele diz ao netinho *slabyi* e obsessivo no início do filme: "Seu problema é que você pensa demais e isso é o que deixa um cara amedrontado."

A colônia de bangalôs de Ann Mason fica perto da aldeia de Ellenville, relativamente próxima aos velhos hotéis judaicos Borscht Belt. Localiza-se na encosta de uma colina, sob a qual há um campo de feno circular que pertence a um polonês antissemita fanático, que corre atrás de quem se aproxima com seu pastor-alemão ou pelo menos é o que dizem nossas avós. Compartilhamos nossa estrada rural sinuosa com um hotel desbotado chamado de The Tamarack Lodge e com uma colônia de hassídicos caipiras que descem até nossos bangalôs com seus livros de oração e topetes, tentando induzir a nós russos seus hábitos hirsutos. Minha mãe e eu nos esgueiramos no Tamarack Lodge, onde Eddie Fisher e Buddy Hackett certa vez dividiram um palco, onde nos deparamos com judeus americanos gigantes e bronzeados, deitados de barriga para cima ao lado de uma piscina de tamanho olímpico ou se dirigindo, sonâmbulos, ao auditório arrastando os chinelos de quarto para assistir a Neil Diamond em *O cantor de jazz*. Depois de uma exibição, são levados a uma sala de jantar onde a refeição dos judeus americanos é servida – peitos de frango grelhados e Coca-Cola gelada! – e, quando o garçom se aproxima e pergunta qual o número de nosso quarto, minha mãe responde na mesma hora:

– Quarto 431.

Mamãe e eu devoramos os peitos de frango de graça e picamos a mula.

De volta à colônia de bangalôs de Ann Mason, sobrevivemos sem Neil Diamond, e a piscina acomoda talvez uma meia dúzia de criancinhas russas de cada vez. Ann Mason, a proprietária, é uma velha grandona, que fala iídiche, cujo guarda-roupa é composto por três vestidinhos havaianos. As crianças (somos mais ou menos dez, de Leningrado, Kiev, Kishinev e Vilnius) adoram o marido de Ann Mason, um nanico barrigudo, ridículo, de barba ruiva, chamado Marvin, um leitor ávido dos quadrinhos dominicais dos jornais que está sempre de braguilha aberta e cuja frase preferida é "Todos na piscina!". Quando Ann Mason consegue recortar um bom número de cupons, ela e Marvin levam alguns de nós à Ponderosa Steakhouse, onde comemos bisteca e purê de batatas. O bufê livre de saladas é o nexo do capitalismo e da gula pelo qual todos nós esperamos.

Estas crianças russas são o mais próximo que cheguei a compatriotas. Passo o ano inteiro louco para revê-las. Não há dúvida de que várias das meninas estão amadurecendo e se tornando incomparavelmente lindas, seus pequenos rostos adquirem um aspecto redondo euro-asiático, os quadris estreitos se alargam, tomando formas mais femininas. Mas o que eu mais amo são os sons de nossas vozes roucas, animadas. Os substantivos russos atando-se à enxurrada de verbos em inglês ou vice-versa (*"Babushka, oni poshli shopping vmeste v ellenvilli"* – "Vovó, eles foram às compras juntos em Ellenville").

Com o sucesso do Gnorah ainda recente, decido escrever as letras para um álbum com canções populares americanas com uma inflexão russa. "Like a Virgin" de Madonna torna-se "Like a Sturgeon". Há hinos para *babushkas*, para a ricota desnatada, para o desabrochar da sexualidade. Gravamos as músicas em um gravador que comprei em uma farmácia. Para a fotografia da capa, eu poso como Bruce Springsteen em seu álbum *Born in the USA*, com jeans e camiseta, um boné de beisebol vermelho saindo do bolso traseiro. Várias meninas posam ao redor de meu "Bruce", vestidas como Cyndi Lauper e Madonna, de preferência com rímel e batom. Intitulamos o álbum *Born in the URSS*. (*I was bo-ho-rn down in-uh Le-nin-grad... wore a big fur shapka on my head, yeah...*)

Assim que os nossos pais chegam do trabalho na cidade, os homens tiram a camisa e apontam o peito cabeludo para o céu; as mulheres se reúnem nas pequenas cozinhas do bangalô para falar, em voz baixa, sobre os maridos. A criançada se enfia em uma pequenina caminhonete. Juntos, rumamos para uma das cidades mais próximas onde, além de uma crescente população hassídica, há um cinema que exibe filmes do verão passado por dois dólares (o enorme saco de pipoca com manteiga falsa custa cinquenta centavos). No trajeto de volta para a Colônia de Ann Mason, sentados um no colo do outro, discutimos sobre as partes mais legais de ET: O extraterrestre. Pensando em voz alta, eu me pergunto por que o filme nunca se aventurou no espaço sideral, sem jamais nos revelar o planeta do companheiro enrugado, sua terra natal e seu verdadeiro lar.

Varamos a noite discutindo, enquanto as estrelas iluminam o centro do campo de feno antissemita. Amanhã, jogaremos uma longa partida de badminton não competitiva. No dia seguinte, Marvin trará os quadrinhos dos jornais, e vamos rir de *Beetle Bailey* e *Garfield*, nem sempre sabendo por que estamos rindo. O não saber o porquê é uma espécie de felicidade.

⌒

A garota que eu amo chama-se Natasha. Sei que há um desenho animado que satiriza os russos, cujos personagens se chamam Boris e Natasha, de forma que eu jamais poderia ser visto com uma pessoa com esse nome na SSSQ. A única garota a sair comigo, a que vai me acompanhar no baile da escola, é uma ex-moscovita chamada Irina* e, embora uma parte de mim compreenda que ela é magra e atraente, muito mais bonita do que a maioria das norte-americanas ou das israelenses, a maior parte de mim se entristece

---

* Curiosamente, ela vai se tornar a romancista e ensaísta Irina Reyn. Uma turma de menos de trinta crianças da escola hebraica produziu dois escritores, ambos da URSS.

por ela não ser nem uma coisa nem outra. Na colônia de bangalôs, essas considerações não são válidas. Somos todos iguais, e tratamos uns aos outros com uma gentileza surpreendente.

Por outro lado, eu não sou bonito. Meu corpo e meu rosto estão mudando, e não é para melhor. O regime alimentar da vovó combinado com a puberdade me deu o que os fisiculturistas usuários de esteroides chamam de "teta de vaca", e essas tetas estão espremidas sob as camisetas já apertadas, doadas pelo pessoal da secretaria da SSSQ. Ao longo do meu ombro direito, há o resultado de uma inoculação soviética que deu terrivelmente errado: uma enorme cicatriz de queloide cor de carne, sobre a qual eu uso toneladas de Band-Aid. Meu rosto, outrora jovial e harmonioso, está adquirindo características adultas que fazem pouco sentido. Cabelo em toda parte, o nariz começando a tomar forma de gancho; meu pai começou a me chamar de *gubastyi*, ou "beiçudo", e tem dias em que ele me agarra pelo queixo e diz: "*Akh, ty, zhidovskaya morda*" – Eh, você, cara de Yid. Em seus contos do *Planetas dos Yids*, ser um judeu inteligente é bom, mas aqui sinto que ele está se referindo aos atributos menos agradáveis da nossa raça. É muito confuso.

Eis o que não é confuso: Natasha é linda. Mais ou menos como Tahnee Welch é linda em *Cocoon*. Ela até usa o mesmo penteado curto que maravilhosamente lhe expõe a delicada arquitetura do pescoço e os olhos azuis que ardem de prazer quando ela se prepara para balançar a raquete de badminton. Ela tem algumas características de comportamento semelhantes aos dos garotos, é atlética e é geralmente vista passeando pela colônia de bangalôs de Ann Mason acompanhada de seu boxer marrom. Pena que eu não consiga mais me lembrar do nome do boxer, pois uma vez eu o sabia tanto quanto sabia o meu.

Natasha é doce, amável e muitíssimo segura e equilibrada. Ela não se lamenta, não se queixa de nada, e, se há alguma insegurança sobre seu lugar no mundo, ela lida com isso em outro lugar. Quando ela dá cambalhotas ou planta bananeira na minha frente, não é para se mostrar, é porque ela é... feliz? E quando está de cabeça para baixo, firmando-se com as mãos no chão, e sua camiseta sucumbe à gravidade, e eu estou olhando para sua barriguinha reta e bronzeada, fico igualmente feliz. Ela nunca será minha namorada, obviamente, mas só o fato de ela existir em algum lugar no mundo para mim já será suficiente até a faculdade.

Nesta fase, todos me chamam de Gnu (para minha avó: "*Mozhet Gnu s nami poigraet?*" Gnu pode vir brincar com a gente?), mas Natasha sempre me chama de Gary. Tento contar cada segundo que passo com Natasha, seja jogando badminton ou O Tolo (ou *Spit*), mas as crianças, principalmente por serem em sua maioria meninas e, portanto, inteligentes, logo sacam tudo. Estou sentado em uma mesa de piquenique verde com Natasha, nossas panturrilhas tocam-se por 37 segundos (minha mente: "34, 35, 36, 37, ah, ela se mexeu!"), quando uma das meninas diz:

– Gnu gosta da Natasha.

Começo a me levantar, já que o suicídio exigirá certo planejamento, quando Natasha diz:

– Eu gosto de Gary também. Ele é meu amigo.

Ela, então, mexe uma das cartas de baralho sobre sua pilha e diz para seu adversário mais lento:

– *Spit!*

As cartas caem sobre a mesa em grande velocidade. E fico com essa dualidade. Ela gosta de mim. Logo, sou querido. E não é por causa dessa merda de Gnu. Para ela, eu sou Gary. Mas eu também sou seu *amigo*, o que é também irrevogável.

O que significa amar alguém? Na SSSQ sou proibido de me aproximar das norte-americanas, pois sou da casta *dalit*, intocável, e minha presença pode poluir as garotas. Mas, na colônia de Ann Mason, como você viu, posso tocar meu joelho esfolado no joelho brilhante de Natasha por 37 segundos e ela vai ser minha amiga, talvez até mais que isso. Um dia, no início do verão, estou sob um carvalho protegendo-me do sol, lendo a *Revista de ficção científica de Isaac Asimov*, espirrando em razão do fortíssimo pólen americano e sonhando com planetas distantes, livres de alérgenos, quando eu me deparo com as seguintes palavras em uma história: "Eu me levantei e a abracei naquela escuridão úmida, acariciando-lhe as costas magras e, em seguida, levando a mão logo acima para envolver-lhe o pequeno seio. 'Eu amo você, Jane', eu disse." Fecho os olhos e imagino um saquinho de peso na mão. *Envolver*. Você *envolveu* o peitinho de uma Jane. Então, isso é amor.

    Em casa, existe amor entre meus pais, e às vezes eu os ouço se amando. Mas o amor significa principalmente brigas. Minha mãe aperfeiçoou o tratamento do silêncio de tal forma que fica sem falar com meu pai por muitos dias, às vezes semanas, mesmo dormindo com ele na mesma cama de casal feita em mogno. Quando isso acontece, acabo servindo de menino de recado. Meus pais agendam reuniões comigo para expressar as queixas e discutir as possibilidades de um *razvod*. E assim atuo como emissário entre eles, por vezes permitindo que as lágrimas deem maior consistência ao meu apelo para que eles fiquem juntos. "Ele pede desculpas, Mama. Ele não vai mais deixar os parentes lobos fazer a cabeça dele." "Papa, ela sabe que não deveria ter se atrasado uma hora quando o senhor foi pegá-la, mas é que surgiu mais trabalho pra ser datilografado e ela quis ganhar umas horinhas extras."

De fato, a parte mais perigosa do meu dia é quando meu pai tem de pegar minha mãe no trabalho, depois de me pegar na minha avó para que possamos voltar juntos para o distante bairro de Little Neck, no Tredia. Esperamos minha mãe perto de uma estação de metrô na esquina da Union Turnpike com a Queens Boulevard, não muito longe do Tribunal de Justiça do Queens. Há uma estátua de 1920 naquela esquina chamada *Triumph of Civic Virtue*: um homem nu, bem musculoso, com uma espada desembainhada pisa em duas sereias de seios desnudos que simbolizam a corrupção e o vício.

– Onde ela está? *Suka tvoya mat'!* – meu pai grita, porque minha mãe-vaca está atrasada; são dez, vinte, trinta, quarenta minutos, uma hora de atraso. E com cada gradação de atraso sei que a briga só vai aumentar as possibilidades de um *razvod*.

Para passar o tempo e conter sua raiva e minha preocupação, nós dois brincamos de uma versão nervosa de pique-esconde em torno do bem-dotado e implacável Deus da Virtude Cívica e suas sereias derrotadas, absorvendo as lições repugnantes nas relações de gênero que a estátua apresenta tão claramente. (Em 2012, após muitos protestos, o *Triumph of Civic Virtue* foi removido para um cemitério no Brooklyn.)

Finalmente, minha mãe desponta da saída do metrô, com seu casaco de pele de coelho, uma indulgência sem a qual nenhuma russa consegue viver, e entramos no carro, e então começa o bate-boca.

Suka! Suka! Suka!

Vá *para o* Khui!

Ela está xingando assim na frente do filho. Quanto você enviou para seus parentes?

Ne-tvoyo sobache delo. *Não é da sua conta.*

Então, onde você estava, sua vaca?

Minha mãe está doente! Minha mãe está morrendo! Ah, sua cria de lobo!

E então meu pai vira para mim e diz em voz baixa, mas alto o suficiente para ela ouvir no banco de trás: *Outros homens batem nas esposas. Mas eu nunca bati nela. E olha no que deu.*

E eu me volto para minha janela, inclinando a cabeça contra o vidro frio, enquanto "One Night in Bangkok" de Murray Head, do musical nerd chamado *Chess*, toca no volume máximo no som do carro. Imagino uma menina asiática sob uma enorme *stupa* tailandesa com algum tipo de vestido de seda local. Não tenho certeza do que significa isso, além de uma baita vontade de ir para outro lugar agora, de pular para fora do carro e correr em direção do aeroporto Kennedy, que não fica muito longe.

De uma coisa eu tenho certeza: meus pais nunca podem chegar a ponto de um *razvod*. Por quê? Porque somos a Família Shteyngart, população: três, e com números já tão baixos, não devemos nos separar. Sem contar que manter duas famílias significará que nosso padrão de vida ruirá, deixaremos de ser da classe média-média e provavelmente teremos de nos desfazer do Mitsubishi, que já apontei para meus indiferentes colegas da SSSQ: "Eis o Tredia-S!" E, por fim, se um de meus pais casasse novamente (impensável), os cônjuges americanos olhariam para minha cicatriz de queloide e minha camiseta do Batman – emprestada – e eu poderia acabar órfão de uma vez.

Às vezes fico com raiva. No ônibus da escola, descubro uma menina israelense – uma tal de Shlomit ou Osnat – cuja estrela brilha ainda menos do que a minha, e então tiro sarro dela sem piedade. Ela tem um bigode como minha avó e usa seu primeiro sutiã. Sento-me ao seu lado e faço piadas sobre sua necessidade de depilar o bigode com uma coisa chamada "cera de tartaruga", um insulto que ouvi de um outro companheiro de ônibus e que parece ser exatamente o tipo certo de crueldade para se usar contra esta pequena criatura simpática de pele morena. Implico com ela por conta do sutiã e do que só posso imaginar encontrar-se sob ele. O que foge à minha compreensão é que eu tenho uma queda por essa garota, justamente porque ela tem um bigode parecido com o da minha avó, o que me dá vontade de abraçá-la e contar-lhe todos os meus problemas. A menina faz queixa de mim para a sra. R, a amável educadora que me ajudou a amarrar os cadarços e cantou "Troo-loo-loo-loo" quando eu estava na primeira série. Na fila do ônibus, sra. R me puxa para o lado e me diz para parar de incomodar a garota. A gentil exposição pública gerada pela sra. R, muito pior que sua raiva, me deixa tão envergonhado que chego a pensar em não mais pegar o ônibus escolar e atravessar o Queens a pé para a casa da minha avó. A verdade é que eu nem sei direito o que é cera de tartaruga. A verdade é que, se aqueles lábios peludos se roçassem nos meus, eu não iria recuar.

Fico com raiva até mesmo entre o reino pacífico da Colônia de Ann Mason. Apareceu um garoto novo de quem ninguém gosta muito. Vindo diretamente de Minsk ou sabe-se lá de onde, ele é magro, desnutrido, fraco, bielorrusso. Está acompanhado da avó, e não sabemos o paradeiro dos pais. Ele se parece com uma versão mais jovem do meu avô postiço Ilya – os olhos tristes, a testa leninista – e isso me faz odiá-lo ainda mais. Meu livro favorito do verão de 1984 e dos dois verões subsequentes é *1984*. Gravo na memória as passagens em que O'Brien tortura Winston. Quando o menino está sozinho olhando emburrado para um gibi sobre uma mesa de piquenique, eu me aproximo dele. Sento-me e começo a falar em tom comedido.

– O poder não é um meio, *Vinston*, é um fim. Não se estabelece uma ditadura para salvaguardar uma revolução; faz-se a revolução a fim de estabelecer a ditadura. O objeto da perseguição é a perseguição. O objetivo da tortura é a tortura. O objetivo do poder é o poder.

Eu deslizo no banco e me aproximo ainda mais do garoto. Ele se encolhe diante de mim, o que me causa tanto prazer quanto ódio. Ele é mais *slabyi* do que eu, o que é bom. Mas estou prestes a cantar a minha parte do Torá no Bar Mitzvah na Congregação Ezrath Israel em Ellenville, o que faz de mim... o quê? Um homem. O que um homem faria?

Antes que ele consiga me deter, antes que eu consiga me deter, agarro-lhe a mão. Ergo a mão esquerda, com o polegar escondido, quatro dedos estendidos, assim como no livro de Orwell.

– Quantos dedos estou erguendo, *Vinston*?

Ele não me entende. Não entende o meu inglês. Não entende quem é *Vinston*. Repito em russo.

– Quatro – ele responde finalmente, com todo o seu corpinho de sardinha trêmulo.

– E se o Partido Republicano disser que não é quatro, mas cinco – então quantos são?

– Quatro.

Começo a torcer-lhe os dedos. Ele grita de dor. Estou caindo sobre ele, odiando isso, odiando.

– *Pyat* – ele grita em russo. "Cinco!"

Tentando conter as lágrimas prestes a verter sobre meu rosto, digo:

– Não, *Vinston*, não adianta. Você está mentindo. Você ainda acha que há quatro. Quantos dedos, por favor?

Ele se liberta e corre pelo vasto gramado verde que separa os nossos bangalôs.

– *Baaaaa... buuuuuu... shkaaaa!*

Mais tarde, pela janela do meu quarto, vejo sua velha *babushka* conversando com a minha, uma figura curvada, cansada e emagrecida, confidenciando à outra, voraz, corpulenta e quase-americana. Agora serei punido! Agora serei punido! Eu me delicio. Fiz uma coisa terrível, e agora serei punido.

Saio correndo ao encontro de minha avó. Ela suspira e olha para mim. Ela me ama muito. Por que ela me ama tanto?

– A *babushka* daquele menino diz que você bateu nele – diz vovó.

– Eu não bati. Li um trecho de um livro para ele.

– Ele te fez alguma coisa?

– Não.

– Meu raio de sol – diz vovó. – Seja lá o que você tiver aprontado com ele, sei que ele mereceu.

Quando vovó vai embora, corro para o quarto e choro pelo monstro que sou agora, mas no dia seguinte faço a mesma coisa. E novamente. E mais uma vez. *Quantos dedos, Vinston?* Após algumas semanas, o menino deixa a colônia de bangalôs para sempre.

O sol de verão se põe por volta das oito e meia. Vovó já está na cama e ronca com toda força. Os camponeses no romance russo *Oblomov* de Ivan Goncharov cumprimentam cada anoitecer com a frase "Bem, é o fim de mais um dia, louvado seja Deus!". E algo semelhante pode ser dito da visão de mundo da vovó. Silenciosamente, saio de casa, passo por sua cama e penetro na nova noite.

As estrelas brilham lá em cima, e a colônia de bangalôs está tranquila, mas em algum lugar ouço meninas rindo e o gorjeio arranhado de *Karma Chameleon* do Culture Club em um rádio sem marca. As crianças estão lá fora se banhando no luar e ficam muito felizes em me ver.

– Gnu! Gnu!
– Shhh, Eva... Você vai acordar *babushka*.
– Shhh pra você.

Natasha está sentada em uma cadeira Adirondack, vestindo seu moletom com capuz verde favorito, seu boxer fielmente a seus pés.

– Vem cá, Gary – ela aponta para o colo.

Não é nada viril sentar-se em cima de uma menina, eu sei, mas nós somos mais ou menos da mesma altura, e depois também eu quero sentir seu calor. O boxer ergue os olhos de maneira protetora quando eu me sento no colo e, em seguida, abaixa o focinho espumoso com desdém. Ah, é só ele. Boy George está cantando: "Eu sou um homem (um homem) sem convicção / Eu sou um homem (um homem) que não sabe." Natasha se inclina para frente e, com a orelha, acaricio-lhe a bochecha, ainda aquecida pelo sol do dia.

– Gnu, conta uma piada – alguém pede.

Quero baixar as pálpebras e ficar neste momento para sempre, mas entendo o que essas crianças querem de mim. Conto-lhes a piada.

13.
SESSENTA E NOVE CENTAVOS

Disney World, 1986. Pai e filho dão uma voltinha.
As mães de norte a sul da Flórida estão trancando as filhas em casa.

Q UANDO FAÇO 14 ANOS, perco o sotaque russo. Teoricamente, já posso me aproximar de uma garota e dizer "*Oi, tudo bem?*" sem soar como "*Rôi, tuzobem?*", provavelmente o nome de um político turco. Há três coisas que quero fazer na minha nova encarnação: ir à Flórida, onde entendo que as melhores e mais brilhantes mentes de nossa nação construíram um paraíso cheio de areia e vícios; fazer uma garota me dizer que ela gosta de mim de alguma forma e fazer todas as refeições no McDonald's. Eu não tive o prazer de comer no McDonald's com frequência.

Mamãe e papai acham que ir a restaurantes e comprar roupas que não sejam vendidas por peso em Orchard Street são coisas feitas apenas pelos muito ricos ou muito esbanjadores. No entanto, nem mesmo meus pais, por maior que seja o amor incondicional que sentem pela América, como bons imigrantes que são, conseguem resistir ao apelo icônico da Flórida, o apelo da praia e do Mickey.

E assim, no meio das minhas férias de inverno da escola hebraica, duas famílias russas se enfiam em um grande sedan usado e pegam a I-95 rumo ao estado da Flórida. A outra família – com três membros – assemelha-se à nossa, com duas exceções: eles têm uma filha e são, no geral, mais largos que a gente; por outro lado, toda a minha família pesa 150 quilos. Há uma foto nossa sob o monotrilho do EPCOT Center, cada um de nós tentando um sorriso diferente para expressar o sentimento de déjà-vu de se estar na maior atração do nosso novo país, meu próprio sorriso-megawatt assemelha-se ao de um mascate judeu da virada do século passado, correndo atrás de uma possível promoção em um camelô na calçada. Os ingressos da Disney são um brinde, para o qual tivemos de nos sentar e assistir a um discurso de vendas para um resort de Orlando.

– Você é de Moscou? – o vendedor do resort pergunta, avaliando a indumentária de poliéster do meu pai.

– Leningrado.

– Deixe-me adivinhar: engenheiro mecânico?

– Sim, engenheiro mecânico... Eh, ingressos Disney agora, por favor.

O passeio pela MacArthur Causeway rumo a Miami Beach é a minha verdadeira cerimônia de naturalização. Eu quero tudo – as palmeiras, os iates flutuando ao lado das mansões caríssimas, os condomínios de concreto e vidro orgulhando-se dos próprios reflexos na piscina de água azul abaixo, a disponibilidade implícita de relações com mulheres amorais. Posso me ver em uma sacada comendo um Big Mac, jogando batatas fritas casualmente por cima do ombro contra o ar salgado do mar. Mas terei de esperar. O hotel reservado pelos amigos dos meus pais tem uma cama de campanha militar em vez de camas decentes e uma barata de 15 centímetros evoluída o suficiente para acenar para nós o que parece ser um punho. Assustados com Miami Beach, levantamos acampamento e vamos para Fort Lauderdale, onde uma iugoslava nos abriga em um motel de quinta, ao lado da praia e com recepção UHF de graça. Parece que estamos sempre à margem dos lugares: a entrada de automóveis do Fontainebleau Hilton ou o elevador envidraçado que leva a um restaurante no último piso, onde podemos momentaneamente dar uma olhadinha na placa com o aviso POR FAVOR, AGUARDE PARA SE SENTAR no oceano sem fim abaixo, o Velho Mundo que deixamos para trás tão longe e ainda enganosamente próximo.

Para meus pais e seus amigos, o motel iugoslavo é sem dúvida um paraíso, uma bem-vinda coda para um conjunto de vidas difíceis. Meu pai deita-se magnificamente sob o sol, com seu Speedo falso com listras vermelhas e pretas, enquanto saio pela praia, espreitando as meninas do meio-oeste que se assam ao sol, com a minha cicatriz de queloide, meu confidente, irradiando sob um Band-Aid extragrande. *Oi, tudo bem?* As palavras, perfeitamente americanas, não um direito de nascença, mas uma aquisição, empoleiram-se entre meus lábios, prontas para sair, mas para aproximar-se de uma dessas garotas e dizer algo tão casual é preciso um profundo desprendimento da areia quente sob mim, uma presença histórica mais robusta do que o *green card* gravado com minha impressão digital e rosto sardento. De volta ao motel, *Star Trek* reprisa incessantemente no canal 73 ou 31 ou qualquer outro número primo, os planetas desbotados em Technicolor mais familiares a mim do que o nosso.

Na viagem de volta a Nova York, conecto-me com firmeza ao meu Toca-Fitas Estéreo Sanyo com rádio AM/FM, fones de ouvido e sistema antienrolamento, na esperança de esquecer as nossas férias. Algum tempo depois das palmeiras desaparecerem, em algum lugar no sul da Geórgia, paramos em um McDonald's. Já posso prová-lo: o hambúrguer de 69 centavos. O ketchup, vermelho e decadente, salpicado de pequenos pedaços de cebola ralada. A elevação das fatias de picles; o jato ofuscante de Coca-Cola fresquinha; o refrigerante formiga na parte de trás da garganta, significando que o ato está completo. Entro correndo no lugar mágico, e sinto sua frieza pasteurizada, seguido imediatamente pelos russos mais largos, que carregam algo grande e vermelho. É uma bolsa térmica, organizada antes de sairmos do motel pela outra mãe, a versão gentil e de rosto arredondado de minha própria mãe. Ela preparou um almoço russo completo para nós. Ovos mexidos embrulhados em papel alumínio; *vinegret*, a salada de beterraba russa, que transborda de um recipiente reutilizado de creme de leite; frango frio servido entre sulcos brancos de *bulka*.

— Pessoal, isso é proibido — suplico. — Temos que comprar a comida aqui.

Sinto um frio, não o frio do ar-condicionado do sul da Geórgia, mas o frio de um corpo que compreende as ramificações de sua própria morte, a inutilidade de tudo isso. Sento-me em uma mesa o mais longe possível dos meus pais e seus amigos. Assisto ao espetáculo dos novos residentes estrangeiros bronzeados comendo sua comida típica — papada para cima, papada para baixo —, os ovos quentes que tremem levemente aos serem levados à boca; a garota, minha contemporânea, emburrada como eu, mas com uma pitada de serenidade complacente; seus pais enfiando colheres de plástico nos pedaços de beterraba; meus pais levantando-se para usar, gratuitamente, os guardanapos e canudos do McDonald's, enquanto os motoristas americanos compram os McLanches mais felizes para suas crianças loirinhas e barulhentas. Meus pais riem de minha arrogância. Sentado lá com fome e sozinho – que homem estranho eu estou me tornando! Tão diferente deles! Meus bolsos estão cheios de moedas de 25 e 10 centavos, o suficiente para um hambúrguer e uma Coca-Cola pequena. Considero a possibilidade de resgatar minha própria dignidade, de deixar para trás nossa herança de salada de beterraba. Meus pais não gastam dinheiro, pois vivem com a ideia de que a qualquer momento pode ocorrer um desastre, que o resultado do exame de função hepática voltará marcado com rabiscos urgentes de um médico, que eles serão demitidos porque não falam bem inglês. Sete anos nos Estados Unidos, e ainda somos representantes de uma sociedade fantasma, encolhidos sob uma nuvem de más notícias que nunca virá. As moedas de prata ficam no meu bolso. Engulo a raiva que se expande e se torna uma úlcera no futuro. Sou filho dos meus pais.

Mas não inteiramente. No verão seguinte, minha mãe anuncia que iremos para Cape Cod. Ciente das conotações de salada de beterraba de qualquer viagem com minha mãe, pergunto-lhe se vamos ficar em um bom hotel como o Days Inn ou talvez até mesmo no famoso Holiday Inn. Caso contrário, se for em algum tipo de cabana russa com um balcão self-service de ricota, eu não quero ir. Posso me imaginar caminhando até a praia onde todas as jovens estão hospedadas em resorts decentes com máquinas de gelo, enquanto eu, já com a minha repugnância, deixo para trás um rastro fétido de trigo sarraceno do café da manhã. Não quero ser pobre *e* russo na frente das pessoas de minha idade por dez dias. Quero um período de férias da escola hebraica, não uma imersão na escola gentia. Este verão estou pronto para dizer: *Oi, tudo bem.*

— Melhor que o Holiday Inn — responde minha mãe. — Acho que o nome é Hilton.

Sento-me com força sobre um exemplar da *National Review*. Mas como pode ser o Hilton? O que aconteceu com o processo lento e gradual? Primeiro, o Hotel 6, em seguida, o Hotel 7, depois de uns anos, o Hilton.

Chegamos ao perfumado cabo de Massachusetts no final de junho. Ficamos em uma dacha russa caindo aos pedaços, com vários andares de sujeira e papel de parede descascando, um banheiro que realmente não deveria ser interno, um salão de jantar bem velho, para o qual sonâmbulos de Odessa se arrastam em busca de *shchi*, sopa veraneia fria de chucrute. Estou esquecendo algo? Salada de beterraba? Pode apostar.

— Qual o problema? — indaga minha mãe. — É quase como o Hilton.

É quando eu me dou conta: se para meu pai eu sou um objeto de amor e ódio, sendo ao mesmo tempo seu melhor amigo e adversário, para minha mãe eu nem sou uma pessoa.

Para mim, essa é muito mais do que uma descoberta. É um realinhamento. Minha mãe é de um país de mentiras, e eu ainda sou um dos seus cidadãos. Ela pode mentir para mim à vontade. Nem precisa ser criativa em suas mentiras. E tudo o que sai de sua boca devo aceitar como verdade, como algo dupliplusbom.* Não,

---

* Termo utilizado na novilíngua, idioma fictício criado por George Orwell no romance *1984* (N. do E.)

não posso mais confiar nela. Enquanto saio pela praia, soltando fogo pelas ventas de tanta raiva, e as crianças bronzeadas da minha idade se reúnem sob os magníficos degraus de algum hotel de classe média, que fica de frente para o oceano (o nosso fica em uma autoestrada), formulo meu primeiro ato de rebelião.

No dia seguinte, pego dois sacos de lixo gigantes e enfio minhas roupas de verão e minhas revistas de Isaac Asimov. Peço ao meu pai para me levar até o terminal rodoviário onde eu possa pegar um ônibus da viação Peter Pan. Não me lembro mais da briga que acontece entre mim e minha mãe quando anuncio minha despedida, apenas que ela não recua um centímetro, nem reconhece que o Chucrute Village não é o Hilton.

– Qual é a diferença entre os dois? – ela berra. – Mostre-me uma diferença!

É uma luta assustadora, com as palavras mais duras e o tratamento do silêncio de minha mãe de alguma forma unidos em conjunto. Mas é também uma luta importante.

Mantenho minha posição. Não aceito mais que minta para mim.

– Eu só queria ver você em casa sozinho – diz minha mãe.
– Queria ver você morrendo de fome.
– Tenho 53 dólares – retruco.

E, assim, meu pai, meu parceiro neste crime particular, me leva ao terminal rodoviário com meus dois sacos de lixo cheios de roupas e livros. Ele me dá dois beijinhos. Olha-me nos olhos e diz:

– Bud' zdorov, synok – Fique bem, filhinho.

E então ele dá uma piscadela maliciosa, mas respeitosa. Ele sabe que triunfei sobre ela.

Mas o que eu fiz? O cenário se move diante de mim, as pontes e bosques da Nova Inglaterra dão lugar ao sanduíche de queijo quente de um verão nova-iorquino. Estou sozinho no Peter Pan, cercado por adultos norte-americanos e seus Walkmans. Sozinho, mas o que mais? Emancipado, liberado, tonto, com 53 dólares de mesada para me sustentar por uma semana e meia.

No terminal Port Authority, passo pela catraca do metrô com meus dois sacos de lixo. Quando chego ao leste do Queens, duas horas e muitos trens de metrô mais tarde, um dos sacos se rasga. (Nossa família não é do tipo que usa os Hefty nem outras bolsas de classe A.) Tento amarrar o buraco no saco com as mãos, mas é preciso muita habilidade para se fazer isso, e na verdade, não se pode negar, sou um filhinho da mamãe, incapaz de executar as mais básicas tarefas. Tiro algumas peças de roupa do saco de lixo rasgado e as visto em camadas, amarrando várias camisetas em volta do pescoço. Sem querer gastar mais uma passagem, caminho o último trecho até nosso prédio, suando por cerca de oito quilômetros no calor do início do verão, sob muitas camadas de roupas, arrastando um saco e meio de lixo.

Corro até o supermercado Waldbaum e invisto quarenta dólares em congelados Swanson Hungry-Man, meia dúzia de sacos grandes de Doritos, que minha família nunca come (meus pais chamam o salgado de *rvota* ou "vômito") e várias garrafinhas de Coca-Cola. Não há nenhum McDonald's por perto, e não quero tentar a sorte no Burger King, onde acredito que o hambúrguer básico seja mais caro e falsificado.

De volta em casa, fico só de cueca e ligo a TV durante 240 horas. *Mamãe, o que eu te fiz?* Grito quando os noticiários matutinos transformam-se em noticiários noturnos, e uma série engraçada sobre uma órfã criativa chamada Punky Brewster ocupa parte do tempo entre um e outro. *Como pude fugir de você assim? Estou realmente melhor agora do que essa Punky sem mãe?* Meu pai liga de Cape Cod para ver como estou.

– Posso falar com mamãe? – pergunto.

– Ela não quer falar com você.

E sei o que vai acontecer quando ela voltar: passará pelo menos um mês em silêncio, bufará baixinho sempre que me vir e, às vezes, até espanará o ar em sua frente, dando a entender que eu não sou mais bem-vindo a compartilhar com ela a atmosfera da Terra.

Mas um dia, passado algum tempo durante minha fuga de dez dias, sozinho com minhas revistas de ficção científica e meus Doritos proibidos, a bunda doendo de tanto ficar sentado no sofá velho, os olhos vermelhos de tanto assistir à televisão, a mente dormente pelos programas assistidos, meus 53 dólares reduzidos a um punhado de moedas de 25 centavos, penso com meus botões: Até que não é tão ruim assim.

Na verdade, é até meio que bacana.

Na verdade, é até meio que perfeito.

Talvez este seja quem eu realmente sou.

Não exatamente um solitário.

Mas alguém que consegue estar sozinho.

14.
JONATHAN

*Prisioneiros de Sião: Gary e Jonathan
enfrentam mais um dia de escola hebraica.*

DE VOLTA À SSSQ, todo ano mostram desovas de cadáveres e carnificinas. Auschwitz-Birkenau e Treblinka. Assistimos a projeções de filmes no ginásio, onde somos cercados por uma fortaleza formada por pilhas de livros de oração, a bandeira americana em um lado do palco, a bandeira de Israel no outro, e entre elas o massacre dos nossos inocentes. Enquanto assisto aos fornos serem abertos e os esqueletos se desintegrando, sinto raiva dos alemães e também dos árabes, que são a mesma coisa que os nazistas, assassinos de judeus, malditos assassinos, que tomaram nossa terra ou algo assim, eu os odeio.

Então, as outras imagens que nos perturbam: crianças, *crianças brancas como nós*, estão enfiando agulhas de maconha no braço. Estão fumando cigarros de heroína. A Primeira-dama Nancy Reagan, de pé ao lado do ator Clint Eastwood, um fundo preto e sombrio atrás deles, nos diz:

— A diversão *pode* matar. Os traficantes de drogas precisam saber que nós os queremos fora de nossas escolas, bairros e de nossa vida. Digam não às drogas. E digam sim à vida.

As crianças da Escola Solomon Schechter do Queens morrem de medo dos nazistas e das drogas. Se o *Jewish Week* publicasse um artigo revelando que Goebbels tinha passado entorpecentes para Hitler lá no Ninho da Águia, o mundo finalmente faria sentido. Mas, por enquanto, o triste fato é que alguns de nós não vamos dar continuidade à educação judaica. Faremos o ensino médio em escolas públicas onde encontraremos gentios, e os gentios são muito "chegados" às drogas. E como conseguiremos resistir à pressão dos colegas quando essas drogas emocionantes pintarem na nossa frente? Clint Eastwood, zombando: "O que eu faria se alguém me oferecesse essas drogas? Eu os mandaria se catar."

Eu me imagino passando pelos armários do Colégio Cardozo em Bayside, Queens, a escola pública de boa conduta a que estou destinado. Um garoto se aproxima. Tem um visual tipicamente americano, mas há algo errado em seus olhos.

— Fala, Gnu! — ele me cumprimenta. — Quer essas drogas aqui?

E então dou-lhe um soco na cara e grito:

— Vá se catar! Vá se catar, seu escroto nazista OLP!

E há uma menina judia na qual estão tentando espetar suas agulhas, e eu corro até ela, balançando os punhos e gritando:

— Vá se catar! Se afaste dela e vá se catar!

Ela então cai em meus braços e eu beijo suas marcas de agulha, e digo:

— Vai ficar tudo bem, Rivka. Eu te amo. Talvez eles não tenham lhe dado a AIDS.

O outro holocausto que nos mata de medo é o nuclear. O telefilme da ABCTV de 1983, *The Day After – O dia seguinte*, nos mostrou o que poderia acontecer com as pessoas de bem lá de Kansas City, Missouri, e Lawrence, Kansas, caso os soviéticos os vaporizassem com dispositivos termonucleares. Depois, há a versão da BBC, *Threads*, passado na PBS, amplamente reconhecido como mais realista: bebês e garrafas de leite são instantaneamente transformados em cinzas, gatos se asfixiam, os sobreviventes são abandonados e comem carneiro radioativo cru. ("Será que faz mal?" "Essa pelagem grossa deve ter protegido o bicho.") Gravo na memória os últimos momentos antes da bomba atingir Yorkshire, uma troca entre dois burocratas mal preparados, e canto para mim mesmo no meio do zumbido esclerosado presente na aula de Talmud:
– Aviso de ataque vermelho!
– Aviso de ataque? É pra valer?
– Aviso de ataque é pra valer mesmo!
E, então, no tom convincente de um locutor da BBC:
– A primeira poeira baixa sobre Sheffield. Faz 1:25 desde o ataque. Este nível de ofensiva quebrou a maioria das janelas na Grã-Bretanha. Muitos prédios ficaram sem telhado. Parte da poeira letal penetra em tudo. Nesses estágios iniciais, os sintomas da doença de radiação e os sintomas de pânico são idênticos.
Sim, são idênticos. Estou quase cagando nas calças. O problema com *Threads*, rodado nas desbotadas cores industrializadas de sua locação, é que muitas vezes é difícil distinguir a cidade de Sheffield antes de ser atingida pela bomba de Sheffield após a devastação. O carneiro radioativo cru de fato parece um avanço,

comparado às ervilhas sem casca servidas em um jantar em família nas sequências iniciais do filme; pelo menos o animal não foi fervido até a morte. *The Day After*, por outro lado, atenua a devastação. O mundo se desfaz com um brilho muito mais intenso; como poderia ser diferente com Steve Guttenberg (Deus, lá está ele de novo), fazendo um dos personagens principais irradiados? Mas tem uma coisa em *The Day After* que eu adoro: as cenas dos nativos de Missouri e Kansas, pessoas que dão um duro danado para sobreviver, divertindo-se com seu estilo de vida do tipo "família com caminhonete" antes do ataque. As crianças cruzam muitos hectares de gramados com suas bicicletas, os adultos jogam ferraduras sem se preocupar com pagamento de hipoteca, na Junta Comercial da Cidade de Kansas, os preços da soja estão em alta, e no Memorial General Hospital Dr. Jason Robards providencia um sorvete no sabor preferido do paciente. Baunilha. Tudo o que já se ouviu falar sobre o custo de vida em Atlanta, Georgia, parece *duplamente* verdadeiro neste lugar. Aqui, a renda dos meus pais, caso eles não acabem em um *razvod* – cerca de $42.459.34 em dólares de 1983 –, garantiria o status de família de classé média alta. Então, passados cinquenta minutos de filme, quando os enormes pinheiros são arrancados pela explosão nuclear e o flash atômico reduz uma cerimônia de casamento a vários esqueletos, sente-se de fato que aquelas pessoas perderam algo especial.

The Day After, com todas as suas peculiaridades, é a própria infância no início dos anos 1980. Dele extraímos nosso vocabulário. Pershing II. SAC Airborne Command. Aviso de Lançamento. "Aqui é o Sistema de Transmissão de Emergência". "Senhor, precisamos de acesso às chaves e documentos de autenticação." "Em grande número. Repito, em grande número." "Quero confirmar, isso é um exercício? Câmbio. Positivo. Isto *não é* um exercício."

"Temos um ataque maciço contra os EUA neste momento. Vários mísseis balísticos intercontinentais. Mais de trezentos mísseis a caminho." "Segue mensagem. Alpha. Sete. Oito. Novembro. Foxtrote. Um. Cinco. Dois. Dois." "Recebemos do presidente ordem de execução." "Estejam a postos. Código de desbloqueio inserido." "Querida, vamos ter de nos acostumar com uma vida muito diferente. O que importa é que estamos vivos. E juntos." "Os eventos catastróficos que você acaba de testemunhar são, com toda probabilidade, menos graves do que a destruição que ocorreria de fato caso ocorresse um ataque nuclear total contra os Estados Unidos." Quando fecho os olhos, quase posso *sentir* a estranha quietude enquanto Steve Guttenberg cruza uma estrada rural do Kansas minutos antes dos mísseis soviéticos atingirem o alvo. Os balanços das crianças estão vazios. Um corvo se agita sobre o enorme campo de trigo do estado.

    Meus pais comprarão um televisor Sony Trinitron de 27 polegadas na cor salmão, com um controle remoto elegante que dizimará o Space Command da Zenith, bem a tempo de Peter Jennings nos dizer que o ônibus espacial *Challenger* caiu no oceano, mas quando *The Day After* estreia temos apenas uma tevezinha de nove polegadas que catamos do lixo e que revelamos para ocasiões especiais. Então faço a assinatura da revista *TV Guide* para ficar mais por dentro dos programas importantes. Eles não me deixam ver televisão, mas posso ler a *TV Guide*, que consideramos a versão norte-americana da literatura. *The Day After*, obviamente, é acompanhado por muitos artigos na *Guide*, e guardo esse número por muitos anos, às vezes olhando para a foto na capa: um homem protegendo um menino de uma nuvem cogumelo, o Lightman no meu armário espiando por cima do meu ombro, tão hipnotizado pelo horror que ele está, na verdade, acariciando-me a orelha ferida. O menino perderá a visão devido à explosão, e a ideia de se estar vivo sem visão no mundo pós-holocausto nuclear é devastadora para mim. A ordem do dia para quando os soviéticos atacarem – e conheço esses pilantras mentirosos, e sei que *vão* atacar – é pegar logo um bom par de óculos de sol na loja de departamento Stern's no Douglaston Mall.

⌒

– Quando as bombas caírem, vou levar minhas crianças para fora, para que possamos morrer juntos instantaneamente – diz sra. A, professora de estudos sociais e assuntos do gênero. Quando ela diz isso, sinto o verdadeiro horror de uma guerra nuclear, pois a sra. A é muitíssimo atraente, com seu corpo esguio e enorme cabeleira crespa asquenaze, e suas duas filhas, que estão em séries mais baixas na SSSQ, também não ficam para trás. Todas as crianças descoladas e suas mães na SSSQ parecem conhecer a sra. A intimamente. Sra. A, muitas vezes, interrompe um monólogo sobre a Crise do Canal de Suez para dizer a seu aluno preferido:
– Chava, lembra quando...
Além disso, ela adora nos dizer que a filha é uma bailarina talentosíssima e que tocou no Lincoln Center quando tinha apenas 8 meses ou algo do tipo. Este amor de criança acaba comigo. Uma vez meu pai compareceu a uma reunião de pais e mestres, onde um dos professores lhe informou que "Gary é muito inteligente. Ouvimos dizer que ele lê Dostoievski no original".
– Ah, coisa nenhuma – contesta papai. – Só Tchekhov.
Assim, depois de *The Day After*, fico repetindo o que sra. A disse sobre levar as filhas para se encontrarem com a nuvem cogumelo. Como poderiam os soviéticos matar a sra. A e sua filha bailarina? O que a telecelebridade judia Abba Eban diria sobre isso? Antes de ouvir esse anúncio da sra. A, eu não era totalmente

contra a guerra nuclear. Minha pesquisa indicava que dois dos mísseis soviéticos seriam apontados para os aeroportos JFK e La-Guardia no Queens. A SSSQ é geograficamente equidistante dos dois aeroportos, e a pesada estrutura modernista, toda em vidro, da escola provavelmente sucumbiria e se estilhaçaria com as explosões iniciais, queimando os livros de oração Siddur como uma pilha de panquecas azuis, e a subsequente exposição à radiação certamente mataria todos com exceção do rotundo, autoisolado rabino Sofer.

Até aí tudo bem.

Enquanto isso, Little Neck não se encontra ao lado de quaisquer alvos óbvios, o mais próximo seria o Brookhaven National Laboratory, no distante condado de Suffolk, onde meu pai logo estará dando um duro danado, trabalhando em um componente do novo programa de defesa antimísseis "Guerra nas Estrelas", de Ronald Reagan, e, além disso, o complexo de prédios Deepdale Gardens é construído de tijolos milenares capazes de resistir a uma explosão de calor até 600 graus Celsius, pelos meus cálculos. Só preciso mesmo é ter à mão os meus óculos de sol e me abrigar da radiação por algumas semanas. Depois emergirei para um mundo sem escola hebraica. Neste mundo, sem mais o meu sotaque russo e com as habilidades matemáticas superiores que aprendi nos livros soviéticos de meu pai, ajudarei a iniciar uma nova civilização republicana junto com meu novo melhor amigo americano, Jonathan.

Isso mesmo. Eu tenho um melhor amigo.

⌒

Sra. A é responsável por uma coisa chamada "Programa Piloto", elaborado para as crianças mais inteligentes da SSSQ, um número que pode caber em torno de uma pequena mesa de jantar. Durante um tempo escolar inteiro, nós, os gênios, somos separados da debilidade habitual do resto da escola e somos enviados para a sala de professores, onde há uma geladeira cheia de deploráveis sanduíches de professores e uma nuvem de fumaça de cigarro para nos fazer sentir bem adultos. É muito difícil entender qual o objetivo do "Programa Piloto" da sra. A. É seguro dizer-se que não será neste projeto que se realizará o sonho do meu pai de uma carga pesada de exercícios de física teórica e matemática avançada. As atividades incluem a confecção de balas de caramelo no molde de ET: O extraterrestre e a discussão a respeito do telefilme *Something About Amelia*, em que Ted Danson tem relações sexuais com a própria filha. A sra. A é muito boa de papo, uma habilidade nata, e tem no Programa Piloto a chance de exercitar a livre associação enquanto cozinha. Quando alguém menciona *Tubarão*, o filme do Steven Spielberg, sra. A conta uma história fascinante sobre um soldado israelense capturado em uma explosão durante a Guerra do Yom Kippur, deixado com nada além de três buracos na face. Cautelosamente comemos nossos caramelos de ET.

Há cinco meninos marginalizados na SSSQ. Jerry Himmelstein, cuja vitimização mereceria um especial de fim de curso, vai se transferir desse nosso inferno imbecil na sexta série. Tem o Sammy (não é o nome verdadeiro), um menino triste, magro e hiperativo que gosta de saltar sobre nós gritando "URSH! UUUUURSH" – uma espécie de profundo grito primal, que não há como se traduzir nem para o hebraico nem para o inglês. Tem o David, o Todo-Poderoso Caesar Khan, governador das terras imperiais de David, o principal inimigo e, às vezes, aliado do meu mítico Sacro

Império Gnu. David é o filho inteligente de um rabino que pega uma pequena espaçonave no meio da aula e fica brincando com ela, passando-a na frente do próprio rosto sardento, enquanto emite uns sons esquisitos, tipo: "Noooooo... Mmm... Woooo...", bem semelhante às atividades de aviação que gosto de fazer com a minha caneta. O próximo da lista sou eu. E, por último, o Jonathan.

A personalidade de Jonathan não foi reduzida ao nível onde ele tenha que se chamar Gary Gnu III ou o Todo-Poderoso Caesar Khan, mas claramente ele também não nasceu para estudar na SSSQ. Seus pais são gentis e atraentes, sua irmã é adorável, eles têm o collie dos meus sonhos; e esta família, que para mim é perfeita, mora em uma casa espaçosa que parece um castelo, no estilo Tudor, bem semelhante àquela que dr. Jason Robards e sua bela esposa idosa desfrutavam antes de serem vaporizados em *The Day After*. Jonathan é baixo como eu, e sua boa aparência se encontra parcialmente escondida por uma camada de gordura de bebê. No jogo de queimado, quando um israelense arremessa a bola para ele com toda a fúria de Canaã contida, Jonathan é atingido e cai no chão segurando o cotovelo, igualzinho a mim. Outro ponto contra ele é que seu pai e sua mãe são muito tímidos para participar da rede *shtetl* dos pais da SSSQ, uma rede que se espelha às amizades dos próprios filhos. Meus próprios pais ("*Ver* é o banheiro masculino?"), é claro, definitivamente não se encaixam em nenhum círculo.

Por fim, Jonathan é inteligente. Brilhante. E tal qual o velho estereótipo dos judeus, enquanto o Povo do Livro morre lenta e tranquilamente todos os dias ao nosso redor, Jonathan e eu também estamos entediados pra cacete. E agora que meu sotaque desapareceu e meu inglês está bom e posso conversar a uma velocidade de um quilômetro por minuto, nós nos tornamos amigos e mandamos todo o resto para o inferno.

Sábado é na casa dele; domingo é na minha. Ou vice-versa. No Jamaica Estates Tudor, com sua sala especial para o computador, ou em meu apartamento em Deepdale Gardens com seu traiçoeiro tapete felpudo vermelho. Ou o computador Apple // e dele ou o meu novo Commodore 64 com jogos armazenados em fitas cassetes (43 minutos para carregar um jogo). E, quando chega a hora de interrompermos a diversão do dia, voltamos para casa (quando estou na casa dele, volto para a minha no Tredia-S de papai ou, quando é o contrário, ele volta para casa na caminhonete AMC do pai dele). Logo que chegamos, corremos para nossos telefones de teclas e ligamos um para o outro, para trabalharmos nas dicas do Guia do Mochileiro da Galáxia ou Zork II da Infocom Software, os novos jogos eletrônicos do estilo "ficção interativa" para nerds que não apenas dominam nossa vida, mas que *são* nossa vida, e estamos convencidos de que existem problemas no mundo que podem realmente ser resolvidos.

Quando volto para casa no carro do pai de Jonathan, eu me sinto mais seguro do que nunca. Um dia quero ter um filho ou uma filha que eu possa levar para casa em um carro robusto como este AMC. Meu pai só recentemente começou a dirigir, e seu carro é conhecido por virar uma mediana e cair em uma vala, mas o pai de Jonathan é claramente um motorista nato. Ele me faz perguntas sobre a escola e nós rimos sobre alguns dos aspectos mais malucos da SSSQ: o Programa Piloto e o quão fácil é o dever de casa e se Jonathan e eu deveríamos ir para Harvard ou Yale quando crescermos (Jonathan acabará estudando em Yale, eu nem tanto). Quando chego em casa com ele, a fisionomia de meus pais muda de carranca à doce simpatia, como se a americanidade fosse contagiosa de alguma forma. Em outra década, vou descobrir que, enquanto os meus pais lentamente melhoram de vida, os negócios do pai de Jonathan – uma empresa que instala portas em toda a cidade – estão passando por grandes dificuldades, a tal ponto que ele chega a pagar parte das mensalidades na SSSQ com sua mão de obra, fazendo consertos. Mais tarde, o câncer vai tirar-lhe a vida. Jamais me ocorreu que este homem amável, esta família perfeita, estava passando por algo mais doloroso do que a minha própria família. Passo a maioria dos dias tão distraído com a cabeça no rabo da minha família que chego a sentir o gosto do *borscht* de ontem. E isso não deixa muito espaço para sentir empatia pelos outros, especialmente por americanos que, segundo a Sony Trinitron, "têm tudo". Às vezes, tonto de jogar Zork por três horas consecutivas, fecho a porta do banheiro cavernoso de Jonathan, deito-me sobre o tapete macio cheio de pelos do collie e inspiro todo o perfume floral do aromatizante que até hoje eu associo à ideia de lar. O que me dá vontade de chorar é que o Jamaica Estates fica muito próximo ao aeroporto JFK, e, quando os soviéticos atacarem, minha nova família vai virar pó na hora.

    Meu pai também é como um segundo pai para Jonathan. Aqui está este homem forte, viril ao extremo, que nos leva para pescar em um cais perto do subúrbio rico de Great Neck. As docas são claramente destinadas apenas aos residentes de Great Neck, mas meu pai encontrou um buraco em uma cerca de arame, e nós três a cruzamos ilegalmente para pescar no cais dos ricaços.

    – *Prokhod dlya oslov!* – papai declara com orgulho. – Gary, traduza.

    – É a passagem para burros – explico para Jonathan.

    Às vezes invadimos o cais da Academia da Marinha Mercante dos EUA em Kings Point e pescamos muito entre os cascos dos navios de treinamento militar. Adoro a gentileza de meu pai com Jonathan, embora sinta também um pouco de ciúme. Sinto orgulho de ter um pai que consegue infiltrar-se em território inimigo e afanar robalo com apenas alguns puxões na sua vara de pesca, mas queria muito que ele fosse assim o tempo todo – seu inglês errado, mas paciente, afetuoso, instrutivo.

– *Ali* naquela área só com muita sorte e *ali* tem mais linguado... *Pessoal*, não puxem o *peixe* tão depressa! Esperem até que ele seja fisgado no anzol, OK?

Pessoal. Somos "*pessoal*" para meu pai. Ocorre-me que, se tivéssemos falado inglês em vez de russo em casa, meu pai teria perdido um pouco da crueldade natural que acompanha nossa língua materna. *Ah, seu melequento. Ah, seu fracote*. Porque tudo o que quero fazer agora é falar com papai e mamãe no inglês de Jonathan. Que também passa a ser meu.

Mas é tarde demais para isso.

⌒

A sexualidade está amadurecendo à nossa volta assustadoramente. Jamais posso contar a Jonathan sobre Natasha, minha paixão russa de verão, pois falar de meninas vai nos lembrar de nossa condição *dalit* e destruir o mundo pixelizado que criamos ao nosso redor. Em um lindo dia de outono, os pais de um dos mais ricos garotos da SSSQ alugam o terraço do World Trade Center para o seu Bar Mitzvah, com direito a um cravista dedilhando uma versão clássica de "Hava Nagila" no saguão a céu aberto, caviar sevruga abundante, homens uniformizados com o nome do menino na lapela, a postos no banheiro, e uma série de ônibus para nos transportar do Queens para os monstruosos arranha-céus gêmeos.

No caminho de volta ao Queens nos ônibus alugados, dois dos garotos mais avançados se aglomeram em torno da menina que desenvolveu mais seios e se masturbam, o que a faz gargalhar estridentemente. A notícia chega à nossa fileira da frente, deixando do Jonathan e a mim devidamente chocados. Isso nunca acontece em nossos jogos de computador. Vimos Brooke Shields de maiô na revista *People* e tentamos juntar dois videocassetes Panasonic para copiar a versão para maiores de 18 anos do filme de John Boorman, *Excalibur*, repleto de nudez frontal e dorsal (nunca funcionou com a gente). Mas a ideia de que dois rapazes, um deles nem mesmo israelense, botariam os *zains* para fora, na parte de trás de um luxuoso ônibus alugado, e gozariam sobre uma garota está muito além do nosso senso de realidade. Na hora de dormir, enquanto eu me dobro em meu edredom vermelho soviético seguro, papai às vezes faz uma aparição no meu quarto com palavras de incentivo:

– Você está se puxando? Olha lá, não vai puxar com força hein. Ele vai cair.

E então, bem tarde da noite, a dra. Ruth Westheimer irá sussurrar em meus fones de ouvido a diferença entre o orgasmo clitoriano e o vaginal, mas estas são apenas palavras reservadas para uma outra vida, talvez para depois da faculdade de direito. Devo me puxar como aqueles meninos? Isso deixará meus pais e professores felizes? São muitas coisas a se pensar. Prefiro jogar Zork com meu amigo do peito, Jonathan.

```
ZORK I: O Grande Império Subterrâneo
Copyright(c) 1981, 1982, 1983 Infocom, Inc. Todos os
direitos reservados.
ZORK é uma marca registrada da Infocom, Inc.
Revisão 88 / Número de série 840726
Oeste da Casa.
Você está em pé em um campo aberto a oeste de uma casa
branca, com uma porta frontal selada com tábuas.
Há uma pequena caixa de correio aqui.
>
```

Na penumbra da sala de computador de Jonathan, suas duas unidades de disquete de 5,25 polegadas da Apple estão rodando com expectativa. O > representa a chamada linha de status, na qual o jogador digita as instruções. Por exemplo:

> W

significaria que o jogador quer ir para o oeste ou

> Abrir caixa de correio

seria um outro comando óbvio. E assim, sem a intromissão dos gráficos ou sons encontrados em outros jogos, Jonathan e eu viajamos para o Grande Império Subterrâneo, terra de masmorras e tesouros, trolls, grues e espadas élficas, e a temida Barragem de Contenção de Inundações # 3. Depois de horas de >, damos uma pausa e cambaleando, voltamos ao mundo iluminado da Union Turnpike, ao Hapisgah (o Peak), que é um restaurante de kebab kosher onde as garçonetes israelenses nos ignoram tão alegremente como nossas próprias donzelas na SSSQ enquanto amontoam alguns dos kebabs mais suculentos do Queens por uma precinho bem camarada. É assim que levo minha nova Vida com um Amigo Americano: Union Turnpike, bandeja de kebab, homus e salada israelense, videolocadora, *A história do mundo Parte 1* de Mel Brooks, uma comédia política de Mark Russell na PBS ("Leia meus lábios, nada de impostos novos, leia meus lábios, eles vão aumentar os antigos!"), e o manejo de nossa coletiva Espada Élfica Da Grande Antiguidade contra grandes e pequenos inimigos.

Na escola, o que mais fazemos é basicamente manejar nossa espada élfica, também. Somos inseparáveis. Claro, há a minha per-

sonalidade descomunal de Gary Gnu III, e às vezes tenho que representar em público, tenho de fazer a turma rir. Quando me escalam para fazer o papel de Júlio César em uma peça da escola, saio fazendo a saudação romana, que é, infelizmente, idêntica à saudação nazista.
— Ave César! — grito enquanto corro em volta da escola hebraica com o braço estendido.
A sra. A me olha com nojo.
— Sem graça! — repreende. — Você acha tudo engraçado, mas não é assim não. Nem tudo é uma piada.
E sinto-me como se esta mulher, que eu tanto queria que me amasse, tivesse dado um soco bem duro em minha persona Gnu. Mal consigo respirar quando digo:
— É a saudação romana, sra. A. Morei na Itália uma vez.
Mas a sra. A já me deixou de lado e está falando mais uma vez da excelência e do virtuosismo do balé da filha, dizendo que ela e a família de seu aluno preferido devem se reunir em breve nos "Berkshires", sejam lá quem forem.
Há um professor de história que eu e Jonathan adoramos: sr. Korn. Sr. Korn tem três deficiências: (1) gagueja terrivelmente ("E-e-esc-c-c-când-d-d-alo ttt-tea-p-p-pot D-d-d-dome..."), (2) tem os dentes amarelos e quebrados e (3) possui um total de três camisas xadrez, cada uma quase tão soviética quanto a minha. Sr. Korn realmente *quer* que aprendamos algo além da ordem de nascimento dos filhos de Jacó. Sua frase preferida, a que ele profere sem gaguejar, é "parem e pensem nisso". O que é pedir demais de uma turma de trogloditas gritando a plenos pulmões sobre seus *zains* e sobre os negócios de importação e exportação dos pais. Comporto-me como um idiota na aula do sr. Korn, mas eu paro e penso sobre o que ele tem a dizer. Sobre o fato de que a América não é apenas um lugar para a extração de capital, mas uma massa

de terra construída em parte à custa das mazelas dos outros, que meu futuro não tem de ser uma mera marcha imigrante triunfal das ruas de Queens ao Best Little Tudor em Scarsdale.

Para recompensar o sr. Korn por me dar uma educação, eu o atormento ainda mais. Seu primeiro nome é Robert, então eu grito: "Ei, Bob!" sempre que chego à aula. Ou "*Sim senhorrr*, Bobert!"

No ano passado fiquei sabendo que o sr. Korn recentemente morreu de uma doença terrivelmente famosa porque, na linguagem local, "Ele gostava de teatro", e tal conhecimento meramente afirma tudo o que sei sobre a maneira como funciona o universo, a forma como a balança pende mais para os bravos e fortes em detrimento dos bons e fracos. Pare e pense sobre isso.

Quando os meus rompantes pioram, o sr. Korn me manda para a sala do diretor de estudos gerais (a metade não hebraica do currículo), outro homem relativamente humano, com o nome infeliz de sr. Dicker, o qual logo recompensaremos com um infarto.

– Como você acha que pode melhorar seu comportamento? – sr. Dicker indaga.

Estico o braço.

– É uma saudação romana e não uma saudação nazista, certo?

– Sim – respondo. – Eu sou Júlio César. Ave César!

Volto para a sala onde sr. Korn revê nossas redações absurdas sobre os altos e mais altos da história americana. Inclino-me sobre a mesa e sinto seu hálito de cigarro misturado ao aroma de bala de fruta e sorvete Disco Voador da Carvel de uma sala de aula da SSSQ. As crianças estão gritando ao nosso redor. Jonathan está completamente ocupado da tarefa de esboçar nosso próximo ataque pelo Grande Império Subterrâneo de Zork.

– Ei, Bob – digo.

– Ei, G-g-gnu.

– Olha, acho que pagamos muito pela Compra da Louisiana. Quinze milhões de dólares por Arkansas?
– Eu sei, Gnu.
E então sorrimos um para o outro, deixando entre nós muitos dentes quebrados e atrofiados.

Lá pela oitava série, eu e Jonathan já desistimos completamente de uma educação da Solomon Schechter. Criamos nosso próprio jogo chamado Snork II: Um Snork em Infinita Viagem. Sentamo-nos próximos um do outro na sala de aula e jogamos nossa criação o dia inteiro usando caneta e papel em vez da tela do computador, tomando um ar apenas quando o sr. Korn entra na sala gaguejando, reclamando da Ofensiva do Tet. Eu sou o escritor e Jonathan, o jogador. Sua busca absurda envolve o resgate de um carregamento de livros didáticos de espanhol da SSSQ, o *Español al Días*, erroneamente apreendido pela inteligência soviética e enterrado no fundo de um banheiro em Leningrado. Jonathan é o aventureiro principal, mas às vezes ele também é acompanhado por Gnu, Sammy "O *Ursher*", e pelo Todo-Poderoso Khan Caesar, ou seja, por todo nosso grupo lastimável. A aventura começa no Queens, continua em Honk [sic] Kong, em seguida, a China continental ("Bem-vindos à China Comunista, lar da grande mentira deslavada!"), o Orient Express, Veneza, Alemanha, Sverdlovsk (onde Lênin, que de alguma forma nunca morreu, foi reduzido a um interrogador de aves de terceira categoria), e até Leningrado. Uma série de mensagens gravadas que se autodestroem, à la *Missão: Impossível*, direciona Jonathan para a frente enquanto eu forneço a narrativa repleta de erros ortográficos e ele escreve comandos na linha de status (>).

```
página 120
Embankment (Leningrado)
P.S. Esta mensagem se autodestruirá em 30 horas.
> Livre-se do gravador.
Deseja deixar o gravador para trás?
> Sim.
Tem sertesa?
> Sim.
Abssoluta?
> Sim.
Sertesa abssoluta?
> Sim.
Eu não consigo te ouvir!
> Sim.
OK, você deixa o equipamento pra trás, ele explode 30
segundos depois, e mata 60 pessoas. Feliz?
> Sim.
Eu não.
> Vá para a festa.
Gnu leva você para Tipanovskaya Street...
Coincidentemente Gnu morou lá. Você vê uma festa
dentro da casa, um guarda está protegendo a entrada.
```

E assim ficamos, por centenas de páginas densamente rabiscadas, com tiradas de uma linha, nos moldes de Mel Brooks ou talvez dos Irmãos Marx. "Vocês são inimigos do Estado. Nós não estamos sertos de que Estado, mas, provavelmente, é algum pouco povoado, como Wyoming." Comentários sobre "camisina", "vibradores" e "outros dispositivos exóticos", e ocasionais sugestões de romance, influenciadas, suponho, pela nossa recente leitura nerd de *Um conto de duas cidades*: "Ela é linda, delicada e vitoriana, o que mais você quer?"

Mas há algo que desejo mais do que a divina Lucie Manette de Dickens: levar o Jonathan em uma aventura pela minha infância, razão pela qual Um Snork em Infinita Viagem só pode retornar a um lugar: a Leningrado, à rua Tipanov. Em casa, eu e meus pais, muito desconfiados, vemos o novo líder reformista soviético Gorbachev na televisão. Será mesmo que esse homem de rosto redondo e sorridente e uma mancha de vinho gigante na testa vai dar um fim a todo esse absurdo soviético? "Confie, mas verifique", como o nosso herói Ronald Reagan gosta de dizer. E raramente falo sobre vovó Galya, a quem deixamos para trás, pois sei que qualquer coisa relacionada a *rodstvenniki* só pode trazer problemas. Já estou esquecendo da fisionomia dela, estou esquecendo do sabor dos sanduíches de queijo que pagaram o meu primeiro romance e estou esquecendo que devo amá-la, mesmo que ela não esteja aqui.

Talvez seja por isso que estou levando Jonathan de volta a Leningrado. Estou dizendo a Jonathan algo que nunca posso dizer para as crianças da SSSQ. Que eu não sou nenhum tipo de antílope Gary Gnu ou alguma merda do tipo que está lá para agir feito louco para diverti-las. Que certamente sou um garoto russo, de linhagem judaica, sim, mas um menino russo da Rússia, com a metade da vida passada naquele país.

E Jonathan, por ser um amigo de verdade, vai lá comigo.
Coincidentemente Gnu morou lá.

Meu pai para de me bater. Talvez seja porque estou um pouco mais alto agora, meu cabelo preto, todo desgrenhado e suado, agora pende apenas a alguns centímetros abaixo dos lábios grossos dele. Talvez ele esteja absorvendo lentamente a vida americana, a família de Jonathan. A última vez que "levo uma no pescoço", eu já ocupo, para minha avó Polya, a posição de *grubiyan* ("grosseirão"). Acho que devo ter sido rude com ela, recusando-me a deixá-la segurar minha mão para atravessar as ruas violentas de Forest Hills (estou com quase 15 anos) e deixando de apreciar suas refeições de oito pratos, agora que cada mordida de uma barra de Klondike vai direto para minhas tetas. Mas também percebo o declínio da minha avó. A cada ano suas faculdades mentais estão murchando, e as drogas norte-americanas não estão ajudando. Em breve ela terá o primeiro de uma série de acidentes vasculares cerebrais, reduzindo-a a uma cadeira de rodas, com um lado do corpo paralisado. Mesmo antes disso acontecer, eu já tenho vontade de me afastar dela. *Não posso* permitir que a mulher que me ama tanto morra lentamente diante de mim. Tenho de desviar o olhar.

 E então meu pai me dá outro no pescoço. Tudo bem. Ótimo. Retiro-me para meu quarto em silêncio. Gasto cada centavo que ganho realizando tarefas domésticas em artigos para decorar meu quarto, tentando torná-lo parecido com o escritório de J. R. Ewing, o vilão da série *Dallas*. Felizmente, o quarto já tem os painéis de madeira adequados, e para aumentar mais o clima instalei um computador desktop, um telefone da Panasonic com tela de LCD muito chique e uma cadeira luxuosa que peguei no lixo. Tudo de que preciso é a miniatura dourada da torre de perfuração de petróleo para completar o visual. Mas, mesmo sem a torre, sempre que me sinto triste eu me tranco no meu "escritório", pego o telefone caro e, com o que acho ser um sotaque texano, grito para o receptor:

 – Oi, querida! Segura firme, OK?

Depois de me dar no pescoço, meu pai entra no meu quarto, e eu preparo o pescoço para outro.

– Vamos dar um passeio – ele diz.

Ele parece triste. Dou um suspiro e arrasto para o lado a pilha de histórias cuidadosamente datilografadas que estou prestes a enviar para a *Revista de ficção científica de Isaac Asimov*, que as rejeitará.

Andamos pelo viçoso condomínio Deepdale Gardens, passando por todos os lugares onde meu pai me entreteve com seus contos do *Planeta dos Yids* e onde ele me deu os *podzhopniks*, os pequenos chutes laterais na bunda. Mas esses chutes simbolizam alegria e nosso engraçado vínculo entre pai e filho. Hoje, papai está sério, e meu pescoço, tenso. Ele não tem pressa para dizer o que tem para dizer e, geralmente, as palavras só saem de sua boca em rajadas violentas de raiva, ou alegria, ou filosofia. Estamos passando pelas antenas tão altas quanto arranha-céus, com forma de inseto, responsáveis pelo controle do tráfego aéreo no final da rua, com sua temível sinalização: AVISO! ESTE LOCAL É USADO PELA FAA NO CONTROLE DE TRÁFEGO. PERDA DE VIDAS HUMANAS PODE RESULTAR DA INTERRUPÇÃO DO SERVIÇO. QUEM INTERFERIR NO CONTROLE DE TRÁFEGO AÉREO... SERÁ PROCESSADO SOB LEI FEDERAL.

Não quero ser processado sob lei federal nem familiar. Ou talvez eu queira.

– Ouça – diz papai. – Eu não deveria ter batido em você. Você foi rude com sua avó, mas eu não deveria ter batido em você. Eu me comportei mal.

Esfrego o pescoço e dou de ombros.

– Está tudo bem – respondo. Mas o que eu quero dizer é: *Você não quer isso? Não quer continuar me batendo? Não me ama mais? Ou eu sou tão ruim que nem um tapa no pescoço adianta mais?*

Você não se comportou mal, papai. Só *eu* posso me comportar mal. Eu sou o filho. Você é o pai. Como você pode dizer uma coisa tão horrível?

Passamos pela quadra de basquete onde bati em tantos quadros atrás das cestas e perdi tantas cestas com minha mira imprecisa, meus dedos, meus braços, meus pulmões se esforçando para agradá-lo. Falamos sobre a pesca, os carros, as chances que tenho de entrar para a Stuyvesant, a escola especializada em ciências que fica em Manhattan, onde o ensino é gratuito. Meu pai vai gritar comigo de novo. E me ameaçar. E se decepcionar comigo. Mas sem suas mãos sobre mim acaba o romance familiar. Assim como minha asma. Agora eu tenho de ser o homem. Aprender a bater, a ganhar a vida e a fazer os outros terem medo de mim. *Quantos dedos estou erguendo, Vinston?*

⌒

As crianças da Escola Solomon Schechter do Queens se reuniram no Centro Judaico Forest Hills para ouvir o meu melhor amigo, Jonathan, ainda um doce menino trajando sua beca roxa de nylon de formatura, recitar uma oração pela paz e contra a aniquilação nuclear. Em seguida, cantaremos o hino nacional de Israel e colaremos grau. Minha família também está prestes a galgar mais um degrau, mudando-se de nosso prédio baixo com jardim para uma casa de verdade, com um quintal de 12 por 18 em uma parte diferente de Little Neck, um pouco mais abastada.

Preparou-se um anuário de ensaios e fotografias. Em uma página, duas jovens judias apresentaram ensaios intitulados "MORTE", "MEDO" e "A TERRÍVEL DOR" ao lado de um desenho do Ceifador Sinistro. Enquanto os meninos são obrigados a encobrir a vida privada com tantas atividades estúpidas, essas meninas honestamente declaram ter medo da morte, medo do vazio, medo da terrível dor que precede a morte por uns bons 80,3 anos nos Estados Unidos. Quem iria imaginar que o quadro geral de tristeza e ansiedade – muito além da tristeza da adolescência, além da ansiedade de ser judeu – infectara os pequenos corredores e as lancheiras da *Mulher Biônica* arrumadinhas da Solomon Schechter?

Em outra página, há uma fotografia de um garoto israelense sorrindo enquanto me dá socos de mentirinha no rosto, apertando-me o pescoço, enquanto finjo me encolher de medo. Logo ao lado está uma foto do barbudo sr. Korn com uma camisa xadrez amarela bizarra prestes a bater-me na cabeça com um exemplar do *Times* enrolado. Minha expressão diz: *adoro este homem*.

Vinte e cinco anos mais tarde, Jonathan e eu reataremos a amizade, depois de nos afastarmos, como todos bons amigos de infância que compartilham tantas memórias traumáticas da época da escola muitas vezes precisam fazer. Voltaremos à nossa *alma mater*, um lugar desvalorizado, onde mais de um terço das crianças são agora da ex-União Soviética, a maioria Judeus Bukharan do Uzbequistão, que se instalaram neste trecho do Queens. Sra. A ainda está lá, com uma aparência extraordinariamente jovem e cheia de vitalidade. Ela se lembra de Jonathan e, em particular, de sua linda mãe, mas não se recorda de mim.

– Você é escritor? – indaga. – Faz alguma outra coisa?

Ela se despede, encarregando-nos da missão de divulgar a qualidade da educação na Solomon Schechter.

– Provem para o mundo que nossos alunos não são assassinos!

Compareço ao vigésimo quinto reencontro da SSSQ no Centro Judaico Forest Hills. A cena sofreu apenas pequenas mudanças. Há um monte de *machers* carecas e suas esposas radiantes, mesas inteiras falando em hebraico, os professores nos mandando fazer silêncio, um "leilão chinês" de pinturas que lembram vagamente Chagallesque, um comediante contratado fazendo piadas sobre os hispânicos e os iranianos.

– Nós lhes ensinamos o *Chumash** – grita uma mulher, uma figura de autoridade nova, mas com uma voz familiar –, mas não lhes ensinamos bons modos. Parem de falar! Eu tenho um público hostil aqui!

E quando eu olho em volta para os meus ex-colegas, ocorre-me uma ideia. *Esta é uma comunidade.* Essas pessoas se conhecem, se entendem, chegaram juntas à maioridade. Tinham vínculos de parentesco e perspectivas comuns, assim como seus pais. Assim como os pais de seus pais. As mães fazendo *rugelach* em fornos moderníssimos, os pais falando sobre a quilometragem em seus novos Lincoln, o entediante e hipnótico zumbido de cantores e rabinos nas manhãs de sábado. O que aconteceu aqui não foi culpa de ninguém. Nós, judeus soviéticos, fomos simplesmente convidados para a festa errada. E estávamos assustados demais para sair. Porque não sabíamos quem éramos. Neste livro, estou tentando dizer quem éramos.

"Querido Gnu, você é um republicano engraçado que, em poucos anos, será um democrata. Foda-se o Reagan! Que venha o Jesse [Jackson]! Aproveite os jovens magos chineses†. Com amor... Rachel W." – de uma colega de classe no livro de autógrafos da SSSQ, 1987.

---

* O Torá na forma impressa.
† Na escola especializada Stuyvesant, onde em breve eu me matricularei.

"Caro Gary, só uma pergunta: Você alguma vez chora?" – outro colega.

"P.S. Para cada fortuna feita, um crime foi cometido." – Sr. Korn.

"*Genug* ["já chega" em iídiche] de Gnu. Vire a página" – Uma preocupada professora de arte.

⌒

Em nossos jogos eletrônicos há uma série de comandos que o jogador digita na linha de status quando ele se encontra em um ambiente totalmente novo.

> Ver. Ouvir. Provar. Cheirar. Sentir.

Todos os meus livros estão embalados para nossa mudança para a nova casa com quintal. O armário com painéis de madeira está vazio. Eu o abro com a mesma ansiedade de sempre, mas o Lightman está sentado no canto, tremendo, com pequenos pontos de luz caindo de seu corpo. Agora que minha asma se foi, consigo respirar fundo enquanto o vejo desaparecer. Mas receio que não se trate aqui de uma catarse para mim. Sem metamorfose. Mesmo quando meu algoz afoga-se na escuridão ao seu redor, meus punhos estão cerrados.

– Seu filho da puta – digo no meu inglês agora perfeito. – *Seu filho da puta.*

15.
PEGUE O TREM K

A avó do autor nunca criticou a camisa chamativa que ele está usando aqui. Ele reservou seus melhores sorrisos para ela.

D URANTE OS PRIMEIROS ANOS de minha vida no Queens, Estados Unidos, não faço a menor ideia de onde fica Manhattan. Há dois ou três arranha-céus de talvez vinte andares cada, localizados onde a Union Turnpike se esmaga com o Queens Boulevard. Tenho a impressão de que *aquilo* é Manhattan.

Um dia, acabo sendo levado aos empórios de barganha de Orchard Street no Lower East Side, onde passo a maior parte do dia fuçando as caixas de vestuário feito um porquinho curioso, tirando roupas íntimas e cintos, meias e calças, uma jaqueta de inverno com um capuz feito para cobrir a cabeça de um Golias urbano, e não a de um maricas como eu. Há algo *visualmente* sujo neste lugar; em contraste com as extensões do leste do Queens, que se parecem com parques, as cores de Manhattan são uma reminiscência de um noticiário soviético – marrons trator, vermelhos-beterraba, verdes-repolho. Eu e mamãe saímos de Orchard Street e viramos em Delancey, onde o caldeirão de aço da ponte de Williamsburg domina a paisagem da cidade, deixando-me preocupado com os carros que desaparecem entre suas vastas vigas. E, em seguida, um estalo alto. Tiroteio! Agarro minha mãe pela mão e me enfio em seu casaco. Os violentos e infelizes moradores de Manhattan estão atirando em nós! Ouvimos alguns gritos de transeuntes, mas logo o terror meia-boca dá lugar ao riso e ao espanhol. O que aconteceu? Foi o cano de descarga de um carro, só isso.

Como um garoto da escola hebraica, meu sonho é um dia me mudar para o mais suburbano dos subúrbios, onde nunca terei de olhar em outro rosto desconhecido ou nenhum rosto mesmo. Eu me vejo como um republicano próspero, me virando sozinho em um quintal que se estende ao longo de um barranco, engole um lago outrora público e termina em um espinheiro feroz de arame farpado enfeitado com uma placa indicando PROPRIEDADE PRIVADA. É uma maneira apropriada de se passar a década de 1980. Jovem imigrante para a cidade: *Dane-se.*

E então passo para a escola Stuyvesant da matemática *e* das ciências na rua Quinze, entre a Primeira e a Segunda Avenidas e entre os bairros perigosos de East Village, Greenwich Village, Union Square, Times Square e o Ladies' Mile.

Setembro de 1987. Ilha de Manhattan. O carro com parentes que estão de visita cruza a Segunda Avenida, comigo e com minha mochila a tiracolo. Pelas janelas, os parentes, todos de alguma cidade americana ou canadense de segundo nível, olham apreensivos para a cidade movimentada e suja.

– Deixe-o aqui – diz minha mãe. – *Igoryochek* – Igorzinho –, você sabe atravessar a rua sozinho?

– Sei, mamãe.

Estamos preocupados que, assim como na escola hebraica, o carro mequetrefe dos nossos parentes possa criar problemas para mim com o corpo discente. Foge-nos a compreensão que mais da metade dos alunos da Stuyvesant são trabalhadores imigrantes de classe baixa a média, nada diferente de nós, que a província da China de Fujian, no estado indiano de Kerala, e o Oblast de Leningrado da Rússia encontram-se em diferentes cantos do mesmo terreno. (A escola, famosa por suas duras exigências para o ingresso, requer notas altas em uma prova de matemática que os alunos dos países mais nerds conseguem facilmente tirar.).

Eu também não entendo que estou prestes a entrar no resto da minha vida.

Nas semanas antes do início das aulas na Stuyvesant, eu me sento com minha mãe e lhe digo que preciso usar roupas melhores do que as que eu usava na Solomon Schechter. Não lhe conto sobre os oito anos que passei como sub-humano na escola hebraica, pois isso seria o mesmo que dizer algo ruim sobre os judeus, o que é traição, um crime capital. Meus pais sacrificaram tudo para me trazer aqui para ser livre e judeu, e eu levei essa lição muito a sério. Posso ter escrito o meu blasfemo Gnorah, sim, mas há um ano levei meus pais a uma caça insana contra migalhas de *chametz*, o pão fermentado, proibido durante o feriado de Páscoa, castigando-os pela falta de vigilância, quase arrancando o tapete felpudo em busca de pedaços velhos de centeio da Lituânia. Ao urinar, sei que é proibido pensar em qualquer um dos nomes de D-us, pois, se eu fizer isso, Ele vai me punir, cortará fora o que sobrou, muito embora, nos dias de hoje, na maioria das vezes, eu não aguente e acabe soltando um fluxo de *YahwehYahwehYahweh*, seguido por horas de profunda tristeza existencial.

– Mamãe, eu preciso me vestir melhor.

Em minha busca por financiamento do guarda-roupa, devo também ter mencionado a minha mãe que se vestir melhor é um pré-requisito para ser aceito em uma universidade da Ivy League. Essa mentira (mentirinha) pode ter afrouxado o fecho de sua carteira, pois entrar em uma faculdade top era a primeira, segunda, terceira e última preocupação de todos os alunos de Stuyvesant e de suas mamães, desde o dia em que a escola foi fundada em 1904, e será até o dia em que seu novo campus de frente para a orla finalmente afundar sob as ondas revoltas provocadas pelas mudanças climáticas em 2104.

E por isso a minha primeira recordação da Stuyvesant na verdade ocorre na Macy's. Eu e minha mãe estamos perambulando pelo labirinto de Midtown em busca das novas marcas badaladas: Generra, Union Bay, Aéropostale. Quero me vestir como as meninas ricas da escola hebraica se vestiam, de forma que experimento camisas e suéteres soltos, bem largos que também esconderão minhas tetas e repousarão suavemente sobre o queloide rosa que reside em meu ombro direito. Ninguém faz compras como a minha mãe. Ela consegue esticar um pequeno orçamento de tal maneira que dá para comprar uma camisa para cada dia da semana, além de calças e suéteres para cada dois dias. Saio do provador, mamãe pressiona as camisas contra o meu corpo, segura-as firmemente, para se certificar de que não me acentuem as tetas, e, quando é calça jeans, para ver se há pelo menos uma alusão a um traseiro. Até os 30 anos, quando conhecerei uma série de namoradas que me acompanharão nos provadores em toda Manhattan e Williamsburg, este é o mais próximo que chego do auxílio de uma mulher.

Quando saímos da Macy's com dois sacos quase hermeticamente embalados sob cada braço, sinto o sacrifício de minha mãe de maneira muito mais intensa do que quando ela conta o que deixou para trás na Rússia. Eu amo minha mãe de verdade, mas sou adolescente. O fato de que minha mãe acabou de visitar minha avó moribunda, Galya, em Leningrado e a encontrou incapaz de falar ou mesmo de reconhecê-la, enquanto o resto de sua família, com frio e com fome, passava horas em uma fila para conseguir uma berinjela desidratada e não comestível, significa muito pouco para mim.

Tudo o que ouço são os bipes eletrônicos – *biiip* – dos códigos de barra das camisas Generra de 39,99 dólares passando pelo leitor ótico no balcão, os valores em dólares verdes aumentando no visor da caixa registradora, somando-se a eles a indignidade final, o imposto nova-iorquino sobre vendas, levando a compra a uma nova e inesperada esfera. *Sinto muito por gastar nosso dinheiro assim, mamãe.*

Na Solomon Schechter, os garotos tinham de usar camisas de colarinho porque era assim que *Yahweh*, o Senhor, queria, mas a secular Stuyvesant não possui nenhum código de vestimenta, e então investimos em uma coleção colorida de camisetas OP. "OP" significa "Ocean Pacific", uma marca de surfwear da Califórnia. Eu sou, é claro, o surfista californiano mais descolado do mundo. ("Cara, aquela cantoneira foi cabulosa! Eu fiquei amarradão!") Mesmo assim, apesar da minha falta de credenciais como surfista, essas camisetas são maravilhosas: elas se esticam sobre a irregularidade e assimetria do meu corpo adolescente, e suas estampas brilhantes de surfistas pegando onda tiram um pouco a atenção do pomo de adão que balança acima da gola. Uma das camisas estampa três vovós com vestidos de bolinhas ao lado de um surfista de cabelo comprido carregando a prancha, e suponho tratar-se de um tipo de humor descontraído da Califórnia, mas é também um lembrete de que no centro do Queens, tão longe do mundo assustador de Manhattan, ainda vive minha avó, que está orgulhosa de mim por entrar na prestigiada academia de matemática e ciências.

Vestindo a camisa "vovó" da OP, cruzo a Praça Stuyvesant – que se parece com um parque – assustado e com as mãos suadas. Sei que não posso mais ser Gary Gnu, mas o que serei, então? Um jovem republicano sério e trabalhador, a caminho de Harvard, Yale, ou, na pior das hipóteses, Princeton. Esse sou eu. Serei engraçado apenas quando necessário. *Acabou a palhaçada*. Vou ficar de boca fechada. Acabo de assistir ao filme *Wall Street*, de Oliver Stone, com minha família, e as lições foram claras. Não confie em estranhos. Não seja pego. Concentre-se apenas no acúmulo de riqueza. A ganância é uma coisa boa. Eu também acho que tenho um trunfo: a casa colonial que minha família acaba de comprar em Little Neck, por $280 mil. Dentro de minha mochila, só por precaução, carrego um relatório de engenharia atestando o valor de nosso novo imóvel, incluindo uma fotografia da casa sob o sol matinal, com seu lado sul envolto por uma fileira de jacintos. Cada passo do processo, desde a escolha do imóvel entre inúmeras casas coloniais idênticas ao cálculo dos pagamentos da hipoteca, contou com a minha obsessiva participação. Cheguei a criar um programa de computador no Commodore 64 chamado Calculadora de Transações Imobiliárias da Família para nos ajudar a compreender a nossa descida rumo à dívida institucional. Eu me pergunto o que as crianças cujos pais têm dinheiro pensam no tempo livre.

Outra coisa que desejo é fazer um amigo. Jonathan foi estudar na Ramaz School, uma escola hebraica no Upper East Side, onde muitos alunos gozam do tipo de prosperidade que deixaria meus velhos companheiros da Solomon Schechter com o queixo no chão. A diferença entre a Stuy e a Ramaz é abissal, a memória do nosso sofrimento comum ainda é muito recente, e nossa amizade desaparece rapidamente. Agora não tenho ninguém com quem jogar Zork ou comer suculentos kebabs kosher, acabaram-se os telefonemas diários, as viagens de carro com um pai americano gentil, e percebo, depois de ter um verdadeiro amigo americano, que a amizade é quase tão importante para mim quanto a aquisição de um imóvel chique fora do município. Como não posso usar o humor para ganhar visibilidade na Stuyvesant, devo aprender uma maneira diferente de fazer as pessoas gostarem de mim e quererem minha companhia.

Assim, aqui estou, de pé na frente da Stuyvesant High School, com minha camiseta "vovó" da Ocean Pacific. O edifício é de uma arquitetura esplendorosa e de uma plástica magnífica, com cinco andares de tijolo e excelência acadêmica que assustam bastante o garoto de Little Neck. Mas meus colegas do primeiro ano não parecem nada melhor do que eu. A maioria dos garotos são da minha altura, ou talvez um pouco mais altos, magros e pálidos, cheiram a comida estrangeira mofada, e os óculos que usam e que refletem o mundo ao redor são tão grossos que poderiam gerar energia solar. Nossos inimigos naturais são as crianças verdadeiramente urbanas da Washington Irving, a escola de má reputação localizada a poucos quarteirões de distância, que, pelo que dizem, vão descer o cacete na gente (em quatro anos na Stuyvesant, encontro exatamente zero deles). O conselho de educação providencia um "Trem Seguro" especial na parada L da Primeira Avenida. Este trem de metrô sai sob forte proteção policial para garantir que nossos Einsteins não sejam atacados por bandidos enquanto eles se conectam com, digamos, o trem número 7 para Flushing, Queens. Pelo visto, saí de um showroom judaico da Benetton e fui parar em um curral para nerds multinacionais. O que me leva à próxima coisa que percebo. Cerca da metade dos alunos é "chinesa". O pessoal já tinha me avisado dessa interessante reviravolta na minha vida social. O conselho que recebi foi de desenvolver diversas estratégias formais para fazer amizade com os jovens do Extremo Oriente, pois um dia eles podem me empregar. Se por um lado já se estabeleceu a ideia de que as crianças negras e hispânicas são violentas, por outro, espera-se que as chinesas sejam inteligentes e educadas, talvez um pouco esquisitas, pois vêm de uma cultura muito diferente da cultura normal. Uma dica importante que aprendo em algum lugar nas ruas do Queens: jamais devemos nos referir a esses jovens chineses como "chineses", pois alguns são na verdade coreanos.

Lá dentro, uma balbúrdia. Os corredores da antiga Stuyvesant – a escola atualmente ocupa um miniarranha-céus de luxo em Battery Park City – foram feitos para um punhado de meninos na virada do século passado. Em 1987, a escola de alguma forma abarrota quase três mil nerds de ambos os sexos. Na primeira semana, dedicada à integração dos calouros, recebemos resmas de impressos, sequências de pré-cálculos, cálculos completos, pós-cálculos e metacálculos, juntamente com doses letais de biologia, física e química. Um manual branco e azul bem grosso nos dá a primeira mostra do que devemos esperar nos próximos quatro anos: a Tabela da Maior Média Rejeitada e Menor Média Aceita pelas Faculdades (TMMRMMAF)*, que logo saberemos de cor e salteado. Os números são assustadores. Sem pelo menos uma mé-

---

* Acrônimo meu para College Highest Average Rejected, Lowest Average Accepted Chart.

dia de 91%, até mesmo a instituição mais simples da Ivy League está fora de cogitação.

No final do dia, eu e minha mãe já bolamos um plano. Como Manhattan é muito perigosa, mamãe vai se esconder atrás de uma árvore do lado de fora da entrada principal de Stuyvesant, e, quando eu sair, ela me acompanhará até o metrô e, de lá, voltaremos para a segurança de Little Neck. Quando fugi da Chucrute Village em Cape Cod, eu me virei muito bem sozinho e consegui enfrentar esta longa viagem de metrô. Mas naquela época eu tinha os dois sacos de lixo cheios de livros e roupas que me deixavam com um aspecto tão miserável que até mesmo os potenciais assaltantes desviaram o olhar com pena de mim.

E assim fica decidido: preciso de companhia no metrô. Mas nosso plano dá errado da forma mais terrível para mamãe. É que, no final do primeiro dia de Stuy, com seus ótimos discursos acadêmicos sobre as diferentes escolas de Cornell (A Escola de Relações Trabalhistas e Industriais é uma boa opção para quem não consegue entrar em Artes e Ciências, contanto que o candidato consiga convencer o pessoal de admissão de que ele gosta de trabalho), eu fiz mais ou menos um amigo, e ele é... negro. O cara tem apenas uma pequena sombra de cabelo muito bem cortado e um uniforme urbano composto por uma calça de moletom sem marca e um casaco de moletom sem marca, pretos. E esse novo amigo me chamou para ir ao Central Park e jogar algo chamado Ultimate Frisbee com ele e outros alunos da Stuyvesant, todos negros.

Tenho então de fazer uma terrível escolha. Devo trair mamãe, que está escondida atrás de uma árvore, ansiosamente passando os olhos no horizonte tentando me localizar enquanto ondas de crianças chinesas passam correndo por ela em direção ao Trem Seguro? Ou devo ir para o Central Park com este negro? Opto pela amizade. A escolha é muito dolorosa, pois minha mãe acabou de comprar várias roupas maneiras para mim e nossas compras nos aproximaram. Mamãe é uma amiga, minha melhor confidente agora que Jonathan foi estudar na Ramaz, e ela está esperando por mim debaixo da árvore. Apenas três anos atrás, na Colônia de bangalôs de Ann Mason, eu a puxei no canto e lhe contei o acontecimento mais importante da minha vida até então:

– Mamãe, a gente brincou de Jogo da Verdade com a garrafa, e Natasha teve que me beijar.

O que fazer?

Eu e o jovem saímos pelos fundos enquanto penso em diferentes desculpas para minha mãe: Nós já falamos sobre a pressão dos colegas e chegamos à conclusão de que às vezes é preciso estrategicamente sucumbir a ela. E meu novo companheiro não é negro, é chinês. Fomos ao parque para fazer alguns exercícios e discutir a Tabela da Maior Média Rejeitada e Menor Média Aceita pelas Faculdades. Este garoto, Wong, vai me dar a maior força em Wharton, e com sorte trabalharemos na mesma corretora de fundos de investimentos, a tempo para o primeiro mandato presidencial de Dan Quayle, em 1996.

⌒

Meu novo amigo está atravessando os vagões do metrô, *atravessando* mesmo. As placas nas portas do carro desaconselham a fazer isso, mandando que se permaneça no interior em segurança, mas este rapaz da cidade vai de uma extremidade do trem à outra, dançando, comigo a reboque. Basta um passo em falso e a pessoa cai no vão entre as plataformas em curva, mas o cara não se importa! Ele até *assobia* enquanto cruza os vagões e segura as portas abertas para mim com um sorriso e um aceno de cabeça. (Eu, com medo, digo cerrando os dentes: "Valeu, cara"). Nosso trem é um antiguíssimo animal prateado pertencente a uma linha de metrô de que nunca ouvi falar, não faz parte do relativamente limpo e moderno F, com destino a algum lugar perto da casa de Jonathan e do restaurante de kebab kosher, o Hapisgah, mas é um trem B ou T ou P, que dispara feito uma flecha pela estreita ilha de Manhattan e não passa nem por perto do Queens.

Estou sendo mau? Estou me expondo ao risco de assalto? Esqueci de preparar uma "carteira do ladrão", que deve conter apenas uma nota de cinco dólares para o assaltante, com o resto do dinheiro escondido em uma das meias ou na minha cueca branca (até minha roupa íntima tem uma declaração racial a fazer).

Mas seja lá o que for *isso*, não parece errado.

Saímos do metrô na rua 72 e respiramos fundo, aproveitando o sol. Eu me pergunto o que o meu novo amigo vê em mim, por que me chamou para ir ao parque com ele. Deve ser a minha camiseta da Ocean Pacific e meu jeitão simpático de surfista. O garoto caminha com confiança pelo Central Park e em direção a um espaço verde definido, que parece um tapete em meio aos arranha-céus. Duzentos dias depois, na próxima primavera, conhecerei muito bem este espaço como o *Sheep Meadow*. Agora, eu o observo com desconfiança. Como isso aconteceu? Como pode haver este pedacinho limpo de beleza bem no meio da cidade mais perigosa do mundo depois de Beirute? Toda essa vegetação, todas essas pessoas que saíram do trabalho mais cedo, discretamente contentes, deitadas de bruços, enquanto o vento do final de verão agita as costas de suas camisetas de algodão.

– *Merda* – meu novo amigo diz, agradecido.

Meu pai é chegado a um palavrão em inglês. Cada encontro com um eletrodoméstico ou um veículo provoca uma torrente de "*Meeerda*" e "*Pooorra*", que sai com seu pesado sotaque russo e às vezes leva a uma ópera de *"Meeerda Poorra, Poorra Poorra Meerda"*, a qual, quando ele ainda me batia, colocava meu torso superior em alerta máximo. Mas na escola hebraica os palavrões eram proferidos principalmente em hebraico e eram competência dos meninos israelenses. O que me leva à minha próxima pergunta: Como se conversa com um gentio?

– Merda – digo, na boa, todo à vontade.

Meu novo colega leva a mão marrom à testa como uma viseira e varre o horizonte.

– *Porra* – diz.

– É! – concordo – *Porra!*

É uma coisa gostosa de dizer, tem uma sonoridade forte e parece adequada e, embora eu ainda não esteja completamente familiarizado com a palavra, comecei a usar outra que tem um conceito muito próximo: É muito *maneiro*. Meu amigo avista a rapaziada com quem vamos jogar Frisbee e minha nossa! Eles são *goys* mesmo. *Goys* da China, da Índia, do Haiti, do Bronx, do Brooklyn e de Staten Island também. Mas, embora não sejam judeus, fica muito claro desde o início que não vão me assaltar nem me drogar. Só estão a fim de atirar uma porra de um Frisbee.

E embora eu não seja bom no esporte urbano chamado Ultimate, que combina arremesso de disco com o futebol americano (só que sem a paralisia ocasional), meu desempenho é bom o bastante para ninguém rir de mim. E enquanto corro pelo *Sheep Meadow* com as mãos no ar tentando pegar o disco e correr para a *"end zone"*, anseio pelo momento em que vamos parar de correr, para que eu possa absorver tudo isso.

Onde estou? Estou em Manhattan, o principal bairro de Nova York, a maior cidade da América. Onde não estou? Não estou em Little Neck, não estou com meus pais.

O parque é um refúgio da malha urbana. Além dele, estou rodeado por edifícios de proporções heroicas, edifícios que fazem com que eu me sinta minúsculo, edifícios que me dizem que eu não sou tão especial, mas não tenho medo deles. E se... me passa pela cabeça de imediato. E se um dia eu fosse morar em um deles? Estou cercado de mulheres bonitas. Não falo da beleza que aprendi, das proporções idílicas das donzelas das histórias de espada e magia, o cúmulo da arrogância que nos é passada na sinagoga, aquela beleza dos corpos esguios deitados sobre cobertores, com apenas uma pontinha de seio saindo do sutiã, uma parte branca, outra marrom, não olhe fixamente, desvie o olhar.

Em *Uma espécie de sono*, romance de Henry Roth sobre a imigração do fim do século passado, o jovem protagonista judeu, David Schearl, deixa o entorno familiar de seu gueto em Brownsville com um menino polonês, e ele pensa em seu novo amigo, *Sem medo! Leo não teve medo!* E aqui estou eu, a apenas algumas horas de distância do amor de minha mãe na terrível cidade grande, sem medo.

– Tempo! Tempo! – exclamo, conseguindo fazer com as mãos o troço americano perpendicular que sinaliza aos meus companheiros que eu preciso tomar um fôlego. Sento-me na grama. Meu jeans azul da Guess? Fica todo sujo de grama, o que sei que eu deveria evitar, pois, embora tenha sido comprada na Macy's, minha mãe pagou 45 dólares por ela. Respiro fundo, consumido pelo desejo. Grama de final de verão. Bronzeadores das costas das mulheres. Cachorros-quentes de 75 centavos fervendo em água suja.

Eu registro tudo.

Em última análise, os lançadores de disco à minha volta não serão meus amigos. A Stuyvesant não tem uma elite legal, porque todo mundo é essencialmente nerd, mas esses caras que vejo no *Sheep Meadow* hoje se destacarão como mais atléticos e mais "populares", caso seja possível se usar esta palavra aqui neste contexto. Alguns deles até mesmo usarão jaquetas de esqui ainda com os tíquetes de teleférico presos. Enquanto eu os observo correr pelo parque atrás de seu estimado disco, eu não me incomodo com o que já sei que vai acontecer: eles não serão meus amigos.

⌒

Ainda há muitas provas dificílimas pela frente (de matemática e ciências, é claro), mas passei na mais importante delas no meu primeiro dia. Eu me misturei com outros. Corri. Gritei e ouvi gritos dirigidos a mim. Peguei um disco. Deixei o disco cair no último minuto e gritei "*MERDA!*". Caí sobre um cara, e depois outro cara caiu sobre mim e senti então o cheiro de suor que cobria todos nós e não fiz nenhuma distinção. Não fui russo hoje. Fui apenas um garoto de 15 anos se divertindo em um fim de tarde, início da noite. Fui apenas um garoto de 15 anos até que alguns dos jovens asiáticos resolveram marcar ponto para o time Flushing e daí gritamos "Fim de jogo!". Então voltei para o metrô, de volta para a barriga do trem B ou P ou T, e o cruzei de uma ponta à outra; entrei, deixando as portas baterem atrás de mim, enquanto as pessoas, os nova-iorquinos, me observaram passar, e observaram-me sem amor, sem ódio, sem críticas. Esta é a minha nova felicidade. A completa indiferença deles.

16.
FRACASSINHO

```
━━ PROCURADO ━━
  Recompensa 
  máxima:    50 centavos
  (sujeita à disponibilidade de fundos)

☞                                BÊBADO
Visto pela última vez            OU
trajando sua capa de             SÓBRIO
chuva larga.
    •                            FUGITIVO
  Caso seja                      DA
localizado, favor                JUSTIÇA
providenciar sua
prisão imediata!

   INÚTIL-WILD-WILLY
TAMBÉM CONHECIDO COMO MOE B. DICK...
NÃO É CONSIDERADO PERIGOSO, MAS DELINQUENTE.
SEU ENCARCERAMENTO É DESEJADO.
```

Desnecessária qualquer legenda.

E M MEU PRIMEIRO ANO NA STUYVESANT, descubro algo novo sobre mim, algo de que minha família nunca suspeitou.
Sou um péssimo aluno.
Na escola primária, meu pai me ensinou com o auxílio de livros didáticos soviéticos avançados. Eu tentava resolver os problemas de matemática na parte de trás dos cadernos nos quais escrevi *A Chalenge, Invasão do Espaço Sideral* e meus outros romances de ficção científica. A garatuja algébrica é tão boa para um aluno da terceira série que chega a impressionar, mas acima

dos problemas de matemática escrevi para o meu pai ver: *YA NI-CHEVO* [sic] *NEZNAYU*, eu não sei nada. Em outra página, em inglês: "Tudo errado".

Os trabalhos escolares sempre foram moleza para mim. Na escola hebraica, minha competição era com meu melhor amigo Jonathan, com David o Todo-Poderoso Khan Caesar, e talvez três meninas. Na Stuyvesant há 2.800 alunos muito mais talentosos do que eu, metade deles vindos do leste de Leningrado. Nas aulas, eles se inclinam sobre as mesas como se fossem luminárias articuladas, ficam cantarolando baixinho, feito loucos, como Glenn Gould cantarolava sobre o piano, pequenos bolsões de baba brilham nos queixos, os cantos dos olhos cobertos com a crosta de um sono mal resolvido enquanto seus lápis seguramente fazem mágica nos cadernos e as equações são rapidamente resolvidas. O que explica o compromisso desse pessoal? Quem cuida de seus incêndios domésticos? O que os espera se eles fracassarem? Sempre achei que Papai me batia, mas e se ele não me bateu o suficiente?

Estou com medo. Na escola hebraica, pensei que fosse superar minha sub-humanidade por pura força de vontade, arrastando-me com unhas e dentes até a Ivy League, e depois gozaria dos prazeres da vida na classe alta. Eu teria um carro melhor do que o Jaguar de meus colegas apesar de minha *sechel* – minha lamentável inteligência. Era minha saída. Ao final das duas primeiras semanas de Stuyvesant, concluo que este caminho será fechado para mim para sempre. Na Stuyvesant, não demora nada para descobrir se você vai ter ou não sucesso na vida.

A professora – uma afrodescendente com uma blusa de grife brilhante e um coque impecável bem atrás da nuca – interrogativamente bate seu giz brilhante contra o quadro, enquanto os alunos imigrantes dão as respostas adequadas e corretas. Ela chama e pergunta, eles respondem. Com exceção de um aluno de camiseta da Ocean Pacific coberta de ondas de suor nas axilas, que olha fixamente para o quadro enquanto, ao seu redor, fala-se a nova linguagem de seno, cosseno, tangente, enquanto os alunos que deram a resposta *parcialmente* certa estapeiam violentamente a própria testa.

– Muito bem! – um deles não para de dizer a si mesmo, sarcasticamente. – Muito bem!

Alguém, por favor, pode me levar de volta para a escola hebraica? Faço qualquer coisa, acreditarei em qualquer coisa! Memorizo o Hagadá de Pessach. Canto todo aquele blá-blá-blá a plenos pulmões. *Baruch atah Adonai, Eloheinu melech ha parabola.* Só me tire daqui. Permita-me ser um bom aluno de novo, para que, pelo menos, meus pais tenham *isso*.

Na aula de biologia, sento-me com uma vietnamita que pesa cerca de quarenta quilos, grande parte concentrados na massa encefálica e que rapidamente desmembra um sapo e etiqueta todos os seus órgãos em inglês e latim.

– Você não vai fazer nada? – ela indaga enquanto estou lá, sentindo-me impotente, com o meu bisturi ereto. – Você é, tipo, retardado?

Já fui chamado Red Gerbil; já fui chamado de Gary Gnu. Você podia cuspir em mim ou me atingir com palitinho de sorvete Carvel coberto de saliva ou não me convidar para o Bat Mitzvah com pista de patinação em Great Neck. Mas nunca poderia dizer que eu era burro. E agora eu sou. Tão burro que quase repeti em espanhol. Tão burro que passei a metade de um dia olhando para uma página de geometria e só consegui chegar à conclusão de que um triângulo tem três lados. E, se eu conseguisse compreender o que é um ciclo de feedback negativo na aula de biologia, talvez conseguisse entender que quanto mais eu me sinto burro, mais burro fico. A ansiedade cresce e reforça-se. Os testes – que são aplicados diariamente – tornam-se mais difíceis, não mais fáceis. E a cada semana, a cada teste, eu me aproximo mais *dele*.

Ele é o boletim escolar. *Ele* informa qual será sua posição na vida. É que os filhos de imigrantes da Stuyvesant não têm plano B. Não trabalharemos na empresa de nosso pai, nem tiraremos um ano sabático em Laos. Alguns de nós *são* de Laos.

O boletim, saído de uma impressora matricial, um papel tão fino que mais parece papel higiênico, nos é passado de manhã na sala, nossos olhos imediatamente correndo em direção ao número lá de baixo, a média.

Estou chorando antes mesmo de ver os quatro dígitos.

82.33.

Essencialmente, um B.

Harvard, Yale, Princeton?

Lehigh, Lafayette, *talvez* Bucknell.

O que significa para um jovem imigrante de alto escalão ir estudar na Universidade de Bucknell?

Significa que decepcionei meus pais. Decepcionei a mim mesmo. Decepcionei meu futuro. Antes a gente não tivesse vindo para cá.

⌒

A Stuvyesant em 1987 se assemelha a um cortiço em Lower East Side na virada do século passado: as passagens cor de meleca da escola vivem entupidas; os corredores centrais formam suas próprias Broadways lotadas; os corredores menores são o equivalente das principais ruas que cortam a cidade. Os alunos do primeiro ano agarram-se a outros que se parecem com eles e andam em bandos. Aqui se encontram a Minúscula Taiwan, a Mini Macau, o Pequeno Port-au-Prince e a Leningrado Inferior. Apesar do meu sucesso do primeiro dia jogando Ultimate Frisbee com alguns futuros atletas, minhas timidez e insegurança ainda são demasiadamente intensas para fazer amizade de fato, e passo metade do horário de almoço escondendo-me no banheiro, onde uma tríade de "valentões" fuma juntos.

Às terças e quintas, um garoto filipino ou talvez mexicano me acompanha a uma loja de sanduíche chamada Blimpie, onde compro um sanduíche de frango à milanesa que, apesar de ser enorme, eu como todo porque custa 499 centavos. Meus pais me dão seis dólares por dia para comida, de forma que, comparativamente, eu sou até rico, mas a culpa de comer um frango à milanesa caro enquanto fico com uma média digna de Lehigh é demais para suportar.

– Aí.
– Qual é?
– Ficou com que média?
– 82.33.
– Merda.
– Pois é.
– Qual a boa?
– Lehigh.
– Porra.
– Talvez Bucknell.
– Melhor ir para Universidade de Nova York, estudar no campus de Albany, guardar uma grana, mandar bem e depois pedir transferência pra um lugar melhor.
– A Haverford aceitou uma transferência de Albany com apenas 3,78 de média em 1984.
– Cara, isso foi em 1983. O ranking seletivo deles aumentou a partir daí.

– Achei que eles tivessem despencado para o nono lugar no *U.S. News & World Report*.
– Medicina ou direito depois?
– Direito.
– Hastings, na Califórnia. É sistema de internato, mas eles aceitam uma porrada de alunos da SUNY.
– Acabei de receber a última edição de *Essays that Worked for Law School*.
– Minha mãe acabou de deixar um debaixo do meu travesseiro com a palavra *Duke* marcada, tipo, umas três vezes.

Apenas dois moleques de 15 anos de idade, com os primeiros sinais horrorosos de bigode, papeando, um deles, um filho relativamente mimado de um engenheiro russo, e o outro tentando achar uma saída para se livrar da mercearia dos pais.

Apenas dois moleques jogando conversa fora.

⌒

O tempo esfriou. Meu primeiro inverno de Manhattan. Dunas de neve se formam em torno da ala psiquiátrica do Beth Israel, onde, em breve, dois dos meus colegas vão passar a morar, um deles indo parar lá depois de se dirigir ao Central Park para construir seu próprio iglu no meio da noite gélida. No patamar de um andar e meio de nossa nova casa colonial em Little Neck, eu olho para fora da janela enquanto a neve embeleza o futuro local onde meu pai cultivará framboesa. (Entre a pesca semanal e o cultivo de frutas e hortaliças de meu pai, em breve seremos totalmente autossustentáveis!) A próxima casa já é em Great Neck. Little Neck é classe média; Great Neck é um bairro *grã-fino*. Essa próxima casa era meu plano. Até agora.

– Filho da puta! – meu pai grita do primeiro andar. – Ele prometeu aspirar as escadas! Olhe só para esse *débil*. Ele vai ficar lá com a boca aberta.

– Estou pensando no dever de casa – minto.

E então, com um pouco da atitude que venho desenvolvendo na escola:

– *Otstan' ot menya*. – Deixe-me em paz.

– Eu vou te dar um *otstan' ot menya*! – meu pai grita. – Vou te encher de porrada!

Mas ele não me bate.

Eu me enterro na cama com o livro de biologia. Como a Estrutura de um Paramecium Assegura seu Funcionamento em seu Respectivo Ambiente? Como o Coração é Adaptado Para Sua Função? Cobri uma das minhas paredes com um pôster dos uniformes das tropas dos diferentes países da OTAN, que encomendei em uma publicação ativista anticomunista. Acima de minha nova TV em cores, pendurei um cartaz de recrutamento da CIA. Em uma terceira parede: um quadrilátero coberto de hera, da Universidade de Michigan, minha nova opção de instituição. Meus pais assinaram a Playboy, e, depois que já usaram e abusaram dos exemplares lá no quarto deles, eu os empilho abertamente ao lado de minha cama. E exemplar de *Essays that Worked for Law School* em breve se encontrará abaixo de um número da Playboy com La Toya Jackson, irmã do Michael, mostrando os peitos, com uma cobra ao redor do pescoço reluzente. Enquanto isso, o velho amigo Tchekhov está amarelando em uma estante em frente ao patamar da escada.

Minhas camisetas da Ocean Pacific deram lugar a um suéter preto e bege da Union Bay que, sem que eu saiba, me garante a reputação de rei dos cafonas do outro lado de Manhattan. Nos dias mais quentes, os alunos da Stuyvesant High School se agrupavam na frente e nas entradas da frente e de trás da escola, à espera do próximo teste surpresa da forma como os astronautas esperam a contagem regressiva para a missão intergaláctica. Agora eles procuram refúgio dentro do vasto auditório da escola. Alguns deles, esgotados pelo estudo, dormem sobre as mochilas, como se tivessem sobrevivido a uma terrível calamidade natural e estivessem agora reunidos em um abrigo da Agência Federal de Gestão de Emergências. Alguns alunos asiáticos, com uma intimidade emocionante, dormem no colo um do outro. Quase todos nós estamos com fones de ouvido, fones de ouvido gigantes e revestidos por um material felpudo, conectados à pequena recompensa por todo o trabalho duro, um Cassette Boy da Aiwa, último modelo, agora com um equalizador que nos faz sentir um pouco como um DJ.

Em casa, em nossos quartos suados, nossa angústia de forasteiros encontra-se nas músicas new-wave "Eurotrash" de uma estação de rádio de Long Island chamada WLIR (mais tarde renomeada WDRE), transmitida das profundezas dos subúrbios de Garden City. Nós – e "nós" aqui quer dizer jovens, cheios de espinhas, russos, coreanos, chineses, indianos – estamos perdidos entre dois mundos. Estudamos em Manhattan, mas os nossos enclaves de imigrantes em Flushing, Jackson Heights, Midwood, Bayside e Little Neck ficam muito próximos a Long Island, de forma que não resistimos à WLIR, àquele toque de clarim estridente da música de sintetizador, roupas góticas narcolépticas e cabelo espetado, inclinado para um lado. Os suspeitos habituais britânicos governam as ondas: Depeche Mode, Erasure (seu hit arrebatador "Oh l'Amour" é uma inspiração para os encalhados) e, claro, os príncipes do penteado cheio de gel, The Smiths.

Quem irá nos salvar de nós mesmos? Quem vai nos ensinar sobre as drogas certas e a música adequada? Quem irá nos integrar em Manhattan? Para isso, precisaremos dos norte-americanos legítimos.

Eles ocupam a borda extremo-sul do auditório, apenas algumas fileiras depois do fosso no qual a seção de cordas está em constante processo de afinação. Os caras são de Manhattan e da área de casas geminadas de arenito vermelho no Brooklyn. São hippies, maconheiros e punks, ou simplesmente moleques de personalidades e interesses múltiplos, mas não têm a ética de trabalho para competir com os ferozes guerreiros acadêmicos da Stuyvesant. As meninas usam saias longas, esvoaçantes, *tie-dyes* com estampas de cavalos e *mandalas*, jeans rasgado, camisas flaneladas, jaquetas verdes-oliva e lenços de camponeses, e parecem ter alcançado um equilíbrio razoável entre autoexpressão e desempenho acadêmico. Ou seja, um dia elas cursarão uma faculdade. O clima é densamente imaterialista. Quando apresento provas do imóvel colonial de minha família em Little Neck no valor de $280 mil, as meninas são muito gentis em me dizer que os apartamentos clássicos com seis quartos de seus pais em Upper West Side valem quatro vezes mais.

Ao contrário de Haverford e de UC Hastings College of the Law, essa galera tem padrões flexíveis de admissão.

Talvez possamos ser amigos.

17.
STUY, 1990

Baile para um?

No dia da eleição de 1988, chego ao salão de festas do Marriott Marquis pensando: É hoje. O dia em que finalmente vou comer alguém.

Eu me ofereci para trabalhar como voluntário na campanha presidencial de terra arrasada do sr. George Bush pai contra o infortunado Michael Dukakis, rindo dos comerciais racistas e histéricos de Bush contra o presidiário Willie Horton e de tudo que eles insinuam sobre o grego liberal de Massachusetts. A compaixão, afinal, é uma virtude pela qual apenas americanos ricos podem pagar, sendo a tolerância a tutela dos sofisticados moradores de Manhattan que já têm tudo que eu quero.

Continuo trabalhando na sede de Bush em Nova York, cuidando da central de atendimento telefônico com duas mulheres mais velhas de casacos de pele. Somos responsáveis por ligar para os fiéis republicanos e solicitar-lhes apoio. Minhas colegas, que apesar de seus trajes parecem nunca terem derramado uma gota de suor no calor insistente do verão, divertem-se muito ao telefone, rindo e flertando com antigos colegas e amores perdidos enquanto eu seguro o receptor com as mãos trêmulas, sussurrando para donas de casa suburbanas coisas sobre os males dos impostos e dos soviéticos.

– Deixe-me dizer uma coisa, sra. Sacciatelli, eu cresci na URSS, e a senhora não pode confiar nessa gente.

– Mas e quanto ao Gorbachev? E a glasnost? – sra. Sacciatelli de Howard Beach quer saber. – Ronald Reagan não disse: "Confie, mas verifique"?

– Quem sou eu pra criticar o Gipper, sra. Sacciatelli. Mas, quando se trata de russos, *acredite em mim*, eles são animais. Sei muito bem disso.

No dia da eleição, sou convidado a participar do que é certeza de ser uma festa da vitória republicana no Marriott Marquis, o prédio feioso perto da Times Square, cujo restaurante giratório, um dia, sediará os aniversários de minha mãe. O convite para a festa apresenta uma caricatura jocosa do orelhudo Dukakis enfiando a cabeça para fora de um tanque M1 Abrams (a foto mais infeliz de sua campanha) e já espero uma noite de cantos arrogantes, quando serei pressionado contra os seios das minhas colegas conservadoras ao dançar uma *hora* protestante sobre a sepultura do liberalismo americano.

Sim, hoje é uma noite especial. É a noite em que vou conhecer uma garota republicana de uma casa branca e limpa. Chama-se Jane. Jane Coruthers, digamos. *Oi, Jane, eu sou Gary Shteyngart de Little Neck.* Minha família é dona de um imóvel colonial que vale 280 mil dólares. Eu sou o cérebro por trás da Calculadora de Transações Imobiliárias da Família. Estudo na Stuyvesant High School, onde minhas notas não são tão boas, mas espero entrar no programa para alunos de alto nível na Universidade de Michigan. Acho que esta noite será o fim para o governador de Taxachusetts, hehehe.

Entro no salão de baile, um imigrante banguela de pele morena, com meias de ginástica, mocassins marrons e meu terno especial e único, uma peça de poliéster altamente inflamável. Transito pela sala cheia de Anglos animadíssimos, segurando seus copos de *single malt* sem me dirigir uma palavra, sem que nenhum par de olhos azuis felizes reflita o brilho cinza da gravata de nylon que comprei por dois dólares de um vendedor na Broadway. Enquanto George Herbert Walker Bush arrasa nas contagens de votos, um estado após o outro, no telão acima, enquanto os gritinhos de felicidade e as gargalhadas inundam o salão hediondo, fico sozinho em um canto mordendo o copo plástico cheio de *ginger ale* e golpeando os balões coloridos que parecem ter uma afinidade com a eletricidade estática de meu poliéster, até que duas beldades loiras, as meninas que esperei toda minha vida, finalmente se aproximam estampando um sorriso carente, uma delas gesticulando para que eu me aproxime. Fico tão animado que de alguma forma esqueço-me de quem realmente sou: um adolescente baixinho, nascido em um país falido, preso dentro de um paletó bronze brilhante, carregando o mais negro tufo de cabelo do salão, mais negro do que até mesmo o penteado helênico de Michael Dukakis.

Qual delas será a minha Jane? Qual delas acariciará o W do meu queixo sem graça com os dedos de estanho? Qual delas vai

me levar em seu barco e me apresentar ao milionário e sua esposa? Sabe, papai, o Gary sobreviveu à Rússia comunista só para conseguir participar do partido republicano. Acho muito corajoso, filho. Gostaria de jogar futebol comigo e Jack Kemp depois dos coquetéis? Só deixe os seus Top Siders no vestíbulo.
– Oi – diz uma das beldades.
Eu, afável, indiferente, respondo:
– Oi.
– Eu gostaria de um cuba-libre, com pouco gelo e limão. Mandy, você disse que não quer gelo, certo? Ela vai tomar uma Diet Coke, lima, sem gelo.
Fui confundido com o garçom.

⌒

O racismo dentro de mim está morrendo. É uma morte difícil e penosa. Esnobar os outros é uma das poucas coisas que tem me mantido à tona ao longo dos anos, o conforto de pensar que raças inteiras são inferiores à minha família, inferiores a mim. Mas Nova York está dificultando. A Stuyvesant está dificultando. O que dizer quando o cara mais inteligente da escola é de ascendência palestina via África do Sul? Coincidentemente, ele se chama Omar, o nome do cientista maligno em meu romance *A Chalenge*. E como posso deixar de notar que a garota mais bonita de toda a Stuyvesant, uma rápida olhada em suas pernas fortes abaixo de uma minissaia na aula de física é suficiente para diminuir minha média de 1,54 ponto por todo o semestre, é porto-riquenha? E que a galera ao meu redor, trilhando um caminho brilhante e insone rumo à faculdade de medicina Albert Einstein College, simplesmente não é branca?

Quando o racismo se vai, deixa um vazio muito solitário. Por muito tempo eu não quis ser russo, mas agora, sem o fanatismo direitista motivado pela raiva, eu *realmente* não sou russo. À mesa de jantar em toda a costa leste, entre pequenos *ryumochki* de vodca e manchas de esturjão oleoso, eu podia reclinar-me e juntar-me ao ódio e, assim, fazer parte de algo maior do que eu. Duas décadas após a campanha de Bush pai contra Dukakis, da boca de um parente se expressando em inglês para a compreensão dos poucos não russos à mesa de Ação de Graças, ouço:

– Acho que Obama *deve* ser presidente. Mas de um país africano. Este é um país *branco*.

Só que, de repente, este não é um país branco. Ou, para mim, uma cidade branca. Uma escola branca. As terríveis palavras ainda escapam-me da boca, mas agora elas apenas pretendem ser antagônicas e contrárias ou talvez apenas engraçadas. Bem-estar social aqui. Teoria do Trickle-down aplicada ali. Quando Glenn Beck, o perverso e excêntrico comentarista americano de direita declarou-se um "palhaço de rodeio" alguns anos atrás, entendi muito bem a sua receita: parte palhaço, parte provocador. *Quantos dedos, Vinston?*

Após o meu fracasso na festa da vitória de Bush, escrevo uma novela de cinquenta páginas para uma aula de estudos sociais, ambientada na República independente da Palestina no então distante ano de 1999. A novela, pretensiosamente intitulada *Atirando com Estilingues* [sic] *nas estrelas*, apresenta minha frase mais picante até hoje, algo sobre "a expansão suave da coxa, seios e ombro". Mas *Estilingues* também é, para mim, surpreendentemente imparcial. Seis anos após a insanidade racial intergaláctica de *A Chalenge*, os palestinos são, como o meu colega Omar, humanos. "Seu exterior materialista esconde uma sensível alma estética", meu professor, um esquerdista de barba grisalha, escreveu, juntamente com uma nota A++. Concentro-me na nota, minha média agora avançando ligeiramente, passando de Michigan, na Tabela da Maior Média Rejeitada e Menor Média Aceita pelas Faculdades, e guardo a descrição da minha sensível alma estética para a faculdade. Especificamente para uma mulher chamada Jennifer.

Mas voltando à "extensão suave da coxa, peitos e ombro". Meus republicanismo e provincianismo moribundos não são as únicas coisas que me impedem de conseguir alguma coisa. Não sei falar com uma garota sem exceder-me pateticamente (*Oi, gata, quer ouvir o meu novo Cassette Boy da Aiwa?*) ou sem engolir a língua. No segundo ano, de alguma forma, a língua acaba penetrando em outra boca, a de uma loira vestindo *tie-dye*, uma caloura, num banco localizado na parte mais cuidada da Praça Stuyvesant, ao oeste, ali perto (ou, como o chamamos, *The Park*). Meu medo é tamanho que não consigo aproveitar o momento pelo seu valor real: o fato de que alguém que acabo de conhecer quer compartilhar uma boca comigo. Na época, eu não me atento ao fato de que alguns dos meus novos amigos maconheiros que estão sentados em um banco ali perto não param de gritar: "U-hu!" e "Dá-lhe Shteyngart!".

Pena que não consegui relaxar naquela noite; pena não ter curtido o fato de estar vivo com alguém igualmente jovem e, presumo, feliz por estar ali comigo. Aquelas pernas magras e macias, o peso estranho de seus braços ao redor do meu pescoço, a seriedade com que damos o amasso: o meu primeiro beijo de verdade, talvez o dela também. De qualquer forma, quando vejo a jovem no dia seguinte, na escola, rola apenas a troca de olhares constrangedores, e nada mais acontece. Esqueça, Jake; isso aqui é Stuyvesant. Ela vai voltar para os estudos e amigos; eu volto para a cerveja e o haxixe com selo dourado de qualidade.

⌒

É uma hora no Park. Sabe onde seu filho está? Eu, eu estou bêbado e chapado. Há três anos encontro-me neste estado.

Montei minha grade do último ano incluindo meteorologia, uma das surpreendentes aulas idiotas ministrada por um sr. Orna, um herói de meia-idade para nós, exaustos e desmotivados, que se deleita com absurdas frases quase iídiche, improvisadas, tais como "Ooooh, *macha kacha!*" e "Oh, *schrotzel!*", realiza viagens de campo ao parque para observação de nuvens, não faz chamada durante todo o semestre, mas faz o seu exame final para os alunos, garantindo-me uma nota perfeita em Stuy. Entre a meteorologia do sr. Orna e sua outra aventura submarina à la Jacques Cousteau – a oceanografia – encaixei dois tempos de almoço. Agora tenho quatro tempos para me chapar e tomar umas cervejas ou para vagar pela cidade com os amigos. Por volta das 14h entro na única aula a que ainda tenho interesse em assistir: a de metafísica. A aula é ministrada pelo dr. Bindman, psicanalista-guru que todos nós adoramos, mas cujo sistema de avaliação é muito mais rígido que o do sr. Orna, e muito mais metafísico – ele determina sua nota na moeda. Dou uma passada na aula do dr. Bindman porque ele me permite realizar uma demonstração de sexo tântrico, quando então baixamos as cortinas, acendemos velas perfumadas, e tenho a chance de grudar minha testa na de uma das muitas meninas por quem sou apaixonado.

O nome dela é Sara, e ela é meio-filipina, com os olhos castanho-claros terrivelmente verdadeiros e pulmões que conseguem segurar uma bacia de fumaça de maconha por todo o período de almoço. O mais próximo que chegarei dos seus lábios de gaivota é a borda de um copo de papel. Compramos copos de café em atacado, daqueles que estampam a frase em estilo grego WE ARE HAPPY TO SERVE YOU e os enchemos de Kahlúa e leite para que os guardas escolares achem que estamos tomando café com uma gota de creme. De volta à aula de metafísica do dr. Bindman, com as cortinas fechadas, com quatro xícaras de Kahlúa e leite no estômago, toco a testa quente de Sara com a minha, concentrando-me para não suar sobre a dela, enquanto os colegas à nossa volta recitam o mantra *om* prazerosamente. Como já é típico, Sara não está apaixonada por mim, mas pelo dr. Bindman, com seu rosto gentil americano, sua voz calma e seu bigode exuberante.

De volta ao parque, eu ainda estou usando aquele suéter idiota da Union Bay até o joelho, uma espécie de homenagem às meninas da Solomon Schechter, mas complementei o traje com acessórios: uma pulseira de couro de tachinha no braço esquerdo e um tênis Reebok Pump, um novo tipo de cano alto que infla quando se aperta uma bola de basquete laranja estilizada pendurada na lingueta. Uma das minhas frases de efeito vazias: "Oi, gata! Quer dar uma apertadinha?"

Ou em alusão a um rap do momento e as últimas notícias na televisão: "Paz no Oriente Médio, Gary fora do gueto, nenhuma traição!"

Ou brandindo meu novo cartão Discover, aquele que encontrou um lugar confortável em minha carteira onde ficava o meu cartão de sócio da Associação Nacional de Rifles: "O jantar é por minha conta. O poder do Dinheiro Judeu!"

Sou uma espécie de piada, mas a pergunta é: de que tipo? Ocupo-me em manter todos na dúvida. O negócio é que o que eu faço é em parte arte performática, em parte um apelo acanhado por ajuda, em parte uma agressão não processada de um não morador de Manhattan, em parte apenas eu sendo um escroto. Nada disso vai me levar aonde quero, que é simplesmente, pateticamente, chegar aos braços de uma garota. Mas em todos os Dia dos Namorados eu vou ao florista da esquina na Primeira Avenida e compro três dúzias de rosas e as distribuo entre cada uma das 36 garotas por quem tenho uma queda, meu tributo silencioso ao fato de que em algum lugar aqui dentro do suéter bege e preto da Union Bay há uma pessoa que quer o que todo mundo quer, mas tem medo de dizer.

Com os lábios embriagados, estampo um sorriso que poderia descrever como deprimido, mas otimista. Acho que esse sorriso vem da minha linha matrilinear, de algum lugar antes de Stalin, mas depois dos pogroms, quando as maçãs suculentas pendiam dos galhos das macieiras da Bielorrússia e o açougue *kosher* da família de minha avó estava em seu auge. Em breve eu me encontrarei absolutamente atordoado ao olhar para o espaço em branco do meu anuário da Stuy. Encontro o que uma das meninas da nossa equipe escreveu: "Eu sempre te achei um fofo atrás desse sorriso ridículo."

As meninas do parque sentam-se ao nosso redor em um semicírculo falando de Grinnell e Wesleyan, todas queridas, mas, em violação a todas as regras adolescentes, ou, talvez, em pleno apoio a essas regras, são os meninos que me interessam. Fazer amizade com os caras, pertencer a este bando de maconheiros e malucos, é o que a minha adolescência se tornou.

À minha esquerda, limpando a resina de seu Proto Pipe cromado, está Ben, metade vietnamita, metade finlandês, alto, de ombros largos, com cabelo de *rockstar* e uma risada fácil, vestindo um dramático casaco do exército alemão com um livro saindo de um bolso, geralmente *Sidarta* ou *Zen e a Arte da manutenção de motocicletas*, que nenhum de nós jamais vai terminar (até onde sei, ninguém vai terminar). As meninas gostam de jogar tarô com Ben ou de se encostar em suas costas largas quando estão carentes.

Ben não gosta de mim a princípio. Não sou fácil de se gostar: um suposto republicano que não para de falar sobre Ayn Rand e da economia pelo lado da oferta. Em nosso primeiro encontro, Ben pega uma pistola de água grande que ele carrega na mochila para tais emergências e atira em mim e, todo ensopado, meu suéter fede a ovelha molhada, o que todos sentem durante toda a aula de química. Mas em uma festa realizada dentro de um colossal triplex em Park Slope, a mando de sua encantadora namorada aberta a livres negociações, Ben pede desculpas por ser mau comigo.

– Você força muito a barra – diz ele, passando-me o seu Proto Pipe, em um gesto de boa vontade. – Todo mundo percebe.

Mais de vinte anos depois, encontro-me em uma aula de teatro ministrada por Louise Lasser, de *Mary Hartman, Mary Hartman* (também a segunda esposa de Woody Allen). Sra. Lasser critica os alunos soltando fogo pelas ventas pelas nossas tentativas medíocres de atuar, fazendo muitas jovens passarem noventa minutos soluçando. Depois da minha lastimável tentativa em usar a técnica de Meisner (Ator 1: Você está vestindo uma camisa azul; Ator 2: Eu estou vestindo uma camisa azul), ela grita para mim:

– Sabe qual é seu problema, Gary? Você é falso e manipulador!

E tenho vontade de dizer: *Sim, mas isso aqui é Nova York. Quem não é falso e manipulador?*

Você força muito a barra. Todo mundo percebe.

De volta ao nosso banco no parque, à minha direita, Brian está se atracando com a namorada. Bonito e juvenil, meio judeu, meio preto, com os lábios femininos que muitas das garotas que nos rodeiam já beijaram, Brian é todo formal, camisa branca para dentro da calça cáqui, debaixo de uma camisa oxford, e todo esse pacote envolto confusamente, antagonicamente, em uma jaqueta de couro, cuja gola é envolta em pele falsa marrom bem macia. Os belos lábios de Brian estão completamente colados aos de sua namorada loura e chapada, suas mãos estão em toda parte. Todos sabem que Ben e Brian são os melhores do grupo, que eles têm acesso às garotas e à glória. Se algum deles me tratasse com ar de superioridade, eu levaria numa boa, feliz por alguém falar comigo, feliz em tomar notas sobre como posso melhorar. *Eu forço muito a barra? Senhores, eu vou forçar muito mais.*

Ao lado de Ben e Brian está outro cara alto e bonitão e, a exemplo deles, também de herança racial complexa. Não tenho muito o que dizer a respeito, pois ele parece completamente fora da galáxia em que eu reivindico residência, e, no fim das contas, eu sou escritor, e não astrônomo. Eu também gostaria de suspirar diante do trânsito e da progressão daqueles planetas e astros deslumbrantes e cosmopolitas que são as namoradas deles. Vejo olhos azuis, sorrisos chapados de placidez intocável. Sinto cheiro de patchouli. Ouço "Groove is in the Heart", do Deee-Lite. Sinto o conforto e a felicidade dessas jovens no mundo.

Mais adiante, afastada de Ben, Brian e do Outro Cara, há uma constelação de cerca de 12 garotos, emitindo diferentes graus de retraimento. Em um anel, perto de Ben e Brian, mas com apenas metade de acesso à sua casta, encontram-se John e eu. Como companheiros sofredores do leste do Queens, John e eu somos os bárbaros tentando atravessar o portão com o bilhete mensal plastificado da linha férrea de Long Island e nossa disposição para fazer qualquer coisa – John, na verdade, usa uma cúpula de abajur do começo ao fim de uma festa em casa. Meu amigo é um disléxico musculoso e cabeludo de camisa e chapéu havaianos e, como eu, um escritor incipiente e também um poser. Embora ele geralmente me trate como "imbecil", John é um camarada querido para mim. Não tenho certeza se ele é completamente louco ou um gênio. Às vezes, sua escrita é hilária, de uma forma bobalhona adolescente (violência urbana aleatória, pornografia alemã com anãs, prostitutas de Saigon explosivas, vira-latas de Nova York à procura de amor) e se aproxima um pouco de nossa tristeza mútua – a tristeza de ser incapaz de se comunicar com outros sem nenhuma cúpula de abajur.

No final, acho muito difícil aguentar o profundo desejo de John de me fazer entender que "a literatura ocidental, pós-iluminista, é centrada no ilusionismo" depois de consumir meia caixa de cerveja e várias partículas elementares do Proto Pipe de Ben às 14h. Prefiro encostar a testa na de Sara na aula de metafísica. Quatro anos mais tarde, depois que John descobre algo chamado estudos de humor, não tenho outra escolha senão colocá-lo bem no meio do meu primeiro romance.

E agora vamos afastar um pouco o foco da lente. Um banco na metade leste da Praça Stuyvesant, um parque então maltratado, dividido pelo tráfego barulhento da Segunda Avenida. Um grupo de rapazes sentados no banco, vários fedendo a cigarro Djarum de cravo da Indonésia e cabelo sujo. Volta e meia, para nos exercitar, levantamos para jogar Jihad Ball com uma bola Koosh de borracha. As regras são simples: pega-se a bola, aponta-se para alguém e grita-se: "O jihad é *você*." Então, joga-se a bola para o *jihadee* e observa-se o resto dos amigos formar uma pilha em cima dele. Ben e John passam o Proto Pipe, falam, como todos nós, muitorrápido, muitorrápido, muitorrápido, Freud, Marx, Schubert, Foucault, Albert Einstein, Albert Hall, Albert, o Gordo, Fats Domino, refinaria Domino Sugar. Em toda a extensão de cimento do parque, bem pertinho dali, senta-se um número infinito de garotas asiáticas comendo, de palitinho, bolinhos *mandoo* cozidos no vapor e salteados, e *kimbap* de vegetal, redondo e grosso, em recipientes brancos de isopor. Em tese, pelo menos, elas estão vivendo o sonho Stuyvesant de boas notas e um futuro brilhante. Uma parte de mim queria muito poder participar do grupo delas, mas outra parte, maior ainda, queria muito poder entender quem elas são.* Quando o anuário do último ano sair, conseguirei dar apenas uma pequena investigada no coração dessas meninas:

"Filhos, obedecei a vossos pais no Senhor, pois isto é justo. Efésios 6:01. Eu te amo mamãe, eu te amo pai." – Kristin Chang

"Estou crucificada com Cristo, logo já não vivo. Jesus Cristo agora vive em mim! – Abrace a cruz." – Julie Cheng

Enquanto isso, os lábios de Brian estão grudados aos da namorada, um fato que espiono cheio de ciúmes, e os meus estão grudados a uma lata de cerveja em um saco de papel marrom. Desde que comecei a beber, comecei a *beber*. Kahlúa e leite com Sara, Screwdriver em telhados da Quinta Avenida com Alana, outra garota por quem sou castamente apaixonado, vodca e tônica, vodca e suco de grapefruit, vodca e vodca, jarras de cidra no período da tarde no Life Café na esquina da Décima Avenida com a

---

* No futuro, vou dedicar mais de uma década a esta tarefa.

Avenida B. Em um estilo verdadeiramente etílico, divido o dia em quadrantes de bebidas, a ascensão e a queda do sol são regulamentadas pelas bebidas claras e castanhas. Experimentei álcool muitos anos antes da Stuyvesant – sou de família russa, afinal de contas –, mas aqui, com meus amigos marginalizados, cada 700 mililitros me afastam um pouco dos sonhos que já não posso mais realizar. Porque, mesmo enquanto estou longe enchendo a cara no parque, minha mãe está nas entranhas da bela obra arquitetônica do edifício da Stuyvesant, de pé à frente de uma longa fila de mães asiáticas igualmente chorosas, implorando ao professor de física que me passe, falando com seu inglês doce, mas não totalmente certo, dizendo-lhe:

– Meu filho, ele tem dificuldade para se ajustar.

A birita. Ela derruba as arestas. Ou faz todas as minhas arestas. A escolha é sua. Quando rio agora, ouço o riso vindo de longe, como se de outra pessoa. Ouço meu riso vibrante e louco, e então eu o ouço submerso no riso vibrante e louco dos meus colegas, e sinto fraternidade. *Ben! Brian! John! Outro Cara! Eu declaro* jihad *a vocês!*

Seria absurdo dizer que neste momento da minha vida o álcool é a melhor coisa que já aconteceu comigo?

Certamente. Seria um absurdo, pois tem ainda a maconha.

Para tentar me ajudar a lidar com a pressão dos colegas, mamãe e a recém-chegada tia Tanya me mostraram como fumar um cigarro e liberar a fumaça rapidamente pelo canto direito da boca sem realmente tragar. Estamos os três no quintal da casa em Little Neck, com as folhas de outono rangendo sob os pés, fumando de mentirinha, e fazendo uma expressão blasé, como nos filmes.

– *Vot tak, Igoryochek* – mamãe diz enquanto solto a fumaça da boca, o nariz acompanhando com desejo o cheiro doce proibido. É assim que se faz, Igorzinho. Agora posso fingir que fumo cigarro ou maconha como os caras descolados. Aplico esse conhecimento aos meus primeiros cinquenta ou mais encontros com a erva do mal, fingindo estar mais chapado ainda do que o resto dos meus amigos, gritando minhas baboseiras:

– Paz no Oriente Médio! Gary fora do gueto! Sem traição!

Mas na quinquagésima primeira vez, em algum ponto no início do primeiro ano, eu me esqueço de expelir.

Se o álcool me destrói, a maconha me revela completamente. Até a essência. Nada do que você acabou de ler nas últimas páginas aconteceu de fato. Não houve Praça Moscou, *Lênin e seu ganso mágico*, não houve *Buck Rogers no século XXV*, não rolou "Senhores, nós podemos reconstruí-lo, temos a capacidade técnica", não houve Gnorah, Mamãe, Papai, nenhum *Lightman*, nenhuma igreja e helicóptero. Até a essência, como eu já disse. Mas e se a essência também não for boa?

E, quando solto a gargalhada da maconha, ela sai lenta e deliberada dos dedos dos pés até os cílios. Enquanto ela percorre todo o meu corpo, agrada enormemente a essência, e não importa se a essência é boa ou ruim, importa apenas que ela está lá, guardada para uso futuro.

Como um sujeito passa de trabalhador republicano a doidão absoluto? Jamais serei totalmente aceito no meio da multidão, assim como jamais aprenderei a letra de "Sunshine of Your Love", do Cream. Com sorte, talvez me convidem a toda festa *secundária*, onde a mais bonita das garotas ainda manterá distância de mim. Mas os "hippies", como são chamados, são o mais próximo que tenho de um grupo de amigos. Quando vejo gravada em uma mesa podre da escola a frase "Fodam-se todos os hippies, Gideon, vá tomar um banho", fico irritado com o autor de tais palavras e, estranhamente, acho uma pena que eu também não seja tão fedorento assim. Pena que eu não possa ser o oposto do que fui criado para ser. Pena que não sou um ser totalmente natural, como este Gideon, cujo pai por acaso é uma espécie de gênio americano em alguma área de conhecimento e cuja família vive em uma enorme cobertura em West Village.

Adoro a rapaziada, mas Manhattan é a minha melhor amiga. Ao caminhar pela Segunda Avenida numa sexta à noite, passo por um homem e uma mulher com roupas apertadas e vagabundas, parados no meio da calçada, chorando nos braços um do outro. As multidões de adolescentes cautelosamente passam ao redor deles, não exatamente surpresos com tal exposição, mas respeitando a ousada emoção. Todos ao meu redor estão em silêncio por pelo menos um quarteirão. Viro-me para dar mais uma olhada. Quase não dá para ver o rosto da mulher, mas quando ela se inclina para trás percebo sua casta levemente pérsica, a parábola de seus longos cílios, seus lábios vermelhos carnudos. Ela é linda. Mas todas as outras também são. É difícil caminhar do Trem Seguro na rua 14 até a escola na rua 15 sem se apaixonar desesperadamente.

Isto é o que estou aprendendo. Homens e mulheres, em várias combinações de gênero, estão trocando pequenas informações sexuais com os olhos e em seguida dobrando a próxima esquina, como se nunca tivessem se encontrado. *Sim*, meus olhos dizem a quase todas as mulheres que passam, mas elas simplesmente fazem cara feia e desviam o olhar (*Não*) ou sorriem e desviam o olhar (*Não, mas obrigada por pensar em mim*). Finalmente, em um dia profundamente emocionante de verão, uma jovem mulher andando na minha frente abaixa o short, deixando à mostra a curva de seu traseiro. Ela se vira e lança um breve sorriso, revelando o espaço entre os dentinhos da frente. Ela começa a andar mais depressa.

Eu mal consigo acompanhar. A essa altura, vários homens já se encontram no seu encalço, a maioria deles jovens profissionais de terno, todos nós silenciosos e carentes. A cada poucos quarteirões, ela abaixa o short um pouco mais, causando pequenos suspiros de descrença de seus seguidores. De repente, ela atravessa a rua e desaparece, entrando em um prédio, rindo de nós antes de bater a porta. Olhamos em volta e descobrimos que estamos na Avenida D, à sombra de alguns conjuntos habitacionais de aspecto selvagem. É o máximo que eu já me afastei de Little Neck, e nunca mais voltarei por essas bandas.

⌒

As maiores mentiras de nossa infância são sobre quem vai nos manter seguros. E aqui uma cidade inteira está reunindo-se para me envolver em seus braços gordos e feios. E aqui, apesar de todo esse papo de assaltantes e malandros com canivete, ninguém vai me bater. Porque, se há uma religião aqui, é a que nós criamos. Pais, obedeçam aos teus filhos no Senhor, pois isto é justo.

18.
O LONGO CAMINHO PARA OBERLIN

*O autor merecidamente coroado como
Rei da Idade Medieval.
À esquerda, sua rainha com a face corada.*

Lá em casa, no Queens, meus pais sentem que estou saindo dos trilhos, mas acabam lidando de forma não violenta com isso. Meu pai pacientemente tenta diagramar o funcionamento de um motor de combustão para que eu sobreviva em física. Minha mãe implora o perdão de professores em meu nome. Tudo está sendo feito para garantir que eu recupere as notas em tempo de entrar na faculdade de direito. E embora minha mãe fique chateada quando apareço às três da manhã bêbado ("Por quê, por que você não nos ligou avisando que se atrasaria nove horas?" "As minhas moedas de 25 centavos acabaram, mamãe"), meu pais cresceram na Rússia e sabem muito bem como funciona a vida adulta jovem. Nas poucas ocasiões em que volto de uma noitada virginal com uma garota, meu pai para de cortar um de seus estimados tomates na mesa da cozinha e me pergunta:

– Nu, você já é homem?

Ele se inclina e sente o cheiro do ar ao meu redor. Eu suspiro e digo:

– *Otstan' ot menya* – Deixe-me em paz.

E então, toc, toc, toc, saio marchando e subo para meu quarto, voltando para minhas *Playboys* e meu *Essays that Worked for Law School*.

A elite entre nós, entretanto, está imersa até a cintura *nisso*. Dão-se festas o tempo todo agora. Sou apresentado à nata dos imóveis de Manhattan. *Lofts* na rua Mercer, apartamentos clássicos de seis quartos ao longo da Amsterdam, uma cobertura na West Tenth com vista de 360 graus de um animal ainda vivo, ainda respirando, o Greenwich Village. Um apartamento em Battery Park City tão perto das torres do World Trade Center que, depois de fumar uns baseados, acho que consigo avistar meu reflexo em suas bainhas de aço e vidro (impossível). Por todos os cantos, adolescentes fazem festinhas e se agarram. E por que não? Todos os apartamentos parecem abandonados pelos proprietários adultos. Os pais estão fora. Estão construindo foguetes em terras distantes, prestando consultoria para o tribunal constitucional croata, cultivando café nas terras altas da Kigali. Todos os brilhantes progenitores de todas essa gente bonita estão a fusos horários de distância. Nunca me ocorreu que ter pais imigrantes abobalhados no bairro não menos abobalhado de Little Neck é de algum modo preferível ao estado selvagem e pervertido de coisas no qual muitos de meus contemporâneos agora se encontram.

E assim, em uma dúzia de apartamentos vazios, entre várias dezenas de pessoas peludas, acontece a venturosa troca de sexo da qual não estou inteirado. Agradavelmente chapado, a caminho do banheiro, ouço gemidos e risinhos leves vindos de uma direção e de outra, molas de colchões. Paro na frente da porta, excitado, confuso, tentando recrutar meu conhecimento adquirido com dra. Ruth. Pelo som, este foi um orgasmo vaginal. Este outro, com certeza, foi clitoriano. No terraço, o sol se põe sobre a flamejante torre de observação e prevenção de incêndios florestais de Jefferson Market, e John, companheiro de sofrimento, "destrói" um sanduíche de peru com uma cerveja.

– Judeu, *wakka-wakka* – diz ele. – Hermenêutica.

E assim por diante, por um bom tempo, até que pegamos a linha férrea de Long Island de volta para casa.

Por quem sou apaixonado? Deixe-me contar as garotas. Dez? Quinze? Vinte? Amo indiscriminada e abertamente. Uma garota alta, de beleza clássica, com círculos sob os olhos. Eu a levo ao zoológico do Central Park, que para mim é um programa romântico. Ela vai com uma amiga. Então, uma de suas unhas longas e alternativas acidentalmente arranha-me a mão de forma terrível, deixando uma cicatriz que ainda carrego. Uma loura fofa e roliça, com olhos azuis claros, que mora em uma casa de vila com a mãe divorciada. Sua mãe abre a porta, avalia a minha inocência e deixa

Fofa ir ao Zoológico do Bronx, onde eu lhe compro um elefante que chamamos de Gandhi. Eu a levo a um restaurante francês em Midtown.

– Vamos ser apenas amigos.

Tem a Sara, com quem faço sexo tântrico na aula de metafísica. Tem uma coreana alta, Jen, que me deixa massagear-lhe os pés. "É preciso ganância, egoísmo e despudor para sobreviver" é a frase que Jen escreve no anuário. A minha: "A virtude nunca foi tão respeitável quanto o dinheiro" – Mark Twain. Almas gêmeas. Tem a Alana (nome fictício), de cabelo encaracolado, magra, de cujo apartamento na Quinta Avenida e pais permissivos em breve eu vou me apropriar para o meu primeiro romance. Passo muitas noites, com a cabeça girando, em seu sofá extra, ao lado de um banheiro fedendo a caixa de areia de gato e dois gatos de fato: Meia-noite e Canela. Depois de meia-noite, carente de amor, enquanto Alana se encontra confortável em sua cama grande em outro canto, olho mais uma vez para fora da janela da cozinha, ao lado do meu sofá, para a torre de uma igreja gótica marrom. Um amigo nosso em comum me disse que Alana acha meu nariz muito grande; então não vai rolar nada. Interessante essa do nariz: meu pai sempre me chamou de *Yid-face*, mas dizia que o problema era meus lábios. Agora, o nariz também. Mas, enfim, estou em um apartamento cheio de brilhantes residentes de Manhattan, ao lado de uma caixa de areia para gatos, e lá fora uma lua paira sobre a igreja e a vasta extensão da Quinta Avenida, na junção que vai dar na vegetação dramaticamente Europeia da Washington Square Arch. A famosa rua está vazia, exceto por um táxi velho, caindo aos pedaços. Vai nevar em breve.

Mas alguém me ama. O nome dele é Paulie.* Tem 40 e poucos anos. Depois da escola, trabalho em sua empresa ___,† localizada na parte frigorífica da cidade; só não me peça para especificar quais as minhas atribuições e responsabilidades neste emprego.

Para atrair-me às suas garras de meia-idade, Paulie coloca um anúncio no quadro de trabalho da Stuyvesant pedindo um adolescente inteligente, prometendo pagar seis dólares por hora. A princípio, ele contrata a mim e a uma russa, mas esta última fede a carne e a suor, de forma que só dura alguns dias. Atendendo à minha solicitação, Paulie contrata Alana também, mas não é ela que ele quer! Sou eu! Passamos metade dos dias cruzando as ruas da cidade em seu carro, enquanto ele se estica para fora da janela e grita com seu sotaque ___‡ para as mulheres que passam:

– Ei, gata! O judeu tem um rabo lindo! Não negue!

Durante vários anos a gente se entende, digamos que... nunca.

– Eu não sou veado – diz Paulie, afastando o que lhe resta dos cachos de cabelo tingido, mas ele fala que gostaria de me debruçar sobre a mesa e ___ e ___ o meu rabo.

Fico extremamente lisonjeado com as atenções de Paulie. Embora seja muito mais velho, ele também quer se tornar escritor um dia, talvez narrar sua fuga de ___§ em uma jangada com a ajuda da CIA. No trabalho, sou responsável por pegar o almoço para toda a equipe, principalmente hambúrgueres do Hector Cafe ou *arroz con pollo* do restaurante dominicano. Ele grita comigo quando não trago o prato certo, mas, quando acerto, ele me chama de Príncipe Abacaxi, junto com alguns trechos em espanhol.

---

* Oh, não, não é!
† Digamos que seja uma empresa que funciona com o suor de muitos homens musculosos portadores de carteiras de motorista comercial.
‡ Digamos apenas que se trata de um sotaque de um certo país insular.
§ Mais uma vez, uma certo país insular.

– Muito bem, Príncipe Abacaxi, *puta maricón*.

Às vezes passo uma hora sorrindo depois que ele diz isso. Um dia Paulie me leva até a Flórida para umas pequenas férias, um passeio que irá inspirar um capítulo longo e assustador do meu primeiro romance. Na manhã antes de partir, meu pai se senta ao meu lado no sofá enquanto minha mãe revista a bagagem que fiz para a Flórida, certificando-se de que estou levando a bombinha para asma e o protetor solar.

– Seu chefe... – diz meu pai.

Ele suspira. Contorço os dedos dos pés branquelos. *Será que papai desconfia que meu chefe tá a fim de me enrabar?*

– Às vezes tenho ciúmes de Paulie, porque ele parece mais um pai para você do que eu.

– Oh, não, por favor. O senhor é o meu pai.

Vários dias depois, eu e Paulie estamos sentados em um Buick alugado em frente a um condomínio de luxo em Sarasota e ele está com a mão no meu joelho. Aponta para o condomínio, parecendo exausto de me perseguir, tão exausto quanto eu estaria perseguindo todas aquelas meninas lá da Stuy se eu tivesse sua idade.

– Olha – diz ele. – Aquele apartamento lá em cima pode ser seu. Sua família pode usá-lo a qualquer hora. Pense em quão feliz você vai fazer seus pais. Eu só quero...

E então ele arrasta a mão até minha coxa.

Rio do jeito que as garotas riem quando tento dar em cima delas, e então tiro sua mão da minha coxa, sentindo seu calor e peso. Estou um pouco assustado e um pouco feliz com tamanho interesse que meu segundo pai tem em mim. Pena que eu não sinta o menor tesão nele. Isso parece até um daqueles romances de Tolstoy onde X ama Y, mas Y ama Z.

Há uma foto dessa viagem com o braço de alguém sobre o meu ombro. Não é de Paulie, mas da Rainha. Lá estou, de cabelo cacheado, usando algum tipo de pulôver mexicano que parece um cobertor e uma coroa de papel da idade medieval, em um parque de competição e gastronomia perto de Orlando. A rainha parece uma adolescente mais madura, cheia de vestimentas medievais. Ao lado, Paulie está rindo de mim, fazendo gestos com a mão para mostrar o que eu devo fazer com Sua Alteza. Meus ombros estão um pouco curvados, os braços balançando, pois é incomum uma mulher me tocar, mas o meu sorriso soviético, mostrando os dentes cor de gelo, me diz que sou amado. É um dos momentos mais felizes da minha vida até agora.

O tempo voa. A faculdade está aí, bem perto. A merda de um terço de nossa turma já apresentou trabalhos de pesquisa na *Westinghouse Science Talent Search*. Eu, por outro lado, ainda não estive em cima, por baixo ou por trás de uma mulher. Uma das poucas noites em que não saio para beber e me drogar com Ben, Brian e John ou para tentar chegar em Sara, Jen, Fofa etc. e tal, estou deitado no meu quarto com folhetos coloridos de universidades americanas espalhados ao meu redor. Lá embaixo, o *razvod* é iminente. Tia Tanya veio para os Estados Unidos com os filhos. Minha ágil e linda prima Victoria, a bailarina, há mais de um ano compartilha a cama com minha mãe, ao estilo refugiado, enquanto meu pai fica lá no sótão ruminando. Ela perdeu os pais, inclusive a irmã mais velha de minha mãe, Lyusya, de forma que, aos 20 anos de idade, Victoria está presa conosco até encontrar seu próprio apartamento. Meu pai lhe oferece conselhos valiosos: com sua aparência, ela deve trabalhar em um clube de strip. Passo por Victoria timidamente nas escadas ou a olho através dela na mesa de jantar, amedrontado e confuso com sua presença, querendo falar com ela, mas preocupado com a possibilidade de tomar partido entre minha mãe e meu pai. É um pouco como quando éramos jovens e eu olhava para ela através do vidro da nossa porta francesa em Leningrado, incapaz de tocá-la por causa do medo de minha mãe dos *mikrobi* (micróbios). Mas há outra coisa: durante a última década tenho dado um duro danado para me tornar americano, e agora há essa garota russa em nosso meio, lembrando-me de quem eu era. No quarto que ela divide com minha mãe, Victoria ouve a estação de música country porque as letras são fáceis de entender, uma vez que as canções são lentas, e assim ela consegue aprender um pouco de inglês.

– Música country é uma merda – digo a ela, revirando os olhos, bancando o primo sempre urbano e solícito. Sempre o emissário do meu pai.

Porque agora é guerra total. Agora meu pai e seus parentes lobos de repente foram superados em número pelos recém-chegados. É hora de meus pais se envolverem em uma franca troca de pontos de vista.

– *Zatkni svoi rot, suka!* – Cala a boca, vadia.

Mas, na minha cabeça, eu já piquei a mula daqui. Li a respeito do network dos ex-alunos de Cornell e considero as maravilhas de um mundo no qual eu posso ser um cara mais velho, ex-aluno, sentado ao redor de uma lareira em um clube universitário com outros caras mais velhos e talvez uma Garota mais velha sexy, fazendo bastante networking. Cornell, obviamente, é uma faculdade difícil de entrar, mas tenho uma chance em sua Escola de Administração Hoteleira, pois Paulie conseguiu uma carta falsa de um de seus amigos atestando que sou um dos melhores carregadores de mala em um hotel de prestígio em Manhattan. O panfleto da simpática e progressiva Grinnell College, em Iowa, literalmente me faz chorar. Toda aquela galera de forte formação moral, todas aquelas bandeiras internacionais penduradas no meio da arquitetura gótica. Eu me enrolo no meu velho edredom soviético enquanto meus pais disparam novos tiros de fuzil lá embaixo. Que tipo de pessoa eu seria se eu fosse para um lugar como Grinnell? E se eu abandonasse tudo isso, o estrangeiro, o Gnu, o aspirante a Gordon Gekko? E se eu começasse do zero? Estou chorando por causa do *razvod* lá embaixo? Estou chorando porque não posso esperar para ser amado pela pequena essência dentro de mim, o que quer que ela contenha? Ou será que estou chorando porque, de certa forma, sei que estou prestes a cometer um ato de suicídio, um ato que levará todos os meus 20 e 30 anos, toda uma década de psicanálise para ser realizado?

Entro em Michigan primeiro. Um jipe vermelho pertencente a alguns amigos ricos de Ben e Brian está voando pela West Side Highway comigo na traseira gritando "Mii-Shii-gan!" para os travestis do Meatpacking District. Então, com a letra de "Space Oddity" do David Bowie na cabeça em loop infinito, vomito em uma cesta de lixo da Penn Station. Em seguida, bêbado, depois de ter tomado a linha Port Jefferson da ferrovia de Long Island, levando duas horas até Long Island (Little Neck, onde mora minha família, fica ao longo da Port *Washington*, não Port *Jefferson*), encontro-me a tropeçar por uma plataforma de trem desconhecida, até cair com as pernas balançando sobre os trilhos. Um condutor entediado me puxa, salvando-me do mal, e me diz para tomar um café.

– Michigan – digo a ele. – Vou pra fa-faculdade.
– Dá-lhe Michigan! – exclama o condutor.
Mas não vou estudar na universidade em Ann Arbor. Tampouco farei a Escola de Administração Hoteleira de Cornell, para

a qual, chocantemente, passei. No último ano da escola, eu me apaixonei mais uma vez.

⌒

Ela é uma judia pequenina, viciada em livros, ruiva como um ser mitológico, lábios finos e queixo insignificante como o meu. É do alternativo Queens, da parte sobre a qual a estação de rádio WLIR transmite cheia de si Depeche Mode e Cure. Seu nome é Nadine (não é). Ela é inteligente, experiente e não faz parte de nossa turma de gente chapada. Em algum lugar fico sabendo que um de seus pais ou avós sobreviveu ao Holocausto, conhecimento com o qual não tenho a menor ideia do que fazer. De qualquer modo, Nadine é durona, forte e possui o estranho misto de infantilidade masculina e feminilidade que eu tanto amava em Natasha, minha primeira paixão. Quando ela diz "Gary" ao telefone com sua voz sexy arruinada pelo cigarro, penso que é maravilhoso que meu nome americano não seja Greg.

Se vamos namorar? Na verdade, não. Mas gostamos de dar as mãos. E gostamos de cantar "I Touch Myself", o hit de 1991 de uma banda australiana chamada de Divinyls. Então, aqui estamos andando para cima e para baixo pela Stuyvesant High School, de mãos dadas, cantando "Eu não quero mais ninguém / Quando penso em você / Eu me toco". E isso é o que eu sempre quis: alguém para segurar a mão ao cantarmos algo sobre masturbação feminina enquanto os outros assistem. Agora eu sou uma pessoa de verdade, não sou?

Na casa dela, deitamo-nos lado a lado; tento beijá-la rapidamente, ou quase acidentalmente toco-lhe os pequenos seios sob o suéter grosso, tentando identificar os mamilos. Ou vamos ver *O exterminador do futuro 2: O julgamento final*, nossas mãos tensas, seguras uma na outra por 139 minutos (ficamos até os créditos finais), e depois saímos para o calor da cidade, ainda juntos.

Ou vamos a uma livraria perto da Penn Station, que, a exemplo de tantas outras, não existe mais, onde timidamente escolho algo pretensioso.

Nos dias ruins, Nadine diz:
– Você sabe que está deprimida quando não consegue nem mesmo gozar sozinha.

Nadine está indo para uma academia para pessoas tímidas em Ohio chamada Oberlin, a qual me lembro que, certa vez, apareceu em terceiro lugar na lista das melhores faculdades de artes liberais da América apresentada na *U.S. News & World Report*, porém, nos últimos tempos, despencou no ranking. A instituição também oferece um bom programa de escrita criativa, e posso me formar em ciências políticas com duas especializações antes da faculdade de direito. A menor média aceita pela Oberlin é de cerca de 5 pontos abaixo da minha atual 88,69, de modo que será fácil entrar, e espero que haja subsídio financeiro suficiente para não levar meus pais à falência. E se eu for para a pequena escola em Ohio terei alguém para segurar a mão quando eu chegar lá, a minha doce não namorada de voz rouca. Já vou chegar com uma vantagem.

"Honestamente acredito que você e Nadine vão acabar se casando", um amigo meu da Stuy, um grego moreno e bonito para o qual apresentei recentemente a maconha (passe adiante), escreve em meu anuário na Stuyvesant. E então sua avaliação final das minhas chances na vida:

"Boa sorte, Gary. Você vai precisar."

19.
SEGURE MINHA MÃO

*À esquerda, um dos primeiros dias da carreira do autor em Oberlin.
À direita, um de seus últimos dias.*

A OBERLIN COLLEGE FOI FUNDADA EM 1833, de modo que as pessoas infelizes, os inválidos emocionais e os homens elefantes do mundo pudessem encontrar o amor. A faculdade tem o imenso crédito de ser uma das primeiras no país a admitir estudantes afrodescendentes e a primeira a formar mulheres. Em 1970 a instituição apareceu na capa da revista *Life* por introduzir a era do dormitório unissex. Em 1991, concluí que, de todas as faculdades disponíveis, Oberlin me permitiria perder a virgindade com uma pessoa igualmente hirsuta, maconheira e infeliz da forma menos humilhante possível.

E, claro, a minha principal razão para escolher Oberlin. Aqui, terei alguém para segurar a mão desde o primeiro dia, a minha não exatamente namorada Nadine. Da mesma forma com que entrei na Stuyvesant com um relatório de engenharia sobre a casa colonial da minha família em Little Neck orçada em $280 mil, na Oberlin minha arma secreta será uma judia magrinha com seu cabelo ruivo sexy e o hábito de fumar um maço por dia.

O Ford Taurus do meu pai está abarrotado até o teto com bombinhas para asma e repleto de parafernália do Apple IIc. Já alertei meu futuro companheiro de quarto para esperar alguém festeiro por excelência que irá expô-lo ao álbum *Little Creatures* do Talking Heads sem parar. O colega de quarto, que se revelará extremamente careta e estudioso, aplicado em economia e alemão, vindo de um subúrbio tranquilo do Distrito de Columbia, terá, graças a mim, a verdadeira experiência da Oberlin, por 100 mil dólares em valores de 1995.

O Taurus está cruzando o caminho ziguezagueando entre o Little Neck cansado de guerra e nosso compromisso no departamento de apoio e assistência financeira de Oberlin. Falo com minha mãe ou com meu pai, mas eles não se falam um com o outro. Há uma tristeza silenciosa em meio às bombinhas e o Apple IIc – a tristeza do fato de que, quando retornarem a Nova York, meus pais irão definitivamente partir para o *razvod*. Desta forma, "Road to Nowhere" dos Talking Heads, que estamos ouvindo no som moribundo do Taurus, parece perfeita para a ocasião. Desde que chegamos à América há 12 anos, tenho tentado manter os meus pais juntos, mas hoje minha diplomacia chegou ao fim.

Ao passarmos pela Pensilvânia, onde fica a universidade da Ivy League com o mesmo nome, assim como as aclamadas Haverford e Swarthmore, e entrarmos nas terras planas de Ohio, não consigo deixar de pensar que, se eu tivesse sido um aluno melhor, esse *razvod* não estaria acontecendo. Se mamãe e papai tivessem mais orgulho de mim, eles iriam ficar juntos pelo menos para dizer: "Nosso filho estuda em Amherst, a segunda melhor faculdade de artes liberais de acordo com a U.S. News & World Report." Nadine e eu escolhemos ficar no mesmo dormitório.

⌒

Nunca exatamente deixei a costa leste, de forma que a monotonia, a falta de água dos campos (trigo ou milho?) e a vegetação de arbustos me deixam nervoso. Não consigo compreender esse novo terreno e não consigo localizar o meu lugar dentro dele. Tudo o que vejo é um abraço de píton de rodovias americanas e as placas altas em forma de chapéu de *chef* das lanchonetes de quinta categoria, tal como a que chamam de Arby's. E mesmo assim, como sou jovem, ainda tenho esperança de que alguma coisa boa vai acontecer comigo, com ou sem *razvod*.

A Oberlin College se localiza a sudoeste da taciturna cidade de Cleveland, perto das cidades ainda mais taciturnas de Lorain, Elyria e, para piorar, Amherst. O centro da cidade, igualmente taciturno, uma espécie de adendo ao colégio, "ostenta" um teatro em estilo *art déco* chamado Apollo. Por toda a cidade, ouve-se a música "Noite Feliz" durante a temporada natalina inteira, o que irrita os alunos e professores judeus. Há uma loja que vende artigos a cinco e dez centavos e que combina perfeitamente com a música de Natal e com o sentimento geral de que o tempo nos deixou muito para trás. Jovens camponeses e trabalhadores subempregados das fazendas locais gostam de cruzar a North Main Street em suas picapes gritando: "*Queerberlin!* Vocês são uns democratas de merda."

A arquitetura da faculdade é projetada para ser admirada sob efeito de LSD e cogumelos psicodélicos, uma vez que só faz sentido quando está derretendo. Pesados blocos de arenito de Ohio foram usados para construir tudo: um salão gótico com torres, uma capela de estilo mediterrâneo, de telhado vermelho. Em meio a essas estruturas iconoclastas, encontram-se um dos terminais perdidos do Aeroporto de Newark, aqui reconfigurado em um dormitório suicida chamado Sul, e também o Conservatório de Música feito por Minoru Yamasaki, o mesmo que projetou o World Trade Center, e que estranhamente se assemelha a uma versão de três andares daquela estrutura condenada. Aqui só existem duas estações: inverno e verão. Quando as folhas mudam de cor para os vinte minutos do outono de Ohio, a beleza conferida a todo o louco conjunto não é nada que mereça qualquer destaque.

 O elemento humano vagueia entre estes gigantes de arenito e cimento irritado e vegano, com uma Baixa Autoestima ou uma Autoestima Demasiadamente Alta. Um rapaz de camisa xadrez e tênis Vans multicoloridos passa com uma hélice presa ao seu gorro vermelho papal, e, se você tentar tirar uma foto dele e do gorro, ele vai zombar de sua presunção e tirar sarro de você com a companheira dele, cujo jeans skinny é um número menor que o dela. E, se você parar de tirar foto, ele vai zombar de você por não dar atenção a ele. Lermontov abordou tudo isso em sua obra *O herói do nosso tempo*.

 As duas primeiras páginas do *Oberlin Review* de 5 abril de 1991 estampam os seguintes títulos: "Plantação de maconha é descoberta e responsáveis são presos", "Ativistas pró-maconha fazem passeata", "Pornografia e união estável encabeçam a pauta da assembleia". Um quarto artigo, intitulado "CD [Corpo Docente] discute estatísticas de admissão", aborda o fato de que, no ano em que passo para Oberlin, o departamento de admissões aprova a entrada de 67% de todos os candidatos. Eu gostaria de ter conhecido o um terço dos caras que não conseguiram vencer este desafio de admissão rigorosa. Para citar um dos docentes que participam

do artigo: "Esse nível de seletividade é uma vergonha, praticamente zero."
Eu vim para o lugar certo.

⌒

Os Subarus dos pais aninham-se em manadas. Ainda não sei o significado deste carro de esquerda da Costa Leste. Também não entendo o fato de que muitos dos próprios pais são acadêmicos, mantidos por fundos fiduciários familiares que também manterão seus filhos no futuro. Há muita coisa que não sei. Só sei que meus pais estão prestes a partir para o *razvod*. Então, eu os beijo bem depressa (Papai faz uma citação parcial de Lênin: "Você tem que estudar, estudar e estudar, pequenino"). Eu me despeço e eles voltam para Little Neck. Mas, antes de chegarem lá, vão parar no Motel 6, um pardieiro barato. Imagino que eles vão se deitar em lados opostos da cama, um estranho silêncio judaico-russo pairando ali no meio, juntamente com alguns panfletos promocionais da Oberlin, fotos de hippies coloridos trepados no topo de uma rocha pintada. No meu quarto, na companhia de meu dedicado, completamente sóbrio, completamente não boêmio novo companheiro – por causa de sua ética de trabalho, ele imediatamente recebe o apelido de "Castorzinho" –, retiro da caixa o Apple IIc e a impressora matricial, sentindo-me sozinho – e não é a solidão positiva que senti quando escapei do Chucrute Village – enquanto anseio pela mão de Nadine.

Eis outra coisa que não entendo e não vou saber por várias semanas. No caminho de volta para casa, meus pais "fazem as pazes". Na verdade, depois que saio da cena familiar, toda a trajetória de seu casamento se transforma. Juntos, eles conhecerão tanto amor e felicidade quanto é permitido a pessoas de sua geografia. A pergunta que preciso fazer agora é *por quê?* Por que essa coisa que desejei tanto durante toda a infância, a paz entre mamãe e papai, por que a paz finalmente acontece somente quando nós nos separamos? Eles estavam tentando chamar minha atenção com suas lutas diárias e noturnas? Será que gostaram de minha diplomacia pendular? Meu choroso "Papai realmente te ama e ele promete ser um marido melhor" ou o prático "Mamãe perdeu a mãe e a irmã mais velha, por isso devemos ser especialmente gentis com ela e deixá-la enviar até 500 dólares para Leningrado todo mês". Ou, mais provável, será que o fato de eles agora terem tão poucas pessoas a quem recorrer neste país – tão poucos amigos americanos ou russos e parentes não lobos – finalmente os deixou sem escolha a não ser voltar-se novamente um para o outro? Talvez, sem mim, finalmente se lembrem do que eles amavam um no outro: o intelecto do meu pai, a beleza e a vontade da minha mãe.

Será que vão se sentir solitários sem o Igorzinho? Certamente espero que sim. A outra possibilidade: Eles sempre estiveram melhores sem mim. Nunca fiz parte do romance familiar. Fui apenas um impedimento.

Somente a cama de casal do Motel 6 saberá.

⁓

E agora é hora de reivindicar o meu próprio amor. Nadine, minha mão para segurar, está aqui, mais bonita do que nunca, com seu moletom cinza neutro e calça de brim, mesmo enquanto fico ali ao seu redor com minha calça cáqui feia e a camiseta *tie-dye* Universal Studios, em Orlando, Flórida, juntamente com aquele cara de meia-idade que queria ser meu amante, Paulie. ("Dá só uma olhada nesta camiseta, Príncipe Abacaxi, *maricón*"). A estampa é o rosto sorridente de Marilyn Monroe em *O pecado mora ao lado*, e minha esperança é que, com este símbolo sexual retrô no peito, eu pareça ousado ou interessante (não pareço nem uma coisa nem outra). Está rolando uma promoção de pôsteres no Grêmio estudantil, e eu compro uma cópia do quadro de *O grito*, de Edvard Munch, e um chamado *The Beers of the World*. Eu, todo contente, mostro as aquisições para Nadine, que não parece impressionada. Ela acende um cigarro de mentol, sopra a fumaça verde pelo canto da boquinha apertada, e voltamos para nosso dormitório, um bruto neogeorgiano chamado Burton que envolve o quadrângulo norte dentro de suas duas asas que parecem áreas de cultivo. Com a minha fome de sempre, agarro-lhe a mão, cantarolando a canção "I Touch Myself", dos Divinyls.

– Quer saber? – Nadine pergunta. – Talvez a gente não deva andar de mãos dadas.

Com a cueca elástica repentinamente inundada de ansiedade:
– Por que não?
– É que há um grande número de potenciais maridos ricos por aqui.

Ela solta um risinho.

Solto um risinho também.

– Ha-ha.

Volto ao dormitório e encontro-me sozinho, pois Castorzinho foi à secretaria para enfiar mais matérias difíceis em sua grade já apertada, deito-me na cama dura e tenho um ataque de pânico feroz, implacável, ao nível de Oberlin. Cá estou eu com um colega de quarto que é um castor, com pais imigrantes se divorciando, e sem mão nenhuma para segurar no canto nordeste de um estado cujo slogan turístico muito sincero e autêntico é "O coração de tudo".

Na Oberlin não há fraternidades ou irmandades. E a instituição localiza-se em um condado onde há a lei seca. Esses e outros fatores se combinam para tornar difícil para a maioria dos estudantes se abster de grandes quantidades de cerveja e maconha que redefinem o termo "abundante" (para quem se interessa, também há uma oferta razoável de heroína e cocaína). Na minha primeira noite em Oberlin vou fumar meia dúzia de baseados e beber as *Beers of the World* ou pelo menos meia dúzia de *Milwaukee's Best*, a cerveja local que deixa o cara de bexiga cheia. Em estado semicomatoso, segurarei nas mãos da garota mais bonita do alojamento, mesmo enquanto ela se atraca ardentemente com um conselheiro residente bonitão, todos rindo de mim, o triste bêbado segurando a menina bonita enquanto ela beija seu par esteticamente compatível, um homem de cabelo comprido, tão macio e sedoso quando o dela. Chapado, agarro o calor daquela mão, esquecendo-me de quem é sua dona – Nadine? Da minha mãe que está se divorciando? – até acordar em um quarto que não é meu, usando algum tipo de poncho peruano e coberto pelo que deve ser baba de outra pessoa. No ano seguinte, vou beber e fumar, fumar e beber, tropeçar e cair, cair e tropeçar, até que minhas intermináveis façanhas alcoólicas e entorpecentes me conferem um apelido em Oberlin: *Scary Gary*.

Enquanto a noite cai em Oberlin, Scary Gary e o Castorzinho diminuem as luzes.

Castorzinho, exausto de pensar e aprender, ronca alto e profundamente desde o início, mas o Scary Gary se caga de medo de uma certa peculiaridade da faculdade. Os banheiros em Burton Hall são unissex.

Para mim, toda mulher em Oberlin já é um anjo, uma criatura profundamente perfumada com o potencial de segurar minha mão embriagadamente, e agora tenho que me aliviar perto dessa criatura? Além disso, a comida servida no refeitório – uma tentativa dissimulada de *bife au jus*, uma salada de alfaces destruídas e um taco pós-apocalíptico – tornou o Número Dois imperativo. Se eu quiser continuar vivo, essa merda deve ser exorcizada de mim agora, como se eu fosse uma recriação de Fallingwater, de Frank Lloyd Wright, um pôster do qual eu provavelmente deveria ter comprado em vez do lugar-comum que é *O grito*, de Munch. Passo a noite inteira circundando o banheiro, só esperando uma chance, de modo que eu consiga soltar um barro. Às três da manhã, quando alguém do sexo oposto faz o maior escândalo ao vomitar Milwaukee's Best, rapidamente entro no reservado, o mais longe possível, timidamente abro as calças e me preparo para deixar sair. Neste exato momento, deslizam para dentro do reservado entre mim e a pessoa que está vomitando as botas modernosas, que pertencem à menina cujas mãos segurei embriagado, enquanto ela beijava outro cara. Aperto algum parafuso anal dentro de mim, cancelo o Número Dois e volto correndo para o quarto. E essa terrível constipação define, essencialmente, o meu primeiro ano em Oberlin.

Pela manhã, embora os banheiros sejam unissex, os chuveiros no meu andar são para os homens. Não há divisórias entre os chuveiros, de forma que ficamos todos juntos pelados, como na prisão ou na marinha.

Um cara entra com um baldinho e uma pá, desses que as crianças levam para a praia. Ele canta alegremente enquanto se ensaboa. Seu pênis é enorme. Mesmo não ereto, ele descreve arcos completos no vapor denso de Ohio. Tento dar uma animadinha no meu pau quando ele está por perto, para que eu não pareça insignificante, mas é inútil acender uma vela para sua vela.

– A *mulatto, an albino* – o companheiro de pau grande canta alegremente, já que toda referência em Oberlin no ano de 1991 é ao *Nevermind*, do Nirvana, todos os quartos do alojamento têm pelo menos uma cópia do icônico álbum do bebê embaixo d'água nadando em direção a um dólar preso a um anzol.

Os homens com paus menores entram no chuveiro. A queixa começa.

– Tem muito texto de inglês pra ler!
– Ganzel passou *um livro inteiro* pra ler!
– Eu tive que escrever *dois* artigos em uma semana.

O aluno de Stuyvesant em mim se diverte com isso. Em meu primeiro semestre em Oberlin, meu trabalho mais longo é assistir a *Blade Runner* de Ridley Scott e em seguida escrever uma redação sobre meus sentimentos em relação ao filme. Alunos, cidadãos locais e uma enorme variedade de otários estão autorizados a ministrar cursos em Oberlin como parte da Faculdade Experimental. *Essas aulas valem como crédito para a graduação.* O hippie gente boa, aluno do segundo ano que dorme no quarto ao lado, ministra um curso introdutório sobre os Beatles no qual, basicamente ouvimos o *Revolver*, ficamos com uma puta larica, e então ligamos para o Lorenzo's e pedimos uma pizza havaiana com presunto e abacaxi (ah, os 30 longos minutos que passamos morrendo de fome enquanto esperamos a maldita chegar!). Às vezes, usamos ácido e tentamos decifrar "And Your Bird Can Sing", enquanto caminhamos por vários edifícios e nos inclinamos sobre eles.

Demora algumas semanas para eu perceber o novo e assustador panorama à minha frente. Enquanto na Stuyvesant eu estava entre os piores alunos da turma, em Oberlin consigo manter uma média quase perfeita e, ao mesmo tempo, passo o dia inteiro bêbado e chapado. Pego o telefone assim que entregam o primeiro boletim.

– Mamãe, papai, fiquei com 3,70!
– O que significa 3,70?
– Uma média "A". Consigo entrar no curso de Direito da Fordham fácil. E, talvez, se eu me formar *summa cum laude*, quem sabe até a NYU ou a Universidade da Pensilvânia.
– Semyon, ouviu o que Igorzinho disse?
– Muito bom, muito bom – meu pai diz. – *Tak derzhat'!* – Continue assim!

Sou completamente tomado por sentimentos intensos e chapados de amor. *Tak derzhat'!* Ele não usa esse tipo de linguagem comigo há meia década. Lembro-me de uma criança de nove anos, em nosso apartamento em Deepdale Gardens, escalando sua barriga peluda, aninhando-se nos pelos do peito, revirando-se de felicidade, enquanto ele calmamente lê *Kontinent*, o periódico da intelligentsia emigrante. Eu o chamo de *dyadya som* (Tio Bagre). Ele é meu melhor amigo e meu papai.

– Quanto você tirou no teste de divisão? – ele me pergunta.
– *Sto, dyadya som!* (Cem, tio Bagre!)

Recebo um beijo que me espeta a bochecha.

– *Tak derzhat'!*

Será que realmente importa para mim que no andar de cima, neste exato momento, Nadine está de mãos dadas com um cara que me parece um ator famoso, aquele que está sempre internado na reabilitação ou atirando contra a polícia? Será que realmente importa que lá fora um bando de hipsters usando gorro com hélice está jogando footbag, o esporte principal do Oberlin, sem me convidar, porque de alguma forma os caras conseguem *sentir o cheiro* de meu passado desesperado, meu estágio na campanha eleitoral de George H.W. Bush, os meus anos como chefe do Sacro Império Gnu.

Minha mãe pergunta:
– E quanto os seus colegas tiraram?
– O pessoal aqui em Oberlin não fala muito sobre as notas, mamãe.
– *O quê?* Que tipo de escola é essa, gente? Isto é socialismo!

Socialismo, mamãe? A senhora não sabe de nada. Há um refeitório comunitário de alunos que não permite o uso de mel porque explora o trabalho das abelhas. Mas tudo o que digo é:
– É ridículo, mas é bom para mim. Menos concorrência.
– Notei que não havia muitos alunos asiáticos.
– Sim – respondo com alegria. – Sim!
– Ontem à noite fui assistir a uma ópera com sua mãe. Puccini.

Meu pai disse *Tak derzhat'*, e meus pais foram assistir Puccini juntos. Isto significa que não haverá *razvod*. Vamos continuar a ser uma família.

Assim que desligo o telefone, acendo meu cachimbo de prata luxuriosamente para puxar um fumo em cima do Castorzinho, até ele sair para a biblioteca. Então, depois que eu me livro de sua presença ruiva, sardenta e estudiosa, cuido da minha necessidade final ao som de "Baby, You're a Rich Man". Isso também vale como créditos para o curso.

⌒

Gosto de ir às aulas porque aprendo muito. Quer dizer, aprendo muito sobre os alunos. Aqui se tocam as grandes árias do egocentrismo (muito mais operísticas do que "O Mio Babbino Caro" de Puccini) que chegam às pequeninas salas de aula, enquanto os professores avidamente facilitam nosso crescimento como seres sociais e mestres da queixa. Aprendo a falar de forma eficaz dentro do meu novo ambiente. Domino uma técnica da Oberlin chamada "Como".

"Como mulher, acho que...", "Como mulher de cor, gostaria de especular...", "Como mulher de nenhuma cor, gostaria de conjecturar...", "Como hermafrodita", "Como libertador de abelhas", "Como um *beagle* em uma vida passada."

Mas o que vou dizer? Por quem vou falar? Levanto a mão.

– Como *imigrante*... – faço uma pausa. Todos os olhares estão sobre mim. Isso aqui não é a Stuyvesant; aqui os imigrantes são uma raça rara e interessantíssima, ainda que os pais da maioria dos presentes sejam donos da metade de Lahore.

– Como imigrante da antiga União Soviética...

Até agora, tudo bem! Aonde posso chegar com isso?

– Como imigrante de um país em desenvolvimento, esmagado pelo imperialismo norte-americano...

Enquanto falo, as pessoas, e com isso quero dizer as garotas, me olham e balançam a cabeça. Livrei-me de cada último vestígio de *nudnik* da escola hebraica e do palhaço da Stuyvesant. As coisas que digo em sala de aula não são para ser engraçadas, satíricas ou irônicas; minha intenção é celebrar minha própria importância, forjada no cadinho da nossa importância coletiva. Não há espaço para gracinhas em Oberlin. Tudo o que fazemos deve ser em prol da evolução da raça humana.

E eis o que está acontecendo comigo. Estou aprendendo. A mais pura verdade é que eu deveria estar longe de uma instituição como esta. A Oberlin é algo de bom que se faz para um filho quando se é rico. Ou pelo menos goza de algum conforto. Se eu tivesse uma filha americana, eu a mandaria com o maior prazer para Oberlin. Eu a deixaria gozar dos frutos do meu trabalho. Eu a deixaria ter orgasmos vaginais e clitorianos dentro de um alojamento sem glúten. Mas eu? Eu ainda sou um refugiado faminto, fodido, movido a *kielbasa*. Ainda preciso construir uma casa neste país e, em seguida, comprar um carro com tração nas quatro rodas para colocar na garagem.

O problema é que aprendo muito devagar. Há um aluno de classe privilegiada muito popular que usa uma camisa de zelador com o nome BOB estampado no peito. Também trabalhei como zelador antes de vir para Oberlin. Meu pai conseguiu um emprego para mim na equipe de limpeza para lavar o piso de um antigo reator nuclear em seu laboratório. Eu ganhava US$ 10,50 por hora para limpar muitos hectares de pisos radioativos e, o tempo todo, tinha de usar um dispositivo que parecia um contador Geiger (estado atual do meu cabelo reflete muito bem isso). Trabalhei durante todo o verão para ter grana e comprar maconha, cerveja e comida chinesa para uma menina em potencial cuja mão eu poderia segurar, mas meus pais certamente me forneciam camisas e calças para vestir.

– Pobre Bob – digo. – Ele só tem uma camisa. Como imigrante, eu sei como é.

– Quem é o Bob?

– É aquele cara ali.

– Aquele é o John.

– Ué, então por que ele tá vestindo uma camisa com o nome Bob no peito?

Meu interlocutor hipster olha para mim como se eu fosse um completo idiota. O que acho que sou mesmo.

Como imigrante, meu trabalho é aprender, porra. E o que Oberlin tem para me ensinar é como fazer parte das indústrias culturais em um punhado de cidades americanas. Como mudar-me para Williamsburg no Brooklyn ou para o Mission District em São Francisco e como ser um pouco conhecido entre um grupo seleto de minhas próprias duplicatas. Como usar o avanço dos direitos da Sérvia para meu livro de memórias, a fim de dar uma festa maneiríssima com o segundo pior tocador de banjo do mundo e absolutamente o pior encantador de serpentes. Alguém bate na porta de um seminário trabalhista com meu professor marxista preferido. Um pacote de queijo acaba de chegar da França. Nós o chamamos de *O Queijo do Povo*. O Volvo do Povo. O Popular Audi TT Roadster. Existem outras maneiras de ser incrível, maneiras que mal posso imaginar entre os lotes de 12 por 30 metros do leste do Queens. O segredo é simples: manter-se constantemente seguro de si. Não se pode anunciar as próprias ambições. É preciso entrar para uma banda onde você se veste de galinha. É preciso reclamar do recente colapso da União Soviética, ainda que seus pais comemorem. É preciso levar um baldinho e uma pá para o chuveiro de manhã. É preciso namorar alguém durante o primeiro ano e romper quando encher o saco e, em seguida, *reclamar* do fato de ter sido realmente amado por um ser humano.

A verdade é a seguinte: os ricos vão governar até mesmo em um lugar como Oberlin, onde sua laia é tecnicamente proibida. Eles simplesmente invertem a estrutura de poder para atender às suas necessidades. Eles vão sair por cima, aconteça o que acontecer. A Stuyvesant foi difícil, mas esperançosa. A Oberlin, por outro lado, lembra-me mais uma vez de como funciona o mundo. Creio que é por isso que chamam esse troço de educação.

Meu cabelo está crescendo, encaracolando, quase chegando à bunda; minhas camisas estão se tornando flaneladas como as de Kurt Cobain. Uma criança de Lênin está aprendendo sobre o marxismo no Cinturão da Ferrugem com docentes que trabalham em salas cujas portas são enfeitadas com placas que dizem MEMBRO OFICIAL DA ACLU E LOBOTOMIAS PARA REPUBLICANOS: É A LEI.

Ainda estou estudando ciências políticas, ainda estou respeitando os sonhos da escola de direito dos meus pais, mas estou fazendo algo que a Oberlin pode respeitar também.

Estou escrevendo novamente.

20.
JENNIFER

Meu primeiro Natal sulista. Jennifer está segurando o indisciplinado Tally-Dog. Estou tão cheio de hush puppies e canjica que dói levantar a cabeça.

—Ui, seus dentes estão me machucando muito, Gary. Vamos tentar algo um pouco diferente?

Eu tenho uma namorada.

O nome dela é Jennifer, conhecida pela maioria das pessoas por suas iniciais JZ.

Estou deitado ao lado dela. Tenho 20 anos. Lá em Stuyvesant, passei várias noites ao lado de Nadine em seu quarto no Queens, nós dois de olhos fechados, uma distância de 18 anos entre nós, eu sonhando com sua ossatura, ela provavelmente sonhando com a ossatura de outro, enquanto ao seu lado, na cabeceira, um relógio digital marca o tempo silenciosamente, um tempo perdido.

Se eu pudesse comprimir o amor não correspondido dos últimos vinte anos, eu provavelmente faria algum tipo de arte. Mas não quero ser este tipo de artista. Quando se trata do mundo, quero conhecer, tocar, provar e segurar indefinidamente. Vinte anos, pós-Leningrado, pós-escola hebraica, pós-infância, pós-Deus, eu sou um materialista sem posses. Não acredito em uma alma russa. O coração é um órgão importante, mas é apenas um órgão. Você não é o que você quer ser. Você é aquilo que deseja você. Tudo começa com ela. Tudo começa na noite em que eu me deito com ela em um prédio elegante chamado Keep Cottage, uma mansão em madeira e estuque que abriga um dos renomados alojamentos de Oberlin, o tipo onde as abelhas são salvas da exploração e onde um terrorista solitário conhecido como Bacon Bomber, que opera na calada da noite, salpica o hummus do dia seguinte com o seu ingrediente de mesmo nome.

Eu tenho uma namorada. Não sei exatamente como beijá-la, mas eu tenho uma namorada. Obrigado, Oberlin. Sem a sua boa acolhida aos feios e esquisitos, sem a tua aceitação daqueles ainda não completamente bêbados, sem a angústia insondável que você impõe a todos que andam sob o seu Memorial Arch, a angústia que leva à desventurada relação sexual pela qual seus discentes têm esperado ao longo de suas existências adolescentes miseráveis, sem essas coisas é muito possível que eu não tivesse devastado uma mulher com minhas presas soviéticas em forma de Pentágono até os trinta anos. Também é possível que, sem ti, eu tivesse ido para a Fordham Law School. Mas vamos deixar isso para mais tarde.

Estou com 20 anos. É primavera do segundo ano. Eu devia estar com 19, mas, como eu não sabia inglês quando vim para a América, estou sempre um ano atrasado. Jennifer está em meus braços e sinto sua corpo macio e não angular, sua realidade e minha realidade. Estamos flutuando pelo espaço. Essa verdade é aplicável a todos no planeta, porém mais aplicável àqueles que estão se abraçando pela primeira vez com os olhos fechados durante a noite, quase dormindo. Ao nosso lado, apenas como ponto de referência, sua colega de quarto, outra Jennifer, a quem, em breve, apelidaremos de a Ariana (ela é de Dakota do Norte e tem os olhos transparentes), ronca com dificuldade e de vez em quando grita coisas terríveis enquanto dorme. Toda vez que adormeço, a dor da colega de quarto de Jennifer me desperta e lembra-me do que tenho sido na grande parte de minha existência – uma pessoa infeliz sobrevivendo ao dia a dia.

Mas, como explicar a Jennifer em meus braços, como explicar a tatuagem quente que sua cabeça está fazendo em meu pescoço? Como explicar a presença de outra pessoa em minha vida, a coisa que eu só posso descrever como não solidão?

⌒

E mais uma coisa que eu quero lhe contar. Saio da Keep Cottage pela manhã. Estou ziguezagueando entre uma grande extensão do campus de Oberlin, passando pelas construções de cimento do novo refeitório diarreico, pelas milhares de antigas e novas bicicletas que os alunos de Oberlin tendem a ver como uma extensão de si mesmos, um dos poucos objetos que eles conseguem possuir totalmente sem mágoa ideológica, e finalmente entro na área verde colegiada do meu próprio Quadrângulo Norte, onde meu dormitório estilo Nova Inglaterra com os meus dois companheiros de quarto e nosso bong de 91 centímetros aguardam meu anúncio de amor.

Retrocedamos sete oitavos de minha jornada; paremos no caminho entre a Keep Cottage e o refeitório. Em câmera lenta, ainda com as pontas dos dedos no nariz, viro-me para trás e olho para o conjunto de janelas salientes da Keep olhando para mim. Será que ela está lá olhando para mim também? O que significaria se ela não estivesse?

É primavera, primavera mesmo, o que, em Ohio, deve significar o fim de abril, e não março. O local onde eu me encontro é um estacionamento com alguns Subarus e Volvos passados de pai para filho. E, quando olho lá atrás para a janela de Jennifer, o êxtase da nossa união mistura-se ao momento futuro da nossa despedida – porque mais cedo ou mais tarde nós nos separaremos, certo? E em algum lugar em meio à felicidade da primavera do meio-oeste, entre o renascimento e a Páscoa ao meu redor, já posso sentir nossa morte como um casal, a morte de algo a que sei que ainda não tenho direito. Meus dentes estão realmente machucando-a. Podemos tentar algo diferente? Sim, podemos tentar. Mas vai adiantar?

Nós nos conhecemos durante um daqueles lendários momentos "Scary Gary" do qual eu mesmo não me lembro exatamente. Estou sendo carregado pelo Quadrângulo Norte por um grupo folião de amigos bêbados e chapados, dos quais sou o mais bêbado, o mais chapado e, naturalmente, o mais assustador, fazendo jus ao meu apelido. Já ouvi três versões deste incidente. Em uma delas, estou sendo levado para *fora* do meu dormitório, porque dei uma festa barulhenta, irritando meu companheiro de quarto, o Castorzinho, que me expulsou para fazer festa em outra freguesia. Em outra versão, estou sendo levado *para* o dormitório, a caminho do Castorzinho raivoso, cujos estudos ruivos ou sono ruivo estou prestes a interromper com minha horda intrusa. Na terceira versão, que se mantém em sua própria lógica reciclada de Oberlin, primeiro estou sendo carregado para o dormitório e, em seguida, para fora.

– Festa em meu quarto! – grito. – Venham todos! Burton 203!

A essa altura estou com os primeiros sinais de um cavanhaque despontando; estou com meu poncho peruano e um broche de folha de maconha preso no peito. Enquanto estou sendo atirado para cima e para baixo por muitos braços fracos de Oberlin, será que estou pensando no livro que acabei de ler – *A pessoa em questão* de Nabokov – em que o nobre pai de Vladimir Vladimirovich está sendo cerimonialmente jogado no ar pelos camponeses de sua propriedade rural depois que ele adjudicou uma de suas disputas camponesas? Sim, isto é precisamente o que deve estar na minha cabeça. Porque a literatura está lentamente se infiltrando no meu cavanhaque, juntamente com a cerveja Milwaukee's Best e a vil camada de gordura amanteigada em torno dos bolinhos de batata servidos no refeitório. Dentro do quarto, o Castorzinho – que, se eu frear minha empáfia crescente, é na verdade um cara gentil e inteligente chamado Greg – está preso atrás de seu livro de economia enquanto o meu cachimbo de maconha dá o ar da graça, quando trinta pulmões estão preparados, quando as latas de cerveja são abertas com vários dedos indicadores magros, quando meu vizinho, aluno do segundo ano, meu professor de Estudos dos Beatles, abre a bandeja do CD – lembra daquele sonzinho zzzzzz que o aparelho de CD fazia? – e começa a tocar *Rubber Soul*.

Em algum lugar no meio disso tudo, vejo um rosto, um círculo pálido envolto no cabelo mais escuro do mundo e, em seguida, um queixo descendo para formar uma covinha perfeita. Há pelo menos uma dúzia de mulheres no quarto lotado e cheio de fumaça de maconha, e meu amor forma halos ao redor de cada uma delas, mesmo quando tento editá-las em uma só. Minha missão semanal é desenvolver uma paixão não correspondida e então, para superar a situação, fumar e encher os cornos. Esta noite, eu não paro de retornar ao círculo pálido dentro da nuvem escura e para o que está embaixo dele: olhos etnicamente castanho-escuros e sobrancelhas grossas. Ela tem uma gargalhada alta e rápida e um jeito um pouco inquieto, como se estivesse meio deslocada. Não da maneira com que a maioria das pessoas realmente se sentem deslocadas em Oberlin, mas da mesma forma com que Oberlin *não é lugar para mim*. Logo ficarei sabendo que nenhum de nós realmente entende por que uma banda deve se vestir de galinha. E, pelo menos em parte, apoiamos o Bacon Bomber e sua sabotagem nos hummus e na manteiga de amendoim dos alojamentos. E, pelo menos em parte, apoiamos a Rússia e a Armênia, origem da família do pai dela, e o Sul dos Estados Unidos, origem muito humilde e difícil de sua mãe.

 Estou agindo de maneira um pouco encantadora. O novo tipo de encanto e charme que desenvolvi: bêbado a três segundos de um desmaio, bêbado suficiente para requebrar ao som de "Nowhere Man", do *Rubber Soul*, encontrando uma espécie de batida pessoal lá, bêbado o suficiente para expelir grandes quantidades de piadas intelectualizadas para qualquer um que cruze meu caminho. Isso assim, isso assado, Max Weber, isso assim, isso assado, piada protestante, isso assim, isso assado, referência a Brezhnev. Aqueles que leram meu primeiro romance sabem exatamente a música que estou cantando.

"Taí uma habilidade sua que eu particularmente invejo", ela em breve vai escrever para mim em uma carta. "Sua habilidade em fazer as pessoas escutarem o que você quer dizer e prender a atenção delas."

Sim. Os anos que passei sendo ignorado, observando por trás de uma barreira linguística, escutando tudo o que rolava no quarto dos meus pais, bem ao lado do meu, tentando descobrir uma maneira de apagar as chamas, produziram um mamífero calculista e sedento de atenção como muito poucos.

E de uma carta que ela me escreveu muito depois: "Senti uma espécie de desespero em você, uma tristeza que vi em Oberlin antes de começarmos a namorar."

Ela está com seu amigo Michael, um poliglota judeu de Upstate e facilmente a pessoa mais inteligente da turma de 1995 em Oberlin (de onde ele partirá para Oxford após ser um dos 40 jovens americanos a serem contemplados com uma bolsa de estudos Marshall). Ele vai se tornar um dos meus melhores amigos, também. Sento-me ao lado de Michael, a espessura de seus óculos combinando com a profundidade de um pires das minhas próprias lentes de contato, e começamos um bate-papo em russo, a interação mais fácil e mais verdadeira que tive em Oberlin até então. Algo sobre o bardo russo Vladimir Vysotsky, talvez? Ou sobre o colapso da União Soviética, poucos meses antes? Quem sabe sobre a nostalgia que Nabokov acha que é *poshlost'* vulgar, mas que nós, garotos de 19 e 20 anos, ainda não estamos prontos para abrir mão? E, enquanto cuspimos russo, mais foliões entram no quarto, enquanto a maresia de meu cachimbo se infiltra no andar de baixo e no andar de cima. Mas esta noite não me importo com nenhum deles, além da conversa jogada fora:

– E aí? Beleza? A cerveja tá na geladeira.

E às vezes ela ri, às vezes ela olha para frente com incerteza, e às vezes ela joga a cabeça para trás e toma um longo gole de Milwaukee. Logo cada detalhe de sua história será de meu interesse, em breve os maneirismos serão estudados com o tipo de detalhe microeconômico que impressionaria meu companheiro de quarto. Mas agora estou no palco. Estou no palco perante minha finada avó Galya, cantando para ela trechos de *Lênin e seu ganso mágico*. Não tenho a arrogância de dizer à mulher na minha frente: *Você vai me amar*. Mas tenho a arrogância de dizer: *Por que você pelo menos não cogita me amar?* Levará cerca de um ano para que ela cogite; primeiro nos tornamos bons amigos. Mas, junto com meu charme e encanto, também estou aprendendo a arte da persuasão desesperada. Para citar Louise Lasser: "*Você é falso e manipulador!*" E, finalmente, vou deixá-la sem escolha.

O nome dela é Jennifer e seu sobrenome começa com Z e termina no sufixo patronímico armênio comum, -ian. Por quase toda a vida, ela é chamada pelas iniciais JZ. Dos nomes americanos que cobiço profundamente, o ecumênico "Jennifer" encabeça a lista, junto com Waspy Jane e Suze, e também sempre adorei as variações "Jenny" e mesmo o conciso, mas adorável "Jen". Mas há algo forte e incomum em uma mulher, mesmo uma mulher em Oberlin, que é chamada tão simplesmente pelas iniciais. Depois que terminamos e eu volto para Nova York, tenho dificuldade de olhar para o mapa do metrô por causa da prevalência dos trens J e Z enquanto cruzam alegremente os trilhos de Manhattan ao Brooklyn e ao Queens, passando por todos os bairros que conheço e amo.

J.Z. é dos subúrbios do norte de Raleigh, Carolina do Norte. Ela fala um leve sotaque sulista. Seus pais não são acadêmicos, e ela não tem acesso fácil a dinheiro. Todos esses fatos se combinam para garantir que ela seja diferente de uma típica aluna de Oberlin, uma *Obie*.

Seu amigo Michael é diferente também – poliglota e cosmopolita de uma forma que contradiz uma educação em Plattsburgh, Nova York, profundo conhecedor da perfeita agitação de um Martini e do uso de bíter e iídiche coloquial. Deixe-me agora expandir minha terna fauna de amigos por volta do segundo ano, 1992 a 1993. Tenho dois novos companheiros de quarto. Irv (não é realmente o seu nome, embora devesse ser), tem belas tetas e uma namorada japonesa do Conservatório de Música. Vive muito mais chapado que eu e passa grande parte do dia chupando com grande delicadeza o próprio polegar. Ele se aproxima de três gatinhas hippies em nosso dormitório e, na maior cara de pau, puxa conversa assim:

– Pô, tô sabendo que vocês vão dar uma surubinha amanhã à noite.

Meu outro companheiro de quarto é Mike Zap, que me apresenta à música e ao pensamento do então inflamado rapper Ice Cube. Começaremos muitas noites com a alegria empolgante dos gritos: "*Po*-lice eat the dick straight up!" do álbum *Death Certificate* do Cube. Mike é natural de Pittsburgh, cobre a parte de esportes para o *Oberlin Review* (a tarefa jornalística mais ingrata em nossa faculdade profundamente descoordenada), e, com sua bondade e relativa normalidade, de alguma forma acaba dando algumas orientações a nós, os malucos. Ao visitar sua casa na judia Squirrel Hill, Pittsburgh, alguns detalhes me trazem à lembrança meu amigo da escola hebraica Jonathan: a atitude normal dos pais e a dinâmica familiar sadia, aqui rematada por dois dos animais

mais geniais que eu já encontrei, um dachshund preto chamado Rudy e um caramelo chamado Schultz.

Juntos, nós cinco – eu, J.Z., Michael e meus companheiros de quarto, Irv e Zap –, somos o que eu sempre quis da vida: uma comunidade na qual eu não tenho de me sentir inferior a ninguém. Amo J.Z. e sou apaixonado também pelo fato de que compartilhamos nossos melhores amigos. Já na segunda semana do segundo ano, o enorme bong azul-celeste com 91 centímetros em nosso dormitório atrai hordas de alunos do primeiro ano, que ouviram falar em sua lendária produção de fumaça. A melhor coisa sobre o *"Big Blue"* é que ele é tão grande que exige mais de uma pessoa para operar, e, com certeza, ou o peitudo Irv ou Zap (com sua nova barba suja e adorável risada alta) farão as honras da casa com a tigela e segurarão a "boquilha", enquanto eu me inclino para trás e mergulho numa viagem de risos e loucura.

"*Po*-lice eat the dick straight up!" Os ventos nojentos e poluídos de Ohio batem nas janelas bay do Noah Hall, mas aqui em cima estamos todos juntos nessa. E, em seguida, cheio de fumo e amizade, consigo fechar os olhos e sonhar inteiramente com ela.

~

Investi nesta mulher usando o único método que conheço. A falsidade e a manipulação. Eu a insulto. Implico com as sardas que lhe cobrem o colo, sardas que sonho em cobrir de beijos. Como boa sulista, durona e direta, ela me escreve uma carta sem nenhum floreio: "Chega de babaquice! Você também tem algumas inseguranças que precisa resolver."

Como é que é? Eu? Inseguro?

Ela encerra da seguinte forma: "Escreva o que sente sem censura" ao lado de um grande coração e suas iniciais J e Z.

Sentindo uma abertura, eu ataco. Escrevo o que sinto. Escrevo e escrevo e escrevo e escrevo e escrevo uma enxurrada de missivas desprovidas de amor, que jamais escreverei iguais na vida, pois meu próximo relacionamento, oito anos depois, acontecerá já na era do e-mail. Mesmo depois de terminarmos, pós-Oberlin, cartas de 14 páginas navegam de Nova York à Carolina do Norte e cartas de 14 páginas navegam de volta. Diabos, trocamos cartas enquanto estamos *em* Oberlin, resguardamo-nos um do outro e tememos um ao outro, faltando-nos o hábito de abrir a boca e deixar que as emoções mudem o timbre da nossa voz. Procedemos de lugares onde as emoções são consideradas pontos fracos. E quando o verão põe fim à Oberlin e estamos mais afastados escrevemos durante todo o expediente de trabalho: eu, em uma agência de apoio e orientação a imigrantes ganhando $8,25 por hora, e ela recebendo a metade disso, atrás do balcão de uma loja americana de automóveis chamada Pep Boys.

A mais bela coleção de letras e números que já vi, em um envelope branco simples, cerca de meio ano desde que começamos o relacionamento:

ÁREA TRIANGULAR DE PESQUISA
RALEIGH DURHAM CHAPEL HILL
BOAS FESTAS! 12/29/92 PM RAL NC # 1

RAL NC # 1. Alguém da América, da América de verdade, escreveu para mim. Na frente da casa dos meus pais, com o tráfego escasso de Little Neck atrás de mim, abro a carta natalina, e isolo-me acusticamente do mundo real. Os lábios finos e vermelhos de J.Z. estão falando comigo. A cadência sulista de sua voz abafa as baboseiras em russo berradas por meus pais – "Igor! Melequento! Tá na hora de passar o aspirador!". Absorvo a carta, o amor e a angústia (pois, assim como eu, ela não é uma pessoa totalmente feliz), trancado no banheiro no andar de cima, a água jorrando. E então, ainda sem ter passado o aspirador, com o piso imaculado da minha mãe ainda coberto com traços minúsculos de poeira que a incomodam profundamente, começo a escrever uma resposta.

J.Z.

Toda a ideia de viver c/você, malhar c/você, escrever poesia c/você, preparar canjica e quiabo c/você, é surpreendente demais para expressar em palavras.

Estou fazendo grandes avanços na descoberta de quem eu sou.

Finalmente, sinto-me feliz por ser o Gary, e tudo isso graças ao fato de ter, finalmente, uma amiga com quem posso compartilhar tudo.

Sempre tive uma sensação desconfortável sobre a Bíblia a vida toda.

Nossa sociedade é uma droga, não é?

EU ODEIO MEU CABELO!

Pareço um bode judeu corcunda com uma arcada dentária mais parecida com o horizonte de Sarajevo depois da guerra.

Respeito seu pessimismo.

Aquele tal Jason [da Carolina do Norte] ainda te incomoda? Não encaro esse lance de beijinho no pescoço na boa, saca?

Por que tantos homens (e mulheres) se apaixonam por você tão depressa?

Você é minha grande professora – você me ensinou muito do que admiro e respeito em mim mesmo.

Em mim, com certeza. Estou profundamente envolvido na tarefa de aprender sobre, admirar e respeitar a mim mesmo. Mas e quanto a *ela*? Estou sempre perdido no chocante cenário de finalmente ser um namorado, constantemente preocupado que os amorosos Jasons da Carolina do Norte continuem a beijar-lhe o pescoço na minha ausência, sempre tentando encontrar formas de fazê-la me amar cada vez mais, será que consigo realmente enxergar a garota linda e triste, de um metro e sessenta centímetros de altura na minha frente? Ela é filha de uma família despedaçada, uma imagem circense de como minha própria família se pareceria caso um *razvod* tivesse acontecido. O taciturno pai armênio, um gênio de algum ramo da ciência da computação, sozinho em sua Área Triangular de Pesquisa, incitando os filhos a fazer pior. A mãe sulista em seu pequeno rancho moderno, conciliando seu tempo entre comer, dormir, beber taças de vinho branco, e jogar bridge. A meia-irmã mais velha, fria e ranzinza, irradiando negatividade de Dallas/Fort Worth. O irmão caçula, que a chama de Nate por algum motivo, ateia fogo nos próprios peidos e participa de "pegas" pelos asfaltos cozidos pelo sol da Carolina.

Na correspondência da Carolina do Norte, um cartão-postal com uma foto do "Bedpeace" de Yoko e John Lennon e seu lindo rabisco: "Vamos ter isso em breve!"

De outras cartas:

Pareço um merengue armênio.

Só AGORA começo a realmente confiar em você para tudo, Gary. Partes de mim que se mantêm sempre na defensiva estão finalmente relaxando com você.

Vou te mandar uma cópia da [nova] fita do David Byrne.

Um colega de trabalho me disse: Você é miscigenada, né? Quero dizer, você não é 100% branca, certo?

Chorei no caminho inteiro de volta do trabalho... Acabou que meu avô teve um infarto. Amo esse velhinho. Ele é uma boa pessoa de verdade.

Gary, estamos na flor da idade – vamos curtir – o estresse de Oberlin é péssimo!

Não acredito que sua mãe te critica assim. Poxa, ela nunca diz coisas boas, pelo menos que eu tenha ouvido. Como isso te afeta?*

Eu queria muito poder pegar um avião, ir à casa dos Shteyni e te resgatar.

Pode pedir pra Nina [minha mãe] rezar pelo meu avô?

Imagine só nosso casamento: judeus, armênios e sulistas!

Cara, com o rio Mississippi não se brinca!

Eu te amo, Gary.

Sinto que devo digitar a última frase novamente, pois, quando li essas palavras pela primeira vez, eu não as li apenas uma vez.

"*Eu te amo, Gary.*"

⌒

O avião pousa em Raleigh-Durham. Início do verão, apenas algumas semanas após a Oberlin fechar para fumigação e reset ideológico da estação, só que não aguentamos mais ficar longe um do outro nem mais um dia. Estou com uma camisa xadrez comprada em um brechó, *très* Keep Cottage, onde trocamos nosso primeiro beijo, que não tiro do corpo, pois com ela me sinto relaxado e no

---

* De uma futura namorada, em 2004, em um quarto de hotel em Praga ou talvez Viena (para mim, está cada vez mais difícil diferenciar as duas), imediatamente após conhecer meus pais: "Por que eles te tratam assim tão mal?" Eu: "Ah, é só um lance cultural." Ela: "Caramba, isso aí tá parecendo desculpa." Eu: "Não vamos começar, ok?"

estilo namorado. Ao redor do pescoço, trago um cordão com uma conta azul feita em um material que se assemelha a um mármore, que eu não me atrevo a tirar nem para tomar banho, pois é um presente dela. Na próxima meia década, sempre que eu estiver ansioso, vou girar a conta entre o polegar e o dedo indicador. Mesmo quando ela se for. Especialmente quando ela se for.

Tomei três doses de Bloody Mary no avião porque é isso que os viajantes habituais da ponte LaGuardia-Raleigh como eu sabem fazer. E também porque, a essa altura da minha vida, não consigo sobreviver algumas horas sem beber. Lá fora já posso sentir um mundo diferente, o mundo dela. Olhando pela janela do avião, não vejo nada além da vegetação da Carolina do Norte. Uma floresta atrás da outra, todas abençoadas pelo sol suave local, separadas por pequenas extensões de riachos que, dizem as más línguas, os Yankees migrantes estão trazendo consigo à medida que vão ocupando as cidades universitárias de Durham, Chapel Hill e adjacências.

⌒

Lá está ela, logo depois da área de retirada de bagagem, meu merengue meio-armênio pálido, agora avermelhado pelo sol mencionado anteriormente, assim como estou avermelhado pela vodca já mencionada. (Estou com 21 anos, e minha compulsão é legal.) Ela veste a camisa de seda verde e dourada vintage, de estilo vagamente asiático que eu lhe dei de presente em seu aniversário de 20 anos. Eu a abraço. Nossa, e como abraço!

– Calma. Calma aí, Shteyni-dawg.

Shteyni-dawg é meu apelido, usado não apenas por JZ, mas pelo nosso amigo Michael, pelo Companheiro de Quarto Peitudo Irv e pelo Gentil Companheiro de Quarto Zap do Rap.

Então penso:
Oh, meu Deus, não estou sozinho.

A tantos quilômetros de meus pais, e estou com minha namorada nos braços e, espalhados por toda a Costa Leste, com uma breve incursão pelo interior da Pensilvânia na direção de Zap, estão meus amigos.

Calma aí, Shteyni-dawg.

Seu carro é um Oldsmobile 88, um grande monstro sulista vermelho e enquanto ela dirige inclino-me e beijo-lhe o pescoço. Ela está com a lavanda que compramos em um camelô perto da Quarta Avenida. Tomei um banho de Drakkar Noir, ou Safari masculino, ou uma colônia de pungência igualmente debilitante. Alguma coisa, afinal de contas, tem de anunciar o fato de que ainda sou um imigrante russo.

Será que sou mesmo?

Ao penetrar no Sheep Meadow no Central Park depois do meu primeiro dia de Stuyvesant, senti que uma parte de mim se partiu. Uma conexão com o passado. Um tiro direto partindo dos campos de trabalho do Tio Aaron e as bombas dos caças Messerschmitt até a mão empunhada do meu pai, ao chicote da língua de minha mãe, ao garoto que escreve "Gary Shteyngart" e "SSSQ" em suas tarefas da escola hebraica. Talvez a conexão não tenha se partido. Talvez tenha apenas se entortado. E agora no carro de JZ esta conexão está se distorcendo mais ainda. O passado, que se estende indefinidamente atrás de mim, e o futuro, que se estende por mais cinquenta anos na melhor das hipóteses, estão empatados. Nada no programa genético que herdei me preparou para alguém como JZ, para o calor incondicional de seu nariz interétnico, para o *"Cara, com o rio Mississippi não se brinca!"*. Tampouco para a profunda melancolia existencial que nos pesa tanto como o verão sulista quente e úmido que nos rodeia.

A casa de sua mãe, ao contrário da casa da minha, é uma zona, os móveis pesados afundam nos tapetes, cada centímetro quadrado é assombrado por uma besta peluda, um corgi chamado Tally-Dog, que, ao confrontar meu fedor de Drakkar Noir, só consegue fazer uma coisa: latir. Para meu profundo horror, três minutos após minha chegada à casa, puxo uma barata albina da pia por uma das antenas, achando que é um fio de cabelo meu prematuramente grisalho.

Mas a mãe dela é muito simpática e atenciosa comigo. Ela me olha através de um enorme par de óculos dourados, mostrando-se bem animada e agitada no início da noite. Ela é uma mulher grande, propensa às cores roxa e lavanda, muitas vezes misturadas. E do momento em que cruzo a soleira de sua porta fica claro que sou bem-vindo aqui, e bem-vindo ao amor de sua filha.

Na visita do verão anterior a Little Neck, JZ acidentalmente quebra um abajur de minha mãe, pelo qual somos prontamente cobrados em oitenta dólares pela minha mãe que não faz firulas. (Dividimos os oitenta, um valor nada insignificante para dois alunos bolsistas.) Este incidente acompanhado da aparição de meu pai descendo as escadas trajando um short de futebol apertado, com os testículos brilhantes se esparramando pelos dois lados, dão a JZ uma rápida, mas decisiva visão geral da vida da família Shteyngart *in medias res*.

Aqui no Sul, ninguém mostra publicamente os testículos. Na verdade, existe uma regra na região determinando que um homem deve manter um pé no chão na presença de uma jovem. Esta pequena e tensa advertência é a regra mais maravilhosa da cristandade pois, quando a sua mãe sai, eu e JZ corremos para o quarto e nos atracamos, sumindo com nossas roupas feias de Oberlin em apenas alguns movimentos simples, enquanto David Byrne começa a cantar:

And she was lying in the grass
And she could hear the highway breathing
And she could see a nearby factory
She's making sure she is not dreaming*

Sei que ele está cantando sobre JZ, sobre o tom róseo de seu corpo, a massa dura de seus ombros, a seriedade de seus olhos. Ele está cantando sobre ela e não sobre mim; ele está me permitindo estar com ela, com total abandono de mim mesmo. *E ela estava.*
Depois de tomarmos uma rápida chuveirada no banheiro apertado e retornarmos à umidade da Carolina, falamos sobre a morte. Quando fiz 21 anos, a mãe de JZ, a meu pedido, me deu um livro chamado *We Don't Die: George Anderson's Conversations with the Other Side*, uma pequena e delicada picaretagem sobre um médium que se comunica com os mortos. Desde o meu primeiro encontro com a asma, uma experiência de tirar o fôlego, senti que a cortina entre o nosso mundo e a não existência é tão fina quanto um copeque. Mas agora que encontrei um par de olhos castanhos sem profundidade para olhar no fundo dos meus em uma cama com babados em North Raleigh, a ideia de partir desta terra realmente parte meu coração.
– Não quero te deixar – digo a JZ, o que significa que eu não quero deixá-la em cinco dias, quando terei de voltar para o norte. Mas minha real intenção é de dizer que não quero deixá-la nunca, tampouco os prazeres que acabamos de ter, ou a estranheza da voz de David Byrne, ou as memórias que estamos construindo

---

* "E ela estava deitada na grama./ E podia ouvir a rodovia respirar./ E podia ver uma fábrica próxima./ Ela certifica-se de que não está sonhando." (N. do. T.)

juntos todos os dias. Decidimos que após a faculdade, nos mudaremos para o Novo México. Fumar maconha e fazer amor em meio aos cactos. Ela quer se tornar uma espécie de curandeira. Eu já sei que quero escrever.

Seu avô é completamente sulista, cortês e simplório – "Ele é mais nervoso do que um gato em uma sala cheia de cadeiras de balanço" – com um veado pendurado em seu defumadouro em Fayetteville, com autoridade suficiente para sentar-se na cabeceira da mesa da casa de sua filha, e com a gentileza de deixar um completo estranho de Nova York sentar-se ao seu lado e ser tratado como um velho amigo. Ele dá graças antes de comer, citando Jesus Cristo, Nosso Senhor, fazendo com que JZ e eu troquemos furtivos sorrisinhos de Oberlin. Vovô é *meio* judeu.

Mas, depois do jantar, vovô vai à cozinha e diz:

– Que ótima divisão do trabalho vocês têm aqui. Ela lava a louça e você seca. Vocês formam um belo casal.

Neste momento, tenho vontade de me casar com JZ, de me casar com toda sua família, com peidos incendiados e tudo. E quando seu avô morrer de infarto alguns anos mais tarde sentirei sua dor como uma extensão da minha própria dor, pois a minha avó está muito doente.

⁓

Brigamos. A verdade é que não sei fazer nada – dirigir, fritar um ovo, ser homem – e, por mais progressistas que sejamos, JZ ainda espera que eu seja forte para ela. Um dia, enquanto dirigimos em direção à casa de sua irmã em Dallas, Texas, ela vai me pedir para dirigir e, em algum lugar no Alabama, vou enfiar o Oldsmobile 88 no muro de uma franquia da Shoney's. A frase favorita de JZ, proferida com uma cara feia, aqueles olhos escuros armênios abrigando uma chama amarela: "Bem, *isso* é ridículo."

Mas, em vez de sentir remorso, parto para a ofensiva. Eu sou nova-iorquino, ora bolas. Por que raios eu não conseguiria conduzir um Oldsmobile de Raleigh a Dallas sem bater em uma filial de uma desgraçada rede sulista de restaurantes? Nem que eles me recompensassem pela agressão veicular em seu estabelecimento com um de seus famosos e exclusivos sanduíches Monte Cristo ("Vocês devem estar cansados"). Ela não estava lá comigo e seu amigo Michael quando assistimos a *Manhattan*, de Woody Allen? Ela não bebeu todos os martínis e uísque do Michael enquanto ele e eu zombávamos judaicamente do artista Sol LeWitt? Não é esta a vida que ela escolheu ao lado de um intelectual nova-iorquino em desenvolvimento?

Pelo visto não. Pois aqui estou tentando escalar o escarpado penhasco da Montanha Grandfather, Carolina do Norte, usando cabos e escadas para tentar me firmar nessa porcaria, enquanto uma cobertura de nuvens rodopia *abaixo de mim*, prometendo uma morte bem feia caso eu solte a corda. Sou um acrofóbico clássico, preocupado que uma parte de mim *queira* de fato soltar a corda. Mas tenho consciência de que já que não sei dirigir, andar de bicicleta e tampouco brincar com um corgi histérico e descontente devo pelo menos subir uma montanha com esta ágil provinciana, que neste momento, inclusive, está pulando a muralha de pedra com a destreza de um leão da montanha.

Ou, como escreverei para ela depois que eu voltar para Little Neck: "Tenho enorme dificuldade em me ajustar a um novo ambiente, ainda mais sentindo que posso te perder ao fazer algo errado."

Ou, como escreverei para ela depois que rompermos o namoro: "Quando penso nos momentos mais importantes de nossa relação, vejo-me olhando para o painel do seu carro."

Sim, no banco do carona, olhando para o odômetro que não para nesse enorme painel cromado, olhando para tudo que passa lá fora: as árvores, os montes e as montanhas Blue Ridge, olhando para a paisagem do país que me prometeram no meu certificado de naturalização. E lá está ela, dirigindo para mim, a mão no volante, a outra levando o canudinho aos lábios, o copo transparente repleto de gotículas, cheio de chá gelado do sul que, para quem não sabe, é o melhor chá gelado do mundo.

E à noite, em um parque nacional qualquer, encontramo-nos dentro da barraca meio murcha que não consegui armar corretamente, com as últimas centelhas de nosso amor extinto, com a barriga cheia de hush puppies, canjica e haddock frito, estou lá deitado, lendo *We Don't Die: George Anderson's Conversations with the Other Side*, sob a luz de uma lanterna, esperando contra toda a esperança de que tudo que aprendi na Stuyvesant e em Oberlin – a imaterialidade de nossa personalidade, a efemeridade de nossa existência neste planeta – não seja totalmente verdade.

21.
AO SOM DE SIGN YOUR NAME (ACROSS MY HEART)

Pronto para o desgosto.

E<small>M MEIO A TODA ESSA COISA</small> chamada Jennifer, outra coisa acontece, o que, suponho, podemos chamar de faculdade. Quando fecho os olhos, eu me vejo descendo a rampa da biblioteca Mudd, uma espécie de fortaleza acadêmica pós-moderna guarnecida por um fosso, carregando minha mochila cheia de estatísticas sobre as colheitas de cevada da era Khrushchev. Minha tese do último ano do departamento de política se chamará "De volta à USSR: A Evolução das Tendências Atuais de Reintegração", qualquer coisa que me leve de volta ao país que acabou de se esfacelar assim, sem a menor cerimônia. Quando mantenho os olhos fechados por mais um tempo, vejo o *Big Blue*, o bong que estou atleticamente fumando enquanto Ice Cube instrui seu inexistente público feminino: *Vadia... você deveria ter vestido o pepino*. Quando mantenho os olhos fechados por mais um segundo (prometo que logo os abrirei), volto a West Village com o meu companheiro de quarto, Irv Peitudo, nós dois viajando com cogumelo na casa dos pais dele, enquanto aqueles novos padrões fractais fascinantes florescem e morrem na tela do seu Mac.

– Cara, um sujeito lá do Con[Conservatório de Música] me comeu – Irv me diz.

Eu, sem criticar nem condenar, a essa altura do campeonato já acostumado a qualquer coisa, respondo:

– Legal. Qual foi a sensação?

– Muito boa. Parecia que eu estava com um pedaço de merda enfiado na bunda.

Tudo isso está levando a algum lugar.

⌇

Agora que tenho amigos verdadeiros que me contam sobre o que entra em seus traseiros, agora que consigo falar honestamente sobre minha vida com uma mulher que me ama ("Eu te amo, Gary", para citar novamente a carta), posso finalmente começar a pensar em mim como uma pessoa séria. E essa seriedade não vai me levar a Fordham Law School, onde eu certamente faria várias palhaçadas durante os dois primeiros anos difíceis e, desastrosamente, mergulharia de cabeça na cocaína no terceiro. Para mim, isso representa a única coisa que busco com competência e paixão. Eu escrevo.

Deixe-me reiterar: eu não sei fazer nada. Seja ovo frito, café, dirigir um carro, assistência jurídica, planejamento orçamentário, como soldar uma placa-pai em uma placa-mãe, como manter uma criança aquecida e segura à noite. Mas nunca passei pelo que se chama bloqueio de escritor. Minha mente funciona a uma velocidade insone. As palavras caem feito soldados na alvorada. Coloque-me na frente de um teclado e encherei uma tela inteira. O que você quer? Para quando quer? Para agora? Aqui está.

Minha produção é de um conto por semana ou um lote de poemas. Escrevo assim que acordo, com a ressaca ainda pulsando em meu lobo frontal danificado, ouvindo o fap-fap-fap da masturbação de meu companheiro de quarto Irv. Escrevo antes do café, com o *Big Blue* borbulhando no canto; escrevo feito uma criança que precisa provar alguma coisa. O departamento de escrita criativa de Oberlin me aceita e me ocupa. Há uma professora chamada Diane Vreuls (que forte sobrenome holandês!), uma mulher alta e marcante, quase se aposentando, que entende minha produção textual. Em sua minúscula sala apertada no porão do prédio que lembra os primeiros três andares do World Trade Center, ela destaca uma passagem onde um dos meus personagens rasteja pela floresta.

– Como ele rasteja, Gary? – pergunta.

Então ela se põe de quatro. E, com todos os seus um metro e oitenta centímetros de altura mais o halo cinza de cabelos longos, ela rasteja em todas as direções. E eu entendo. E eu entendo como se faz. Como as palavras expressam e traduzem o mundo ao meu redor e o mundo preso dentro de mim.

Estou andando sobre a água. Sim, isso é o que a escrita pode fazer. Estou cruzando o Oceano Atlântico em diagonal, dando a

volta até o Canal Inglês, fazendo picadinho do arquipélago dinamarquês, deslizando até o Mar Báltico, até o Golfo da Finlândia.
"Well, we know where we're going", David Byrne está cantando no aparelho de som, "but we don't know where we've been".*

Vou à Praça Moscou, a Tipanov Street, mas o que não sei fazer ainda é ir além do pátio de minha infância com seu tubo preto de fuligem e foguete enferrujado.

Para a Igreja Chesme. Para o heliporto de lançamento. Para cima, para cima, para o ar e entre as torres.

⌒

Escrevo com JZ de pernas cruzadas sobre a cama à minha frente. Está enterrada em livros de estatística e psicologia. Anos mais tarde, ela vai se tornar uma curandeira, exatamente como prometeu a si mesma.

Estou desesperadamente tentando ter uma história, um passado. Estou me inundando de memórias, melancolia e verdade. Cada memória que reprimi na Solomon Schechter, no Queens, onde eu fingia ser um bom alemão oriental, está voltando à tona. Escrevo sobre a vez em que comi bolinhos de pelmeni com minha mãe perto da estátua de sereia em Yalta. Escrevo sobre o galo mecânico com o qual eu brincava na Crimeia. Sobre a garota caolha no nosso primeiro apartamento nos Estados Unidos, a que brincava comigo com as placas da Honeycomb. Orgulhosamente uso as palavras que acabo de aprender, como "*Aubusson*", escrevendo ao lado, entre parênteses, "tapete francês". Enfio o "*Aubusson*" em uma espécie de história de ação literária chamada "Pôr do sol no Internacional", com direito a "helicópteros Sikorsky ne-

---

* "Bem, sabemos para onde estamos indo/ mas não sabemos onde estivemos." (N. do T.)

gros". Quinze anos depois, a história será expandida para o romance intitulado *Absurdistão*.

Às vezes, minha escrita é uma porcaria, mas às vezes ela se esforça para ser verdadeira e funciona. Meus pais estão brigando em suas páginas. Estou aprendendo inglês. Estou aprendendo a ser de segunda classe. Estou aprendendo *Adonai Eloheinu, Adonai Echad*. Diante de uma pizzaria americana, minha "mãe me instrui a pedir uma pizza que leve carne, para que assim eu faça uma refeição completa". Minha imaginação tem permissão para vagar em todas as direções, até mesmo àquelas que levam ao fracasso (*especialmente* essas). Entrego um esboço verdadeiramente estranho do personagem Nikita Khrushchev celebrando, sozinho, seu aniversário de 70 anos em uma fazenda coletiva. Escrevo sobre o encontro fictício de minha avó com o papa João Paulo II.

E então tudo para.

Oberlin importa uma professora jovem e gostosa, uma discípula do editor guru Gordon Lish, famoso por sua edição de Raymond Carver e suas oficinas que custam o salgadíssimo preço de 2.600 dólares lá no leste. Cada história que entrego volta com a observação: "Gary, sei o que Gordon diria sobre essa história, então deixe-me ajudá-lo a poupar 2.600 dólares." No início, eu não dou a mínima para o que Gordon diria, e, dada a impressionante mensalidade de Oberlin, meus pais (e o governo federal) pagam muito mais do que 2.600 dólares por esta aula de qualquer maneira. Mas a professora usa trajes sumários – uma pecinha floral de alcinhas finas no meio do inverno de Ohio – e despedaça nossos corações flanelados com cada workshop. Quero desesperadamente agradá-la. Então passo a escrever no estilo conciso misterioso e idiotamente hermético que Gordon Lish, em algum lugar de Manhattan, está claramente exigindo de mim. "O *shuka* está no pote", o que quer que isso signifique. Vários dos meus colegas de turma decidem parar de escrever findo o semestre, o que, inconscientemente, deve ser o objetivo de todo o programa de Gordon Lish para reduzir os novatos a nada, para se livrar daqueles que desobedecem ao mestre. Em certos dias frios, eu sem querer começo a fazer uma oração da escola hebraica no caminho para a aula, balançando-me para frente e para trás, tentando me aquecer, cantando: "*Sh'ma* Oberlin, Gordon Lish *Eloheinu*, Gordon Lish *Echad*". (Ouve, ó Oberlin, Gordon Lish, nosso Deus, é o único Senhor.) Mas não adianta. A professora de alcinhas me diz que o que estou escrevendo não é literatura, embora ela tenha mais esperança em mim do que nos outros alunos, pois "eu tenho uma melhor compreensão da gramática".

A professora de Lish permanece lá apenas por um semestre, e depois eu volto para Diane. Levo um tempo para me recuperar. Diane é dura comigo, mas também paciente e bondosa. Mais importante, ela sabe rir com cada centímetro de seu corpo holandês-sérvio de um metro e oitenta de altura, um riso ridículo, do Leste Europeu. As pessoas que pensam literatura devem ser *Sérias* – devem servir de modelo para um foguete que nunca decolará –, são malévolas, na melhor das hipóteses, e antissemita, na pior. Dentro do abraço de boas-vindas de Diane, eu paro de escrever "O *shuka* está no pote". Retorno ao trabalho presente. Em estilo napoleônico, arrasto-me em direção à Praça Moscou e, em seguida, em direção à própria Moscou.

⌒

Existe um programa de intercâmbio com o Instituto Estadual de Relações Internacionais de Moscou, uma instituição de elite que, no passado, formou os futuros diplomatas da União Soviética. Moscou não é São Petersburgo (os patriotas provavelmente dirão que é o contrário), mas Moscou é *realmente* a Rússia, e com isso me refiro à Ásia. É a minha santa verdade.

Estou pronto para ir a Moscou para meu primeiro ano, para recuperar o Igorzinho dentro de mim.

E, então, as mulheres da minha vida me dizem que não. Minha mãe tem medo da Rússia em 1993. Os tanques de Yeltsin atiram no prédio do Parlamento. A Chechênia se prepara para a guerra em grande escala. Os tiroteios em plena luz do dia. Na década desde que imigramos, meus pais nunca disseram uma palavra boa sobre o país, além dos elogios aos seus muitos escritores barbudos, e o sorvete cremoso Eskimo. A internet como conhecemos hoje ainda não existe, mas minha mãe me presenteia com uma história xerocada sobre um estudante infeliz que morreu depois de ser jogado da janela de um dormitório da Universidade de Moscou.

Escrevo uma história chamada "Três Vistas da Avenida de Karl Marx", uma sincera homenagem ao meu tio Aaron e aos campos de trabalho. Meu professor manda-me enviá-la para *The New Yorker*, quase precipitando um ataque cardíaco feliz da minha parte. Sou mesmo bom assim? Minha mãe lê, suspira e diz:

– Não foi assim que aconteceu.

Os detalhes estão todos errados.

Fico arrasado. Curiosamente, a dor se semelha àquela que eu sentia quando as crianças na escola hebraica me chamavam de Red Gerbil. Lá, eu era ridicularizado por ser um americano inautêntico, e agora estou sendo acusado de ser um russo apócrifo. Ainda não entendo que este paradoxo é o verdadeiro sujeito da chamada ficção imigrante. Quando o *The New Yorker* envia o inevitável aviso de rejeição, decido que tenho de voltar à Rússia para entender os detalhes corretamente.

Mas, então, há a outra mulher.

JZ compreende que preciso da Rússia para minhas histórias, mas não quer me perder por um ano. Estamos apenas começando. Estamos muito apaixonados. E então tenho uma escolha: minha literatura ou, possivelmente, minha namorada. Isso não é sequer uma escolha. Foda-se a Rússia. Vou passar um semestre com JZ em Praga, que está na moda no momento.

Minutos depois, a alvenaria apareceu em ambos os lados da estrada, como um cartaz que anunciasse INFÂNCIA DE VLADIMIR, SEM PRÓXIMAS SAÍDAS: uma extensão infindável de raquíticos prédios residenciais de estuque da era soviética, cada edifício com a pintura a descascar-se e cheio de infiltrações, de modo que uma criança imaginativa poderia reconhecer formas aleatórias de animais e constelações. E nos intervalos entre aquelas criaturas descomunais havia os minúsculos espaços de pastagem onde Vladimir às vezes brincava, espaços adornados com um punhado de areia e alguns balanços enferrujados. Era bem verdade que aquilo era Prava e não Leningrado, mas, por outro lado, aqueles prédios formavam uma fila longa e demente do Tajiquistão até Berlim. Não havia como detê-los.

Estas frases apareceram em meu primeiro romance, *O pícaro russo*. Nem preciso dizer que Prava é uma espécie de Praga, e Vladimir, o herói, uma espécie de mim. Quando vi aqueles prédios residenciais no bloco soviético, *paneláks* em checo (literalmente "casas pré-fabricadas de madeira"), de uma janela de um ônibus do aeroporto de Praga, com a mão de JZ segurando na minha, percebi que eu queria escrever um romance, e eu sabia sobre o que seria. Quando se tem 21 anos, só há realmente um assunto. Ele aparece no espelho todas as manhãs com escova de dente na mão.

O semestre em Praga foi a minha missão de reconhecimento. Em termos práticos, não aprendi nada, nem mesmo checo, que deveria ter sido bastante fácil para quem fala russo. Talvez eu tenha aprendido que um pouco de cerveja pilsner derramada sobre um prato de cebola e queijo para comer com um pão caseiro bem grosso poderia me fazer feliz.

Ao longo do caminho, alguns acontecimentos se assemelham àqueles presentes no meu romance. Em uma pequena aldeia ao norte de Praga, quase levei uma surra feia de uns skinheads tchecos que acharam que eu fosse árabe. Fui salvo por minha carteira de motorista do Estado de Nova York e meu cartão American Express, prova da minha natureza não árabe. (No romance, meu herói, Vladimir, leva a surra de que escapei e muito mais.)

Houve ainda algumas coisas que aconteceram *quase* iguais a como aconteceram em meu romance. Eu estava morrendo de ciúme porque JZ tinha dançado com um australiano ou um israelense; então bebi de forma tão estúpida que acabei rastejando pelos trilhos do bonde para o nosso dormitório, minha morte antecipada apenas pelo som noturno estridente e feroz do bonde número 22 e a intervenção de um policial checo igualmente bêbado.

E também aconteceram algumas coisas que absolutamente não aconteceram no romance. Em Buda Hill, com vista para o prédio do Parlamento húngaro de arquitetura suntuosa e exagerada, JZ olhou para a lente da minha câmera, com o cabelo negro apanhado pelo vento, a combinação de feições *WASP* sulista e armênias finalmente definindo algo inegavelmente do leste europeu, o sorriso que não era, a beleza pálida que era.

Um dia frio, chuvoso, lamacento e triste no final de maio. Os exercícios iniciais do Oberlin College de 1995. Estou com dois terços do manuscrito do que será meu primeiro romance embaixo do braço. Estou feliz e temeroso. Eu e JZ estamos terminando. Não é culpa de ninguém. Ela quer voltar para a Carolina do Norte. Eu quero estar em Nova York, onde eu enganosamente acho que outro amor vai cair logo em meus braços.

Mas não quero terminar a minha história de Oberlin aqui. Deixe-me retroceder um ano. Há um dormitório chamado South que, como já mencionado, se assemelha a um terminal perdido do Aeroporto de Newark. É onde acabo de ter um ataque de asma, o primeiro em cinco anos e o pior da minha vida.

Faz várias semanas desde que recebi alta do lamentável Hospital de Oberlin, várias semanas desde que JZ segurou o telefone grudado ao ouvido, com a minha mãe passando para ela os meus dados do plano de saúde enquanto eu lutava para respirar em minha pequena cama suada do dormitório; as duas mulheres da minha vida, com seus sotaques russo e sulista, a terrível exatidão de minha mãe, o amor e o temor de JZ.

Ela cuidou de minha saúde, passou todas as horas ao meu lado. Os círculos sob meus olhos estão maiores do que o habitual. Por causa da asma há várias semanas estou impossibilitado de fumar maconha, e estou nervoso e esgotado. Uma das muitas coisas que eu nunca aprendi é a dançar. Mas esta noite JZ diz que vai me ensinar. Ela toca a música de Terence Trent D'Arby, "Sign Your Name (Across my Heart)" a música lenta de 1988 que de alguma forma sobreviveu ao intenso domínio exercido por Kurt Cobain sobre os aparelhos de som de Oberlin. Ela coloca as mãos em meus quadris, e eu coloco as mãos nos dela. Deixo os olhos se fecharem. Respiração lenta e rítmica. O dormitório feio, a faculdade triste, os alunos insatisfeitos. Balanço em uma direção;

balanço em outra direção. O que estou fazendo de errado? Não quero ter outro ataque de asma. Estou com as mãos sobre os quadris de minha amada, e parte de mim, talvez por causa da asma recente, abandonou meu corpo. O que ainda não sei é que este *será* o meu último ataque de asma na vida. Mas, por enquanto, nós dois ainda estamos aqui, balançando ao som da virtuosa interpretação de Trent D'Arby.

– JZ – digo –, não sei fazer isso.

Ela mantém as mãos em meus quadris. Seu cabelo escuro com luzes se esparrama em meu peito.

E então, de repente, eu sei.

22.
O BENFEITOR

O autor, em uma viagem de cogumelos psicodélicos, enquanto seu novo amigo John o filma para um documentário chamado Filhos únicos.

Durante as nove horas de carro para casa em Ohio, com o diploma na mão, meus pais e eu paramos para almoçar no McDonald's. Notavelmente, os preços dos hambúrgueres não se alteraram ao longo dos anos, então peço três, uma Coca-Cola média e uma porção média de batata frita, e meus pais também pedem um hambúrguer cada e compartilham minhas batatas, bem como a sua pequena Coca-Cola. Em razão de minhas boas notas, de meu iminente trabalho como assistente jurídico e, presumivelmente, minha ascensão à faculdade de direito, toda a família está muito feliz, e cinco vezes 69 centavos pelos hambúrgueres, mais US$3.50 pelos acompanhamentos parecem bem ao nosso alcance. Nós merecemos. Do outro lado do corredor, fico de olho em uma das mais belas universitárias de Oberlin, uma garota de batom. Nós dois reviramos os olhos um para o outro, como se disséssemos: "Argh, dá pra acreditar que estamos num McDonald's?" Pena que eu não posso lhe dizer que cada mordida com os meus pais é muito importante para mim.

Outra coisa que está me deixando animado é meu retorno a Nova York, lugar onde sei que será meu lar pelo resto da vida. JZ não é mais minha namorada, o que implica que ir para casa significa essencialmente uma coisa: voltar para o meu novo melhor amigo.

Permita-me retroceder ao segundo ano.

Meu colega de faculdade, Irv Peitudo, mora com os pais na Washington Square Village, duas peças de arquitetura coloridas de estilo NYU do Pacto de Varsóvia localizadas em torno de um agradável parque privado. O vizinho da frente de Irv é um editor consistente e sério, amigo do ex-escritor principal da novela *As the World Turns*. Quero dizer que este escritor de novela, John, tem x anos, mas, nas duas décadas que eu o conheço, ele nunca revelou a idade. Não que ele minta sobre isso. É que ele não confessa a idade para *ninguém*.

– É muito traumático – ele sussurra quando as pessoas lhe perguntam.

Ele faz careta, uma espécie de expressão pesarosa de uma tartaruga judaica, do tipo que meu povo reserva apenas para falar da extinção da própria raça. Em seu apartamento, uma vez encontrei uma fotografia da cerimônia de sua formatura da faculdade, com a data do evento no verso. John cruzou o recinto para pegar a foto de mim e acabou por derrubar uma mesinha de centro, quando, então, foi parar no chão, segurando triunfantemente a foto, mas gritando de dor. Então, quantos anos tem John? Uma vez que nunca se pode realmente dizer a idade de americanos, que, segundo seu próprio ritmo e programação, arrasta-se na direção do "não ser" ou do "não existir", digamos apenas que, quando eu o conheço em 1993, ele está velho o bastante para que eu possa tê-lo como uma figura paterna, mas ao mesmo tempo jovem o bastante para que eu o tenha como um amigo.

Em 1993, John já deixou o mundo das novelas e está escrevendo um roteiro sobre um cara em idade universitária que mata os pais. (Vagamente apropriado, já que, na época, estou tentando matar meus próprios pais ou, pelo menos, os primeiros 20 anos que passei com eles.) Seu amigo, o editor sensato, sugere um candidato apropriado de minha geração. Entra em cena o colega Irv de Oberlin, o onívoro sexual orgulhoso e guardião do *Big Blue*, nosso bong de 91 centímetros. Entra em cena Maya (nome aqui alterado), uma garota meiga, sofrida e roliça, que trabalha como dominatrix no *Vault*, o primeiro clube sadomasoquista de Nova York, outra figura que também arrancarei da vida real e enfiarei, com um mínimo de sangue derramado, nas páginas do meu primeiro romance que já toma forma sob o nome de Challah.

Entra em cena: eu.

John me convida para sair. Fico tão impressionado com o encontro com um verdadeiro escritor que digo a John que terei prazer em pagar o jantar. Eu o levo a um fino restaurante indiano chamado Akbar, localizado na esquina da Park Avenue com a rua 59, onde Paulie, o meu lascivo patrão dos tempos do colegial, costumava me levar. O teto do restaurante, todo em vitral, deslumbra meu olhar de Little Neck, e os garçons parecem muito orgulhosos de seu poderoso forno Tandoor, de onde emerge meu primeiro pão naan fofinho e macio, o vapor subindo magicamente em torno de meus dedos enquanto eu o parto.

Não percebo que esta é a última refeição sofisticada pela qual pagarei nos próximos cinco anos, nem que estou prestes a trocar um benfeitor por outro que não deseja me curvar sobre a mesa. O escritor Chang-rae Lee (sobre o qual escreverei mais tarde) vai observar que meus personagens são geralmente filhos em busca de pais. Acho difícil discordar.

No jantar, estou olhando o homem de cabelos encaracolados usando óculos de aros de arame, parte de seu rosto escondido sob um bigode espesso e abaixo de uma iminente calvície, a camisa Frank Stella passadinha, enfiada na calça de brim. É assim que imagino os pais grã-finos e descolados dos alunos de Oberlin, que vivem em casas fora do campus de nomes engraçados como Banana House ou "Eek-a-House!", onde todos participam de alguma banda ou são amigos muito próximos de alguém em uma banda.

Eis o que John vê sentado diante dele no Akbar. Um rapaz de 20 anos, cabelo desgrenhado e de comprimento até a bunda, dentes soviéticos ultrajantes e esparsos, que não agradariam nem a um castor dos Apalaches (até que meus pais os substituíam, dentro de um ano, falarei sempre com a mão na frente da boca, feito uma jovem japonesa tímida), e o orgulho do meu guarda-roupa, uma jaqueta leve e fresca de seda, do tipo usada pelo ator Don Johnson na série de TV *Miami Vice*, que também uso com as mangas parcialmente arregaçadas, até mesmo durante o mês de janeiro.

John acolhe toda essa singularidade com muita disposição, enquanto minha ortodontia e eu o questionamos a respeito da vida literária – fico particularmente impressionado com o fato de que ele escreveu para *Knots Landing*, uma série derivada do meu amado *Dallas*. Enviei-lhe alguns dos meus trabalhos de Oberlin, em particular uma peça curta, que ele fez anotações motivadoras ("engraçado", "boa passagem") e críticas precisas ("seja específico", "frase estranha"). No jantar, estou cheio de perguntas sobre as anotações. *Qual seria a melhor forma de* corrigir essa frase estranha? *O que* significa ser mais específico?

John é um típico e completo natural de Manhattan, tão complexo e enraizado no lugar como qualquer um que já conheci, é versado em restaurantes e teatros, e em um mercado chamado Fairway, na Broadway na rua 74, que estoca alimentos de cuja existência eu nem sequer imaginava: anchovas ao limão, alcachofras romanas, queijo idiazabal do país basco. Ele também não tem filhos, o que é fortuito para mim, mas talvez não tanto para ele.

Alguns meses após nosso jantar no Akbar, a jaqueta do Don Johnson vai para o espaço, sendo substituída por um dos antigos blazers Armani de John.

Depois de alguns meses, estaremos ao telefone quase que diariamente, eu, com impaciência desaforada, vou incomodá-lo sobre o último esboço de uma história ou um poema, como se todo o seu mundo girasse em torno de minhas necessidades criativas.

– Você leu isso? John? Alô? Não posso esperar mais. Fale comigo, *Haimosaurus*! (John não é alto, mas há algo colossal, mas ainda *haimish* sobre sua presença e seu andar, o que me traz a lembrança de um poderoso dinossauro hebraico).

Dentro de alguns meses, penso seriamente em me transferir para Columbia ou, para ser mais coerente com a realidade acadêmica, NYU, para ficar mais perto de meu novo modelo de pessoa. Só que a minha relação com JZ, na época indo de vento em popa, vai me manter em Oberlin.

Dentro de alguns meses, John vai levar a mim, JZ e o companheiro de quarto Irv ao River Café para celebrar meu aniversário de 21 anos, e eu vou correr para o estacionamento com minha namorada e beijá-la diante da linha do horizonte mais importante do mundo durante pelo menos o tempo que um filé-mignon ao ponto para malpassado leva para esfriar.

Dentro de alguns meses, eu e JZ estaremos morando no novo apartamento vazio de John, dormindo juntos em seus pisos de tábua corrida.

Dentro de alguns meses, ele abandonará seu roteiro e começará a fazer um documentário sobre mim, Irv e Maya, a Dominatrix, o qual será intitulado *Filhos únicos*, pois ele e os seus três sujeitos-tema compartilham uma peculiaridade interessante – uma escassez de irmãos.

E, dentro de alguns anos, eu vou irritá-lo completamente e de forma esmagadora. E ele, por sua vez, vai me desovar em frente ao Instituto de Psicanálise de Nova York.

John descobre que eu sou um idiota muito rápido. Isso acontece enquanto ele está filmando um jantar comigo, Irv e seus pais no apartamento deles em Washington Square Village. Adoro incondicionalmente o apartamento de Irv, pois fica no centro da ilha, onde quero morar e, além disso, as leis da parentalidade tal como as conheço não se aplicam aqui. Há latas de lixo nas prateleiras sem nenhum motivo, e a maioria dos pertences encontra-se enfiada em sacos da farmácia Duane Reade.

– Você deveria ser o adulto do grupo! – a mãe de Irv grita com John, batendo na porta do quarto dele.

Nós três estamos fumando maconha, com uma toalha sob a porta que a mãe de Irv está tentando pôr abaixo. Irv, apressadamente, apaga o baseado:

– Só um minuto, mãe! Estamos *trabalhando*.
E então todos nós, inclusive a mãe, rimos da falta de maturidade de John. De volta à sala de estar, John nos mostra algumas cenas de Maya, a Dominatrix, que ele, em sua infinita compaixão, está prestes a acolher em seu próprio apartamento no momento em que ela está prestes a virar uma sem-teto.
E então eu perco a linha. De trás de meus dentes de coelho russo, sai uma torrente de ódio tão mal direcionada a uma garota cuja vida está saindo dos trilhos, que não me fez mal nenhum, que é mais próxima de mim do que suponho. *Ela é gorda. Suburbana. Grosseirona.* Isto partindo de um cara que acaba de rabiscar "*Aubusson*" em seu diário de escritor e sublinhou a palavra *nada* menos que três vezes.
– Como você pode dizer isso? – John pergunta.
Mas continuo a cuspir os desaforos direcionados a essa criatura cheia de correntes sobre os seios, essa mulher que acaba de ser agredida com uma bengala em seu emprego em uma masmorra sadomasoquista de Manhattan enquanto está anêmica, com uma úlcera hemorrágica, e que já entrou e saiu de abrigos para moradores de rua e instituições de saúde mental desde que foi abandonada aos 16 anos pela família.
– O que não falta por aí é gente que se mudou para o East Village e conseguiu o extremo oposto de sua vida suburbana – digo, venenosamente, para a câmera. – Isso é *tão* antigo. Para tornar sua personagem interessante, ela tem que ser atraente e inteligente.
– Ela não é uma personagem! – John grita.
Já de cara cheia com o vinho de ameixa japonesa de Irv (a estranha pedida daquele verão), e mexendo constantemente em minhas novas lentes de contato baratas, encontro-me profundamente indignado, inflamado com essa do John defender a gorda dominatrix suburbana. *Você não pode adotá-la*, é o que tenho von-

tade de dizer a ele. É a mim que você tem de adotar! Porque ninguém pode sentir mais dor do que eu.

Até certo ponto, isso é típico da idade universitária: ser especialista em tudo. Mas também estou dizendo exatamente o que meus pais diriam de Maya. Americana mimada. Não passou pelo que passamos. Desperdiça sua vida. Na verdade, com o meu novo cavanhaque grosso e meu alegre sarcasmo, sou o retrato fiel de meu pai. Pena que eu não tenha uma dessas placas da ONU para colocar na minha frente sempre que eu me sento atrás de uma mesa de trabalho. República da Pailândia.

Uma noite, durante as férias de verão de Oberlin, logo após fazer com que John pague a conta de um jantar no Le Bernardin, ou no La Cote Basque ou em algum lugarzinho no leste da rua Nove, onde comemos perfeitos escargots encharcados na manteiga e cheios de alho, o tipo de comida que eu só podia imaginar enquanto assistia a *Dallas* e comia a ricota desnatada da minha mãe com pêssegos em lata, encontramo-nos no metrô. Sinto-me enormemente feliz por estar de volta em Manhattan, por estar com meu novo melhor amigo, por ter sido tão bem alimentado, percebendo, em cada cem dólares gastos em uma refeição para mim, um novo tipo de amor. Até o trem número 1 movendo-se lenta e ruidosamente ao longo do centro de Midtown em direção a Uptown, mesmo sua melancolia lotada, me agrada infinitamente. Preciso dizer algo para imortalizar este momento.

– Não entendo por que as pessoas querem torcer pelo perdedor – digo.

E John simplesmente olha para mim. Olha para os meus dentes espaçados. Para as minhas mangas estilo Don Johnson. Ele não quer dizer o que está pensando. Não quer dizer que me acha um perdedor. Que ele sabe quem eu sou. Que ele está com medo de quem eu possa me tornar. Que durante a infância ele cansou de ouvir a mãe dizer: "Eu só não me divorcio de seu pai por sua causa." Que ele era o representante de turma no ensino médio na escola Salem em Oregon, o garoto que coroou a Rainha do Baile, mas que ainda se escondia na biblioteca com seu sanduíche na hora do almoço. Que ele decepcionou os pais por nunca se formar em advogado, exatamente como eu decepcionarei os meus nos próximos anos.

Ele é uma figura paterna para mim. E eu, por incrível que pareça, sou uma figura paterna para ele. Irritado, controlador, mergulhado no narcisismo monstruoso da criança subvalorizada, imensamente agarrado ao dinheiro: devo parecer muito familiar ao meu novo amigo. Quando a mãe de John estava morrendo, seu pai, um homem de negócios bem-sucedido, recusava-se a deixar o carro no estacionamento do hospital, que cobrava um dólar. John ouviu do psicanalista:

– Como ele pode gastar um dólar quando está perdendo tanto?

E, assim, a missão não declarada de John se torna a seguinte: Como ele pode impedir que eu me torne meu pai? A primeira parte de seu plano, por incrível que pareça, é fazer-me entender e reconhecer o meu amor por meu pai, o meu desejo de infância de imitá-lo.

No meu primeiro ano em Oberlin, escrevi um poema chamado "Meu reflexo", sobre uma viagem à Flórida que fiz com papai para visitar um parente distante. Em um restaurante de beira de estrada, quando meu pai foi ao banheiro, a garçonete achou que fôssemos irmãos e me disse que ele era um gato. Quando meu pai voltou, corri para o banheiro e fiz uma pose frente ao espelho, tentando imitá-lo e senti-me feliz por ele parecer tão jovem, imaginando que talvez ele não fosse morrer durante a minha vida. "Contei cinco cabelos brancos em minha cabeça" é a última frase do poema.

Como parte de seu documentário, e também de seu esforço em mostrar ao público que não sou apenas um idiota em tempo integral, John me faz andar pela cidade lendo "Meu reflexo" em vários locais. Leva-me ao distrito de Meatpacking, que na época é tão encharcado de sangue como o nome indica, e pede-me para ler o poema de pé encostado a um muro.

– John, este muro é anti-higiênico – digo. – John, tem cheiro de lagosta.

– Leia logo o poema – retruca.

– É um poema muito amador – reclamo. – Não é criativo. Não consigo me imaginar identificando-me assim com meu pai. Eu estava tentando escrever um poema bonitinho sobre o relacionamento entre pai e filho. Isso aqui parece poesia de botequim.

John, sempre pronto para uma discussão com o filho que ele nunca teve, responde:

– Se você não tivesse sentido isso de verdade, não teria escrito.

– Mas eu sou bom em fazer esse tipo de besteira.

– O poema atinge em cheio algo que o atormenta. Expõe algo que você não quer expor sobre si mesmo. Ternura, empatia e um vínculo com seu pai.

– É artificial. Faz anos que não converso de verdade com meu pai.

E passamos uma hora nesta briga, até que solto a seguinte pérola:

– Espero que alguém enfie essa câmera no seu rabo.

Mas, entre nós, isso passa por brincadeira amigável, e John, implacável, me segue com sua câmera até um cais podre que se projeta no Hudson, onde uma placa avisa: AFASTE-SE. ÁREA

PERIGOSA. Como em 1994 grande parte da cidade de Nova York ainda é perigosa, ignoramos a placa. Sento-me no cais podre e olho para o sol que se põe sobre Jersey.
– Leia o poema.
– Você é muito escroto!
– Leia o poema.
– Eu estou cansado dessa merda. Isto não é vida.
– Leia o poema, Gary.

Mais tarde, naquele dia, estou tomando um copo de Beaujolais antes do jantar no apartamento de John. Sempre que John se distrai com um telefonema, dou uma fuçada no computador Dell cuja torre gigantesca está praticamente incorporada ao piso de taco de seu escritório, puxo um arquivo que aparece no monitor e escrevo o que vem à mente, no meio de um de seus documentos do Word – por exemplo, "Mais uma noite bacana aqui no *Château le Idiotê*", expressão que uso para me referir ao apartamento de John. Qualquer homem que teme a mortalidade tanto quanto o John sempre mantém um registro extraordinariamente exato de todos os aspectos de sua vida, e então encontro um arquivo contendo toda a lista de músicas de um show do Tony Bennett. Às vezes com John, tenho a sensação de que estou revivendo a minha infância, ou pelo menos tentando imaginar como teria sido a infância aqui nesses litorais. Encontro um espaço entre "Tangerine" e "The Best is Yet to Come" e digito "Dueto com Gary".

Sou muito jovem para ao menos entender o significado do que acabei de digitar. A necessidade desesperada de amizade e orientação de adultos, o alívio de ter encontrado alguém que combine com os meus tom e volume, que entenda a minha música.

Dueto com Gary. Será que já fui mais sincero em toda a vida? Será alguma vez voltarei a ser?

Retornando de Oberlin com meus pais depois da formatura, estou pensando em John e nos jantares no La Cote Basque, na sofisticação e na camaradagem fáceis que certamente me aguardam. Neste exato momento, a várias centenas de quilômetros ao leste, ele está gravando a narração de seu documentário, apresentando-me ao espectador.

"Nunca deixei de me surpreender pela intolerância, o mau humor e o egoísmo de Gary", o homem que um dia será testemunha no meu casamento está dizendo ao microfone. "Não sei se foi apesar dessas características ou por causa delas que vim a sentir-me mais próximo a este russo hostil – muitos anos mais jovem do que eu, diga-se de passagem – de uma forma com que nunca me senti próximo a mais nenhum outro amigo."

O russo hostil encontra-se a caminho de casa. Ele é arrogante e ainda assim coberto de louvores do departamento de escrita criativa de Oberlin. Seus pais acabaram de pagar-lhe um almoço no McDonald's, o último luxo dessa espécie que ele experimentará nos próximos anos. Mais trágico ainda, ele não pode sequer começar a imaginar a possibilidade de fracasso.

23.
DOS DIÁRIOS DO BUNDA-MOLE

O autor em uma festa em seu primeiro encontro com Pamela Sanders. De tão bêbado, ele mal se aguenta em pé. Observe a echarpe branca ridícula ao redor de seu pescoço. Pobre autor.

V OLTEMOS AO COMEÇO. À Strand Book Annex em Manhattan. Ao ataque de pânico. Ao livro. Estou ali, mais uma vez na *Strand da Fulton, segurando* São Petersburgo: Arquitetura dos czares, *os tons barrocos de azul da Catedral Smolny praticamente saltando para fora da capa. Estou abrindo o livro, pela primeira vez, na página 90. Estou voltando àquela página. Estou voltando àquela página novamente. A página espessa está se virando em minha mão. O que aconteceu na Igreja Chesme 22 anos atrás?*

Quando eu e Jonathan jogávamos o nosso "Zork" no computador após as aulas na escola hebraica, digitávamos um comando de um caractere – I – de inventário. O comando informava quantas espadas, frascos e recursos mágicos variados o jogador possuía no momento. Curiosamente, um "Inventário de personalidade" ou "Inventário de autoavaliação da personalidade", com suas escalas de Ansiedade, Repressão e Força Egoica, também é utilizado por psicólogos para avaliar as condições mentais de um sujeito em estudo. Só estou dizendo isso a título de observação. Se eu digitasse "I" em 1997 na Strand Book Annex em Lower Manhattan, que inventário apareceria?

1. Haveria "Eu". Rabo de cavalo, amarrado com um elástico bem menininha. Entradas na fronte. Uma alta rotação de figueiras mortas. Um saldo devedor de cinco mil dólares no Chase Visa. Um Fracassinho de marca maior.

2. Minha nova quitinete no delicioso Park Slope. Vinte e oito metros quadrados com vista para um pátio frio e úmido, a cozinha infestada de baratas de todos os tamanhos e cores, um presente da velha que estava morrendo lenta e eternamente no apartamento de cima. Nenhum bebê.

3. Meu romance, que concluí, mas que também odeio. Em um dado momento, decido jogar fora as quinhentas páginas que compõem o último rascunho. Como bom aluno de Oberlin, primeiramente jogo fora toda a bagunça, só que, duro e endividado, uso os sacos de lixo mais baratos. Volto do trabalho e descubro que meus sacos de lixo estouraram, e todo o meu romance está espalhado feito uma tempestade de neve pela Sétima Avenida, o Champs-Élysées de Park Slope, com meu nome no cabeçalho de cada página, meus amigos rindo da minha prosa aleatória. "Quem é este Vladimir?"

4. Meu amigo, adversário e modelo, John. A chave para minha futura sanidade mental.

O problema com a função "Inventário" do Zork é que ela nunca realmente indica o que não se tem. O que se quer. O que ainda é necessário.

Não tenho mais JZ. Ela está na Carolina do Norte. Está namorando um baterista que mora em uma van. Durante quase três anos tive uma companheira que me levou para o hospital no meu último ataque de asma, alguém com quem dividi um suculento sanduba de atum na lanchonete do Grêmio Estudantil, e, agora, estou sozinho.

Minha avó Polya. Sua morte é lenta e cruel. Eu a acompanho em diferentes hospitais, o Monte Sinai em Manhattan e um hospital menor perto de seu apartamento no Queens, mas é difícil sentar-se à sua cabeceira, ao lado dos monitores verdes que registram seu distanciamento do mundo. Ela está morrendo em partes, como a maioria de nós. Os novelos da maturidade duramente conquistados vão se desfazendo, desenrolando-se. A bondade sumiu de sua face, a bondade que ela, um dia, compartilhou apenas comigo. O que resta é uma careta soviética contorcida. Não sei o que fazer. Dou morangos para ela comer. Vejo meu pai uivando de raiva e tristeza. Beijo a testa de vovó na funerária e sinto o frio e a rigidez tais quais os de um tijolo, inanimado. Lá se vão as palavras de George Anderson: *Não morremos.*

Vejo seu corpo sendo levado a um cemitério de Long Island, em uma van, ao invés de um carro funerário real, e sinto muito por não ter grana para lhe proporcionar uma melhor viagem final. O corpo da única mulher que não me considerou um Fracassinho, tampouco um melequento, ou um fraco, é coberto com terra, em parte em punhados que jogamos em cima dela com as mãos, como é do costume judaico.

E a última coisa que não tenho. *São Petersburgo: Arquitetura dos czares.* Findo meu ataque de pânico, largo o livro e saio da

Strand Annex. Vou direto para a Blarney Stone, onde tomo uma vodca e tônica no almoço. Nada de Igreja Chesme para mim. Nada de helicóptero também.

Mas quatro anos de seca depois do beijo de despedida que dei em JZ haverá um novo alguém na minha vida. Alguém, como se costuma dizer, especial.

⁓

Seu nome é Pamela Sanders.* Nós nos conhecemos em uma conferência de ação social sobre a reinstalação de refugiados de Hmong ou algo parecido. Ela é uma seríssima especialista em desenvolvimento de programa que trabalha na organização sem fins lucrativos de onde acabo de ser demitido. Estou escrevendo propostas de concessão para uma casa de assentamento em Lower East Side, meu novo emprego. O título do meu cargo é Redator de Concessão Sênior, mas às vezes referem-se a mim como Señor Redator de Concessão, e o pessoal me diz que não sei trabalhar em equipe.

Depois de quatro anos de solidão sem JZ, estou pronto para gostar de qualquer pessoa que me toque, mas Pamela não se limita a essa útil distinção. Deixe-me começar por sua aparência física. Ela tem dois corpos. Uma metade superior aristocrática, que meus ancestrais de Petersburgo provavelmente chamariam de "culta" – ombros pequeninos que cabem na palma da mão, uma face anglo bem harmoniosa (o nariz reto, orelhas tendendo ao minimalismo), todo o agradável conjunto coroado por cinquenta centímetros de cabelo liso e sedoso. Entretanto, à luz de velas, um segundo corpo se revela, tão argiloso e real quanto o interior de nosso país: pernas bem fortes que conquistam as colinas do Brooklyn onde

---

* Este não é o nome dela. Não mesmo.

ela vive (Cobble e Boerum Hills, para ser exato) com facilidade; quadris de largura suficiente para dar à luz a tribo de José; um traseiro no qual qualquer um se perde, uma ode rosada, inchadinha e repleta de dobras ao lado descomplicado da luxúria. E quando ela retira esta segunda metade de uma calça jeans apertadinha fico dividido entre o biológico e o refinado: devo agarrar a parte traseira ou beijar-lhe a pequena protuberância nasal? Devo avançar pela parte de sua coroa dourada ou mergulhar entre a promessa óbvia de suas coxas? Depois de conhecê-la por algumas semanas, depois que eu me apaixono perdidamente, penso cá com meus botões, que estou preso em um triângulo amoroso entre mim e essas duas Pamelas. E então o triângulo amoroso se torna *realmente* complicado. Ela me diz que tem outro namorado.

Ele é, digamos, Kevin, um poeta de 30 anos que mora com os pais em Nova Jersey, que escreve versos ambíguos sobre os deuses gregos e que passa a noite na casa da minha namorada no Brooklyn toda semana. Eles estão juntos há quase uma década, a conta de telefone está no nome dele, e a secretária eletrônica informa que "Aqui é a casa do Kevin". Nas fotos ele parece um deus grego: um deus hipster e moreno, designado por Zeus a algum distrito, digamos, Trendios, o deus de Williamsburg. Se usarmos a mensagem da secretária como referência, ele fala com um sotaque aristocrático falso. Ele também gosta de trabalhar com madeira e pau. Apesar desta tendência, já faz um tempo que ele não transa com minha namorada.

Esse é o meu dever. Neste momento, moro em um muquifo perto da Delancey Street, no Lower East Side, medindo talvez três por seis (menos baratas pequenas do que em minha residência no Brooklyn, mais gigantescos percevejos-d'água voadores), ao lado de outro estúdio onde vive um casal tão barulhento que dá até para representar graficamente os seus orgasmos por hora em uma série de parábolas e curvas de sino. Pamela começa a competir com os vizinhos. Grita durante o ato sexual como se o mufiqo estivesse pegando fogo (geralmente está), pedindo-me para fazer o mesmo.

– Vamos mostrar a eles quem se diverte *pra valer* aqui! – diz.

Quando terminamos, ela telefona para o outro namorado, certifica-se de que os pais dele sabem que sim, ela ainda está indo para Nova Jersey passar um divertido fim de semana em família, com seu tom calmo, recatado, obediente.

Certa vez telefono para o apartamento dela no Brooklyn quando Kevin está *in situ* e ele diz a Pamela que não quer que "esse homem" (ou seja, eu) telefone mais para lá, ou seja, a casa dela. Esta situação dificulta nossa comunicação.

Amo Pamela. Ela é o que sempre esperei a vida toda. Uma chance de me rebaixar à humilhação completa, uma chance de mendigar o amor de alguém repetidas vezes, sabendo que eu nunca o terei. Depois do nosso primeiro encontro, quando descubro que ela tem namorado, termino galantemente um e-mail: "Pode contar comigo." Só que o que eu realmente escrevi é: "Pode cortar comigo."

Em resposta a esta confissão, ela me presenteia com *A idade viril*, de Michel Leiris.

Ela tem 20 e tantos anos, mas já tem pés de galinha que irradiam das bordas dos olhos cinza pálidos. A velhice, entretanto, não está expressa apenas em sua face, mas também em sua personalidade. Ela se autodescreve como eremita urbana e cleptomaníaca incurável. Quando adoeço, ela me diz que gosta de pensar em mim como uma criancinha febril do século XIX, e com isso ela faz o papel de enfermeira mais velha, cheia de tesão. Quando percebe que uso o sabonete Lever 2000 Pure Rain (49 centavos na vendinha perto de casa), diz que faz mal à pele e compra um sabonete caro para mim, feito de azeite de oliva. Ela joga xadrez no computador até às duas da manhã. Programa uma semana de folga do trabalho e promete-me que será a semana "Fodafest 99".

– Estou sentindo um formigamento na região média – ela me informa.

Ela me chama de Bobão, de sr. Shygart, Mãezinha Recatada, Cachorrinho (como na frase "Divirta-se hoje à noite, Cachorrinho"), Bunda-Mole, Putão Peludo.

– Você não deveria me deixar dizer tanta merda – ela diz, depois de me magoar um pouco mais.

Por outro lado, ela se chateia quando digo que eu a amo. Diz que sou muito "querido" com ela, mas que não pode retribuir todo esse "amor" por causa do Kevin. "Ah, as complexidades da vida moderna!", escrevo para ela. "Tantos carinhas patetas e sinceros de classe média para escolher."

Mas aqui está o problema. Nós – Pamela e eu – queremos ser escritores, queremos ser membros de carteirinha da Intelligentsia da Costa Leste, mas também nos consideramos dois embustes. Sou imigrante russo (antes da explosão da literatura imigrante russa do início dos anos 2000), e ela é de classe proletária. A saber, ela é de uma família problemática do estado de Washington, o pai trabalha para a Boeing e só pensa no próximo pagamento e na próxima greve sindical. A família de Kevin é a nova família dela, judeus naturais dos Estados Unidos, carinhosos, cultos e residentes de uma área nobre. Quando ela passa o fim de semana com eles, Kevin dorme no chão ao seu lado, fingindo que ainda estão juntos em todos os sentidos. Nenhum deles quer parar com o teatrinho perante os pais adotivos dela.

E eis o que realmente dói: eu não posso lhe dar o mesmo tipo de família. Não com os imigrantes Shteyngart em seu cercadinho em Little Neck. Não com a *borscht* de repolho frio da minha mãe com a inacreditavelmente enorme dose de creme de leite, não com a política republicana deles, não com seu Ford Taurus, aquela lata velha vazando óleo tranquilamente na frente da garagem de classe proletária com uma única vaga. E quando vejo meus pais através dos olhos de Pamela, eu os amo ainda mais. Porque sei que por trás daquele sotaque, por trás da terrível e inflamada visão conservadora, há uma cultura do tipo que Pamela só pode imaginar, a cultura de uma superpotência que foi jogada no monte de cinzas da história, sim, mas a cultura de Pushkin, Eisenstein, Shostakovich, do sorvete Eskimo, das fraldas que eram lavadas e penduradas no varal e dos rádios Grundig do mercado negro tentando desesperadamente sintonizar a *Voice of America* e a BBC. Mas talvez eu esteja sendo excessivamente sentimental.

– Não deixe que o escroto do Tolstoi arruíne sua vida – Pamela me diz.

Assim como Pammy, eu levo uma vida dupla. Com ela, eu sou um Putão Peludo. Com meus amigos, sou um cara confiante e cheio de vida, orgulhoso de ter uma namorada (a maioria dos meus amigos não sabe sobre Kevin), orgulhoso de ter retornado ao mundo das pessoas reprodutivas. Concentro-me tão profundamente em comida e bebida alcoólica que Pamela reclama que a única coisa que faço é reclamar dos preços abusivos das porcarias que ponho na boca. Gasto todo o salário que recebo na organização sem fins lucrativos em gin fizzes no Barramundi na Ludlow, narguilés no Kush na Orchard, ostras no Pisces na avenida A, inhame e pato assado no Le Tableau na rua Cinco. Com o bucho cheio de comida, eu e meus amigos voltamos à minha quitinete para ouvir MC

Solaar levando batidas franco-senegalesas no meu novo aparelho de som TEAC, cantando junto "Prose Combat" e "Nouveau Western". Um e-mail típico para Pam na época: "Comemos uns tapas inigualáveis no Xunta, linguiça defumada, chouriço de sangue, azeitonas recheadas com anchovas, queijo de leite de ovelha, *patatas bravas* e o onipresente camarão ao alho". Ah, aquela *inigualável* linguiça defumada! Oh, aquele *onipresente* camarão ao alho!

Então, aqui estou gabando-me da minha gastronomia para Pam e gabando-me da minha vida sexual com Pam para meus amigos. E lá estou deitado em minha quitinete no Lower East Side, o meu futon rolando suavemente no chão inclinado até eu bater a cabeça na estante, chorando lágrimas de cachorrinho peludo porque Pam está com o Kevin em New Jersey ou, pior ainda, no apartamento dela em Boerum Hill, comendo seu famoso cordeiro com batata assada no forno, como o casal que deveriam ter sido.

"Se não for falar comigo, é melhor não viver!" era o que eu gritava para minha mãe quando ela aplicava em mim seu tratamento do silêncio na infância. Agora eu sou, segundo Pam, sr. Shygart, uma mãezinha recatada com quase trinta anos, com uma meia-ga US $50 mil por ano. Mas, apesar destes sucessos modestos, o silêncio da minha mãe é o lugar onde quero estar. A verdade é que sinto falta dela quase tanto quanto sinto falta de Pam. Sozinho, chorando e planejando uma terrível vingança, essa é a sensação de ficar em casa. É confortável e familiar. Só falta mesmo o Lightman do meu armário da infância.

Desesperado, escrevo para ela: "Eu adoraria se o Kevin e eu pudéssemos ser amigos e que nós três pudéssemos passar o tempo juntos."

Ainda mais desesperado: "Talvez pudéssemos até formar uma espécie de família não convencional, no estilo Marin County."

Minha percepção de Marin County, Califórnia, parece ser distorcida na época.

Finalmente parto para outro nível. Estou proibido de me aproximar do apartamento dela quando Kevin se dá ao trabalho de sair de Nova Jersey e vir fazer uma visita, mas em uma dessas noites, quando vejo, já estou no vizinho Brooklyn Inn, um lugar sujo, mas bonitinho em Hoyt Street, com enormes janelas em arco e um bar comprido de madeira escura. Kevin e Pammy adoram o lugar, pois muitas vezes atrai um determinado grupo literário muito bem-vestido: as pessoas que um dia eles desejam vir a ser. No bar, tomo uma vodca com tônica, e outra, e outra, e outra, e outra, e outra e mais outra. Quantas dão mesmo? Minha matemática não está muito boa.

A caminhada do Brooklyn Inn até o apartamento de Pamela leva cerca de cinco minutos em condições sóbrias. O principal perigo para mim agora é a Atlantic Avenue com suas muitas pistas para atravessar, ou seja, mais que duas certamente. Um pequeno carro japonês dá partida, pega o trânsito e me bate em álgum lugar no quadril, mas não dou importância e aceno para o motorista, sinalizando que não se preocupe. Finalmente, viro na frondosa e bela State Street, a rua de Pam, e, de quatro, rastejo até sua campainha. No degrau mais alto, eu caio e tomo um pouco de fôlego, controlando a raiva. A última vez que bati em alguém foi na *dacha* em Upstate, o garoto que eu torturava enquanto citava a cena de tortura de *1984* de Orwell. O que estou prestes a bater agora não é exatamente em Kevin. Não é nem mesmo no pobre Vinston de Orwell. É em uma porta. A porta da frente de Pamela.

O problema em narrar o pior momento da minha vida é que eu não me lembro de muita coisa.

Eis o que eu me lembro.

Estou batendo na porta. A porta dura do Brooklyn, provavelmente produzida na época de Walt Whitman, não cede. Minha mão é que fica vermelha e, em seguida, roxa. Não sinto nada. Talvez os primeiros sinais de dor no quadril por causa da batida no carro na Atlantic.

Em seguida eu estou dentro, pois alguém (Pam?) abriu a porta, e estou correndo lá para cima para enfrentar meu inimigo. Negócio é o seguinte: Kevin é bonito pra cacete. Tem um queixão bacana, um nariz sério e olhos apertados inteligentes sob uma sobrancelha bem grossa. Logo de cara, saco minha própria inferioridade.

O que acontece nos próximos segundos, minutos ou horas parece ser o seguinte: eu grito e choro, algo do tipo "Não aguento mais, não aguento mais! É melhor não viver!" e Pammy grita e chora comigo. Kevin, pelo que consigo lembrar, fica relativamente imóvel e indiferente. Diz algumas coisas aqui e ali, talvez algo mais ou menos do tipo *Sinto muito que tenha de ser assim.* Mas o que é mesmo surpreendente sobre a cena é que Pamela e eu estamos fazendo essencialmente uma cena para Kevin. Os dois forasteiros, um completamente bêbado, o outro deprimido e eternamente abandonado, estão dançando, cantando e chorando para Kevin, nosso Deus. Não consigo coreografar totalmente a dança de Pamela, mas certamente me lembro da letra que acompanha a minha própria dança. É em hebraico, obviamente, e a aprendi em 1979, em uma escola no Queens.

Yamin, smol, smol, Yamin, esquerda, direita, direita, esquerda, *troo-loo-loo-loo.*

Pamela me acompanha escada abaixo, e sinto a mão latejando ao ponto em que meus olhos estão envoltos em uma espécie diferente de lágrimas. Ela não ultrapassa a porta que soquei com 27 anos de frustração, a mesma porta que ela bate na minha cara depois que eu me encontro lá fora. Ela me enviará uma série de e-mails cheios de ódio e acusações assim que o sol raiar. Parece que quebrei as regras do jogo ao conhecer o Kevin.

E o calor ali fora traz a sensação do desvanecimento do outono ou do êxtase e da delicadeza da primavera. E eu estou ali de pé segurando a mão, quando passa um barbudo de aspecto acadêmico levando alguns corgi galeses pela State Street, espelhando um tempo e um espaço outrora experimentados – férias de verão, Carolina do Norte – que teria agradado o Nabokov do início de carreira.

Três anos depois, Pamela Sanders está em um programa de escrita criativa no mestrado em belas-artes na Universidade da Flórida. Uma noite, ela vê seu mais recente ex-namorado – um doutorando em língua inglesa que, segundo dizem, fez algo terrível para ela, sentado no pátio da Pub & Brewery da Market Street. Quando ele se levanta, Pamela o segue bar adentro até o banheiro. Ela carrega um martelo de carpinteiro, com a cabeça envolta em plástico. No banheiro, enquanto ele mija, Pamela golpeia-lhe a nuca repetidas vezes com a orelha do martelo.

– Eu vou te matar! – Pamela grita, de acordo com o boletim de ocorrência que precede sua prisão.

– Você arruinou minha vida!

Ele consegue tirar o martelo dela no banheiro, e ela sai correndo do Pub da Market Street, deixando sua vítima cambalear de volta ao bar. Ele sofre múltiplas lacerações e contusões na cabeça.

Pamela foge do estado da Flórida; é acusada de tentativa de homicídio. No final, acaba voltando à Flórida e entregando-se. As acusações são atenuadas para lesão corporal grave com arma mortal e ela é condenada a um ano na penitenciária municipal.

⌒

Fico sabendo do crime em 2004, durante uma conferência de escritores em Praga, após a publicação de meu primeiro romance. O cara que me conta sobre o ocorrido o faz enquanto toma uma cerveja e estampa um sorriso, o que possivelmente indica que ele sabe do nosso relacionamento passado. Eu só posso imaginar como uma história como essa deve ter se espalhado por uma cidade universitária de maneira rápida e alegre. O quão rápido a expressão *"Pamma Hamma Slamma"* seria cunhada. Mesmo antes do ataque, ela era um mistério para muitos de seus colegas escritores e professores, mas várias das participantes do programa de escrita criativa deram-lhe apoio, uma delas inclusive chegando ao ponto de hospedá-la em casa, em Gainesville, assim que sua condicional de 14 anos foi aprovada. Algum tempo depois, ela voltou para Nova York.

– Aquele cara cuja cabeça ela quebrou – conta-me o companheiro de cerveja em Praga – era mais ou menos parecido com você! Ele era barbudo!

Mais tarde, alguém me diz que a ficção de Pam estava começando a ser reconhecida antes do ataque, algo que não me surpreende, dado que ela sempre foi uma escritora excepcionalmente competente, talvez um pouco temerosa demais da verdade que estava registrando nas páginas. Mas esse tipo de trabalho exige uma coragem diferente daquela necessária para espancar um ser humano na cabeça com a orelha de um martelo em um banheiro fedorento subtropical, repetidas vezes.

24.

RAZVOD

O autor posa para seu primeiro romance. O que ele vai ganhar em número de leitores, logo perderá em fios de cabelo.

U<small>M LIVRO CHEIO DE ABERRAÇÕES</small> e assassinos armados com martelos precisa da supervisão de um adulto. Alguém tem de entrar no palco, *dos bastidores*, muito bem escondido do público, e dizer ao nosso herói iludido: *Você não pode mais viver assim*. Alguém com 59 mililitros de sabedoria e, pelo menos, a mesma quantidade de bondade, tem de mudar a vida de nosso herói. Seria muito romântico se essa pessoa, se esse salvador, fosse uma graciosa loira norte-americana ou uma garota do Brooklyn de língua afiada. Melhor esquecer. Todos sabemos quem será.

Mas, oh, graças a Deus existe *alguém*. Não, deixe-me frisar aqui: Graças a Deus existe ele.

Quando eu me formo em Oberlin, John é o centro de minha vida e alvo principal de minha agressividade. Eu o odeio profundamente por ele ser de uma próspera família americana, por ele ser mais velho do que eu, por ele ser generoso com Maya ao acomodá-la no primeiro apartamento decente de sua vida e ao dar-lhe emprego em seus escritórios, tirando-a daquela vida ordinária em uma masmorra de Manhattan onde chicoteava executivos. E odeio o pequeno músculo que ele tem sob o olho esquerdo, que se contrai quando assistimos a algo triste no Lincoln Plaza Cinemas, que permite que o brilho do líquido revista a pálpebra inferior, o músculo que revela sua humanidade e sua consciência acerca da dor alheia. Isso, mais do que qualquer outra coisa, é imperdoável para mim e para as minhas origens. Então minha reação é de sabotar seu documentário, oferecendo-lhe nada além de canções jocosas e sotaques idiotas quando ele liga a câmera. Quero punir John por tentar ver além do meu cavanhaque e minha língua maldosa. Quero fazê-lo pagar por sua curiosidade e seu amor.

Mas, apesar desse ódio, eu também quero a sua vida. Passo pela loja Frank Stella em Columbus, onde John compra algumas das camisas que ele usa sem esforço quando vai a lugares como Le Bernadin ou uma produção de Mamet, *Oleana*. Para mim, a Frank Stella, esta loja cafona de classe média, se parece com nada menos do que uma caixa de joias bem iluminada. A sua simplicidade, a falta de pretensão, a falta de uma Stuyvesant, esforçando-se para ser a melhor. É uma pena que eu não consiga contorcer o olho e chorar. É uma pena que o silêncio frio dentro de mim não possa se dissipar. É uma pena que meu apartamento não tenha cortinas verdes de seda, um sofá de 1920, vinho, feito em pele de bode angorá, muito menos uma carta de Bette Davis me agradecendo pelas flores enviadas quando nós nos hospedamos no mesmo hotel em Biarritz. É uma pena que eu não consiga beber um pouco menos a cada dia.

Quando chego em casa depois de um dia de trabalho como assistente jurídico e dou de cara com o maior percevejo-d'água do mundo batendo asas ao redor de minha quitinete, ligo para John e suplico-lhe que venha matar o inseto. Ele se recusa, mas é um alívio poder ligar para ele e dizer-lhe algo que ninguém mais deve saber. Que estou com medo.

John é tão generoso que analisa dezenas de esboços de meu primeiro romance, e minha retribuição pelo favor são cinco anos de escárnio.

– Precisa construir melhor a personagem Challah [ou seja: Maya, a dominatrix] – ele adverte.

– Ah, e *você* entende de quê? – respondo, fervendo como um pequeno samovar em seu sofá de pele de bode angorá. – *Você* não passa de um roteirista de televisão. *Você* nunca escreveu um romance.

E o que realmente estou dizendo é: *Por que tenho de me esforçar tanto? Por que tenho de reescrever esse maldito romance milhões de vezes só para conseguir um pequeno elogio seu? Por que você não me adora como a minha avó?*

Quando estou com meus pais verdadeiros, eu os entretenho com contos engraçados do Americano Rico John – "Tem uma mulher que vai ao apartamento dele toda semana pra fazer faxina pela qual ele paga uma baba!" – um indivíduo tolo e esbanjador seguramente digno de nosso desprezo. E, no entanto, apesar de sua americanidade ou talvez por causa dela, ele é também digno de nosso respeito. Nos jantares de Ação de Graças, ele tenta tirar da cabeça de meus pais o sonho que eles têm de me ver advogado ou contador, contando-lhes suas próprias experiências como roteirista de televisão.

– E quanto você ganhou com este negócio de escrever? – meu pai quer saber.

Ele diz.

– Oooooh. – É um excelente número. – Gary é muito talentoso. Ele tem tudo para dar certo como escritor.

Fico vermelho e faço um gesto de mão. Mas fico grato. Um americano de fala mansa, cujo apartamento eu e meus pais avaliamos em mais ou menos um milhão em dólares de 1998, acredita em mim!

Mais tarde, percebo que, da mesma forma com que tentei inflar a quase inexistente riqueza de minha família na época da escola, estou tentando transformar John em um sujeito mais rico e mais generoso aos olhos dos meus pais, dos meus amigos e aos meus próprios olhos. Estou tentando transformar John no pai que me arrancaria da Solomon Schechter em um piscar de olhos. O pai que diria: "Merecemos coisa melhor." A verdade é que o pai de John nunca foi dono da metade de Salem, Oregon, a capital brilhante onde John nasceu, como espalho para todo o mundo. Ele era dono de uma loja de ferragens. O apartamento no Upper West Side, comprado em meados da década de 1990, custou a John duzentos mil dólares, não um milhão. O único blazer Armani que ele possuía e legou para mim não fazia parte de um guarda-roupa Gatsbiano que eu inventei. E até mesmo as idas ao Le Bernadin ou ao La Cote Basque eram raríssimas. O que fazíamos com muita frequência, isso sim, era comer camarão caramelizado no restaurante vietnamita na esquina da casa dele. Mas, sinceramente, que diferença faz? Eu estava feliz por estar com ele.

Não, eu quero a segurança das riquezas imaginárias de John para me resgatar dos pedaços de frango à Kiev de $1,40 da minha mãe.

– Quando você tiver que pagar por tudo, vai saber que a vida é difícil – diz minha mãe no meio da noite, ao me vender a pilha de ave recheada com manteiga e um rolo de papel filme por vinte dólares.

E então percebo a dissonância entre meus pais e John. Estamos na América e, francamente, a vida não é assim *tão* difícil. Ela *precisa* torná-la mais difícil. Para ela. Para mim. Porque nunca deixamos a Rússia de fato. Os móveis romenos na cor laranja, a xilogravura do Forte de Peter e Paul de Leningrado, os explosivos frangos à Kiev. Tudo isso significa uma coisa: a suavidade deste país não amoleceu meus pais.

À mesa de jantar em Little Neck na Noite dos Pedaços de Frango, John e meus pais discutem sobre o que inscrever na lápide de minha avó. Já faz um ano que ela morreu.

Meu pai quer escrever a tradução em inglês de uma inscrição russa, que fica mais ou menos "*Always mourning son*", o filho sempre de luto.

– Mas o senhor não vai estar sempre de luto – contesta John.

– Sempre sentirá saudade, mas não viverá um eterno luto.

Meu pai parece ligeiramente horrorizado com o pronunciamento de John. *Ele sempre sentirá saudade?* Que tipo de besteira americana é essa? Sua mãe morreu, ora bolas! Ele tem que ser, literalmente, *o filho sempre de luto*.

Minha mãe tem outra sugestão para a lápide.

– Um filho sempre batalhador – ela explica para o benefício de nosso convidado americano. – O pai de Gary acha que ele tem que batalhar. Tem que sentir essa dor para sempre.

E então ela completa, referindo-se às pessoas de nossa raça:

– Algumas pessoas sempre querem se sentir culpadas.

Ela inventa mais algumas inscrições para a lápide. "Eterno luto doloroso." "Constante luto doloroso."

Meu pai leva John até seu espaço monacal do sótão para mostrar-lhe como funciona sua vida privada.

– Esse aqui é o meu rádio Sony. E aqui estão alguns livros do Tchekhov e do Tolstoi. E aqui estão as cartas de Pushkin.

Fico muito feliz em ver os dois homens mais importantes da minha vida conversando, criando uma íntima amizade através da distância temporal e cultural. Aquelas palavras, *rádio Sony*, bastam para me fazer chorar lágrimas filiais, densas como postas de frango. John mais uma vez está amolecendo minha família para mim.

Finalmente, lá fora em sua horta coberta com enormes tomates e pepinos, o sol se pondo atrás dele, meu pai fala para a câmera de John:

– Quando Gary tinha seis anos, ele estava correndo na rua, me beijando, me abraçando. Agora ele não quer me abraçar; acha que não é necessário. Mas eu preciso disso. Eu me sinto perdido agora. É que não tenho mais minha mãe que era a pessoa que mais precisava de mim. Agora ninguém mais precisa tanto.

Eu e John falamos sobre nossos pais o tempo todo, eu ouvindo apenas a metade ou um quarto de suas histórias, ele mergulhando nas minhas. Ele identifica e destaca o que às vezes não consigo ver através da minha raiva e do meu amor (chegou um ponto em que os dois se tornaram indistinguíveis): eles pagaram minha faculdade; compraram-me novos dentes para que eu pudesse sorrir. Se o pai dele, um homem de negócios bem-sucedido em Salem, Oregon, se preocupava com o pagamento em um estacionamento de um dólar, o que dizer de minha mãe, uma mulher nascida no ano depois em que se rompeu o cerco de Leningrado?

A empatia é a primeira parte do programa parental.

E, em seguida, uma distância gerenciada.

Os anos se passam. 1999. Estou namorando Pamela Sanders, chorando na presença de Kevin e suas poderosas ferramentas de entalhe em madeira. Meu romance continua passando de projeto a projeto. Alguém tem que ser culpado por tudo isso, e, já que eu não posso culpar meus pais ou Pamela, sobra para John. Por anos venho tentando explorá-lo ao máximo. Para meus amigos, que nunca o encontram, ele é o Benfeitor, vulgo *Benny*. Os milhares de dólares que ele vem me emprestando estão sendo investidos no meu fundo de eventos com caviar. Várias vezes por ano, entupo minha quitinete de sessenta metros com uma porrada de convidados que devoram o melhor champanhe e o beluga cinza-prata que compro em uma loja questionável em Brighton Beach. O motivo para as festas é sempre vago. Meu cabeleireiro está se mudando *de volta* do Japão.

– O caviar é cortesia do meu benfeitor! – grito em meio ao som do MC Solaar e do risinho de meu feliz cabeleireiro de Osaka.
– Alguém me ama de verdade!
E então a farra chega ao fim. E então John dá um basta.

⌒

Antes do advento da caixa de correio eletrônico, consigo guardar quase todas as cartas e cartões-postais que recebo. Um hábito sensato de minha mãe, creio eu, que não joga nada fora. Ou, talvez, a herança de uma cultura totalitária, onde tudo será usado como prova. Seja lá como for, as cartas que John me envia ficam no topo da pilha. Quando ele se enche de mim, as missivas passam a ter 24 páginas traduzindo, melhor que eu, a verdade da vida que eu levava naquela época.

Você não é criança e eu não sou seu pai.

Não há praticamente nada literário em seu processo. Sua aguda e onipresente ansiedade faz com que você atue muito mais como contador ou produtor, focado nos resultados, sem a menor compreensão de como os artistas funcionam, do que como um jovem escritor que tenta dar forma a um primeiro romance, a uma nova carreira. Em suma, você dispensa a si mesmo as mesmas perversidade e mesquinhez que seus pais lhe dispensam; eles lhe ensinaram muito bem.

Você não tem mais 20 anos; esta era sua idade quando nos conhecemos. Você está chegando aos trinta. A criança ferida em uma raiva defensiva tornou-se um adulto que se machuca e inflige dor aos outros.

Você só está começando a vida adulta, de forma que ainda há tempo de mudar.

Você quer passar a vida como alguém enraivecido, assustado, descontando seus mais profundos medos e problemas nos inocentes e em si mesmo? Em cinco ou dez anos, você pode ser um pai despejando sobre os filhos o mesmo tipo de tristeza de que hoje você desfruta. É assim que funciona.

Sua incapacidade de sentir empatia não lhe permite se colocar na pele dos personagens que você escreve.

Você tem que decidir se levar a sério, não de uma forma autopiedosa falsa, mas de uma forma séria e digna.

É impossível discutir estas questões por muito tempo sem pensar no papel desempenhado pelo seu consumo alcoólico. Vem à mente o último jantar de aniversário na primavera, quando você bebeu uma garrafa de vinho no Danúbio e uma enorme jarra de sangria no Rio Mar. Na metade da noite você já estava incoerente, incompreensível e falando embolado. Um dos destaques foi um monólogo desconexo sobre a falácia de seu problema com a bebida.

Em que momento exatamente você atinge o ponto em que se livra de tamanha fragilidade e consegue enxergar além de sua própria dor? Em que momento você deixa de ser o lamentável Gary escondendo-se no banheiro da Stuyvesant e emerge para se tornar um homem que enfrenta os demônios interiores que o governam?

Quando começo a ler essas mensagens, sinto o sangue ferver de raiva em um nível Pamela Sanders. A porra do John. O que ele entende sobre escrever? Ou sobre se esconder em banheiros? Ele não passa de um roteirista de televisão. E, além disso, estou velho demais para ter uma figura paterna. Estou "chegando aos trinta" como ele, o homem obcecado com a própria mortalidade, acaba de me lembrar. Mas a ideia de tocar a vida sozinho, com nada além dos caríssimos frangos à Kiev que me aguardam em Little Neck, transforma minha raiva em desespero. Preciso encontrar uma nova maneira de manipular John, para manter o meu fundo de caviar intacto, para manter o Dueto com Gary rolando. Como um gesto de bondade, levo John ao Barney Greengrass para comer esturjão e ovos. A princípio, sinto-me animado com a ideia de estar pagando uma grande dívida com John, comprando-lhe alguma proteína animal em uma tarde taciturna de domingo, mas talvez seja a natureza russa do esturjão que alterna o meu humor de hóspede magnânimo do Upper West Side para puro cidadão de Leningrado, por volta de 1979. Quando chega a conta de $47,08, a cor do meu rosto muda de salmão defumado a peixe branco e tenho um pequeno ataque de pânico no local. *Não! Não! Não! Meu paizinho americano tem que pagar por isso, não eu. Se ele não pagar, então não tenho nada além dos meus pais verdadeiros!* Saio correndo do restaurante, com as bordas dos olhos embaçadas pelas lágrimas ensandecidas, deixando que John pague a conta mais uma vez.

E então, finalmente, depois de fugir do pagamento de todas as refeições, de todos os produtos, serviços e empréstimos, e em resposta a mais um dos meus pedidos de dinheiro, dou de cara com o seguinte:

> *Nós, abaixo assinados, concordamos com todos os termos aqui especificados.*
> *John está emprestando a soma de 2.200 dólares a Gary.*
> *O prazo do empréstimo é de dois anos.*
> *No dia 27 de cada mês, Gary vai pagar a John $50,00.*
> *Além disso, trimestralmente, ou seja, a cada três meses, no dia 27 do mês, Gary pagará a John um quarto do valor de juros sobre o capital restante do ano. A taxa de juros será igual aos juros pagos no período em um Título do Tesouro dos Estados Unidos da América de dois anos.*
> *Gary reconhece ainda que parte do propósito do presente empréstimo é custear sua psicoterapia ou psicanálise com profissional devidamente qualificado, de preferência um psiquiatra ou psicanalista com formação médica. Por este meio ele dá a sua palavra de que este não foi apenas um estratagema para receber o empréstimo, mas que tem a real intenção de prosseguir com este plano.*

Fica mais fácil.
Fica mais fácil rapidamente.
Está na moda agora desacreditar a psicanálise. O divã. Os quatro ou cinco dias por semana de viagem narcisista. O estender de mão para arrancar um Kleenex da caixa de tecido acolchoado

sob o troço *pietà* africano. O freudismo fálico subjacente a isso tudo. Eu até fiz uma piada com isso em um romance chamado *Absurdistão* onde o meu herói, o obeso e autoindulgente Misha Vainberg, filho de um oligarca russo, constantemente telefona para o psicanalista na Park Avenue enquanto, ao seu redor, o verdadeiro mundo pós-soviético se desintegra e as pessoas morrem.

A verdade é que não é para todos. Não é para a maioria das pessoas. É difícil, doloroso, tedioso. Parece, a princípio, uma diminuição do poder conferido a alguém que já se sente impotente. É um dreno na conta bancária e ocupa pelo menos quatro horas semanais, que poderiam ser proveitosamente investidas procurando a si mesmo na rede mundial de computadores. E, muitas vezes, há uma inutilidade aparente nas sessões individuais que faz os meus dias estudando Talmud na escola hebraica transbordar insights. Mas.

Ela salva a minha vida. O que mais posso acrescentar a isso?

⌒

Deito-me no divã quatro vezes por semana. Literalmente. Pulo naquele divã; ouço a paulada do meu corpo contra ele, como se dissesse ao meu analista, que é em parte um substituto de John: *Foda-se. Eu não preciso disso. Eu sou mais real do que esta* conversa. *Eu sou mais real do que o seu* silêncio. Odeio profundamente o meu terapeuta. A autoridade presunçosa e silenciosa que me cobra 15 dólares por sessão. O dinheiro, o dinheiro, o dinheiro. E meu eterno controle dos livros fiscais. Serei sempre assim.

– Acho que você está me cobrando demais – digo, quebrando o silêncio dele.

Ele está me roubando, sem dúvida nenhuma. Aquela presença de barba e cabelo grisalhos, natural da América, está me usurpando, 15 dólares de cada vez. Minha mãe estava certa sobre tudo. Este país foi construído sobre as moedas dos tolos como eu. "Esconda suas moedas", ela me avisava antes de meus amigos da faculdade chegarem para visitar meu apartamento.

Creck, a réplica enraivecida do meu corpo contra o seu divã.

Bem, não vou ser diferente. Não vou ser um desses caras. Donos de pequenos animais de estimação. Os sorridentes. Os solícitos. Os Benfeitores. Os generosos que saem distribuindo sanduíches para os desabrigados. Pare de me instigar. Pare de me instigar com seu silêncio.

– O que mais lhe vem à mente a respeito disso? – indaga meu analista depois que eu me acalmo.

O que mais me vem à mente a respeito disso? Minha vontade é de me levantar e bater em você como você uma vez me bateu. Quero ter esse poder sobre você. Quero ser tão grande que tudo o que você consegue fazer é esconder a cabeça sob meu ataque, oferecer-me seus lindos ouvidinhos.

Você com seu silêncio inocente. Acha que não vejo sua raiva? Todo homem tem. Todo homem, todo garoto, tem o poder de humilhar o outro com a força.

– Acho que você está me cobrando demais – digo.

⁓

Quatro vezes por semana tenho um encontro marcado com a realidade na hora do almoço. Eu falo, ele escuta. Mais tarde descubro que ele é metade anglo e metade armênio, assim como JZ, e fico na dúvida se estar na companhia de uma pessoa que compartilha pelo menos alguns de seus ácidos nucleicos me acalma. Nos últimos anos, ela também se tornou médica.

Realidade. Estou aprendendo a separar o real do irreal. Assim que digo alguma coisa em voz alta, assim que a divulgo no ar de

Park Avenue, esse grande tapete afegão, percebo que não é verdade. Ou: não tem que ser verdade.
Acho que você está me cobrando demais.
Não sou bom escritor.
Eu deveria estar com uma mulher como Pamela Sanders.
Não tenho nenhum problema com álcool ou drogas.
Sou um filho mau.
Sou um filho mau.
Sou um filho mau.

⌇

Geralmente há uma defasagem entre a compreensão e a ação. Mas ajo rapidamente.
Rompo com Pamela Sanders, retirando-me do caminho de sua ira e de seu martelo. Primeiro, dou-lhe a opção de terminar o relacionamento com Kevin. Ela me diz que se sente como se Kevin e eu estivéssemos apontando uma arma para sua cabeça.* Tenho vontade de dizer que sim, mas apenas a minha arma está engatilhada e carregada.
A véspera de Ano-Novo está chegando. O novo milênio está próximo e ela não foi convidada para nenhuma festa.
– O que você vai fazer no Ano-Novo? E as festas? – ela me questiona com uma nova timidez.
Envio-lhe um e-mail, dizendo que tenho planos, digitando as palavras com relutância, pois sei muito bem como é estar sozinho em uma data importante e porque eu ainda a amo. Ela me dá um presente de aniversário muito atrasado, um livro.

---

* A imagem de Pamela Sanders com uma arma apontada para uma cabeça é o que, nas aulas de escrita criativa, chama-se "prenúncio".

O título: *São Petersburgo: Arquitetura dos czares*.

Depois de seis meses de análise, faço algo que tenho medo de fazer, desde o dia em que cancelei meu primeiro ano no exterior, em Moscou. Embora minha mãe insista em dizer que eles vão me matar e me comer na frente do Hermitage, eu compro uma passagem para São Petersburgo, Rússia. E assim, sob meu chapéu suado de esqui de poliéster, estou em pé na frente da Igreja Chesme, com suas "ameias e torres aparentemente cobertas com açúcar", tentando não desmaiar. Ainda não entendo o porquê disso, mas pelo menos estou aqui. Pelo menos estou tentando.

Seis meses depois de iniciar minha análise, começo a tentar entrar em alguns programas de escrita criativa. Não em Iowa, pois a dor da rejeição ainda me cega, mas em outras cinco. Todas elas me aceitam. A instituição mais promissora parece ser Cornell, que, além de cobrir as mensalidades e taxas, ainda oferece uma saudável bolsa anual de 12 mil dólares.

Eu, todo feliz, ligo para meus pais para contar-lhes que fui aceito em uma escola da Ivy League que não dá ênfase à administração hoteleira. Mas, só para ver no que dá, eu também me candidatei ao novo programa de redação na Faculdade Hunter, coordenado por um dos meus escritores contemporâneos preferidos, Chang-rae Lee. Seu romance, *Native Speaker*, aguçou severamente minha percepção do que a ficção imigrante pode se safar. Há cenas no livro que não se desenrolam com riso tolo nem choro étnico pesado, mas com um grito para o céu cheio de raiva e resignação, cenas que me fazem questionar a relativa insignificância do que estou tentando fazer com um romance "cômico" ainda intitulado *As pirâmides de Praga*.

Recebo um telefonema de Chang-rae informando-me que fui aceito, e ele me convida para dar uma passada em seu escritório, que fica em um dos dois arranha-céus que formam a maior parte do campus escancaradamente urbano da Hunter. O elevador tem o cheiro das batatas fritas sendo preparadas no refeitório do segundo andar, e todo o edifício parece alimentado por essa deliciosa gordura. O medo de encontrar um dos meus escritores favoritos é apenas parcialmente compensado pela carta de aceitação de Cornell, que dobrei, e coloquei no bolso da camisa como um talismã. Nos anos antes da análise eu teria tido, do nada, uma indisposição gástrica ou uma icterícia e teria encontrado uma maneira de evitar o encontro com meu herói literário. Ou, chegado ao prédio Hunter, eu poderia ter desmaiado no elevador com cheiro de fritura.

    A temível presença literária que eu esperava na verdade é um coreano-americano magro, talvez uns dez centímetros mais alto e sete anos mais velho do que eu, trajando uma calça jeans e uma camisa xadrez despretensiosa. Talvez o safado do Hemingway seja culpado pela ideia que se faz do escritor masculino como uma granada que acaba de ser destravada e que rola pelo chão – os escritores de minha geração, em grande parte, se parecem muito com o resto da humanidade. Mas tudo o que posso fazer é suar humildemente diante de meu ídolo.

    Sentamo-nos e começamos a papear. Ele me diz que acaba de começar este programa na Hunter e que precisa de bons alunos como eu. Leu as primeiras trinta páginas do meu livro e ficou impressionado. Conto-lhe sobre Cornell e todo o lindo financiamento que me aguarda em Ithaca. Ele concorda que é um negócio bom demais para recusar. Pego um exemplar do seu último romance, *A Gesture Life*, no qual ele escreve uma dedicatória "Com carinho e admiração", uma sequência de quatro palavras que me emocionam com sua solicitude inesperada. *Ele* tem admiração *por mim*? Enquanto eu me preparo para sair, ele pergunta se pode fazer mais uma coisa que talvez, apenas talvez, possa me fazer ir para a Hunter em vez da Cornell.

Duas semanas mais tarde, em um restaurante no SoHo, muito apropriadamente chamado Cub Room, encontro-me com Cindy Spiegel, editora de Chang-rae na Penguin Putnam e uma das estrelas em ascensão do mercado editorial. Estou com um discurso preparado. Sei que o romance ainda não está bom. Mas posso me esforçar. Já passei quase seis anos trabalhando no texto, primeiro em Oberlin e depois com meu amigo John. Posso trabalhar mais. Não tem problema nenhum. Estou empregado, mas posso trabalhar depois do trabalho. Posso trabalhar durante o trabalho. Posso abrir mão do café da manhã e trabalhar. Posso deixar de dormir e trabalhar.

Antes mesmo que eu comece a desabafar, abrir o peito e cantar a tão ensaiada e patenteada "Canção de Trabalho do Imigrante da Stuyvesant", antes até mesmo de servirem o couvert, Cindy me faz uma proposta editorial.

Quero fazer uma pausa aqui por um segundo. Gostaria muito de recriar o que Cindy disse sobre meu romance e como eu me senti nos primeiros momentos em que percebi que o sonho de minha vida, de alguma forma, colidiria com a minha realidade. Mas eu não me lembro de nada daquela tarde, exceto que deixei o Cub Room e mergulhei em um daqueles dias ridículos de primavera, um daqueles dias que de alguma forma afastam o calor e o frio de Nova York e fazem a vida parecer fácil demais. E eu me lembro que respirei profundamente, sentindo o perfume de uma árvore em flor, cujo nome eu desconhecia, limitando-me tão somente a caminhar sob uma nuvem de seu mel e seu perfume. O que acabara de me acontecer? Aconteceu algo oposto ao fracasso. Algo tão grande que o meu inglês nem sequer consegue definir.

Como professor de escrita criativa, uma opção de vida quase tão difamada como a psicanálise, muitas vezes olho para a mesa e vejo-me aos 28 anos ou menos. Outro jovem desesperado, que já esgotou quase todas as alternativas, inseguro, louco para receber um elogio, apostando em seu futuro literário, seu futuro *romântico*, em seu trabalho. No ano 2000, ainda é possível conquistar uma garota com uma proposta editorial. E é isso que eu faço. Mas o que é tão surpreendente é a rapidez com que ela me conquista. Em quanto tempo um número de mulheres afetuosas e atraentes estão loucas para andar na rua comigo, de mãos dadas, para assistir a *Cabaret Balkan* ou qualquer outra bobagem estrangeira que esteja em cartaz no Film Forum, sem um segundo namorado xiloescultor esperando por elas em seus sofás no Brooklyn. Eu rapidamente me arranjo com uma garota interessante, aluna de Oberlin com algumas predileções sofisticadas – um dos nossos primeiros encontros acontece em Portugal. O aeroporto de Lisboa convenientemente dispõe de uma loja que vende alianças de noivado, e minha nova *sposami subita*, com os cílios bem grossos e um jeito sexy de usar um simples capuz, encoraja-me a comprar-lhe um anel de noivado ali (ela é de uma certa cultura asiática que valoriza o matrimônio). Quase compro, mas um ligeiro ataque de pânico me impede de raspar o que resta da minha pontuação de crédito.

    Mas é o meu ataque de pânico mais feliz até o momento. Não sou burro quando se trata desses assuntos. Tenho consciência de que não ofereço muito atrativo à maioria das mulheres à *la carte*. E o que percebo é que, com o simples gesto de Chang-rae, nunca terei de voltar para casa e encontrar uma cama vazia. Deste ponto em diante, conhecerei o amor sempre que preciso for.

As primeiras alegrias da minha publicação iminente e, em seguida, as alegrias da publicação real são sem igual na minha vida. Existe algo absurdamente simples em estender-se em direção a um objetivo, da mesma forma com que uma planta busca os raios do sol ou com que um esquilo busca um estalo na terra macia sob as patas e, em seguida, conseguir exatamente aquilo que se quer, a luz do sol ou algum tubérculo especial.

Eu e minha futura noiva moramos agora em um duplex pequeno, mas acessível, na longínqua West Village – sua perspicácia imobiliária é sem igual. Minha psicanálise está indo bem, embora uma parte de mim sinta falta da dor de estar com uma Pamela Sanders. Todo dia, como de hábito, levanto o rosto para minha nova namorada dar um tapa, e todo dia ela se recusa a esbofetear.

– Eu simplesmente não consigo mimar você o suficiente – ela me diz, enquanto estamos deitados na cama, cercados por uma refeição improvisada de frango frito Popeyes, chips Doritos sabor Cool Ranch e Coca-Cola normal. Não é verdade o que ela disse. Aprendo a ser um canalha mimado muito bem depressa, mas, toda vez que ela me diz que eu não posso ser mimado, eu me enfio no banheiro e choro de felicidade.

E todo dia vou até uma daquelas vendas na Hudson Street que oferecem uma seleção completa das últimas fontes de notícias albanesas e da Eritréia. Lá, cato as dezenas de publicações que trazem críticas antecipadas e quase todas favoráveis (!) ao meu primeiro livro. Lugares cuja existência compreendo apenas vagamente como Boulder, Colorado, Milwaukee, Wisconsin e Fort Worth, Texas, abrigam pessoas que não somente leram todas as 450 páginas do meu manuscrito divagante, como também aprovam o que estou tentando dizer.

E o que é mesmo que estou tentando dizer? *O pícaro russo*, prestes a embarcar para a Barnes & Noble e destinado a desfrutar de um ligeiro sucesso comercial, é, no mínimo, um registro infiel de 27 anos da minha vida. É cheio de cigarros Nat Sherman, camisas guayaberas e calças de zelador, palavras como "venal" e "aquilino", gatos chamados Kropotkin, amadas avós moribundas, castelos do Leste Europeu empoleirados no topo de morros urbanos, ataques de pânico de colegiado do meio-oeste, esforçados colegas de quarto judeus de Pittsburgh, grandes traseiros femininos americanos, desenhos animados de crocodilos soviéticos tristes, depilação à cera de sobrancelha, vinagre balsâmico envelhecido e as antigas questões sobre se é melhor ser um imigrante alfa ou beta, e se é correto fazer filho quando não se está feliz com quem se é. É um catálogo de estilos e costumes de uma determinada época, tal qual registrado por um forasteiro tornando-se rapidamente um local. É um documento muito longo no qual um jovem problemático fala sozinho. É uma coleção de piadas cada vez mais desesperadas. Até hoje algumas pessoas me dizem que é o meu melhor trabalho, insinuando que desde então tudo que veio foi uma porcaria. Depois de terminar o livro que você agora tem em mãos, voltei e reli os três romances que escrevi, um exercício que me deixou chocado com as sobreposições entre ficção e realidade que encontrei nas páginas, pela forma como alegremente usei os fatos da minha própria vida, como se eu passasse o tempo todo vendendo o que quer que tivesse sobrado de um incêndio – tenho de me livrar de tudo sobre mim!

Em muitas ocasiões em meus romances eu me aproximei de uma certa verdade e acabei afastando-me dela, apontei o dedo e ri, e, em seguida, fugi de volta para a segurança. Neste livro, prometi a mim mesmo que não iria apontar o dedo. Meu riso seria intermitente. Não haveria nenhuma segurança.

⌒

Com o meu primeiro romance prestes a nascer no final da primavera de 2002, sinto minha vida mudar irrevogavelmente; todas essas placas tectônicas que uma vez estremeceram umas contra as outras estão finalmente se alinhando para criar uma superfície permanente sobre a qual eu posso cultivar plantas e criar gado. Fica mais fácil. Mas existe algo que meu analista sabe que eu não sei: esta explosão de pura alegria não vai durar muito. Os mecanismos à minha disposição já estão trabalhando para reverter-me ao nefasto, à infelicidade, à bebedeira. Uma resenha particularmente cruel e pessoal finalmente chega pela costa ocidental; é a crítica que saboreio, aquela da qual extraio conforto, a que eu memorizo. Mas esta não será minha pior crítica nem de longe.

O telefone toca no meu duplex em West Village, com o seu tríptico infantil do cosmonauta Yuri Gagarin ocupando uma parede inteira, com o clima de um novo casal feliz passando pela experiência de uma vida conjugal. Outra resenha fantástica acaba de explodir em meu laptop, e esta noite vamos jantar em meu restaurante japonês preferido, na Hudson Street, para comemorar. No dia anterior, David Remnick, editor da revista *The New Yorker* e futuro desafeto do meu pai, me chamou pessoalmente para perguntar se eu poderia escrever um artigo sobre a Rússia para a venerável revista.

Atendo ao telefone ansioso para qualquer outra coisa que o mundo possa me oferecer.

É a voz do meu pai.

– *Mudak* – diz.

O uivo da minha mãe toma o resto da conversa.

A palavra russa *mudak* deriva do antigo termo para "testículos", e em um sentido rural conota um leitão castrado. Em um sentido moderno talvez seja mais próximo do americano *"dickhead"* – burro. No arsenal de palavras do meu pai, sei que é a opção nuclear, e é essa a sensação que se tem quando ele diz isso: é como ser jogado no meio de *Threads* ou *The Day After*. Árvores mortas assobiam ao meu redor, uma garrafa de leite está derretendo na minha porta.

– Aviso de ataque vermelho!

– Aviso de ataque? É pra valer?

– Aviso de ataque é pra valer mesmo!

Mudak. Adicionado aos outros termos ofensivos como Melequento, Fracote e Fracassinho, esta será provavelmente a palavra final a enfeitar a lápide do nosso relacionamento. Porque enquanto a ferida ainda está vibrando no meu ouvido – *por que não pode se orgulhar de mim em meu melhor momento até agora?* – volto ao divã de meu psicanalista, experimentando as novas palavras que acabei de aprender.

Não sou um filho mau.

Pelo uivo vindo para mim do outro lado do East River, descubro a fonte da raiva dos meus pais, a dor que incita o *mudak*. Um jornal judeu enviou uma repórter até o habitat natural de meus pais e em seu artigo subsequente ela sugeriu que eles de alguma forma se assemelham aos pais do herói do meu romance.

– Não queremos nunca mais falar com você – minha mãe grita para mim.

Se você não quer falar comigo, é melhor não viver!

Essas são as palavras tradicionais que se espera da minha parte. Mas o que eu digo, ao contrário, é:

– *Nu, khorosho. Kak vam luchshe.* Por mim tudo bem. Faça como quiser.

E isso dá um basta à gritaria. E isso faz com que eles recuem e até peçam desculpas. Mas é tarde demais. O *razvod* foi assinado e com firma reconhecida, não entre minha mãe e meu pai, mas entre mim e eles. Continuarei a vê-los, amá-los e ligar para eles todo domingo à noite, como manda a lei russa, mas suas opiniões sobre mim, a mágoa dolorosa de suas próprias infâncias, não vão rasgar em pedaços o meu mundo, não vão me mandar para o bar mais próximo, não serão liberadas sobre a mulher com quem compartilho a cama.

⌒

Mas, então, há também isso aqui. Minha mãe, uma administradora financeira de uma empresa sem fins lucrativos de Nova York, a pessoa mais trabalhadora que já conheci, relê cuidadosamente uma carta comigo ao telefone enquanto estou em Oberlin, certificando-se de que os artigos nefastos estão sendo usados corretamente.

– Igor, qual é a forma certa: "Apresentamos orçamento para o terceiro trimestre, ano fiscal de 1993" ou "Apresentamos *o* orçamento para o terceiro trimestre, ano fiscal de 1993"?

– Apresentamos *o* orçamento – respondo, literalmente revirando os olhos, afastando o telefone como se eu estivesse falando com uma versão mais jovem de mim mesmo. – Tenho que ir, mamãe. Irv está aqui. Nós vamos [acender um baseado e] ver um filme.

Mas como posso eu, o Red Gerbil da Salomon Schechter, não reconhecer como é envergonhar-se do que sai da boca, ou, no caso de minha mãe, o que é meticulosamente digitado sob o timbre de sua agência?

— Mamãe, o seu inglês é muito melhor do que o dos norte-americanos que trabalham com a senhora. A senhora não precisa da minha ajuda.

Mas ela precisa. E agora publiquei um livro que zomba, delicadamente, mas às vezes não tão delicadamente, de um casal de pais que não são totalmente diferentes dos meus. Como deve ser a sensação para eles? Qual será a sensação de pegar um livro ou um artigo em um jornal judaico e não compreender totalmente a sutileza, a ironia, a *sátira* do mundo aqui representado? Qual será a sensação de ser incapaz de responder na língua com a qual esse escárnio é emitido?

E enquanto estou entrando com pedido de *razvod*, como posso também não comemorar meus pais, meus ex? Afinal de contas, eles não poderiam ter sabido que todos esses anos eu estava sentado lá com a única coisa verdadeiramente à minha disposição, a única coisa verdadeiramente minha. Meu caderno. Tomando notas. "Quando um escritor nasce numa família, a família deixa de existir"* — Czesław Miłosz.

A frase favorita do meu pai para mim, "Talvez depois que eu morrer, você mije na minha sepultura", é para ser sarcástica, mas o que ele está realmente dizendo é "não abandone".

"Não *me* abandone". Porque às vezes pode parecer que abandonei. Porque em vez de minha contestação, em vez de minha indignação, o que ele ouve é o silêncio.

Quando ele me diz que uma das minhas namoradas pós-faculdade é muito gorda, que ele se sente pessoalmente ofendido

---

* E, devo acrescentar, se a família não deixar de existir, quem deixa de existir é o escritor.

por seu peso, embora ele definitivamente "respeite o seu direito de existir", a resposta é o silêncio.

Quando minha mãe me diz, antes de eu embarcar em uma viagem à Índia, que eu não devo tomar nenhuma vacina "porque vai te dar autismo", uma lorota da extrema-direita, respondo com o silêncio.

O silêncio em vez das contestações berradas, do mijar no túmulo, ao que estão acostumados, o que lhes é familiar e morno como mijo.

– Teria sido melhor se você tivesse me dito que era homossexual – disse meu pai quando lhe contei que comecei a fazer análise. Além da desconfiança pós-soviética com relação à prática psicanalítica – os hospitais psiquiátricos eram utilizados pelo estado soviético contra os dissidentes – existe outro medo. Você pode brigar com seu filho gay, dizer-lhe que o vê como uma aberração. E ele retrucará, implorará pelo seu amor. Mas o que você diz a alguém que está em silêncio?

E, dentro desse silêncio, o próprio tempo parou. Dentro desse silêncio, as palavras pairam no ar, vibrando em cirílico, não inteiramente indolores, mas sem o poder de trazer de volta a pequena e tácita criança, à sua mercê.

Não tome nenhuma vacina porque vai te dar autismo. Eles vão te dar o autismo. *Não escreva como um judeu que se odeia. Não seja um mudak.* Logo você será esquecido. Como posso deixar de ouvir a dor nessas frases? A dor dele? A dor dela? Como posso deixar de divulgar essa dor?

E como posso deixar de viajar, passando por oito fusos horários até sua fonte?

25.
A IGREJA E O HELICÓPTERO
A REVELAÇÃO FINAL

O Autor e Lênin reacendem o seu "bromance" na Praça Moscou, em São Petersburgo.

Estou de volta à Rússia. Dezessete de junho de 2011. Está um dia frio e sombrio, mas com algumas rajadas bizarras de calor. Ou seja, a temperatura e o que sinto pelo meu país de origem são a mesma e única coisa. Desde o meu primeiro regresso à Rússia, em 1999, volto aqui quase todos os anos, cuidadosamente registrando tudo o que vejo, categorizando cada grão de trigo sarraceno e fatia pálida de salame, testando-me ao entrar na Igreja Chesme onde se encontram as maquetes de galantes navios de combate turcos e russos do século XVIII, que uma vez se enfrentaram em sua eterna batalha de Anatólia. Já compartilhei vodca com policiais chorosos em Haymarket Square, escorreguei em inúmeros trechos de gelo, quase fui cortado ao meio por um rufião georgiano, ou seja, fiz todas as coisas normalmente associadas a uma viagem à antiga União Soviética.

Estou no primeiro trem veloz da manhã entre Moscou e São Petersburgo. O trem se chama "o Sapsan", uma referência ao falcão peregrino mítico, o animal mais rápido do mundo, e projetado pelos engenheiros igualmente míticos da Siemens AG. Estou com uma ressaca tão forte que até mesmo o suave balanço alemão do Falcon me dá uma séria vontade de vomitar. Nos últimos anos tenho pegado leve na bebida. Mas, na noite antes de minha atual viagem Moscou-Petersburgo, estimulado pela mais lubrificada das criaturas, um intelectual russo de idade avançada, eu bebi tanto que cheguei a ponto de me enfiar no armário de um bar de Moscou. Lembro-me de que um simpático jovem americano, executivo de televisão que trabalhava em um projeto internacional suspeito, virou-se para mim e disse:

– Caramba, você bebe *mesmo* como um russo.

Depois, veio o vazio, o flash de um hotel hipster em uma elegante ilha ao largo da costa do Kremlin, uma corrida de táxi de última hora até a estação de trem que me custa cem pratas, e aqui estou na área da classe *biznes* do Falcon, um homem de 38 anos, prestes a começar a escrever seu primeiro livro de memórias. Que é o que me traz a São Petersburgo em 2011. Mesmo enquanto estou atravessando lentamente o caminho entre as duas maiores cidades da Rússia, meus pais estão traçando seu caminho pelo Atlântico. Faz 24 anos que minha mãe não visita a Rússia, desde

que a mãe dela morreu, e meu pai não viaja à Rússia há 32 anos, ou desde que ele deixou a União Soviética em 1979.
Estamos todos voltando para casa.
Juntos.

⌒

Um vento chicoteia o Falcon na estação. É o início do verão, mas os céus em São Petersburgo estão cinza, aquele cinza incessante de Nova York no inverno. Os dias estão quase mais longos, a luz intensa e cruel. Logo, não haverá mais pôr do sol de verdade. À noite, ao luar, o vento do mar envia as nuvens finlandesas em missões secretas sobre a cidade.

Reservei dois elegantes quartos de hotel em frente à estação de trem perto de Uprising Square para mim e para meus pais, mas quando chego lá, cansado e abatido devido à viagem insone para Moscou (seu propósito: um artigo sobre uma revista moscovita chamada *Snob*), avisam-me que meu quarto não está pronto. Ao meu cansaço adiciona-se um pouco de medo. Já pensou se eu não conseguir dormir antes de meus pais chegarem? Eles vieram a meu pedido, viajaram para um país do qual particularmente não querem lembrar. Ao longo dos anos eu sou a pessoa que voltou tantas vezes, que escreveu tantos cenários apavorantes sobre o lugar, e agora eu sou a pessoa que tem de protegê-los. Mas do quê? Da memória? Dos skinheads? Do vento traiçoeiro? Tudo que sei é que preciso ser o melhor que posso para eles. Minha mãe está passando dos 60 anos e meu pai já tem pouco mais de 70. Pelos padrões russos, eles já são pensionistas avançados. Finalmente, depois que recebo a chave do quarto, desmorono sobre toda aquela madeira clara vagabunda, enquanto a TV mostra flashes de imagens de todas as outras propriedades da rede de hotéis que, tipicamente, é sediada em Minneapolis, mas administrada em Bruxelas. Dois comprimidos de Ativan tocam-me a ponta da língua; só então o irregular e insatisfatório sono químico de costume se aproxima.

⌒

A terrível marimba do alarme do telefone. A busca desengonçada pela escova de dente. O elevador desce com parte de mim nele. E lá estão, ali de pé na minha frente, no movimentado saguão, duas pessoas magras cercadas por turistas provinciais gordos, representando vários países.

– Oi! – grito, pronto para um abraço.
– Filhinho! – minha mãe grita. E sinto-me menor.
– Pequeno – diz meu pai. E sinto-me menor ainda.
– Bem-vindos – digo, por alguma razão, em inglês. E então continuo em russo. – Estão cansados?

E assim que as primeiras palavras em russo – *Vy ustali* – recebem um visto de saída da minha boca, recuo de mim mesmo, chocado ao ouvir meu próprio tom baixo, adolescente e pateta na presença de meus pais. Com certeza, com meu crescente sotaque americano, não sou totalmente nativo quando eu *govoryu po-russki* com os taxistas, atendentes de hotéis, nem mesmo com meus bons amigos de Petersburgo. Mas agora sou como uma criança pronunciando suas primeiras palavras em russo. Ou será porque estou tentando falar com meus pais com autoridade adulta? Tentando, contra toda a razão, ser igual a eles?

Quanto tempo passei nos últimos 12 anos, correndo para cima e para baixo nesta cidade cansativa e melancólica, refazendo os passos deles, tentando de alguma forma torná-los meus próprios passos? E, em seguida, com as primeiras palavras russas pronunciadas, percebo a verdade da questão. Não é possível transformar a vida deles na minha própria vida. Enquanto meus pais estiverem aqui, este é o seu país. E assim minhas responsabilidades se tornam mais leves. E assim percebo que o que tenho a fazer na próxima semana é ignorar meu próprio russo grave e idiota e, simplesmente, ouvir.

À completa organização do quarto, típica de Minnesota, minha mãe acrescentou sua própria organização, um sistema de acondicionamento extremamente complexo, permitindo que a maior parte dos conteúdos de sua casa de três andares seja condensada e magicamente transportada à velha pátria. Sacos plásticos após sacos plásticos, há guarda-chuvas, capas de chuva, casacos com capuz, pochetes e, da mesa do café da manhã de amanhã, iogurtes, garrafas pesadas de água, uma gama de lanchinhos fortificantes. Ela deixará o hotel tão abastecida quanto um astronauta testando os primeiros contatos com um planeta inóspito. Bem no fundo, este ainda pode ser seu país. Ela, porém, não o tocará com as mãos da mesma forma com que eu o toco, tentando poetizar a sujeira e a decadência.

Trajando sua suburbana calça de moletom cinza, minha mãe anda de um lado ao outro do quarto, horas de preparação ainda à sua frente antes de sair para o jantar. Meu pai está usando seu boné de PARTICIPANTE DA CONSERVAÇÃO DO ROBALO LISTRADO, uma nova jaqueta da Banana Republic e óculos de sol Swish, um visual surpreendentemente ocidental, um exemplo perfeito do leste do Queens. Só a combinação de meias pretas e sandálias de couro entrega o fato de que ele é realmente natural desta terra.

Espanto-me com a força dos dois. Após um total de 15 horas de dois voos, após arrastar a bagagem considerável em toda a metade da cidade de ônibus e metrô – não vão gastar dinheiro em um táxi do aeroporto –, eles ainda estão bem espertos e dispostos, prontos para beber 250 gramas de vodca no restaurante Metropol na Nevsky Prospekt, eixo principal da cidade. Esta é a super-humanidade do imigrante, mas ai daquela prole demasiadamente humana que vive à sombra de tal força. Ai daquele sensível que necessitar de um miligrama de benzodiazepínico para adormecer após uma jornada de poucas centenas de quilômetros a bordo de um falcão peregrino, contra os muitos milhares que eles tenham viajado a bordo da classe econômica da British Airways.

– Igor, você está com uma ótima aparência – diz minha mãe.
– Não parece cansado.

– Eu não diria o mesmo – meu pai intervém rapidamente, o cabelo do peito despontando da camisa no crepúsculo que se aproxima. Durante muito tempo, ele vestia minhas roupas, as roupas da Stuyvesant que eu passava para ele, todas aquelas camisas espalhafatosas da Union Bay e da Generra, que ficavam tão pequenas e idiotas em seu corpo musculoso.

– Ele está com umas olheiras tenebrosas – meu pai diz, me olhando de cima a baixo. – E o que é isso na testa? Essas duas linhas?

Sinto vontade de dizer "*Chamam-se rugas*", mas não quero parecer mortal na frente dele.

– É que eu me inclinei contra o assento na minha frente no trem – minto.

Ao longo desta viagem, vou capturar pequenos exemplos de minha família refletidos nas vitrines das lojas, meus pais parecendo mais jovens do que são, mais jovens do que muitas das pessoas ao redor, enquanto eu pareço pelo menos duas décadas mais velho do que realmente sou, o cabelo grisalho e sem viço, os olhos fundos, e todas as impressões deixadas pelos anos de vida dura, essas duas linhas reveladoras rachando-me a testa. Como pude envelhecer em conjunto com os cidadãos de São Petersburgo, a cidade em que meus pais chegaram à meia-idade, enquanto eles aparentemente inverteram o tempo como verdadeiros americanos?

Meu maior medo: morrer antes deles. Na juventude, foi o inverso. Eu não conseguia entender como viver nesta terra sem eles. Mas agora, toda vez que embarco em um avião para algum destino qualquer, sinto o medo deles subir pelo ar ao meu lado, as vacinas "autistas" correndo em meu sangue.

– Vou dar uma lavadinha rápida nas axilas – diz meu pai, enquanto minha mãe continua sua preparação sem fim, nos alertando que "uma mulher é uma longa canção".

Satisfeito com as axilas limpas, meu pai, depois da longa jornada, começa a falar amistosamente, quase alegremente, sobre a vinda para "casa":

– Sabe, filhinho, você poderia escrever um livro inteiro sobre mim. Não sou uma pessoa extraordinária, mas como sempre levei uma vida muito variada, com todos os meus estudos e trabalhos em lugares diferentes, houve muita coisa interessante.

– Você entende, filhinho, assim como você, eu sou um sujeito solitário [*odinokii*] por natureza. Não estou dizendo que gosto de solidão. Às vezes eu gosto, às vezes não.

Talvez seja o momento oportuno para eu dizer "*eu te amo*". Ou, melhor ainda, "*eu sou você*". Talvez este seja o oposto do silêncio em que eu me especializei. A incapacidade de dizer o que precisa ser dito, até que seja tarde demais.

Minha mãe põe a cabeça para fora do banheiro e anuncia, toda feliz:

— Rapazes! Eu estava horrível. Mas agora estou me sentindo revigorada!

⌒

Estamos subindo para Nevsky Prospekt. A ampla Nevsky corta o centro de São Petersburgo pela tangente noroeste, como se estivesse se dirigindo à Escandinávia. Na época de Gogol e Pushkin, quase tudo acontecia nesta rua: comércio, amor, poesia rabiscada em cafés, até a escolha de competidores para duelos. Hoje, ainda é o lugar para uma longa caminhada sem rumo da humilde Uprising Square até o ponto focal da cidade, a Praça do Palácio, onde o Palácio de Inverno sem czares posiciona-se sobre suas ancas em verde horror provincial. Em Nevsky, frita-se frango à la Kentucky, e lojas como H&M e Zara, se for dada a oportunidade, vestem uma pessoa recém-emergente à classe média do *shapka* da cabeça às galochas.

São Petersburgo é um lugar triste. Sua tristeza está em uma cova coletiva em seus subúrbios do nordeste, juntamente com os 750 mil cidadãos que morreram de fome e bombardeados pelos alemães durante o cerco de 871 dias, que começou em 1941. Petersburgo jamais se recuperou de fato. É impossível caminhar pela Nevsky, sozinho ou com os meus pais, sem sentir a opressão da história, o peso sobre nossa própria família e sobre todas as famílias que viviam dentro das fronteiras desta cidade desde 1941. CIDADÃOS!, declara uma placa preservada na entrada norte de Nevsky, DURANTE BOMBARDEIO DE ARTILHARIA, ESTE É O LADO MAIS PERIGOSO DA RUA. E é assim.

⌒

Passeamos, passando por pátios ao ar livre, amontoados com sushi e luz solar. As mulheres já estão trajadas adequadamente para o calor suave do mês de junho, mostrando-se tão reprodutivas quanto as suas contrapartes de Nova Jersey, diferindo-se apenas pelos crucifixos ortodoxos ao redor de seus encantadores pescoços nus. Indianos com câmeras se espremem ao nosso redor, congelando cada cornija e pórtico em seus prodigiosos arquivos zipados.

– Esta cidade sempre evoca tristeza – diz minha mãe. – Éramos todos crianças muito tristes. Tínhamos um monte de sonhos.

– Na Rubenstein Street, tive meu primeiro amor – diz meu pai. – Bem ali.

Assim como eu, graças aos céus, não tenho bloqueio de escritor, minha mãe nunca teve dificuldades de mudar de assunto de uma hora para outra.

– Antes de sairmos para a América – ela me diz – fui à loja Eliseev comprar peito de frango para você. Não tinha nada para comer. Então me disseram para ir à Loja de Nutrição Infantil. Fui para lá e passei duas horas em pé na fila, e bem debaixo do meu nariz os pedaços acabaram. Cheguei em casa sem nada para te dar para comer.

Tento pensar na época em que passei sem pedaços de frango. Mas tudo o que vejo é minha avó Galya, aquela que deixamos para trás para morrer na Rússia, zelosamente me alimentando com queijo enquanto eu trabalhava no *Lênin e seu ganso mágico*, seus lábios carnudos curvados sobre os meus esforços.

– O Coliseum Movie House – minha mãe anuncia. – Foi aqui que vi a Sophia Loren pela primeira vez! A fila dava voltas no quarteirão. Eu também vi *Divórcio à italiana*. Stefania Sandrelli também estava no filme. Então só sobraram uns acentos dobráveis pequenos. Caí da cadeira de tanto rir. Dá para acreditar? Eu estava rindo desse jeito. Marcello Mastroianni e tudo. Eu tinha 16 anos. Dá para imaginar? Quase cinquenta anos atrás.

– Quando chegarmos a Liteiny Street, vamos levar uma conversa séria – diz meu pai.

Nunca fui chegado a "conversas sérias".

Estamos nos aproximando de Liteiny Street.

⌒

– Filhinho, vamos dar uma passada rápida por este quarteirão. É um momento de grande tristeza.

Meu pai parece muito decidido a me levar por um caminho de forma a passarmos por uma jovem cheirando uma margarida. Estamos nos aproximando do pórtico de tons pastel do Hospital Municipal Mariinskaya de duzentos anos de idade, um dos maiores hospitais da cidade.

– Passei um tempo internado aqui – ele diz. – No *nervnoye otdeleniye*.

Processo mentalmente o russo. O céu exerce pressão sobre nós com uma tampa cinza pesada. O Departamento *Nervoso*? O que exatamente ele está tentando dizer? Meu pai era doente mental? Pela primeira vez nesta viagem, pressinto algum perigo. Perigo de viajante. Como o que experimentei quando peguei o táxi errado em Bogotá há um ano, afastando-me do meu hotel a toda velocidade em vez de me dirigir a ele.

– Quantos anos você tinha? – minha mãe pergunta.

– Vamos ver. Minha mãe tinha... – ele precisa pensar na idade dela primeiro, antes de determinar a própria idade. *Filhos, obedecei a vossos pais no Senhor, pois isto é justo.* – Então, eu estava com 23 – conclui.

A informação paira na minha frente, ainda na forma de questionamento. *Meu pai era doente mental com 23 anos de idade?* Com os dedos, cato o comprimido calmante de Ativan, o residente solitário do bolso da minha calça jeans. O táxi ainda está se dirigindo para as selvas da Colômbia em direção ao grupo de rebeldes que me prendem como refém por décadas.

– Tão jovem – diz minha mãe.

– Fiquei na enfermaria dos loucos – meu pai diz. – E pensaram que eu ficaria *durak* [idiota] para sempre.

– Esta rua vai dar na Pestelya Street, onde meu amigo morava – diz minha mãe, assim do nada.

– E então, filhinho – meu pai a interrompe –, é uma longa história. Eu estava no hospital, fui submetido a experimentos terríveis e quase morri.

Emito um som de acordo. Aham.

– Fui forçado a beber baldes de raiz de valeriana e bromo para que não tivesse nenhum desejo masculino.

– *Caramba* – digo. Nem posso imaginar o que ele está dizendo.

– *Uzhas* – minha mãe diz. Que horror.

– E tinha gente louca de verdade lá. Tinha um velho que cagava nas calças toda semana e espalhava a merda na parede.

– O Pierogi do Czar! – minha mãe, muito interessada, lê uma placa por que passamos.

– E ele gritava: "Abaixo Lênin e Stalin!"

Minha mãe ri.

– Eles o sedavam e, uma semana depois, o velho surtava de novo. Mas tinham os doidos calminhos também. Eu era o mais calmo de todos.

Minha mãe ri com a cabeça jogada para trás.

– Mas eu poderia ter sido agitado. Depois, eles me deram um *Spravka* [certificado] atestando a minha estada, e daí o exército não me aceitou.

– Mas o que causou tudo isso? – minha mãe pergunta.

– Eu estava sentado em casa, lendo um livro, quando de repente minha mãe me pegou no chão, espumando pela boca, tendo convulsões, como um epiléptico. Foi a primeira e última vez.

Com Ativan na boca, faço a pergunta seguinte:

– Qual foi o diagnóstico?

– Soldagem dos vasos cerebrais.

Assim que ele diz isso, penso no que meu psicanalista, em Manhattan, em breve afirmará. O diagnóstico soviético é um disparate completo.

– Quando seu pai me pediu em casamento – minha mãe diz, –, ele disse: "Eu tenho um certificado. Eu tenho uma doença mental." E daí pensei: Aff, que truque judaico batido. Ele é totalmente saudável. Ele só não quer servir ao exército. Mas acabou que era verdade mesmo. Somos tão burros quando jovens. Se alguém diz que a pessoa é doente mental, por que você casaria com ela? Mas eu pensei, ele é tão inteligente e sério. Não pode ser. Eu perceberia se ele fosse psicótico. Mas, às vezes, ainda mais agora que envelheceu, dá para ver que ele é maluco mesmo.

Minha mãe ri. Apesar dos anos, ela continua com a gargalhada gostosa quase intacta; no máximo fustigada por seus intermináveis sofrimentos e decepções.

Com 20 e poucos anos, meu pai fora reprovado nos exames e expulso do Instituto Politécnico de Leningrado.

– Minha mãe pegava no meu pé – conta. – "O que há de errado com você? O que há de errado com você?"
– Igualzinho ao que eu fazia com você – minha mãe me diz, rindo mais. Ela muda para inglês: – Fracasso! Fracasso! Fracasso! Meu pai revira os olhos em torno dos óculos de sol maravilhosos; seus dentes são relativamente certinhos e brancos para esta parte do mundo, sua barba está branca e salpicada de cinza, assim como a minha está ficando em ritmo acelerado. Como um velho amigo dele acaba de me dizer: "Você é uma cópia exata de seu pai. Você não tem nada de sua mãe." O que não é totalmente verdade. Consideram meu pai mais bonito do que eu. Mas, se formos acreditar no poema que escrevi na faculdade, "*Meu reflexo*", somos quase irmãos. Nossos eletroencefalogramas provavelmente comprovariam isso também. O Ativan está derretendo sob minha língua e entrando na corrente sanguínea.

Mais tarde, meu pai me contará sobre outro "tratamento" que recebeu no hospital. Perfuraram-lhe a espinha com uma agulha e injetaram oxigênio, tentando "dessoldar" os vasos sanguíneos do cérebro. Ele sai do hospital destruído, com medo de pegar o bonde, medo de sair do quarto. Sua fase de vida dos 20 e poucos anos até os 30 e poucos pode ser descrita como um terreno baldio de depressão e ansiedade. É impossível determinar o que o levou a espumar pela boca e ter as tais convulsões, mas o meu psicanalista acredita que um episódio neurológico, uma crise epiléptica, por exemplo, pode ter sido a causa. Os tratamentos para doenças neurológicas geralmente não incluem a internação em uma clínica onde psicopatas espalham fezes pela parede, injeção de oxigênio na coluna vertebral, tampouco a administração de bromo para combater as ereções de um jovem.

À noite, eu me separo de meus pais. Encontro-me com o meu bom amigo K, no subúrbio ao sul onde ele mora. Dividimos um *kebab* picante em um restaurante armênio. Contamos piadas sobre um certo líder com cara de cavalo no Kremlin, e encho a cara de vodca. Ele tem trabalho no dia seguinte, mas quando nós nos abraçamos e ele me coloca em um bonde de volta a Uprising Square não quero deixá-lo. Bêbado, assisto à cidade formando-se fora da janela do bonde, o soviético dando lugar ao barroco.

Meu pai era doente mental.

Então agora eu o perdoo?

Mas nunca foi uma questão de perdão. Trata-se de compreensão. Todo o exercício psicanalítico é uma prática da compreensão.

O que ele disse quando, anos atrás, lhe contei que eu estava fazendo análise? "Teria sido melhor se você tivesse me dito que era homossexual."

Mas ele sabe, não é?

Sabe como é não ter controle sobre si mesmo. Ver o mundo escapar pelos dedos.

Ele está tentando acertar as contas comigo?

Ando pelo novo shopping Galeria, um gigante perto de Uprising Square, cheio de lojas da Polo e da Gap, e todos os outros fornecedores das roupas que todos usavam na escola hebraica, mas que às quais eu nunca tive acesso. É triste investigar as feridas do passado e não encontrar nada. Apenas o toque de meus tênis contra o mármore frio do shopping Galeria, o eco de meus passos, posto que a esta hora, em um dia de semana, estou praticamente sozinho.

No meu quarto de hotel, com os meus pais no andar logo acima, ponho a cabeça no travesseiro e penso em minha esposa. Penso em seu calor. Penso no relativo silêncio de sua própria família

imigrante, o silêncio que tanto almejo. Minha esposa. Embora eu seja "o escritor", ela é quem lê mais. Ela dobra as páginas dos livros que lê quando quer lembrar-se de algo importante. Seus livros preferidos são acordeões, testemunhos de uma incessante busca por sentido. Penso em minha mãe e meu pai. Em sua constante ansiedade. Mas a ansiedade significa que ainda querem viver. A um ano de completar quarenta anos, sinto minha vida entrar em sua segunda metade. Sinto minha vida se fechando. Sinto o início de uma longa e significativa despedida. Penso em mim mesmo na plataforma do metrô na Union Square. Sou invisível, um pequeno obstáculo do qual os outros têm de se desviar. Às vezes eu me pergunto: Será que já morri? E então penso em minha esposa e sinto o ruído do trem número 6, a presença dos outros, a vida ainda dentro de mim.
 Por que ele me contou isso hoje?

O prédio do Almirantado, às margens do rio Neva, sede da marinha russa, foi construído no mesmo estilo imperial estridente do hospital onde meu pai passou parte da vida. O Almirantado, uma espécie de arranha-céu do início do século XIX, é encimado por uma torre dourada, por sua vez encimada por uma pequena caravela de guerra, que aparece regularmente em suvenires locais e cuja forma platônica me encantava na infância, um adendo de ouro dos navios de guerra na Igreja Chesme. A sudoeste do prédio do Almirantado encontra-se a enorme central de *Admiralteiskii Rayon*, um distrito de grandeza primordial e decadência crescente. Este é o lugar onde minha mãe nasceu.

Minha mãe estudou e mais tarde deu aulas de piano. Creio que a reverência à música que ela compartilhava com meu pai, obcecado por ópera, permitiu que essas duas almas diferentes se apaixonassem. A história da introdução de minha mãe à música é um pouco diferente da história de meu primeiro encontro com as palavras a mando de sua mãe, minha avó Galya.

– Quando eu tinha cinco anos – minha mãe conta enquanto trocamos as margens do rio com colunatas e canais pelas profundezas fedendo a *shawarma* de seu bairro –, meu pai me comprou uma balalaica por quarenta rublos. Era o resto do dinheiro que tínhamos e que estava separado para comprar comida. Minha mãe [vovó Galya] tomou a balalaica e a esmagou contra a parede do nosso apartamento. Comecei a chorar. Minha mãe me confortou dizendo: "Eu sei que você não está chorando porque quebrei a balalaica, mas porque está vendo que fiquei muito zangada. Você é muito sensível."

Minha mãe está mudando a história. Está transformando a mãe destruidora de balalaica em heroína. Será que ela quer que eu faça o mesmo por ela? É isso que bons filhos fazem pelos pais? E quanto a bons escritores?

Lembro-me dos frangos à Kiev que ela me vendeu quando terminei a Oberlin. Vejo seu rosto risonho ao colocar, no bolso do suéter rosa, a nota de vinte dólares que ela me induziu a desembolsar. Ela está feliz. Acha divertido negociar com o filho, ainda mais quando ele sempre perde. Tratando-se de dinheiro, ele também é um fracasso. E ela está rindo, pois percebe que parte disso tudo só pode ser uma piada. Ela compreende o absurdo do momento. Quase sempre, sua introdução a alguma história que vai compartilhar é: "Gente, quer rir um pouco?" E então ela mesma ri como se para demonstrar o que a história quer dizer.

Ela está rindo. Mas está triste? Haveria alguma parte de sua alma triste? Como será estar em seu lugar no momento em que pega meu dinheiro? Qual é a sensação de vender para o filho falido um pedaço horrível de frango a varejo? Quantos anos serão precisos até que eu me sinta triste por ela? *Será este o momento? Foi por isso que eu os trouxe de volta?* A balalaica espatifa-se contra a parede. A menina de cinco anos começa a chorar. E então, aqui no presente, o som de um violino toma conta da rua. Estamos nos aproximando da faculdade onde ocorreu a fase pós-balalaica espatifada da formação musical de mamãe. Minha mãe posa para a lente da câmera, com um ar ironicamente solene, e faz a continência dos pioneiros com quatro dedos. No hall de entrada, uma placa homenageia os alunos mortos na Segunda Guerra Mundial: NINGUÉM É ESQUECIDO. Ao lado da placa estão os altos dignitários barbudos do século XIX e ao lado deles, um novo caixa eletrônico. Um menino com uma aparência incrivelmente russa, com várias camadas de cabelo loiro despenteado e um nariz de batata perfeito, está tocando violentamente o acordeão.

Dá para ver a decepção imediata no rosto da minha mãe, a tristeza do regresso, a decepção da lembrança.

– Nossa, isso tudo aqui *brilhava* antigamente – diz. – Agora está tudo uma bagunça.

– E que fedor, hein! – diz meu pai, torcendo o nariz americanizado frente ao odor de tantas axilas.

– A primeira vez que vim aqui, ouvi uma menina tocando piano – conta minha mãe. – Quase tive um troço. Eu disse ao meu pai: "Eu quero estudar aqui! *Vou* estudar aqui." E fui aceita. Ninguém esperava isso de mim. Stalin gastou muito dinheiro nisso. Ele era apaixonado por música.

Deixamos a escola de música, a passos pesados, e vamos em direção ao distante rio Pryazhka.
— Por que todas as janelas estão seladas com tábuas? — indaga minha mãe, ao aproximarmo-nos da casa onde ela cresceu. À VENDA, anuncia uma placa em inglês. APARTAMENTOS, 228 METROS.
— Olha, incendiaram tudo!
De fato, uma das janelas foi completamente destruída; sobrou apenas a esquadria, toda preta, carbonizada.
Minha mãe, muito confusa, olha em volta do pátio arruinado do prédio.
— Meu colega de sala, Petya Zabaklitski, morava ali naquela porta. Todo dia ele corria na frente e me esperava. E sempre que eu voltava para casa, ele gritava: "Yasnitskaya [nome de solteira da minha mãe], *a judia* está chegando. Yasnitskaya, *a judia* está chegando!" Esta foi a primeira tristeza que tive na vida.

Meu pai cresceu na aldeia de Olgino, a noroeste do centro da cidade, no chamado balneário de Petersburgo, que abraça as margens norte do Golfo da Finlândia. Várias propriedades de tijolos vermelhos em estilo mafioso, com os muros salpicados de câmeras de segurança, apareceram ao longo de suas ruas esburacadas e cheias de marcas de pneu, mas Olgino ainda parece um bairro semirrural semidestruído, ancorado em alguma periferia decadente. Poderíamos estar em Michigan ou na Sicília ou na África do Norte ou no Paquistão. Somente o clima trai nossa latitude.

Hoje está frio e chuvoso, porém a aldeia está envolta na vegetação desarrumada a qual meu pai está claramente feliz em ver.

Estamos nos aproximando de uma casa verde em ruínas, construída em algum estilo soviético indeterminado de habitação rural, do tipo "um celeiro de Nova Inglaterra encontra-se com *izba* russo que se encontra com a decadência imediata".

– Aqui passava um rebanho de vacas – conta. – De manhã, eu precisava empurrar nossa vaca, Rosa, para que ela entrasse na floresta com as outras. Tinha um pastor com uma aguilhada. Oy, meu coração está começando a saltar!

Sob o boné de beisebol saem uns risinhos. O cavanhaque branco-neve está alegre. Ele fala sem parar.

– Nossa casa era uma das maiores e abrigava umas 15 ou 20 famílias. Aqui havia pequenas hortas.

Passamos por uma enorme pilha de lenha podre.

– Aqui era a nossa varanda.

Passamos por janelas com tábuas.

– Aqui plantávamos flores.

Um barraco de tijolo caindo aos pedaços abriga um velho Suzuki esportivo.

– Aqui a tia Sonya tinha um pequeno celeiro, ovelhas, porcos, vacas. Tínhamos um celeiro bom, quentinho, onde dava para abrigar uma vaca ou um leitão no inverno. Aqui ficava o banheiro externo. Vivia cheio, com toneladas de merda. Merda congelada no inverno. Aqui morava uma garota chamada Gelya; quando os meninos da minha idade ou mais velhos viam Gelya, sempre gritavam: "Gelya, *opa*! Gelya, *opa*!" E ela achava graça.

Ele faz um movimento no ar, comendo a Gelya imaginária.

– Cuidado, tem uns cachorros vira-latas aqui – diz minha mãe.

Passamos por uma velha torre de rádio soviética empastelada.

– Depois de receber alta – conta meu pai –, eu ainda estava meio louco. Meu coração continuava tremendo. Eu e minha mãe alugamos um quarto aqui no verão. Morei aqui de maio a novembro e passei a maior parte do tempo sozinho. Todo dia eu ia até o golfo.

Ele se refere ao Golfo da Finlândia, nas proximidades.

– Nadava de manhã e à noite, mesmo quando tinha gelo. Foi o que me salvou. Foi o que me tornou um ser humano novamente e que me salvou da invalidez.

Ele associa os nervos fracos à sua vida com Ilya, ou Ilyusha no diminutivo, seu padrasto alcoólatra cruel e imprevisível, a quem meu pai acabou dominando.

– Morávamos em um quarto de 15 metros quadrados. Ilya era capaz de tudo.

– E o senhor brigou com ele?

Meu pai responde com orgulho:

– Eu bati nele! Até sangrar! *Até sangrar!*

Minha mãe ri.

– Que filhinho bonzinho você era hein!

– Minha mãe chegava em casa e descobria. Ficávamos calados, mas tinham vestígios de sangue nas cortinas e em outros lugares. Minha mãe, é claro, me amava mais do que a ele.

Estamos passando por uma fileira de bétulas, tão limpas e brilhantes no clima desgraçado. Meu pai muda de assunto.

– Sabe por que sou tão forte [*krepkii*] até hoje? Porque eu trabalhava duro das sete da manhã às cinco da tarde. Além disso, praticava esportes. Esquiava, patinava, corria, nadava. Quem trabalha no campo nem precisa fazer ginástica. Aprendi a amar o trabalho do camponês. Isso não era coisa de judeu. E na Rússia czarista, então, nem se fala, porque os judeus não tinham direito à terra; achavam que eram preguiçosos e inúteis. Ainda tenho muito boas lembranças de Olgino. Porque sou basicamente um homem do campo. Gosto de leitura, de música e tudo mais. Mas não gosto de cidade grande. Manhattan e Leningrado não é comigo.

Ir à ópera, ao museu, *tudo bem*. Mas eu gosto mesmo é de estar cercado por árvores, floresta, grama, ar fresco, pesca e sol. Caminhamos em direção ao golfo que lhe restaurou a sanidade.

⌒

Encontramo-nos de volta em Nevsky Prospekt, aproximando-nos da torre cor siena da velha *duma* ou assembleia estatal. Era aqui que muitas vezes os primeiros namoros em Petersburgo tinham início, e meus pais não fugiram à regra. Conheceram-se nos degraus abaixo da torre italiana, onde hoje dezenas de adolescentes e jovens de 20 e poucos anos fumam cigarros enquanto trocam mensagens de texto no celular.

– Quando nos conhecemos, eu não conseguia entender o que ela era – conta meu pai. – Parecia que uma laranjinha tinha se aproximado de mim.

– É que passei um pó laranja no rosto – minha mãe explica. – O namorado de minha amiga sabia onde arranjar tudo. Daí, no Ano-Novo, ele conseguiu um pó de maquiagem polonêsa, que era laranja. Mas ficamos todas muito orgulhosas do produto. Só dava laranja em toda a Leningrado. Qualquer coisa polonesa era o máximo naquela época. As embalagens eram uma beleza!

– Mas, como eu ia dizendo – meu pai continua –, eu estava lá e vi uma criatura laranja. Então pensei: essa garota não é daqui! Deve ser estrangeira. Era mais amarela do que um chinês.

– Estou dizendo: era o pó polonês!

– Eu estava com um chapéu que parecia...

– Um pierogi.

– Isso. Parecia um pierogi. Era o que se chamava *khrushchyovka*. Cinza e feito de ovelha. E estava com um casaco francês, todo bonitão.

– Bonitão *mesmo* – diz minha mãe; respiro essa frase profundamente. Meus pais ainda se amam.

No caminho de volta para o hotel, eles mencionam que só faltam 18 mil dólares da hipoteca da casa de Little Neck e que vão quitar nos próximos meses.

– Agora seremos livres! – exclama meu pai.
Agora, eles serão livres.

⌒

Estamos atravessando a Praça Moscou.

Colocaram uns chafarizes espalhafatosos ao lado dos pinheiros, onde eu brincava de pique-esconde com meu pai. Sob meu Lênin, há um palco temporário de verão do qual se ouvem as batidas horrorosas do pop russo, algo sobre raios do sol e "Chegue mais perto / mais perto do meu coração". Onde outrora ficavam os *gastronom*, hoje se veem símbolos da Nike. Crianças que nem fazem ideia de quem foi o grande líder estão em uma correria, entrando e saindo do pedestal de Lênin, cantando "la la la la la". Um menino solitário com calça camuflada está digitando mensagens no celular com a boca aberta. Um homem está agarrando a bunda de uma mulher perto dos chafarizes, envolvendo-a com as pernas reveladas completamente pelo short curto. Este é o meu espaço sagrado, a Praça Moscou, em junho de 2011.

Estamos nos aproximando do prédio onde morávamos; mais adiante, vemos a Igreja Chesme. Estou com a respiração pesada. Estou com vontade de mijar. Meu pai está me dizendo como Franklin D. Roosevelt arruinou a América.

Passamos pela entrada descascada de nosso prédio. O edifício está pintado nas cores sem graça de rosa e pardo, enfeitado com grandes laços de *graffiti*. Crianças raquíticas estão sentadas em recipientes destinados especificamente a armazenamento. A grama está cheia de ervas daninhas e margaridas.

– Onde ficava o foguete? – pergunto, curioso sobre a nave espacial enferrujada onde eu brincava de cosmonauta.

– Ficava ali – responde meu pai, apontando para um parquinho multicolorido, muito típico do local, com balanços e escorregas. Não mais que um toque de luz solar incide sobre o parquinho onde eu passava os dias quando não estava doente. As árvores, sem nenhuma manutenção, espalham-se e tomam quase todo o espaço.

– Sempre tive pesadelos com um grande tubo de vapor preto – conto.

– Esse tubo, filhinho, ficava em algum lugar aqui perto.

– Do que você tinha medo? – minha mãe pergunta. – O que você imaginava? Você tinha medo das raízes das árvores quando tinha três anos.

– Freud teria muito o que comentar sobre isso – digo, esquecendo-me de quem são meus interlocutores. – Ele provavelmente teria dito que estava relacionado à sexualidade. A criança crescendo, com medo de se tornar...

Minha mãe faz uma careta e eu paro de falar.

Nossas ex-vidas pairam acima de nós. Tijolo bege, janelas de batente, a ocasional varanda de madeira ou ferro, os canos cinza expostos, fios elétricos pretos.

– Era grande e escuro – meu pai diz do tubo.

– Como um foguete – digo. – Sempre achei que haveria uma explosão. E seríamos todos atirados ao cosmos.

– Não brinca – diz minha mãe. – De onde tirou essa ideia?

Voltamos para a rua, as fachadas de nosso enorme quarteirão formando uma onda rosada, ladeada por uma coluna de carvalhos.

– E ali, à esquerda, havia uma igreja – diz meu pai.

As calçadas empilharam-se umas contra as outras, como tantos dentes adolescentes. Um bonde antigo, carente de reformas, passa fazendo um barulho europeu do século XIX. Minha mãe está mancando a caminho da igreja. Meu pai brinca dizendo que ela bebeu muita cerveja no Little Jap (Yaponchik), o restaurante japonês na Praça Moscou com o nome casualmente racista em que acabamos de almoçar.

– Eu não bebi muito – minha mãe protesta. – Eu não comi muito. Estou com um calo no pé.

– Não dá para trazer a velha com a gente – diz meu pai. – Deveríamos tê-la deixado em casa.

Acho graça, soltando uma gargalhada estridente. É assim que eles conversam. É assim que nunca aprendi a conversar. Nem em russo, nem em inglês. As brincadeiras supostamente engraçadas cheias de veneno. Para isso tenho meus romances.

Meu pai a aperta com amor.

– *Starukha* [velhinha] – diz. – Vamos pegá-la pelos braços e pernas e jogá-la na lixeira.

– Não estou bêbada. Bebi metade do que você bebeu.

– Você bebeu a cerveja toda.

Tudo isso é dito com bom humor e poderia continuar pelo resto da tarde. Mas a brincadeira logo cessa.

Estamos de pé na frente *dela*. O céu continua com o mesmo tom de cinza melancólico de todos os outros dias, enquanto *ela* continua com o mesmo tom rosa, idêntico ao dos docinhos servidos no Café North, o preferido de minha mãe em Nevsky.

– Que linda igreja – digo. – Aqui ficava o museu de... da frota naval ou algo assim, né?

– Sim, porque foi a batalha de Chesme – explica meu pai.

– Eu não me lembro de *nada*! – diz minha mãe.

Suas três torres rasgam as trevas do norte; na frente da igreja, vê-se um monte de areia. Um bêbado está sentado em um banco com seus braços ao redor de uma perna. Minha mãe se senta em outro banco para tratar o calo.

– Vão! Entrem na igreja sozinhos – diz ela. – Se tiver banheiro, me avisem.

– Lembra que lançávamos o seu helicóptero aqui? – indaga meu pai.

– O helicóptero, sim.

– Muitas, muitas vezes lançamos o helicóptero. Você adorava. E eu também. Na verdade eu gostava muito.

– Onde a gente achou o helicóptero?

– Nós o compramos, ora essa! Onde encontramos? Ele voava bem alto, quase até as janelas.

– Eu me lembro que uma vez ele ficou preso.

– Não, eu não me lembro disso. Acho que não. Muitas, muitas vezes a gente o lançava no ar. Você ficava todo feliz.

Chegamos a uma pesada porta de madeira. Meu pai tira o boné. Dentro da igreja, o que vemos é um estudo em rosa e ouro. As pessoas fazem o sinal da cruz com uma vingança silenciosa.

– Eles com certeza sabiam construir igrejas na Rússia – diz meu pai, impressionado. – A mais famosa do estilo pós-bizantino é a Catedral de Santa Sophia em Novgorod. Estive lá.

Saímos da igreja. E eu penso: *Então foi só isso?* Essa foi toda a visita? Essa foi a soma de 15 anos de ataques de pânico?

Minha mãe ainda está sentada ao lado de um vaso sujo lá fora, aplicando dr. Scholl cuidadosamente nos pés.

– Você é uma velhinha engraçada – diz meu pai. Ela se levanta e começa a gingar feito um pinguim, afastando-se da igreja, voltando para a Praça Moscou e ao metrô que nos levará de volta ao nosso hotel. Passamos por um grafite que se dirige a nós três, judeus, especificamente: "O reino eslavo é apenas para os eslavos!"

– Ele melhorou demais a postura – minha mãe refere-se a mim. – Ele está irreconhecível. O andar. Nem parece meu filho!

– Ele tem malhado – diz meu pai. – Sinta só os braços. Nossa, como eu batalhei para que ele praticasse esportes, mas ele não fazia porra nenhuma.

– Você não queria – minha mãe me diz. – Ele tentava jogar bola com você. Construiu uma escadinha para você.

Enquanto escrevo isto, seguro uma foto de mim mesmo subindo a escada de madeira improvisada do meu pai em nosso apartamento em Leningrado, vestindo uma roupa de marinheiro e um sorriso imbecil. A foto é datada de 11/1978, e a letra da minha mãe na parte de trás anuncia: "O famoso atleta treinando em casa."

– Ele estava tentando curar seu medo de altura – conta minha mãe. – E funcionou! Você subiu a escadinha.

– Sim, você subiu até o último degrau – diz meu pai. – Gradualmente. No início você subiu dois ou três degraus, e então chegou ao topo. É tudo questão de treino.

– Por um lado, seu pai te ensinou bem – diz minha mãe. – Por outro, ele sempre te empurrava.

– Ele *me empurrava*?

– Ele queria que você superasse o medo de altura, mas então, quando você chegava no alto, ele tentava te empurrar dali. E eu li que Freud disse que não se deve fazer uma coisa dessas jamais.

Ela leu Freud?

– Só serve para aumentar o medo. Mas seu pai não entendia isso. Ele era muito jovem. Ia entender o que com 33 anos, gente?

Pensando bem, ele devia ter uns 36 anos quando te empurrou pra fora da escada.* Ele te empurrou assim, ó! – mamãe demonstra o movimento e ri. – Ele te assustou, e aumentou mais ainda seu medo de altura.

– Vamos! Vamos! – diz meu pai. – Quero mostrar uma coisa! Estamos andando pela rua Lensovet (Leningrado Soviética). Há cortinas vagabundas de renda nas janelas dos blocos de apartamentos. O hotel Mir, que uma vez injustamente descrevi como "o pior hotel do mundo", fica em um dos lados da rua. Passamos por cima dos trilhos tortos do bonde e pelo mato. Passa um caminhão coberto de fuligem. Meu pai começa a falar depressa, como se tivesse tomando coragem para dizer algo.

– Como eu ia dizendo, filhinho, um dia, quando estávamos caminhando por esta rua depois de jogar nosso helicóptero no ar lá perto da igreja, estávamos voltando para casa e você começou a se comportar mal [*ty nachal shalit'*]. Você ainda estava tentando jogar o helicóptero na rua e tinha um monte de gente passando. Avisei uma, duas vezes, e você não deu ouvidos. Daí, num movimento do punho acabei acertando teu nariz. E o sangue começou a jorrar.

Minha mãe ri.

– Oy, como você pôde fazer isso? Eu dei meu filho em suas mãos, e você fez isso!

– Quando voltei à Rússia depois de adulto e passei por aqui, comecei a sentir muito medo – conto. – E sonhei várias vezes com helicópteros.

– Sério? – meu pai indaga.

Uma criança triste espreita para fora de sua cortina de renda, enquanto passamos por um apartamento térreo. Passamos por

---

* Ele tinha quarenta anos.

uma placa de uma empresa de telefonia móvel: FAÇA NOSSO PLANO E FALE DE GRAÇA.

– E então comprei um livro sobre Petersburgo. Eu o folheei na livraria, e vi a Igreja Chesme; tive um ataque de pânico.

– Oh, Igor, você é tão sensível – diz minha mãe. – Por isso que é escritor.

– Na Rússia podia-se fazer esse tipo de coisa – digo, referindo-me a esmurrar o nariz de uma criança de cinco anos até sangrar. – Mas na América...

– Na América não podia? – minha mãe pergunta.

– Eu não queria bater em você – diz meu pai, com um ar pensativo. – Foi acidente. Mexi com a mão e acertei teu nariz.

– Eu só bati em você pra valer uma vez – minha mãe diz, – e depois fiquei arrasada. Acho que, mesmo desde o início, sempre fui uma mamãe americana.

⁓

É hora de eu calar. É hora de escutar, não de falar. Mas também é hora de eu vasculhar os porões da memória.

É 2010, um ano antes desta viagem com meus pais. Voltei a São Petersburgo para fazer uma turnê literária representando o Departamento de Estado dos EUA. Dispondo de um tempo livre, estou tomando o metrô para o subúrbio ao sul para visitar meu amigo K. O metrô Petersburgo, construído sob o regime de Stalin, é o meio de transporte mais confiável na cidade, mas naquele dia, no exato momento em que nos aproximávamos da Praça Moscou, o trem para repentinamente.

Levanto a cabeça e vejo um cartaz com uma linda garotinha de mais ou menos uns cinco anos, segurando um pincel e com as bochechas e a testa sujas de tinta branca, estampando um sorriso sapeca. A legenda diz:

O QUE UM PAI RESPONSÁVEL FARIA?

a) Colocaria a menina de castigo
b) Matricularia a menina em uma escola de arte
c) Pediria para pintar junto com ela
– Rússia sem Crueldade contra Crianças!

O ataque de pânico começa imediatamente. Perco a respiração. Olho para o teto sujo do trem, tentando atravessá-lo e enxergar minha liberdade lá fora, mas só consigo ver, através do túnel profundo e da fiação soviética, a Praça Moscou, Lênin, a Igreja Chesme e algo que não consigo articular.

Uma organização chamada Rússia sem Crueldade contra Crianças! está insinuando que os piores pais russos são capazes de colocar os filhos de castigo só porque eles estão brincando alegremente de pintar. O que eu não teria dado por esse castigo no canto da sala, aquele canto mítico e sem derramamento de sangue.

Mas, neste momento, não há lugar para sentar no trem lotado. Nenhum *canto* onde eu possa me esconder. O trem não está em movimento. Talvez isso nunca se movimente! Talvez eu fique preso aqui para sempre com esta garotinha sorridente com o rosto sujo de tinta. Viro-me para meus companheiros de viagem, ali de pé, meu ataque de pânico os deixa sem rosto e começo então a pensar no que dizer em russo. "*Gospozha*", eu começaria, dirigindo-me à figura mais gentil e maternal do grupo de sem-rostos. "Senhora. Preciso sair deste trem imediatamente. Por favor, chame o condutor."

Mas sei que não posso dizer isso. Sei que esta não é mais a minha cidade e que este não é meu povo. Mas esta ainda é minha língua? Fecho os olhos e começo a me lembrar das palavras nas cartas do meu pai.

Bom-dia, filhinho querido.

A respiração começa a voltar.

Como vai? O que está fazendo? Vai subir a Montanha "Urso" e quantas luvas você encontrou no mar? Já aprendeu a nadar? Se já, você está planejando fugir para a Turquia a nado?

A respiração vai melhorando; ainda continua fraca, mas familiar. Sussurro as palavras para mim mesmo, do jeito com que eu sussurrava em russo na primeira série da escola hebraica, as crianças americanas me achando doido.

Um dia em Gurzuf, um submarino chamado "Arzum" chegou da Turquia. Dois fuzileiros usando aqualungs saíram da embarcação e nadaram até a praia. Sem o conhecimento de nossos guardas costeiros, eles se dirigiram para a montanha, rumo à floresta. De manhã os guardas soviéticos avistaram trilhas frescas na praia do sanatório de "Pushkin" e acionaram a guarda costeira, que convocou seu cão de busca – uma cadela. Ela rapidamente encontrou os dois aqualungs escondidos sob as rochas. Estava claro – era coisa do inimigo. "Traz!", os guardas costeiros ordenaram ao animal, que imediatamente correu na direção do Acampamento dos Pioneiros Internacionais. Depois te conto o resto da história – em casa.

Sob nós, as rodas do trem se movem, fazendo um barulho chato, mas deixando-nos felizes. Estamos nos movendo novamente! Estamos entrando na estação, entrando na Praça Moscou. Descerro os punhos tensos, abro os olhos e olho para o rosto angelical da garotinha de 5 anos, com as bochechas e a testa sujas de tinta.

Filhinho, faltam poucos dias pra gente se encontrar de novo, não fique solitário, se comporte, obedeça à sua mãe e à sua tia Tanya. Beijos, Papai.

As portas se abrem num ruído, como se tivessem sido separadas por gigantes.

– *Moskovskaya* – uma voz gravada anuncia a estação.

Estou em casa?

⌇

"Para Cidadã Shteyngart P., NOTIFICAÇÃO, Seu marido, sargento Shteyngart Isaac Semyonovich, lutando pela pátria socialista, fiel ao seu juramento militar, demonstrando heroísmo e coragem, foi morto em 18 de fevereiro de 1943."

Estamos do lado de fora da pequena aldeia de Feklistovo, onde, em 1943, o exército alemão estendia-se ao sudoeste de Leningrado. O Exército Vermelho tentou romper o cerco inimigo e acabar com o bloqueio à cidade em várias ocasiões. Aqui, em uma dessas tentativas, meu avô Isaac, pai do meu pai, um artilheiro, foi morto em combate.

Vinte e seis milhões de pessoas morreram do lado russo na Segunda Guerra Mundial, quase 15% da população. Não é um exagero dizer-se que o chão pisado por meu tênis já esteve encharcado de sangue. Não é exagero dizer-se que nós russos, ou russo-americanos ou russo qualquer coisa, descendemos dessas batalhas.

Fora da indigna cova coletiva e dos soldados, afastada entre alguns campos e cabanas, há um senhor local, com chapéu de palha, vendendo flores.

– Ele vai roubá-lo – diz minha mãe sobre o homem de chapéu de palha quando meu pai arrisca a sair do carro levando consigo alguns rublos, em um total equivalente a quatro dólares. Quando ele retorna com um buquê modesto de rosas vermelhas, ela diz:

– Mais tarde, ele vai pegar e revender as flores que você colocar no túmulo.

Estamos diante de um monumento da escola realista socialista soviética: um soldado com um fuzil pendurado no peito, um capacete prata aos seus pés, rodeado de ervas daninhas crescidas. AOS GUERREIROS SOVIÉTICOS QUE MORRERAM EM COMBATE PELA PÁTRIA 1941-1944.

Faz sol e é o primeiro dia bonito de nossa viagem. Sentimos o cheiro de linguiça frita vindo das casas próximas. Duas avós estão sentadas em um banco próximo à cova coletiva.

– Eu sou de Leningrado – diz uma das avós. Ela está com traje completo de *babushka*, capa de chuva preta e lenço verde enrolado na cabeça. – Eu tenho uma dacha aqui.

– Eu moro aqui – diz *Babushka* número dois.

– Em 1943, meu pai morreu aqui – diz meu pai.

As vovós ficam em silêncio por um momento.

– *Da* – dizem finalmente.

– Em fevereiro de 1943 – diz minha mãe. Acho comovente que ela tenha memorizado o mês exato da morte do pai de seu marido. Vou memorizá-lo também.

– Talvez a gente até ache o nome dele, meu filho – diz meu pai quando começamos a vasculhar as enormes listas dos mortos gravadas nas placas rosa e brancas de mármore que cercam a estátua do soldado de prata por todos os lados.

Em algum lugar em meio a essas pastagens verdes, as colinas cobertas de violetas e margaridas, jazem os ossos de meu avô.

– Pelo menos é um lugar tranquilo para um túmulo – diz meu pai.

– Um lugar bom e calmo – diz minha mãe, como se estivesse se encaixando em um conto de Carver. – O ar é bom.

Meu pai fala:

– Adeus, adeus, pai. Provavelmente não voltarei até a minha morte. Perdoe-me. Por tudo.

Solto uma risada nervosa.

– Você não é culpado – digo.

– Tenho um sentimento de culpa – diz meu pai. – Eu me sinto culpado por ele ter vivido tão pouco. Em 1943, ele tinha 29, talvez 30 anos. Ele não viu nada. E pra quê? Ele deixou um filho pequeno, uma mulher – ele balança a cabeça negativamente. – Ah, filho, por que eu e minha mãe não viemos aqui antes? Não sei por que ela não se preocupava com estas coisas. Poderíamos ter vindo aqui uma centena de vezes. Claro, ela estava chateada.

Percebo que ele parou de me chamar de "filhinho". Agora eu sou *apenas* seu filho. Agora estou exatamente na mesma altura que ele, e nossa relação está clara.

– Filho, por favor, leia a oração pra mim.

De sua pochete de velcro onde guarda o dinheiro, meu pai retira um panfleto com orações judaicas para serem feitas em um túmulo.

– Onde está a oração principal? – ele pergunta. – *Baruch*...?

Enquanto escrevo isto, estou olhando para uma fotografia de meu pai com seus 70 e poucos anos segurando um guarda-chuva no pátio de Versalhes, com o pé direito levantado do chão como se fosse Gene Kelly, uma das minhas camisas da Stuyvesant ondulando acima de sua calça cáqui. Ele está sorrindo para minha mãe e sua câmera, sorrindo plenamente, arreganhando os dentes, ao estilo americano. "Cantor na chuva", minha mãe escreveu em um post-it em inglês, com sua caligrafia cuidadosa. Ela grudou a nota acima da figura dançante do meu pai.

No dia seguinte à nossa visita ao túmulo de meu avô, iremos ao Grande Coral da Sinagoga de São Petersburgo. Perguntarei ao meu pai se ele visitou o templo em seus dias soviéticos.

– Sim, cinco ou seis vezes – responderá. – A primeira vez que vim, minha tia, que mais tarde se matou, tia Sima, se casou aqui. Eu tinha uns 17 anos. E durante a cerimônia, entrou uma garota. Lembrei-me dela a vida toda. Não era bonita. Era morena, bem morena. Uma boa cara judaica. E olhos escuros quase brilhantes, bem estranhos. Durante toda a vida senti aqueles olhos olhando para mim.

– Senhor, quem habitará no teu santuário? – leio em Salmos 15:01 em inglês. – Quem poderá morar no teu santo monte? Aquele que é íntegro em sua conduta e pratica o que é justo, que de coração fala a verdade... quem assim procede nunca será abalado.

Começo a recitar o *Kaddish*.

– *Yitgaddal veyitqaddash shmeh rabba* – digo em aramaico. Meu pai se curva ligeiramente à vontade de Deus com cada cadência.

– כְּעָלְמָא דִּי כְרָא כִדְעוּתֵהּ – digo.
– וְיַכְלִיךְ מַלְכוּתֵהּ – canto.

Consigo ler a oração, mas não entendo nada. As palavras que saem da minha boca são incompreensíveis para mim. E duvido muito que meu pai as entenda.

Recito as palavras e ele diz "Amém" após cada estrofe.

Recito o embolado grego de frente para trás, tropeçando nas palavras, mutilando-as, fazendo com que soem mais russas, mais americanas, mais sagradas. Não encontramos o nome do meu avô, Isaac, entre os hectares de mármore cobertos com Ivans, Nikolais e Alexanders. Mas o sol brilha generosamente. As vacas estão mugindo e o mato está sendo aparado. Um pequeno avião, certamente nosso símbolo heráldico, está pousando nas proximidades. Esta parte eu conheço bem.

וְאִמְרוּ אָמֵר.
Ve'imru, Amen.
Digamos Amém.
И СКАЖЕМ: АМЕН!

AGRADECIMENTOS

E eu pensei que escrever romances era difícil.

A tarefa de navegar ao passado foi muito facilitada por David Ebershoff, meu editor, que sabia exatamente quando enrolar e desenrolar as velas, caso esta seja a metáfora certa. (Será? Ou seria "aparar as velas"? Como eu queria ser mais WASP.) Quero ainda agradecer a todos na Random House por nunca deixarem de acreditar que sou um escritor e um cara ok, incluindo Gina Centrello, Susan Kamil, Barbara Fillon, Maria Braeckel, Sally Marvin, Denise Cronin, Joelle Dieu, Rachel Kind e Toby Ernst. Minha agente, Denise Shannon, que consegue me manter como devedor solvente e ainda é uma fantástica leitora. Meus agradecimentos a Dmitry Dolinsky por sua ajuda técnica com isso que chamam de "pen drive". Patricia Kim tirou várias fotos minhas vestido com uma toga.

Muitas pessoas dedicaram um tempinho para me lembrar do que aconteceu durante a década de 1980 e início de 1990, um período que muitos de nós estamos tentando esquecer. Entre elas, Jonathan, JZ, Ben, Brian, Leo, Maris e Jessica.

Por fim, meus pais, que contribuíram com tantas histórias que daria para escrever vários volumes. Eles foram gentis e pacientes ao responder a todas as minhas perguntas irritantes e ainda me acompanharam até Rússia para uma semana de torta de peixe e recordações. Gostaria também de agradecer a todos os meus "socorristas", pessoas que arranjaram um tempo para ler os primeiros rascunhos deste livro e oferecer conselhos: Doug Choi, Andrew Lewis Conn, Rebecca Godfrey, Lisa Hahn, Cathy Park Hong, Gabe Hudson, Binnie Kirshenbaum, Paul La Farge, Christine Suewon Lee, Kelly Malloy, Jynne Dilling Martin, Caitlin McKenna, Suketu Mehta, John Saffron e John "Rosencranz" Wray.

AGRADECIMENTOS PELAS LICENÇAS DE USO

Alguns trechos deste livro apareceram nas seguintes publicações em diferentes formas:

Capítulo 1: *Travel + Leisure, The New York Times, The New Yorker*
Capítulo 2: *New York*
Capítulo 4: *Travel + Leisure; Made in Russia: Unsung Icons of Soviet Design*, organizado por Michael Idov (Rizzoli); *The Threepenny Review*
Capítulo 6: *The New Yorker*
Capítulo 7: um ensaio publicado em particular e em seguida na *My First New York*, revista nova-iorquina (Ecco); *The Threepenny Review*
Capítulo 8: *The Threepenny Review, The New Yorker*
Capítulo 9: *The Threepenny Review*
Capítulo 10: *The Threepenny Review, Granta*
Capítulo 11: *Gourmet, The New York Times Magazine, The Threepenny Review*
Capítulo 12: *The New Yorker, The Threepenny Review*
Capítulo 13: *The New Yorker*
Capítulo 14: *The Threepenny Review*
Capítulo 15: *The New York Times Magazine, The New Yorker*
Capítulo 16: *The New York Times Magazine, The New Yorker*
Capítulo 17: *The New York Times Magazine*
Capítulo 18: *The New York Times Magazine*
Capítulo 21: *GQ*
Capítulo 23: *GQ, Granta, The New Yorker*
Capítulo 24: *GQ, The New Yorker, Travel + Leisure*

Impressão e Acabamento:
GRÁFICA STAMPPA LTDA.
Rua João Santana, 44 - Ramos - RJ